21 NEW MEDIA 世纪新媒体专业系列教材

网络传播法导论

Introduction to Digital Media Law

第2版

邵国松 / 著

中国人民大学出版社
·北京·

基金信息

国家社会科学基金重大项目【编号19ZDA328】

上海市教委科研创新重大项目【编号2019-01-07-00-02-E00010】

总 序

周锡生

当今世界充满变革与创新。在阐释当今世界变革特征的时候，“新媒体”时常被提及，尽管人们对它的定义还有不少争议。

20 多年来，随着数字技术、信息技术的飞速发展，以互联网为代表的新媒体从诞生到逐步发展壮大，深刻改变了旧有的新闻信息传播方式，系统重塑了新的媒介生态和传播格局。在旧媒体时代，新闻信息的传播速度还曾与交通工具竞争；在新媒体时代，昨日甚至数小时、数十分钟之前的新闻，都可能瞬息即逝，转眼间“轻舟已过万重山”。在旧媒体时代，“受众”这个词体现了公众被动接受各类新闻信息的地位；在新媒体时代，媒体人已经不再是专属的职业称号，自制互动、共享交流成为普遍行为。在旧媒体时代，内容占据着绝对的核心地位，其他各个环节只是附属；在新媒体时代，在内容为王的观念被继续强调的同时，网络、渠道、平台和终端的作用和价值日渐凸显，服务与市场的理念正在逐步深化。可以说，当今的新媒体已经跨越了媒介形态的界限，跨越了时空的拘囿，甚至也跨越了文化的隔阂。在这种态势下，建设新媒体、发展新媒体，成为传统媒体求生存、寻突破、谋发展的必由之路。

滚滚而来的新媒体浪潮绝非仅仅改变了传媒业本身，更深刻渗入世界的政治、经济、文化、科技等各个领域。“世界是平的”引发人们无限遐想，平的世界创造了无限的空间。放眼全球，新媒体已经成为世界政治较量的重要因素，成为各国执政者了解社情民意的重要手段，成为社会公众参政议政的重要平台，网络动员、网络聚集、网络拷问在社交媒体上成为常态，新媒体的运用和掌控能力日益成为执政水平的重要衡量标准。与此同时，以互联网产业为核心，逐步形成了包括媒体业、电信业、IT 业等在内的比较完整的新媒体产业链，产业体系也日趋完善，有力地推动了文化创意产业的发展，成为国民经济的有机组成部分，且生机盎然，潜力巨大。新媒体的文化价值也在不断迸发当中，随着平板电脑、电子阅读器的迅速普及，数字阅读、数字出版势不可当，新媒体的文化传播和社会建设功能日益强大，跨界文化交流与合作的作用更加突出，极大地丰富和满足了人们的精神文化生活需求。从这个层面来说，建设新媒体、发展新媒体，已经不再单单是传媒业的职责，更需要从历史发展的宏观视野与现实的综合因素层面加以考量与谋划。

在全球加速向网络化社会、数字化生存转型的过程中，我国的新媒体建设也与世界同步，与时代同行。截至2023年6月，我国的网民规模达10.79亿人，手机网民规模达10.76亿人，均位居世界第一位，且还处于强劲增长当中。如此庞大用户规模的背后，是我国近年来新媒体征程中一个个开拓的脚印与卓然的成效。在当今中国，我们可以看到，新媒体的作用被普遍认可，新媒体的影响被广泛重视，新媒体的理念深入人心，传统媒体加快向新兴媒体战略转型，各类新媒体机构不断涌现且各具特色。从网络、手机、平板电脑到户外大屏、流动媒体，从主流新闻网站到各类商业网站和专业网站，新技术不断涌现，新功能不断挖掘，新产品不断推出，呈现出万马奔腾、一日千里之势。

当然，新媒体在我国发展的时间还比较短，在采编、经营、技术、市场、管理、人才等方面还处于探索阶段，在实践过程中出现了诸多困惑与迷思，存在着各种矛盾与冲突，远未成熟。尽管如此，新媒体的蓬勃生机让我们对它的未来充满信心，而这蓬勃生机正来自创新。创新是新媒体时代永恒的主题，谁能够加强创新，谁就能把握未来。新媒体本身就是创新的产物，创新是新媒体的生命力所在。为此，必须根据党和政府提出的新要求，适应时代的新特点，着力把握受众需求的新变化，着力把握技术突破的新契机，着力把握媒体发展的新态势，进一步创新思想观念、创新体制机制、创新内容生产、创新方式手段，加快新兴媒体建设，大力发展新兴业务，从而更好地贯彻落实党中央战略部署，为加强国际传播能力建设、构建先进强大的现代传播体系做出贡献，为促进社会主义文化大繁荣、大发展发挥更加显著的作用。

新媒体是推动社会进步的重要力量，同时也是一柄双刃剑，随着新媒体地位的日益上升和作用的日益增强，其所应承担的责任越来越重大。从某些意义上讲，新媒体所应承担的社会责任甚至比传统媒体还要重一些。多年来，我一直强调的一句话就是“网络无改稿”。传统媒体的稿件签发后发现了错误，还有时间和可能予以纠正，而新媒体的稿件一旦签发，几秒钟之内就可与全球不计其数的受众见面，根本没有时间和可能对稿件进行改正。因此，新媒体的把关责任十分重大，这既是对社会公众负责，也是对新媒体本身负责。在强调和开发新媒体的“媒体功能”的同时，有必要进一步强化其“媒体责任”。

新媒体领域日新月异的发展实践，以及在此过程中出现的矛盾与问题，要求理论研究总结规律、升华认识，并从理论层面加以阐释和指引。中国人民大学新闻学院有几位多年来潜心研究新媒体的专家学者，由他们领衔撰写的这套新媒体丛书，对新媒体的理论、技术、经营管理、业务流程、最新发展动态进行了全面深入的研究，反映了国内外新媒体研究的最新成果，对新媒体的管理者、研究者、学习者及业界从业人员都具有重要的参考价值。本套丛书的出版，相信会有助于推动我国新媒体的快速健康发展。

（作者曾任新华社副社长兼常务副总编辑、新华网董事长）

第2版前言

距本书首次出版已有六年半，其间发生了很多的变化，比如大数据和人工智能技术正在不断推动信息传播方式的变革，人类社会已经进入一个史无前例的信息化时代，欧盟和世界各国均大幅加强了对个人信息的保护，我国也相继颁布了《网络安全法》《民法典》《个人信息保护法》等重要的法律法规，这些变化对既有的网络传播规则产生了重要而直接的影响，也影响到我们每一个人在数字时代的生活方式和生存方式。

有鉴于此，我们在第一版的基础上进行了较大幅度的修订。修订的目标有三：一是反映前沿的立法和司法实践，使得本书能与时俱进，为网络传播活动提供更加全面的参考；二是在坚持国际视野的同时，加强本土化论述，使得读者可以更好地了解我国网络传播治理的特点及其与自己的休戚与共；三是在保障专业性和权威性的同时，力图以深入浅出、简洁明了、通俗易懂的方式进行写作，以便读者更好地理解和接受。这也是贯穿全书写作的三个特点。

全书共分九章。第一章是绪论，概述网络传播的发展与治理。第二章和第三章讨论网络传播与国家的关系，涵盖言论自由、煽动性言论、泄露国家秘密、网络安全等议题。第四章分析网络传播与社会的关系，涵盖虚假信息、网络色情、网络广告等内容。第五章到第八章阐释网络传播与公民的关系，涵盖名誉权、隐私权、个人信息、姓名权、肖像权、公开权、知识产权等重要内容。第九章探讨新兴的人工智能技术对新闻传播业的影响，涉及机器写作、算法推荐、沉浸式体验等议题。全书采取的研究方法主要包括法释义学、案例法、比较法，这也是全书采取的著述方式。

著述此书是一场修炼，不仅是意志上的，也是灵魂上的。很高兴按计划完成了，但这不是修炼的结束，而只是崭新的开始。

邵国松

2023 年 7 月 1 日

于上海 Shining City

第1版前言

过去几十年间，互联网飞速发展，把我们带入了一个史无前例的网络传播时代，从根本上改变了我们传递信息的方式乃至日常生活的方式。与此同时，互联网的日益普及带来了层出不穷的新问题，比如网络诽谤、网络盗版、网络色情、网络侵犯隐私等等。这迫切需要我们拿出应对措施，在保护网络传播良性特征的同时，能对其引发的问题进行有效规制。恰恰在这方面，我们缺乏足够的知识和经验，也缺乏高质量的总结和反思。更重要的是，包括网络媒体专业的学生及从业人员在内的大多数人，在使用互联网的时候，既不是很清楚他们所拥有的权利，也不是很清楚他们所必须注意的事项，导致他们承担不必要的法律责任。以此为考虑基点，本书集中论述网络传播的主要法律问题，旨在为网络传播法的完善提供借鉴，同时为读者了解网络传播法提供一个窗口。

全书分为七章，即“绪论”“网络传播与国家”“网络传播与社会”“网络侵害名誉权”“网络侵害隐私权”“网络侵害知识产权”“网络管辖权”。在每章每节，我们都会对该章节涉及的法律原理进行阐述，对相关判例进行分析，对重要议题进行进一步的讨论。在分析原理、判例和议题的时候，我们力图展示观点的多样性和竞争性，注意挖掘不同观点背后所蕴含的价值。我们关注历久弥新的法律和判例原则，更注重展示该领域的发展趋势，使得本书的研究能紧跟信息社会的发展，甚至能对未来的网络传播趋势进行预测。我们既全面阐述中国在网络管制方面所采取的种种举措，同时紧密关注美国、英国、德国等主要国家在管制网络传播方面的经验和教训。通过阅读此著作，读者不仅可以弄懂网络传播法的每一个法律原理和判例原则，而且能通过这些原理和判例了解各国的法律制度，以及它们所体现的社会价值和观念。

即便如此，本书依然存在不少缺憾。一些与互联网密切相关的领域，比如电子商务法，并未被包括进来；一些议题即便提及，也没有展开讨论；一些议题即便展开讨论，也不尽全面深刻。究其原因，一方面和篇章结构之限制有关，另一方面是因为作者在这些领域的积累不够。这些缺憾，只能在后来的写作中加以弥补，同时期待读者提出坦率的批评和建议。

邵国松
上海交通大学

目 录

第1章 绪 论

网络传播是基于互联网的信息传播活动，它融合了人际传播、群体传播和大众传播等诸多传播方式，形成了一种散布型网状传播结构。在这种传播结构中，任何个人和组织都能够生产、发布信息，所有这些信息都能够以非线性方式流入网络之中。

网络传播最大的影响力不在于技术层面，而在于带来了人类传播方式的革命，因为它可以比其他任何一种方式都更快、更经济、更有效地把信息和思想传播开来，从而推动着政治、经济、社会等各个领域的变革。

随着互联网技术及其应用的快速发展，网络传播的管理和规制成为全球关注的焦点。在本章中，我们首先介绍网络传播的发展历史、传播特征及其所带来的问题，之后详细揭示国际层面以及我国政府管控网络传播的手段，最后构建并阐释我们学习网络传播法的路线图和知识谱系。

第一节 网络传播之兴起

一、网络传播发展简史

1969年，美国国防部高级研究计划署（DARPA）将美国西南部几所大学的计算机连接起来，标志着互联网及网络传播的开端。互联网的最初设计是为了提供一个通信网络，使得一些地点即使被核武器摧毁也能正常工作。后来技术不断改进，政府部门、大学和其他特殊领域都发现了利用因特网的好处，即与全美及世界各地的机构共享文件和资源。1989年，欧洲粒子物理研究所的研究者提出了一个分类互联网信息的协议。在这个协议的基础上，万维网（World Wide Web）诞生了，为普及互联网应用带来了质的飞跃。万维网指的是一个由许多互相链接的超文本标记语言（HTML）文档组成的系统。在这个系统中，每样资源由一个统一资源标识符（URI）标识，这些资源通过超文本传输协议（HTTP）传送给用户，用户通过点击链接便可获取资源。由于计算机网络最开始是由政府投资兴建的，其使用只局限于学校、政府、研究所等公共服务机构。到了20世纪90年代，独立的商业网络开始发展，从一个商业站点发送信息到另一商业站点而不经政府资助的网络中枢由此成为可能。

1994年4月，北京中关村地区教育与科研示范网接入国际互联网的64K专线开通，实现了与国际互联网的全功能连接，标志着我国正式接入国际互联网。此后，我国政府制定了一系列政策，分阶段逐步推动互联网的发展。比如，1997年，我国制定《国家信息化“九五”规划和2010年远景目标（纲要）》，将互联网列入国家信息基础设施建设，提出通过大力发展互联网产业，推进国民经济信息化进程。2002年，颁布《国民经济和社会发展第十个五年计划信息化重点专项规划》，确定我国信息化发展的重点包括推行电子政务、振兴软件产业、加强信息资源开发利用、加快发展电子商务等。2006年3月，全国人民代表大会审议通过《国民经济和社会发展第十一个五年规划纲要》，提出推进电信网、广播电视网和互联网三网融合，构建下一代互联网，加快商业化应用。与此同时，我国投入大量资金建设互联网基础设施。1997年至2009年，全国共完成互联网基础设施建设投资4.3万亿元人民币，建成辐射全国的通信光缆网络，总长度达826.7万千米，其中长途光缆线路84万千米。到2009年底，我国基础电信企业互联网宽带接入端口已达1.36亿个，互联网国际出口带宽达866 367Gbps，拥有7条登陆海缆、20条陆缆，总容量超过1 600Gb。[①] 此外，移动通信技术不断迭代，和互联网不断融合，已迈入第五代（5G）发展的时代，其连接设备的总量以及数据生产的总量均发生质的飞跃。

在各种技术、市场和政策因素的影响下，互联网在过去几十年间获得了惊人的发展。2005年，全球互联网用户为10.4亿，占据全球人口的16%，其中发达国家互联网普及率为51%，发展中国家互联网普及率为8%；发展至2019年12月，全球互联网用户已达40亿，占据全球人口的51%，其中发达国家互联网普及率为87%，发展中国家互联网普及率为44%。[②] 与此同时，一大批具有全球影响力的互联网企业应运而生，比如早期的雅虎（Yahoo）、微软（Microsoft）等行业开拓者，以及现在的谷歌（Google）、亚马逊（Amazon）、脸书（Facebook）、YouTube、推特（Twitter）等互联网巨头。这些互联网企业渗透到社会的各个角落，对政治运行、商业决策以及人们的日常生活产生了重大的影响。比如，在2008年美国总统选举中，民主党候选人奥巴马充分利用Facebook、YouTube等社交平台开展政治竞选，成功地将其个人的竞选转化为成千上万年轻人的事业，并最终赢得大选。[③]

我国互联网产业虽然起步比国际同行晚，但进入21世纪以来，显示出了迅猛的发展势头。中国互联网络信息中心（CNNIC）公布的《第52次中国互联网络发展状况统计报告》显示，截至2023年6月，我国网民总体规模为10.79亿，互联网普及率达76.4%。同1997年10月CNNIC第一次调查的62万网民人数相比，我国目前的网民规模已是当初的1 740倍。具体来说，目前

---

① 《中国互联网状况》白皮书（全文）.（2010-06-08）[2023-10-10]. http://www.scio.gov.cn/ztk/dtzt/28/3/Document/661296/661296_1.htm.

② Measuring digital development: facts and figures 2020.（2020-10-22）[2023-10-21]. https://www.itu.int/en/ITU-D/Statistics/Pages/facts/default.aspx.

③ 邵国松．社交媒体如何影响美国总统竞选．学术前沿，2020（15）：83-93.

我国城镇网民规模为7.77亿，城镇地区互联网普及率为85.1%；我国农村网民规模为3.01亿，农村地区互联网普及率为60.5%；另需指出的是，我国的手机网民规模为10.76亿，使用手机上网的比例高达99.8%，反映了我国民众使用网络的鲜明特点。互联网的应用场景目前集中在网络资讯、即时通信、网络视频、网络购物等领域，在这些领域诞生了百度、腾讯、抖音、阿里巴巴这样的本土性网络巨头，它们不仅称雄于国内，而且逐渐走向世界，引发了全球民众和投资者的关注。

二、网络传播的特点

互联网受欢迎的一个重要原因也是显著特征就是它的传播成本低。内容、生产和销售的数字化使得以近乎零的成本传递信息成为可能。只要有一台连上互联网的电脑或手机，人们便可无限次、免费享受网站提供的绝大部分服务，比如发送电子邮件、浏览网站、进行即时通信等。在没有互联网的时代，这些服务如果经常使用，就需要一笔不小的开支。以报刊为例，国内一份畅销杂志的纸质版售价基本上都在10元以上，而在网上基本上都可实现免费阅读。电话更是如此。国内目前使用固定电话或手机通话的话，一个月的费用超过100元是很常见的，如果是进行国际长途通话，其费用更加高昂。但如果使用网络电话，比如微信语音或视频通话功能，不仅完全免费（在Wi-Fi覆盖区），而且其通信质量不减。正因如此，低成本乃至零成本的网络传播给相关行业带来了很大的冲击，全球范围内报纸的发行量节节下降便是明显的例证。这种趋势迫使众多传统行业进行转型，以适应新媒体时代低成本传播或交易的需求。

网络传播的另一个显著特征是互动性强。这里所说的互动包括用户之间的互动、用户与内容之间的互动，以及用户与电脑界面之间的互动。用户之间的互动指的是用户之间通过各种网络工具或平台进行的互动，其最大的好处是不受时间和空间的限制。无论何时何地，用户只要连上互联网，便可进行即时或非即时的互动。用户与内容之间的互动已进行得非常频繁，比如人们经常对微博、微信公众号、网络视频或其他形式的内容进行点赞、评论或转发，这是人们消费信息、获得满足的一种新方式。用户与电脑界面之间的互动也是常见的网络行为。以社交平台应用为例，网民可在微信、微博、Facebook、LinkedIn等社交媒体上将自己的档案个人化，比如在主页上添加颜色和图片，更新自己的好友名单，或者是改变隐私保护的设置等。强互动性不仅极大地满足了用户个性化的需求，而且为网站把握用户心理和行为提供了极为有效的向导。换句话说，强互动性为用户和网站一起提升互联网的各种功能提供了可能。

网络传播还具有超大的信息容量。在当下的大数据时代，人们习惯于利用互联网搜索信息，上传文字、音频或视频内容，用社交媒体维护社会关系，或者在网上购买商品或服务，这些行为都产生了大量数据。据估测，一天之中，互联网上产生的全部内容可以刻满1.68亿张DVD，发出的邮件有2 940亿封之多（相当于美国两年的纸质信件数量），发出的社区帖子达 200 万个（相当于《时代》杂志 770 年的文字量）。[①] 在及时更新内容的同时，互联网还可以将这些内容全部保存下来，供用户随时检索和使用。近些年出现的云计算更是强化了互联网的这种功能。云计算指的是这样一种技术架构，即将数据和应用程序置放于网络空间，使用户能够通过任何连接网络的设备访问它们。目前较为常见的云计算应用包括在线储存视频、照片、文件，使用网络邮件，在线使用应用程序等。在云计算时代，个人电脑变成一台主要用来和云主机互动以储存、提取或操作数据的机器，人们由此可以随时随地通过网络获取各种软件服务和超大的计算能力，这在传统媒体时代都是不可想象的。

网络传播还有一个不得不提的普遍特征，即具有匿名性。“在互联网上，没人知道你是一条狗。”这句话原是美国《纽约客》杂志上一幅漫画的标题，十分形象地概括出了网络传播的精髓，即参与主体在网络传播过程中可以隐匿自己的真实身份。常见的情形是人们使用化名在 BBS、聊天室、网络游戏中和他人互动。人们也经常向网站提供虚构的或半虚构的个人信息，以获得自己所需要的产品或服务。匿名传播很久以来就存在，比如邮件、电话也都可匿名进行收发和接打。但网络传播的技术特征，尤其是其开放的、去中心化的特征，使得其先天拥有匿名的潜质，匿名传播因而成为互联网世界的普遍行为。匿名传播极大地促进了社会公众充分的意见表达，但也为各种违法、非法的信息传播活动提供了庇护。目前，包括我国在内的一些国家采取了网络实名制，以解决网络传播所带来的隐患。另外，越来越多的网络公司热衷于对用户个人信息进行开采和二次利用，以获得更多的商业利益。这些因素都为匿名传播设置了障碍，并说明管控这一特征的重要性。

网络传播是一个矛盾的存在，在展现种种优越性的同时，也带来了诸多问题和挑战。较为常见的包括在网上发表煽动性言论，泄露国家秘密，散布充满谣言、淫秽、色情或暴力的内容，传播电脑病毒和恶意软件，进行网络欺诈，侮辱、诽谤他人，侵犯他人隐私和其他人格权益，侵犯知识产权等。这些问题不仅威胁到国家安全、社会秩序或公民的合法权益，而且阻碍了互联网产业本身的发展，甚至在相当大程度上抵消了互联网给个人和社会所带来的红利，因此网络传播的管控成为研究者和治理者共同关注的焦点。

第二节　网络传播之治理

一、国际层面的网络治理

互联网发展初期，作为数据与信息传输工具，第一代互联网多应用于高等

---

① 大数据时代下的大数据到底有多大?.（2014-03-06）[2023-10-10]. http://www.thebig-data.cn/QiTa/8608.html.

学校与研究机构，社会化程度有限，但技术架构与运作模式已引人瞩目。在此阶段，国际社会对于互联网的认知限于“技术”层面：互联网采取端对端的技术架构，具有天生的“去中心化”特质，发展依赖内在规律而非外来规制。与此相应，此阶段治理强调互联网的“开放与自由”、注重平等及不受传统现实社会约束的个性，对互联网治理的理解仅仅限于维护技术架构，并未作为一个重要议题进入公共政策的视野。然而，随着互联网商业化与社会化进程的加快，互联网的社会普及率与应用性得到极大提高，成为全球重要信息基础设施，并渗透到人们生活的各个领域。国际社会逐渐认识到，网络治理不仅仅是技术问题，更关乎政治、经济、国防、法律等多个领域，涉及各国政府、网络平台、公民团体、技术社区等多个利益相关方。如果利益相关方不相互协作，共同制定和遵守一些基本的原则、规范、规则和决策程序，网络空间将会问题丛生，充满混乱和争斗，互联网也难以在促进人类的可持续发展、建设具有包容性的知识社会、促进信息和思想在全球范围内的自由流通等方面发挥积极作用。发展至今，国际层面的网络治理集中体现在美国创建 ICANN 和联合国通过 WSIS 推动多元共治的努力上。

(一) ICANN：全球互联网管理者

虽然网络治理呈现公共政策的特点，但其关键依然是互联网技术功能的协调，其治理核心包括四个方面，即域名、IP 地址、协议与根服务器。控制这四个方面就控制了互联网，如同掌握了一国中央银行，就掌控了该国的货币供应。互联网名称与数字地址分配机构（Internet Corporation for Assigned Names and Numbers，ICANN）便是这样一个垄断性国际组织，扮演着全球互联网管理者的角色。

1998 年 10 月，ICANN 在美国商务部的支持和赞助下成立，其使命是在全球范围内对互联网唯一标识符系统及其安全稳定的运营进行协调。发展至今，ICANN 在全球互联网治理中扮演着至关重要的角色。首先，ICANN 已将其功能扩展至全球，在北美、欧洲、亚太、拉美以及加勒比地区都开设了分支机构，为互联网治理的全球协调奠定了基础。比如，CNNIC 就是亚太网络信息中心（APNIC）的分支机构，而后者隶属于 ICANN。其次，ICANN 掌握了互联网地址的分配方案，即 IP 协议。在现实生活中，每台连接到互联网的电脑都拥有一个专属的 IP 地址，IP 协议就是对这些 IP 地址的分配方案。如何对其进行分配，将直接影响到连接到互联网的电脑数量；再次，ICANN 控制了互联网的基础服务——域名系统。后者的主要功能是在网络域名和网络物理地址之间建立联系，使得用户只需输入网址便可登录网站，而不需要记住一连串烦琐的数字，这极大程度上方便了用户访问。[①] 最后，ICANN 掌握了互联网最关

---

① 蒋力啸．试析互联网治理的概念、机制与困境．江南社会学院学报，2011 (9)：34-38.

键的资源服务——根服务器。根服务器是互联网域名系统中最高级别的域名服务器，全球仅有13台根服务器，均由ICANN统一管理。如果说域名系统是互联网的基础服务，那么根服务器则是整个域名系统的基础。ICANN控制了域名解析的根服务器，也就控制了相应的所有域名和IP地址，这对于其他国家来说显然存在着致命的危险。举例来说，如果ICANN将“. cn”从域名系统中删除，那么该顶级域名下所有的网站就会在互联网中消失。

ICANN名义上是非营利性的国际组织，但实际上一直处于美国政府的控制之下。鉴于ICANN对互联网领域的巨大影响，世界上不少国家都期望该机构能摆脱美国政府的影响，成为一个不受任何国家控制的独立性机构。美国政府起初对此并不积极。2009年9月，美国商务部和ICANN签订了一个协议，允许后者采纳多方管理模式，但并未放弃对后者的实质监管和控制。[①] 2013年6月，斯诺登事件爆发，美国因为滥用全球网络空间监控系统而面临严重的道德压力。作为应对这种压力的一个方式，美国商务部在2014年3月发表声明，考虑转让ICANN的监管权限，由此正式启动了放权的进程。2016年10月，美国商务部和ICANN的合同正式过期且未再续约，前者对后者长达18年的控制得以终止。[②] 但有观察者指出，由于与美国商务部有关联的人员依然占据ICANN董事会的多数席位，美国在ICANN的主导地位其实并未发生实质性变化。

（二）WSIS：联合国治理互联网的努力

2001年12月21日，联合国大会通过决议，决定举办信息社会世界峰会（World Summit on the Information Society，WSIS）。峰会的目标是建设一个以人为本、具有包容性和面向发展的信息社会。在这样一个社会中，人人可以创造、获取、使用和分享信息和知识，个人、社区和各国人民均能充分发挥各自的潜力，促进实现可持续发展并提高生活质量。峰会首次以两阶段举行的方式，于2003年12月在瑞士日内瓦举行了第一阶段峰会，于2005年11月在突尼斯突尼斯市举行了第二阶段峰会。日内瓦峰会最后通过了成果文件《日内瓦宣言》和《日内瓦行动计划》，会议责成联合国秘书长成立联合国互联网治理工作组。突尼斯峰会则通过了《突尼斯承诺》和《信息社会突尼斯议程》两个文件，并提请联合国秘书长召集举行一个“新的多利益攸关方对话论坛”，即互联网治理论坛（Internet Governance Forum，IGF）。

---

① YU E. US government finally lets ICANN go.（2009－09－30）［2023－10－10］. http：//www. zdnet. com/article/us-government-finally-lets-icann-go/.

② Stewardship of IANA functions transitions to global internet community as contract with U. S. government ends.（2016－10－01）［2023－10－10］. https：//www. icann. org/en/announcements/details/stewardship-of-iana-functions-transitions-to-global-internet-community-as-contract-with-us-government-ends－1－10－2016－en.

WSIS被认为是联合国试图主导互联网治理的开端。与无法摆脱美国影响的ICANN不同，WSIS是各国领导人参与的高级别会议。它采取利益相关方共同参与的模式，邀请成千上万名来自各国政府、国际组织、非政府组织、民间团体、私营部门等方面的代表一并参与。在WSIS的推动下，各利益相关方寻求协商对话和多元共治互联网的理念开始深入人心。通过持续的讨论、交流与磋商，WSIS及其一年一度的IGF树立了多元主体共同协商的典范，并推动了数字鸿沟、信息流通、知识产权、隐私保护、网络安全、人工智能等领域全球治理制度变迁的进程。

即便如此，由于缺乏政策的一致性和连贯性，也尚未在具体问题上形成一致的、有效的解决方案，WSIS未能确定联合国在全球网络治理方面的主导地位，也未能改变美国控制下的ICANN等机构对互联网资源的主导状况。与此同时，中国、俄罗斯、巴西等国的互联网产业迅速发展与扩张，这些国家出于维护自身网络主权和国家治理的需要，在积极参与国际网络治理进程的同时，明确坚持政府主导的网络治理模式。

二、我国对网络传播的管控

自互联网诞生起，我国政府便开始采取各种措施加强对网络传播的管控，以阻止各种违法非法信息在网上传播，保障网络安全和网络主权。这些措施涉及法律规制、行政许可、架构性控制、技术限制、行政执法、行业自律等多个方面。

（一）法律规制

1994年2月，国务院颁布实施《中华人民共和国计算机信息系统安全保护条例》（简称《计算机信息系统安全保护条例》），被认为是我国对互联网进行法律规制最早的尝试。依据该条例，计算机信息系统指的是由计算机及其相关的和配套的设备、设施（含网络）构成的，按照一定的应用目标和规则对信息进行采集、加工、存储、传输、检索等处理的人机系统①；任何组织或者个人，不得利用计算机信息系统从事危害国家利益、集体利益和公民合法利益的活动，不得危害计算机信息系统的安全②。2000年9月，国务院第31次常务会议通过《中华人民共和国电信条例》（简称《电信条例》），互联网作为重要电信业务被纳入电信监督管理。同样在这次会议上，国务院还通过了《互联网信息服务管理办法》，该办法被认为是中国互联网内容管理的“根本大法”。该办法的颁布为后来的《互联网出版管理暂行规定》《互联网视听节目服务管理规定》《互联网新闻信息服务管理规定》等部门规章的颁布与实施提供了立法依据与体例参考。

① 参见《计算机信息系统安全保护条例》第2条。
② 参见《计算机信息系统安全保护条例》第7条。

上述行政法规不仅对互联网的各种具体问题进行了规范，而且确立了行政部门对互联网的管辖范围。按照《电信条例》的规定，互联网作为电信业，其主管部门是工业和信息化部，它在中国各省、自治区、直辖市都设有相应的电信管理机构。互联网在从事那些专项的信息服务时，还应该同时接受其他主管行政部门的监督管理。比如，从事新闻发布的网站，其业务就由国家互联网信息办公室（简称“国家网信办”）及其分支机构监督管理；从事网络视听节目服务的网站，其业务由国家广播电视总局及其分支机构监督管理。目前，含工业和信息化部、国家互联网信息办公室、国家广播电视总局、国家新闻出版署、公安部、教育部、文化和旅游部在内共有十多个部门参与对互联网的管理，形成了一套相当复杂的网络管理体系。

2000年底，全国人大常委会通过《关于维护互联网安全的决定》，这是最早的针对网络传播的专门法律文件。该决定指出互联网在促进国民经济、科学技术的发展和社会服务信息化过程方面起到了非常重要的作用，但也存在运行安全和信息安全方面的问题。制定该决定的目的则在于兴利除弊，促进互联网的健康发展，维护国家安全和社会公共利益，维护社会主义市场经济秩序和社会管理秩序，以及保护个人、法人和其他组织的人身、财产等合法权益。这些都是中国整个互联网法制建设的重点。其主要内容如下：

其一，为了保障互联网的运行安全，该决定规定如有下列行为之一，即构成犯罪：侵入国家事务、国防建设、尖端科学技术领域的计算机信息系统；故意制作、传播计算机病毒等破坏性程序，攻击计算机系统及通信网络，致使计算机系统及通信网络遭受损害；违反国家规定，擅自中断计算机网络或者通信服务，造成计算机网络或者通信系统不能正常运行。

其二，为了维护国家安全和社会稳定，如有下列行为之一，即构成犯罪：利用互联网造谣、诽谤或者发表、传播其他有害信息，煽动颠覆国家政权、推翻社会主义制度，或者煽动分裂国家、破坏国家统一；通过互联网窃取、泄露国家秘密、情报或者军事秘密；利用互联网煽动民族仇恨、民族歧视，破坏民族团结；利用互联网组织邪教组织、联络邪教组织成员，破坏国家法律、行政法规实施。

其三，为了维护社会主义市场经济秩序和社会管理秩序，如有下列行为之一，即构成犯罪：利用互联网销售伪劣产品或者对商品、服务作虚假宣传；利用互联网损害他人商业信誉和商品声誉；利用互联网侵犯他人知识产权；利用互联网编造并传播影响证券、期货交易或者其他扰乱金融秩序的虚假信息；建立淫秽网站、网页，提供淫秽站点链接服务，或传播淫秽书刊、影片、音像、图片。

其四，为了保护个人、法人和其他组织的人身、财产等合法权利，如有下列行为之一，即构成犯罪：利用互联网侮辱他人或者捏造事实诽谤他人；非法截获、篡改、删除他人电子邮件或者其他数据资料，侵犯公民通信自由和通信秘密；利用互联网进行盗窃、诈骗、敲诈勒索。

此外，该决定规定利用互联网实施上述违法行为，违反社会治安管理，尚不构成犯罪的，由公安机关依法予以处罚；违反其他法律、行政法规，尚不构成犯罪的，由有关行政管理部门依法给予行政处罚；对直接负责的主管人员和其他直接责任人员，依法给予行政处分或者纪律处分。利用互联网侵犯他人合法权益，构成民事侵权的，也需依法承担民事责任。

除此之外，过去几年间，我国还出台了《中华人民共和国网络安全法》（2016，简称《网络安全法》）、《中华人民共和国电子商务法》（2018，简称《电子商务法》）、《中华人民共和国个人信息保护法》（2021，简称《个人信息保护法》）、《中华人民共和国数据安全法》（2021，简称《数据安全法》）等一系列与网络传播密切相关的法律法规，这在很大程度上影响着我国网络产业的发展。

（二）行政许可

行政许可是指行政机关根据公民、法人或者其他组织的申请，经依法审查，准予其从事特定活动的行为。根据全国人大常委会2003年通过的《中华人民共和国行政许可法》（简称《行政许可法》），法律可以设定行政许可。尚未制定法律的，行政法规可以设定行政许可。必要时，国务院可以采用发布决定的方式设定行政许可。然而，《行政许可法》没有赋予国务院部门规章设定行政许可的权力，以防止各部门自我授权，为本部门或本系统设定和扩大权力。至于各部门已经发布、的确需继续实施的行政许可，可由国务院制定行政法规或发布决定予以确认。

目前，我国的电信业务、互联网信息服务、互联网新闻信息服务、互联网视听节目服务、互联网出版、互联网文化活动等领域均实行了严格的行政许可制度。通过行政许可制度，政府相关部门可对各式各样的网站和移动新媒体进行直接管控，也可对网民的活动施加直接或间接的影响。

1. 电信业务

依据现行《电信条例》，国家对电信业务经营按照电信业务分类，实行许可制度。经营电信业务，必须依照该条例的规定取得国务院信息产业主管部门或者省、自治区、直辖市电信管理机构颁发的电信业务经营许可证。未取得电信业务经营许可证，任何组织或者个人不得从事电信业务经营活动。[①]

电信业务分为基础电信业务和增值电信业务。基础电信业务是指提供公共网络基础设施、公共数据传送和基本话音通信服务的业务；增值电信业务是指利用公共网络基础设施提供的电信与信息服务的业务。[②] 前者主要包括开展固

---

① 参见《电信条例》第7条。

② 参见《电信条例》第8、9条。

定电话业务、移动电话业务、网络及数据通信业务以及信息服务的电信公司，后者由网络服务提供商（Internet service provider，ISP）、网络内容提供商等互联网公司来经营。

经营基础电信业务，应当具备下列条件：经营者为依法设立的专门从事基础电信业务的公司，且公司中国有股权或者股份不少于51%；有可行性研究报告和组网技术方案；有与从事经营活动相适应的资金和专业人员；有从事经营活动的场地、设施及相应的资源；有为用户提供长期服务的信誉或者能力；国家规定的其他条件。① 经营增值电信业务，应当具备下列条件：经营者为依法设立的公司；有与开展经营活动相适应的资金和专业人员；有为用户提供长期服务的信誉或者能力；国家规定的其他条件。②

2. 互联网信息服务

互联网信息服务，是指通过互联网向上网用户提供信息的服务活动。依据现行《互联网信息服务管理办法》，互联网信息服务分为经营性和非经营性两类。经营性互联网信息服务，是指通过互联网向上网用户有偿提供信息或者网页制作等服务活动；非经营性互联网信息服务，是指通过互联网向上网用户无偿提供具有公开性、共享性信息的服务活动。③ 从事经营性互联网信息服务，应当向省、自治区、直辖市电信管理机构或者国务院信息产业主管部门申请办理互联网信息服务增值电信业务经营许可证（即ICP许可证）。④ 从事非经营性互联网信息服务，应当向省、自治区、直辖市电信管理机构或国务院信息产业主管部门办理备案手续。⑤ 未取得许可或者未履行备案手续的，不得从事互联网信息服务。⑥

3. 互联网新闻信息服务

新闻信息指的是时政类新闻信息，包括有关政治、经济、军事、外交等社会公共事务的报道、评论，以及有关社会突发事件的报道、评论。互联网新闻信息服务包括互联网新闻信息采编发布服务、转载服务、传播平台服务。依据现行《互联网新闻信息服务管理规定》，通过互联网站、应用程序、论坛、博客、微博客、公众账号、即时通信工具、网络直播等形式向社会公众提供互联网新闻信息服务，应当取得互联网新闻信息服务许可，禁止未经许可或超越许可范围开展互联网新闻信息服务活动。⑦ 互联网新闻信息服务单位可分为三类：第一类是新闻单位设立的登载本单位已刊登播发的新闻信息的互联网新闻信息

① 参见《电信条例》第10条。
② 参见《电信条例》第13条。
③ 参见《互联网信息服务管理办法》第3条。
④ 参见《互联网信息服务管理办法》第7条。
⑤ 参见《互联网信息服务管理办法》第8条。
⑥ 参见《互联网信息服务管理办法》第4条。
⑦ 参见《互联网新闻信息服务管理规定》第5条。

服务单位。设立此类新闻网站，只需向国家或地方互联网信息办公室备案。第二类是新闻单位设立的登载超出本单位已刊登播发的新闻信息、提供其他时政类新闻信息的互联网新闻信息服务单位。换句话说，此类新闻网站可发布自行采编或制作的新闻。此类网站的申请只限于中央新闻单位，省、自治区、直辖市直属新闻单位，以及省、自治区人民政府所在地的市直属新闻单位。设立此类网站，须获得国家或地方互联网信息办公室颁发的许可证。第三类是非新闻单位设立的转载时政类新闻信息的互联网新闻信息服务单位。此类网站不得登载自行采编的新闻信息，并且应当转载、发送中央和地方新闻单位发布的新闻。设立此类网站，应向国家或地方互联网信息办公室提出申请，只有获得后者颁发的许可证才可开展业务。

新闻单位在此指的是依法设立的报社、广播电台、电视台和通讯社。实行上述许可/备案制度，旨在确保在互联网上登载、转载、发送的新闻，全部来自依法设立的各类新闻单位。新闻单位与非新闻单位可以合作设立互联网新闻信息服务单位，新闻单位拥有的股权不低于51%的，视为新闻单位设立互联网新闻信息服务单位；新闻单位拥有的股权低于51%的，视为非新闻单位设立互联网新闻信息服务单位。然而，任何组织不得设立中外合资经营、中外合作经营和外资经营的互联网新闻信息服务单位。新闻网站与涉外企业进行涉及互联网新闻信息服务业务的合作，需报经国家互联网信息办公室进行安全评估。①此外，互联网新闻信息服务提供者的采编业务和经营业务应当分开，非公有资本不得介入互联网新闻信息采编业务。②

4. 互联网视听节目

与互联网视听节目有关的服务是指制作、编辑、集成并通过互联网向公众提供视音频节目，以及为他人提供上载传播视听节目服务的活动。依据《互联网视听节目服务管理规定》第3条，国务院广播电影电视主管部门是互联网视听节目服务的行业主管部门，负责对互联网视听节目服务实施监督管理。第7条进一步规定，从事互联网视听节目服务，须取得广播电影电视主管部门颁发的许可证或履行备案手续。未按照该规定取得广播电影电视主管部门颁发的许可证或履行备案手续，任何单位和个人不得从事互联网视听节目服务。另外，依据《互联网视听节目服务管理规定》第8条，只有国有独资或国有控股单位才有资格申请从事互联网视听节目服务，民营企业或涉外企业均不得进入这一领域。这个规定出台之初在业界曾引起巨大反响，因为我国大部分的视频网站是由风险投资创办的民营企业。按照这个规定，这些非国资的视频网站都应被关闭。在听取了业界的呼声后，当时的国家广电总局又做了一个解释，即规定发布之前依法开办、无违法违规行为的互联网视频网站，可重新登记并继续运

① 参见《互联网新闻信息服务管理规定》第7条。
② 参见《互联网新闻信息服务管理规定》第8条。

营。另有不少网站采取租赁方式或者寻找合适的国有资源，“借壳上网”，曲线获得经营网络视频的许可证。[①]

5. 互联网出版

互联网出版是继图书、报纸、期刊、音像制品和电子出版物后出现的又一种出版形态，它指的是通过信息网络向公众提供具有编辑、制作、加工等出版特征的数字化作品，主要包括：文学、艺术、科学等领域内具有知识性、思想性的文字、图片、地图、游戏、动漫、音视频读物等原创数字化作品；与已出版的图书、报纸、期刊、音像制品、电子出版物等内容相一致的数字化作品；以及将上述作品通过选择、编排、汇集等方式形成的网络文献数据库等数字化作品。互联网出版机构，是指经新闻出版行政部门和电信管理机构批准，从事互联网出版业务的网站。这些网站目前大体上可分为四类：一是现有出版单位增加网络出版业务，作为对传统出版手段的补充，这类网站以出版图书、期刊、报纸、音像制品、电子出版物等的网络版为主，还有的利用网络提供资讯服务；二是专门从事互联网出版的网站，主要从事网络文学、网络游戏、网络音乐等，以及其他各类信息数据的网上传播；三是综合性网站开辟网络出版类栏目，如网络期刊、电子书专栏等；四是数字图书馆在互联网上从事在线出版活动。

依据《网络出版服务管理规定》，从事网络出版服务，必须依法经过出版行政主管部门批准，取得网络出版服务许可证。[②] 中外合资经营、中外合作经营及外资经营单位不得从事网络出版服务。[③] 网络出版服务单位如果与境内涉外企业或境外组织及个人进行网络出版服务业务的项目合作，应事前报国家新闻出版署审批。[④] 如出版涉及国家安全、社会安定等方面重大选题的内容，应事前报国家新闻出版署备案。[⑤] 网络游戏上网出版前，应向当地出版行政主管部门提出申请，经审核同意后，报国家新闻出版署审批。[⑥]

6. 互联网文化活动

互联网文化活动指的是提供互联网文化产品及其服务的活动，主要包括：互联网文化产品的制作、复制、进口、批发、零售、出租、播放等活动；将文化产品登载在互联网上，或者通过互联网、移动通信网等信息网络发送到计算机、固定电话机、移动电话机、电视机、游戏机等用户端以及网吧等互联网上网服务营业场所，供上网用户浏览、欣赏、使用或者下载的在线传播行为；互联网文化产品的展览、比赛等活动。

---

① 周婷．视频网站面临重新洗牌．中国证券报，2008－02－13（B04）．
② 参见《网络出版服务管理规定》第7条。
③ 参见《网络出版服务管理规定》第10条。
④ 参见《网络出版服务管理规定》第10条。
⑤ 参见《网络出版服务管理规定》第26条。
⑥ 参见《网络出版服务管理规定》第27条。

依据《互联网文化管理暂行规定》，互联网文化活动分为经营性和非经营性两类。经营性互联网文化活动是指以营利为目的，通过向上网用户收费或者电子商务、广告、赞助等方式获取利益，提供互联网文化产品及其服务的活动。非经营性互联网文化活动是指不以营利为目的向上网用户提供互联网文化产品及其服务的活动。[①] 申请设立经营性互联网文化单位，应向所在地省、自治区、直辖市人民政府文化行政部门提出申请，获得后者颁发的网络文化经营许可证方可营业。申请设立非经营性互联网文化单位，只需向所在地省、自治区、直辖市人民政府文化行政部门申请备案。[②]

(三) 其他管控手段

1. 架构性控制

我国将互联网络分为两大类：骨干网和接入网。骨干网是用来连接多个区域的高速网络。接入网指的就是网络服务提供商。目前我国拥有四大骨干网，即中国公用计算机互联网（CHINANET）、中国金桥信息网（CHINAGBN）、中国教育和科研计算机网（CERNET）、中国科技网（CSTNET）。这些骨干网均由政府部门创建。所有连接国际互联网的网站，首先必须连上骨干网，而所有骨干网必须通过工信部的端口方可连上国际互联网。一方面，通过控制骨干网及其连接国际互联网的端口，政府就获得了对网络传播的架构性控制，在紧急情况下甚至有能力进行全面封网。另一方面，在骨干网之间以及接入网之间存在激烈的竞争，这在很大程度上促进了中国基础网络产业的发展。

2. 技术限制

几乎所有的网站都被要求采取技术措施来限制网上非法的有害信息的传播。常用的技术措施包括关键词过滤和选择性屏蔽网站。关键词过滤是指网络应用中，对传输信息进行预先程序过滤、嗅探指定的关键字词，并进行智能识别，检查网络中是否有违反指定策略的行为。关键词过滤主要布置在路由器、应用服务器、终端软件上，应用场合包括网络访问、论坛、网络日志、即时通信、电子邮件等。这种过滤机制是主动的，通常对包含关键词的信息进行阻断连接、取消或延后显示、替换、人工干预等处理。选择性屏蔽网站就是对被界定为非法有害的网站进行屏蔽，使用户无法打开或延后显示，其采取的技术和关键词过滤较为类似。这两种技术限制不是万能的，用户有时可以通过免费或付费的软件绕过相应的 IP 封锁、内容过滤、域名劫持等，实现对网络内容的访问。

3. 行政执法

行政执法是指行政主体依照行政执法程序及有关法律法规的规定，对具体

① 参见《互联网文化管理暂行规定》第 3 条。

② 参见《互联网文化管理暂行规定》第 6 条。

事件进行处理并直接影响相对人权利与义务的具体行政法律行为。以2020年为例，针对网络传播出现的违法违规问题，全国网信系统全年依法约谈网站4 282家，对4 551家网站给予警告，暂停更新网站1 994家，会同电信主管部门取消违法网站许可或备案、关闭违法网站18 489家，移送司法机关相关案件线索7 550件。有关网站依据用户服务协议关闭各类违法违规账号群组15.8万个。[①] 比如，针对"新浪微博"干扰网上传播秩序、传播违法违规信息等问题，依法约谈"新浪微博"负责人，责令其立即整改，暂停更新微博热搜榜、热门话题榜一周，并对平台多次予以罚款的行政处罚。又比如，针对部分网站平台无视社会责任，散布诈骗、赌博、色情、暴力等信息问题，各地网信部门关闭了"乐旺购""太阳城"等一批违法网站、下架"桃花直播""小肚皮"等一批违法移动应用程序，并将相关线索移送公安机关。事实上，行政执法已成为政府管控互联网最常用的手段。互联网引发的诸多问题常常是在行政层面加以处理的，而不是通过法院途径的。有论者指出，此种做法固然可以提高管控互联网的效率，但如果运用不当或过头的话，就有可能构成对互联网产业以及言论自由的压制。

4. 行业自律

行业自律最具代表性的事例就是2001年中国互联网协会的成立。该协会由国内从事互联网行业的网络运营商、服务提供商、设备制造商、系统集成商以及科研、教育机构等70多家互联网从业者共同发起成立，是由中国互联网行业及与互联网相关的企事业单位自愿结成的行业性的、全国性的、非营利性的社会组织。2004年，该协会发布《中国互联网行业自律公约》，以规范从业者行为，依法促进和保障互联网行业的健康发展。除此之外，该协会还针对互联网出现的具体问题发布了数十个行业规则，比如《中国互联网网络版权自律公约》(2005)、《中国互联网协会反垃圾短信息自律公约》(2008)、《反网络病毒自律公约》(2009)等。按照协会章程，所有协会会员都应遵守这些公约。在我国，行业自律管控互联网的作用不应被高估，但也不应被低估。以打击垃圾邮件为例，在互联网行业的共同努力下，源于中国的垃圾邮件数量呈稳步下降之势。英国网络安全公司Sophos 2010年第1季度监测报告显示，源于中国的垃圾邮件数量仅占全球垃圾邮件总量的1.9%，排名从2009年第4季度的第7位大幅下降至第15位；2010年后3个季度的Sophos报告显示，我国已不在全球垃圾邮件源发大国之列。[②]

---

① 张璁．依法约谈网站4 282家．人民日报，2021-02-01 (4).

② 《2010年中国互联网网络安全报告》编委会. 2010年网络安全状况综述.(2014-07-29)[2023-10-10]. http://www.cac.gov.cn/files/pdf/wlaq/Annual%20Report/2010annual%20report1.pdf?eqid=e2921344000b87860000000564575c9b.

第三节　网络传播法之构建

网络传播法是一个较为新颖同时又充满挑战的法律领域。在一些人看来，网络传播法不过是言论自由、名誉权、隐私权等传统的传播法则在互联网领域的应用，它本身缺乏一套内在的能与其他法学类别区分开来的价值体系。在我们看来，网络传播法固然涉及传统法则在网络空间的运用，但信息技术的发展不断引发新的法律规制问题，迫切要求我们重新审视那些传统法则。比如说，在传统环境下，隐私或名誉的侵犯者较为容易发现；但网络传播是匿名的，追究侵权信息发布者的责任因此变得相当困难。再比如，在现实世界，通过检查用户的身份证，网吧门卫便可将未成年人挡在门外，使之无法进去玩电子游戏；但在虚拟空间，未成年人可谎称已满十八岁，从而得以登录网站玩网络游戏。这些例子证明，那些限制物理世界的法律在网络空间可能会失效。这意味着我们需要考虑制定确立新的法律体系来应对互联网带来的问题。

有论者指出，网络传播法可从两个板块进行构建，即网络本体法和网络关联法。网络本体法指的是主要针对网络传播的立法，其调整对象可分为三个层面，即底层的关键信息基础设施、中间层的互联网服务提供商、应用层的互联网信息。[①] 关键信息基础是互联网发展的根基所在。针对关键信息基础立法的关键是使关键信息基础的所有者或运营者承当相应的社会责任和法律义务，并通过组织保障、风险预警、技术支持、国际执法合作等措施，形成多方利益主体参与的网络安全治理新格局。俄罗斯 2000 年制定的《信息安全原则》、美国 2003 年制定的《保护网络空间国家战略》以及我国 2016 年通过的《网络安全法》便反映了此类立法的精神。互联网服务提供商的出现，在互联网技术和网络用户之间架起了坚实的桥梁，极大地促进了信息的流动和生产方式的变革。对于互联网服务提供商，国际上的立法基本上都是以保护为主，限制或豁免其责任，为其提供安全避风港。美国 1998 年制定的《千禧年数字版权法》、我国 2018 年通过的《电子商务法》等便是此类立法的代表。在立法者看来，只有为互联网服务提供商提供这样的保护，互联网服务提供商才能免去后顾之忧，进行各种创新。促进信息流通是网络传播的目的所在，但互联网信息常常鱼龙混杂，包含了大量违法、非法信息，比如煽动犯罪、淫秽、色情、涉及诽谤或隐私的内容等。对网络信息进行管理，因此也成为相关立法的重点，我国国务院 2000 年制定的《互联网信息服务管理办法》便是一例。在遏制非法、违法信息传播的同时，也要为网络言论自由提供切实保障，如何在这两者之间取得适度的平衡，便是互联网信息立法的重点和难点所在。

网络关联法指的就是与网络传播相关联的法律。互联网不是独立存在的，

---

① 周汉华．论互联网法．中国法学，2015 (3)：20－37.

它和物理世界存在千丝万缕的联系。有关互联网的立法也不是完全独立的，而是和现行的法律体系之间存在“你中有我、我中有你”的关系。从各国法律实践来看，现行法律有的可直接运用到网络空间，有的则需要经过修改或者解释后才可适用；如果确实无法直接应用，才会考虑制定专门针对网络的立法，即网络本体法。比如，全国人大常委会2000年通过的《关于维护互联网安全的决定》，其主旨就是重申现行《中华人民共和国刑法》（简称《刑法》）规定的若干罪名适用于互联网。比如，为了维护国家安全和社会稳定，重申了《刑法》第103条煽动分裂国家罪，第105条煽动颠覆国家政权罪，第249条煽动民族仇恨、民族歧视罪，第282条非法获取国家秘密罪，第300条组织、利用会道门、邪教组织、利用迷信破坏法律实施罪，第398条故意或过失泄露国家秘密罪等；为了保护个人、法人和其他组织的人身、财产等合法权益，重申了《刑法》第246条侮辱罪、诽谤罪，第252条侵犯通信自由罪，第264条盗窃罪，第266条诈骗罪、第274条敲诈勒索罪等。此外，由于网络传播具有其独特性，将现行法律应用到互联网上有时需要做出一定调整，才可用来解决网络空间所出现的法律纠纷。比如规定“非法截获、篡改、删除他人电子邮件或者其他数据资料”，可视为侵犯公民通信自由和通信秘密，则是对《刑法》第252条的“非法开拆他人信件”的引申。总的来说，网络关联法构件的关键在于对现行宪法、侵权法、合同法、知识产权法等与互联网相关的法律条款进行调整，使调整后的条款不仅可以解决网络传播带来的新问题，而且能在法理上同现行法律保持一致，这也是本书探讨的主要内容。

如同传统的媒体法，网络传播法还可从三个维度进行构建，即与国家的关系、与社会的关系、与公民的关系。这也是本书所采纳的总体分析框架。在网络传播与国家层面上，本书将重点讨论宪法对网络言论自由的保护，以及对危及国家安全言论的限制，包括煽动性言论、泄露国家秘密、网络安全。在网络传播与社会层面上，本书将重点讨论虚假信息、网络色情、网络广告三个方面对社会秩序可能构成的伤害。在网络传播与公民层面上，本书将重点讨论对名誉权、隐私权、个人信息、姓名权、肖像权、公开权和知识产权等公民权利的保护。在此框架下，围绕网络传播所带来的挑战，我们会对相关的网络本体法及网络关联法一并进行讨论。我们尤其关注在何种情况下传统法则可运用到网络空间？是否可以以及如何对传统法则进行修改，以便更好地解决网络传播所带来的新问题？在讨论这些问题时，我们将充分借鉴法治发达国家的立法和司法实践，以为我国网络传播法的完善提供参考，也为我国读者理解网络传播法提供一个国际比较的视角。

【本章小结】

本章首先勾勒了互联网技术的诞生及其商业化、市场化的发展历程，指出其受到大众欢迎的重要原因，即传播成本低、互动性强、信息容量大、传播具有匿名性等。与此同时，本章揭示了网络传播所存在的诸多问题，尤其非法、违法信息在网络空间的快速扩散，这些问题成为世界各国管制互联网的重要起因。在接下来的篇幅里，我们简要阐述了国际层面管制互联网的两个重要内容，一是美国创建 ICANN 并对全球互联网进行管控，二是联合国试图通过 WSIS 来推动国际网络空间的多元共治。之后，我们详细讨论了中国管制互联网的多重手段，包括法律规制、行政许可、架构性控制、技术限制、行政执法、业界自律等。最后，本章从两个板块（即网络本体法和网络关联法）、三个维度（网络传播和国家的关系、网络传播和社会的关系、网络传播和公民的关系）出发，提出了研究网络传播法的理论框架和路线。

【思考题】

1. 如何界定网络传播？它有哪些显著特点？
2. 为什么要对网络传播进行管制？管制是否会带来负面后果？
3. 什么是 ICANN？它在全球互联网治理环节中扮演什么角色？
4. 如何评价联合国在国际网络治理方面的尝试和成效？
5. 我国怎样对网络传播进行管制？存在什么问题？
6. 我们该如何理解和构建网络传播法？

第 2 章　言论自由

言论自由有着漫长的发展历程。早在公元前 6 世纪至公元前 5 世纪，古希腊雅典的民主政治体制便融合了言论自由的精神。人们定期召开“公民大会”，决定每一个重大事件，每个公民则享有在公民大会上的发言权和投票权。[①] 1689 年，在“光荣革命”胜利以后，英国议会通过了旨在限制王权的《权利法案》，该法案明确赋予议会辩论和法庭诉讼的言论自由。1789 年法国大革命爆发，其间颁布的《人权和公民权宣言》将言论自由视为一项不可剥夺的自由，第 11 条宣称“传达思想和意见的自由是人最宝贵的权利之一”。同年 9 月，美国国会通过宪法十条修正案，其中第 1 条规定：“国会不得制定关于下列事项的法律：确立国教或禁止信教自由；剥夺言论自由或出版自由；剥夺人民和平集会和向政府请愿申冤的权利。”二战结束后，联合国在 1948 年通过《世界人权宣言》，其中第 19 条明确规定：“人人享有主张及发表意见的自由。”

1949 年中华人民共和国成立后，先后颁布了四部宪法，所有宪法均将言论自由作为公民的一项重要权利予以法律保护。现行 1982 年《宪法》第 35 条明确规定：“公民有言论、出版、集会、结社、游行、示威的自由。”这为我国开展各种新闻传播活动提供了宪法保障。

基于我国及世界法治先进国家保护言论自由的理论和实践，本章旨在阐释以下几个问题：我们为什么要保护言论自由？我们所说的言论自由到底指的是什么？言论自由是绝对的吗？如果不是的话，该受到怎样的限制？

第一节　言论自由的价值

言论自由普遍被看作人类的一项基本权利，受到各国宪法的保护。问题是，为什么要将言论自由看作人类的一项基本权利？为什么要对其进行宪法层面的保护？换句话说，保护言论自由的价值到底何在？理解这个问题不仅有助于我们加深对言论自由理论的认识，而且有助于我们评估涉及言论自由的司法实践。对此问题，已有众多持续、广泛、高深的讨论。概括起来，学者们主要认为言论自由有发现真理、监督政府、促进民主参与、维护社会稳定、实现自我等五大功能。在“惠特尼诉加利福尼亚案”中，美国最高法院大法官布兰代斯（Louis Brandeis）在解释为什么要保护言论自由的时候，将此五种功能一并

① RAAFLAUB K，OBER J，WALLACE R. Origins of democracy in ancient Greece. Oakland，CA：University of California Press，2007：65.

囊括，做了一番辞藻华丽并蕴含哲理的陈述，原文如下：

> 那些为我们赢得独立的先辈相信国家的终极目的在于使人民自由地发展其才能；并且，政府将谨慎不专断地行使权力。他们视自由既是目的也是手段。他们相信自由即幸福之真谛，勇气即自由之奥秘。他们相信思你所欲、言你所思是发现和传播政治真理的不可或缺的手段。若言论和集会自由缺席，争论将流于空泛。他们认为争论足以提供充分的屏障，阻挡有害思想的传播。自由的最大威胁是没有行动力的人民。他们认为公开的争论是政治的责任，且它应成为美国政府的基本原则。他们意识到人所建立的所有的制度都存在风险。但他们深知仅仅利用人们对违反将遭到惩罚的恐惧并不能保障秩序。他们认为贬抑思想、希望和想象力是危险的。恐惧导致压抑，压抑滋生仇恨，仇恨威胁政府之稳定。他们认为安全的路径在于提供自由地表达不满、讨论补救措施的机会。纠正有害建议的方式便是提出好的建议。[①]

一、发现真理

有论者指出，保护言论自由有助于发现真理。这个观点可追溯至英国政论家弥尔顿（John Milton）1644 年提出的“观点的自由市场”理论。该理论认为，真理是通过各种意见、观点之间自由辩论和竞争获得的，而非权力赐予的；必须允许各种思想、言论、价值观在社会上自由流通，如同一个自由市场一样，才能让人们在比较和鉴别中认识真理。美国最高法院大法官霍姆斯（Oliver Holmes）同样持此观点，1919 年他在一份判决中写道：“对一个想法是否为真理最好的测试，即凭其力量在竞争市场中为人接受，并且唯有基于这样发现的真理，才能稳固地达成他们的愿望。”[②] 在我国，《光明日报》于 1978 年 5 月发表特约评论员文章《实践是检验真理的唯一标准》，引发了一场关于真理标准问题的大讨论。这次大讨论冲破了“两个凡是”的严重束缚，开启了中国民众的思想解放之门，也强力推动了中国长达四十多年的改革开放事业。

然而，观点的自由市场并非完美的论说。有批评者指出：以为各种想法都会进入自由交换的市场是错误的；即便各种想法都出现在思想的自由市场上，某一些观点因为其更多的宣传资源而显得更加响亮，其他一些观点则有可能完全被压制和掩盖；纵然真理能最后战胜错误的观点，但历史告诉我们，人们更有可能受情绪而非理性的控制；而错误的观点，如果煽动了民众的情绪，即便只是获得短暂的胜利，也足以对整个社会造成巨大的破坏。[③] 例如，二战期间，

---

① Whitney v. California，274 U. S. 357，375（1927）. 中文译文源自王笑红《宪法的精神》：http：//blog. sina. com. cn/s/blog_69aa08a90100tu5j. html。

② Abrams v. United States，250 U. S. 616（1919）.

③ BAKER C E. Human liberty and freedom of speech. New York：Oxford University Press，1989.

德国的希特勒、意大利的墨索里尼、日本的东条英机等，在本国和世界范围内鼓吹和推行法西斯主义，给人类社会带来了巨大灾难。由此可见，真理的获得不应抱任何侥幸心理，它需要给予公民充足的表达空间，需要依靠勇气和智慧的长久灌溉，才能开出美丽的花朵。

二、监督政府

有论者指出，保护言论自由，有助于监督政府，防止政府滥用权力或渎职犯罪，乃至推动政府或制度的变革。一个著名的例子就是水门事件。1972年，尼克松（Richard Nixon）寻求连任美国总统。为获取民主党的竞选情报，尼克松竞选团队的成员闯入位于华盛顿水门大厦的民主党全国委员会办公室，安装窃听器，偷拍文件，被当场抓获。事发后尼克松曾一度竭力掩盖开脱，但随后《华盛顿邮报》的两位记者伍德沃德（Bob Woodward）和伯恩斯坦（Carl Bernstein）对整个事件进行了一系列的调查性报道，最终导致尼克松辞职。这是美国新闻史上最为辉煌的一笔，并为后来的调查性报道和媒体监督树立了典范。自此以后，几乎所有竞选公职或担任公职的人都受到严格的媒体“审查”。对记者而言，如果没能及时发现、报道候选人或当选官员的滥用权力或其他丑闻，他们会感到很失败。新闻媒体由此更加严肃地对待他们扮演的“看门狗”一角，他们决定对任何滥用权力的事情都要进行报道，无论涉及什么层面的人物和政府机构。

我国《宪法》第41条明确规定，公民对于任何国家机关和国家工作人员，有提出批评和建议的权利。这为我国媒体和民众监督政府提供了宪法保护，在实务中也出现了一些代表性案例。例如，2002年6月22日，山西省繁峙县发生特大矿难事故，当地政府隐瞒不报。《中国青年报》于6月29日发表了《惨剧真相扑朔迷离——聚焦繁峙金矿爆炸案》，并随后进行10多天的连续报道，有力地推动了矿难调查。另外，2003年3月20日，湖北青年孙志刚因未带证件，在广州收容所被打致死。4月25日，《南方都市报》率先对此进行披露，全国一片哗然。在此背景下，涉案犯罪嫌疑人全部被缉捕归案，实行多年的收容遣送制度被废止。这就是著名的“孙志刚事件”。由此可见，舆论监督对遏制官员腐败、纠正政府错误可以发挥重要的作用，而要实现这一点，就必须为媒体及非媒体监督者创造一个相对宽松的言论自由环境。

三、促进民主参与

有论者指出，言论自由是民主制度运行的关键。没有言论自由，民众就更有可能变得无知和冷漠，也更有可能被当权者欺骗。有了言论自由，民众就有可能影响政府决策，参与民主进程。美国开国元勋杰斐逊（Thomas Jefferson）在1787年指出，我们政府的基础就是人民的意见，我们的首要目标就是正确树立这一观念，而人民理应通过报纸等公开渠道获得关于其事务的全部信息。[①] 近代哲学家米克尔约翰（Alexander Meiklejohn）在1948年指出，保障言论自由的目的是使这个国家每一个投票的成员能最全面地、尽可能地参与理解一个自治社会的公民必须处理的那些问题；投票是民主参与的关键，而信息的自由流通则是投票过程的关键一环。米克尔约翰还认为，这一功能不仅适用于投票这种表达行为，也适用于任何与公共事务相关的言论，因此都应受到宪法的绝对保护。[②]

2007年发生的"厦门PX项目事件"便是我国民众进行政治参与的著名个案。厦门市海沧PX项目，是2006年厦门市引进的一项对二甲苯化工项目，该项目号称厦门"有史以来最大工业项目"。由于担心化工厂建成后危害民众健康，在该项目出台之初便有百名全国政协委员联名签署提案，建议厦门PX项目迁址。随着工程的推进，更多的信息通过媒体、网络等渠道被披露，引起了媒体和民众的强烈关注。2007年6月1日至2日，为抵制PX项目落户厦门海沧区，部分厦门市民以"散步"的形式，集体在厦门市政府门前表达反对意见。在利益相关方经过多轮讨论和博弈之后，福建省政府针对厦门PX项目问题在2007年12月召开专项会议，最终决定迁建PX项目。

四、维护社会稳定

有论者指出，言论自由有助于维护社会稳定。这是因为信息的自由流动能使社会更好地看到它的问题，从而相应地做出持续的、渐进的调整。给批评者创造一个宽松的言论环境，会促使他们在现有的体制框架下寻求变革，而不是寻求暴力解决问题；反之，如果对不满和批评的声音强行压制，只会引发民众对政府的怨恨和憎恶，而这正是导致社会动荡的重要原因。从这个意义上说，言论自由可扮演社会安全阀的角色，让不满的声音有发泄的通道，而不是被刚性压制以致促其爆发。历史经验也表明，传统和变化是可以共存的。稳定的社会变化，如果控制得当，是可以期待的，而其中重要的社会前提就是为民众创造自由交换问题和意见的环境。

例如，我国当前正处于社会转型期，产生各种利益矛盾和冲突是很正常的事情。工人、农民、市民等群体为了自身利益，进行集体上访、游行示威这样的情形时有发生。这本来是公民正常的意愿表达和利益诉求，但常常被有些官员视为影响社会稳定的群体性事件，进而动用警察进行刚性压制，导致矛盾激化、冲突升级，造成人财物的巨大损失，也损害了政府的执政威信。[③] 实际上，

---

① ZELEZNY J D. Communications law: liberties, restraints, and the modern media. 6th ed. Boston, MA: Wadsworth, 2011: 39.

② MEIKLEJOHN A. Free speech and its relation to self-government. New York: Kennikat Press, 1948: 88-89.

③ 于建嵘：当前压力维稳的困境与出路：再论中国社会的刚性稳定．(2012-10-21) [2023-10-10]. https://www.aisixiang.com/data/58296.html.

一个社会不可能没有矛盾和冲突，也永远消灭不了矛盾和冲突，关键是要把它们控制在一定范围之内。给民众说话的权利、发言的空间，便是实现社会稳定的重要路径。

五、实现自我

有论者指出，言论自由是彰显个人价值、实现自我的一种重要手段。在我国宪法学者王建勋看来，人存在的目的是实现自己的个性与潜能，每个人在发展自己的个性时，离不开对自己信念和观点的表达，因为表达是观念和心智发展不可分割的一部分。压制信念、观点的表达就是对人的尊严和人性的否定。[①]在美国媒体法学者贝克（C. Edwin Baker）看来，美国宪法第一修正案保护的不仅是思想的自由市场，而且是个体在政府特定形式限制下的自由舞台；保护言论或其他表述的自由不是一个为了达到集体共赢的手段，而是因为它有助于显示个体的价值。贝克举例说，反越战人士在示威行动中反复喊“立即停战”的口号时，并不指望其言论会对战争有什么实质性影响。他们这样做，不如说是为了表达个人对此战争的立场，是实现自我的一种重要方式。对于“思想的自由市场”理论，贝克不以为然。他认为这个世界上不存在什么客观的、可发现的真理，人们也并不总是理性的，不同的人总会以不同的方式看待真理。贝克坚持认为，言论自由条款包含两个核心价值观，即自我满足和参与变革。这两种价值观实则包含了对个体自治和人人平等的尊重，并隐含了自我认识之自由和自我决策之自由的内容。[②]

但批评者指出，除了言论自由，还有许多其他能实现自我、提升个人自主性的方式，不过这些方式并未得到宪法的特别保护，因此自我实现不应成为保护言论自由的重要理由。[③] 这说明，如同前面的言论自由法则一样，实现自我的言论自由法则也不是完美的，但将这些法则合在一起辩证看待，便能帮助我们更好、更全面地理解言论自由所蕴含的巨大价值。

第二节 言论自由的内涵

言论自由到底指的是什么呢?《公民权利和政治权利国际公约》第19条规定：“人人有自由发表意见的权利；此项权利包括寻求、接受和传递各种信息和思想的自由，而不论国界，也不论口头的、书写的、印刷的、采取艺术形式的或通过他所选择的任何其他媒介。”《公民权利和政治权利国际公约》是联合

① 王建勋．宪政要义：有限政府的一般理论．香港：香港城市大学出版社，2017.

② BAKER C E. Human liberty and freedom of speech. New York: Oxford University Press, 1989.

③ BORK R. Neutral principles and some first amendment problems. Indiana law journal, 1971 (1): 28.

国在《世界人权宣言》基础上通过的一项公约。我国政府于 1998 年 10 月签署了此公约，但尚待全国人大常委会批准。依据此公约以及结合我国相关的法律规定，言论自由主要包括两方面的内容，即知情权（寻求、接受信息和观点的自由和权利）和表达权（传递信息和观点的自由和权利）。在新闻传播领域，知情权还可具化为采访权，后者可被视为新闻记者专享的一种知情权。

一、知情权

知情权指的是民众享有从官方或非官方渠道知悉、获取相关信息的权利。对于传播者来说，如果没有获知信息的权利或通道，那么其表达就如无源之水、无本之木，会失去存在的根基。即便能表达出来，因为没有受众或接收者，也就失去其社会价值。因此，将知情权视为言论自由的一部分有其必要性。知情权和表达权这两种权利相互支撑、互为补充，共同构成言论自由的权利体系。

《世界人权宣言》以及《公民权利和政治权利国际公约》规定了“寻求、接受……信息和思想的自由”，被视为对知情权的明确保障。美国宪法并未明确提出“知情权”的概念，但最高法院在多个判例中至少暗示宪法第一修正案蕴含了公众接受信息的权利。[①] 我国《宪法》规定人民通过各种途径和形式管理国家事务和社会事务（第 2 条）；国家机关和国家工作人员必须接受人民的监督（第 27 条）；公民对于国家机关和国家工作人员有提出批评和建议的权利（第 41 条）。鉴于管理、监督、批评、建议的前提是了解国家和社会发生的情况，上述条款被认为是为知情权提供了宪法依据。

知情权可分为消极权利和积极权利两种。消极权利指的是对于自然存在的信息，民众可以自由地接受和汲取，国家、社会或他人承担了消极的不予干预、妨碍的义务。积极权利指的是应当让公众知悉的信息，却被控制在特定机构或人士手中，那么可以要求相关机构公开这些信息。更具体来说，积极权利主要是要求政府信息公开的权利，特定单位和人士负有向公众公开信息的义务。[②] 知情权从消极权利到积极权利的扩展，反映了公众参政议政的时代需求，因为民众必须要了解各种信息和观点才能有效参与政治，进而推动了民主政治的发展。

为了充分保障公众的知情权，美国、英国、日本等国先后制定了信息自由法案。这些法案赋予公众获取公共部门有关信息的权利，同时也可增强政府部门工作的透明度，使其政策制定更加公平、民主和开放。如果政府机关拒绝公民合法的信息公开要求，公民可以提起司法诉讼，法院拥有信息是否公开的最终裁决权。

我国国务院于 2007 年颁布实施《中华人民共和国政府信息公开条例》（简称《政府信息公开条例》），2019 年又对其进行修订和完善。现行条例采纳了国

---

① PAUL S. Communication law in America. 2nd ed. Rowman & Littlefield，2008：285.

② 魏永征，周丽娜．新闻传播法教程．6 版．北京：中国人民大学出版社，2019：32.

际通行的"公开为原则，不公开为例外"的原则，除了特定的政府信息之外，所有政府信息原则上都应公开（第13条）。政府信息在此指的是行政机关在履行行政管理职能过程中制作或者获取的，以一定形式记录、保存的信息（第2条）。公开的方式分为主动公开和依申请公开两种。对涉及公众利益调整、需要公众广泛知晓或者需要公众参与决策的政府信息，行政机关应当主动公开（第19条）；除此之外，个人或组织还可以向相关行政机关申请获取所需的政府信息（第27条）。为了确保信息公开工作落到实处，该条例还规定了一系列监督和救济措施，这些措施有助于减少政府决定公开或不公开的任意性，为公众依法获取政府信息提供了有力保障。

二、采访权：一种特殊的知情权

知情权是包括记者在内的人人享有的权利，采访权自然也是一种获知信息的权利，但常被限定在新闻传播领域，是新闻记者专门享有的权利，或者说，是一种特殊的知情权。[①] 如同知情权，采访权也可分为消极权利和积极权利两种。消极权利主要体现为采访不被干预的权利，积极权利主要体现为隐匿消息来源的特权和获取政府信息的特权。

（一）采访不被干预的权利

采访权首先指的是采访活动不被外界干预的权利。这是一种绝对的权利，权利的义务主体是一切人，他人承担了不予干预、阻碍的义务。新闻出版总署2009年颁布的《新闻记者证管理办法》第5条明确规定："新闻记者持新闻记者证依法从事新闻采访活动受法律保护。各级人民政府及其职能部门、工作人员应为合法的新闻采访活动提供必要的便利和保障。任何组织或者个人不得干扰、阻挠新闻机构及其新闻记者合法的采访活动。"这是一项行政规定，法律效力有限，但体现了我国新闻出版主管部门保护新闻记者采访活动的良苦用心。

在现实生活中，记者采访被干扰、阻挠的情况时有发生。比如，2003年10月，新华社记者顾立林在河南登封采访煤矿透水事故，相机被抢，并遭到殴打。2008年8月，《成都商报》记者彭世军在西安翻译学院采访该校招生、就业情况时，遭到四名校方人员毒打抢劫。2015年1月，《南方都市报》记者在深圳一海鲜山庄暗访当地警察聚餐吃娃娃鱼时，被多名警察殴打。这样的案例屡见不鲜，凸显了通过法律手段保护采访权的必要性。如果不对采访权加以保护，记者不但无法开展正常的采访活动，甚至难以保障其基本的人身安全。

---

① 鉴于网络媒体（包括社交媒体）已经成为民众获知信息的重要渠道，网络记者能否像新闻记者一样享有采编权，是社会比较关注的话题。但早在2010年2月，新闻出版总署新闻报刊司负责人在回答人民网记者采访时就明确表示："商业网站不是新闻单位，由于其没有合法采访和首发新闻的资质，经批准的也只有转发新闻的职能，没有自采新闻职能，因此这类网站一律不发放新闻记者证。"这一政策至今没有变化。

需要说明的是，记者有权进行采访，并不意味着当事人一定要予以配合。相反，当事人可以拒绝采访，这是他的权利，而不是对采访活动的干扰或阻碍。记者需要通过其他合法手段完成采访，包括争取当事人的理解和支持，而不可强迫其接受采访。此外，记者也不可通过欺骗、贿赂、偷拍、偷录等方式收集信息，这些方式不仅存在伦理问题，更有可能存在法律风险。

（二）隐匿消息来源的特权

记者和信息提供者之间的信任关系是采访取得成功的重要保障。尤其是在提供隐秘信息的时候，被采访人常常要求记者保密，不得向外界透露其个人身份。如果记者迫于压力无法做到这一点，将会严重损害双方的信任关系，也会严重削弱记者的信息采集能力。为此，不少新闻工作者主张，法律应赋予他们隐匿消息来源的权利；面对法院传票的压力，记者可以就消息来源问题拒绝作证或拒绝出示有关材料。但在法院等政府部门看来，只有在听取所有与某一案件相关的证据后，才可能做出公正的判决。记者和其他公民一样，在被法院传唤时，都有作证或出示相关材料的义务。

在1972年的“布莱兹伯格诉海耶斯案”中，美国最高法院裁定，记者尽管享有宪法第一修正案的保护，但在向大陪审团作证时，并没有拒绝透露消息来源的特权。在此案中，持异议的大法官斯图尔特（Potter Stewart）则认为，政府必须证明以下三点，才可以强迫记者作证：（a）有充足的理由相信记者掌握着与犯罪调查相关的信息；（b）政府对此信息有迫切的需求（比如，它的披露或不披露可能会影响判决的结果）；（c）记者是所需信息的唯一的、可识别的来源。① 斯图尔特的异议观点比美国最高法院的主流观点更受欢迎。在随后的司法实践中，许多法院在决定是否强迫记者作证时，都使用了斯图尔特提出的三部分组成的检验标准。我国尚未赋予媒体隐匿消息来源的权利，一个重要的考虑是这种权利存在着媒体滥用甚至杜撰消息来源的风险。斯图尔特提出的检验标准较好地平衡了可能的利益冲突，值得我们司法实践借鉴。

（三）获取政府信息的特权

新闻机构作为一种公共性社会组织，常常拥有比民众更多的获取信息的通道，一个广被认可的正式的通道便是新闻发布会。新闻发布会是政府部门或社会组织定期、不定期或临时举办的信息和新闻发布活动，直接向新闻界发布政府政策或组织信息，解释政府或组织的重大政策和事件。新闻发布会通常有正规的形式，会专门邀请记者、媒体负责人、政府官员和相关单位代表参加，包含新闻发言人发布新闻、点请记者提问、回答记者提问等环节。另一个通道就是参加记者招待会。政府部门或社会组织为了更好地开展工作，塑造良好的社

---

① Branzburg v. Hayes，408 U. S. 665（1972）.

会形象，也会定期或不定期召开记者招待会，和新闻媒体进行友好沟通。尽管这不是新闻发布会，但记者也常常可从中获得有价值的信息。

除了参加新闻发布会和记者招待会，新闻机构是否具有更多的获取政府信息的特权呢？比如说，记者能否采访监狱犯人、旁听刑事审判或随军进行采访呢？在这些方面，我国政府将记者视为公众的普通一员，并未给予记者更多的权利。在美国的司法实践中，法院经常要面对的一个问题是，记者是否具有获取政府特殊信息的特权？或者说，记者是否拥有比公众更多的获知政府信息的权限？在记者看来，他们应被赋予获取特殊信息的权利，否则很多重要的政治信息和社会信息公众无从得知。在“佩尔诉普罗库尼亚案”中，美国最高法院裁定记者没有面对面采访囚犯的权利。① 在法院看来，记者有寻求消息来源并进行相关报道的自由，但这不意味着政府有向记者提供消息来源的义务，因为这个消息来源对公众而言也是不可接触的。法院关于采访囚犯的原则同样也体现在对其他公共机构的安全控制方面。比如军事基地和发电厂，这些场所虽为民众所拥有，但一般不对民众开放。记者也不能越雷池半步，如果硬性闯入，同样有可能被逮捕。② 但能否作为随军记者参与军事行动，这个问题美国国防部多有反复。在1991年的海湾战争以及2002年的阿富汗战争中，美国国防部批准了记者随军采访的要求。美国最高法院在“甘内特诉底帕斯果里案”中认定，美国宪法第六修正案所规定的公共审判权是刑事案件中被告所享有的权利，但这并不保证公众或新闻界人士也有参加听证会乃至审判的权利。③ 这个判决引发了争议。一年之后，美国法院在“里士满报业诉弗吉尼亚案”中做出了相反的判决，认为美国宪法第一修正案赋予了报界人士和公众参加刑事审判的权利。④

三、表达权

表达权指的是以各种手段表达或传播自己思想、感受、信息或观点的权利。我国《宪法》第35条明确规定：“中华人民共和国公民有言论、出版、集会、结社、游行、示威的自由。”这可视为表达权的宪法来源。表达权既涉及表达的内容，也涉及表达的形式。表达的内容涉及人类生活的方方面面，不仅包括特定人或群体感兴趣的议题，也包括国家政治和经济等一般性内容。表达的内容可以是肯定和赞美性的，也可以是批评和建议性的。就表达的形式而言，不仅包括私人性的通信或谈话，也包括使用报纸、杂志、图书、广播、电影、电视、互联网等大众媒体。表达不仅仅限于言语性的；它也可以是符号性

---

① Pell v. Procunier，417 U.S. 817（1974）.

② Greer v. Spock，424 U.S. 828（1976）.

③ Gannett Co. v. DepaSquale，443 U.S. 368（1979）.

④ Richmond Newspapers，Inc. v. Virginia，448 U.S. 555（1980）.

或象征性的，例如图片、绘画、雕塑、音乐、手势等。另外，诸如哀悼、献花这样的社会仪式也可视为一种表达形式。在各种形式的表达中，投票被认为是最重要的、最正式的表达形式。当遇到重大问题或重大问题难以达成一致时，人们经常通过投票来表达他们的意见。就新闻和信息的传播而言，出版权、播放权、网络表达权等表达权引发的关注和争议最多，因此在下面展开详细讨论。

（一）出版权

出版权指的是公民通过出版物行使的表达权。[①] 我国宪法虽明确规定公民有出版的自由，但其具体内涵需要到国务院颁布的《出版管理条例》中去寻找。依据该条例，"公民依法行使出版自由的权利，各级人民政府应当予以保障"（第5条）。至于公民如何行使这一权利，该条例明确指出："公民可以依照本条例规定，在出版物上自由表达自己对国家事务、经济和文化事业、社会事务的见解和意愿，自由发表自己从事科学研究、文学艺术创作和其他文化活动的成果。"（第23条）这是我国法律文件对公民行使出版自由的唯一的、具体的表述，其中包含了一个重要的原则，即公民的出版自由只可借助"出版物"实现。出版物在此指的是报纸、期刊、图书、音像制品和电子出版物（第2条）。这些出版物只能由诸如报社、期刊社、出版社这样的出版单位出版（第9条），出版单位的设立需要符合一系列条件，其中最为关键的是"有符合国务院出版行政主管部门认定的主办单位及其主管机关"（第11条）。换句话说，公民和个人不可自行办报或出版图书，也不可自行设立出版单位。我国有资格创办报刊、开展出版活动的只能是隶属于具有一定行政级别之政府机构的特定企事业单位，没有上级领导的"同人报刊""民间出版社"是不允许存在的。[②]

（二）播放权

播放权指的是公民通过广播电台、电视台行使的表达权。相比于报刊，广播和电视由于占据着宝贵的、稀缺的频道资源，其传播更为迅捷，社会影响更大，因此受到更为严格的管制，这集中体现在国务院颁布的《广播电视管理条例》等行政法规中。依据该条例，广播电台、电视台只能由县以上政府广播电视行政部门设立（教育电视台由市以上政府教育行政部门设立），其他任何单位和个人均无此权限，外商、外资更不可参与广播电台和电视台的设立（第10条）。此外，广播电视节目由广播电台、电视台和省级以上政府广播电视行政部门批准设立的广播电视节目制作经营单位制作；广播电台、电视台不得播放未取得广播电视节目制作经营许可的单位制作的广播电视节目（第31条）。质

---

① 此处说的出版权是言论自由的一部分，和著作权法上的出版权是两个完全不同的概念，后者参见本书第8章的介绍。

② 魏永征，周丽娜．新闻传播法教程．6版．北京：中国人民大学出版社，2019：22.

言之，公民的播放权受到明显限制，只能通过各级政府设立的广播电台、电视台来加以体现。

（三）网络表达权

互联网在21世纪的快速发展改变了人类几千年的传播历史。互联网出现以前，报纸、杂志、广播、电视等大众媒介主要由社会精英阶层控制，普通民众只能扮演被动的受众的角色。普通民众的发言一般止于私下场合的交谈和小规模的集会，难以利用大众媒体资源扩大其言论的影响范围。随着互联网的快速普及，人们获得了一种史无前例的表达机会。无论是早期的电子邮件、电子公告板，还是后来的博客、微博、微信、社交网站，都赋予了普通民众信息传播者和信息接收者的双重角色，表达权由此获得了广阔的发展空间，并得到了相关立法实践和司法实践的保护。

例如，成都世纪安胜信息技术有限公司与北京迅奥科技有限公司签订互联网服务协议，协议中包含论坛舆情处置、新闻宣传、信息溯源等内容，后在协议执行过程中，双方出现争执，并诉至法院。法院支持了甲方成都世纪安胜信息技术有限公司的合理诉求，但认为协议中的“论坛舆情处置”条款包含了按甲方要求消除互联网的不良影响的内容，属于《中华人民共和国合同法》第52条规定的“损害社会公共利益”的情况。判决书写道：“言论自由是宪法赋予公民的一项基本权利，而互联网言论自由是传统言论自由在互联网时代的体现，该项服务内容侵犯了公民的言论自由，不利于公民的表达权和监督权的实现，损害了社会公共利益，应属无效条款。”此判决以违反《中华人民共和国合同法》第52条为名，否决了普遍发生的网络删帖行为，也间接为网络表达权提供了法律保护。①

第三节　言论自由的限制

一、受限的范畴

即便言论自由存在上述诸多价值，也很少有人认为言论自由是绝对的。无论是国际人权公约，还是各国的宪法，都明确规定了言论自由的范畴，体现了言论自由的相对性原则。比如，《公民权利和政治权利国际公约》第19条规定：人人有表达自由，但此项权利之行使，附有特殊义务及责任，因此得以限制，限制的事由包括尊重他人权利或名誉，保障国家安全、公共秩序、公共健康或道德。第20条规定：任何鼓吹战争之宣传，应以法律禁止之；任何鼓吹种族、民族或宗教仇恨的言论，构成煽动歧视、敌视或强暴者，应以法律禁止

① 参见北京市第一中级人民法院民事判决书（2014）一中民终字第1677号。

之。《欧洲人权公约》(European Convention on Human Rights) 第10条所列举的限制言论自由的事由更为详细,包括保障国家安全、领土完整或公共安全的利益,防止混乱或犯罪,保护健康或道德,保护他人的名誉或者权利,防止秘密收到的情报的泄露,维护司法官员的权威与公正等。美国宪法第一修正案虽然明确规定了言论自由的不可限制性,但是国会也曾通过限制言论的法律,美国最高法院也在判决中多次表明言论自由的相对性。比如,在"R.A.V.诉圣保罗市案"中,大法官斯蒂文斯(John Paul Stevens)写道:针对言论自由的宪法保护可分为三个级别,其中政治言论是言论保护的核心,受到最高级别的保护;商业性言论、非淫秽性质的色情资料可被认为是第二级别的言论,受到相对较少的保护;淫秽资料、挑衅性言论受到的保护最少,政府可以直接加以禁止。[①] 对不同言论实行此等分类保护,尽管还存在一些争议,但在司法实践中已为美国法院所采纳。

我国《宪法》第35条规定公民享有言论、出版、集会等自由,但第51条同时规定,公民在行使这些自由和权利时,必须遵守宪法和法律,不得损害国家的、社会的、集体的利益和其他公民的合法的自由和权利。这是我国公民在行使各种言论自由和权利时所必须遵行的一个基本原则。为将这条宪法条款具体化,我国推出了一系列内容涵盖广泛且不分级别的禁载规定,以规范各种形式的信息传播活动。这些禁载规定见于国务院1997年颁布的《出版管理条例》《广播电视管理条例》和全国人大常委会2000年通过的《关于维护互联网安全的决定》等。这些法律法规中所包含的限制性规定大体包括下列一些内容:

(1) 反对宪法确立的基本原则的;

(2) 危害国家统一、主权和领土完整的;

(3) 泄露国家秘密、危害国家安全或者损害荣誉和利益的;

(4) 煽动民族仇恨、民族分裂,破坏民族团结,或侵害民族风俗习惯的;

(5) 宣扬邪教、迷信的;

(6) 扰乱社会秩序,破坏社会稳定的;

(7) 宣扬淫秽、赌博、暴力或者教唆犯罪的;

(8) 侮辱或者诽谤他人,侵害他人合法权益的;

(9) 法律、法规禁止的其他内容的。

以上第1条所说的"宪法确立的基本原则",主要是指我国官方所强调的四项基本原则,即坚持社会主义道路、坚持人民民主专政、坚持中国共产党的领导、坚持马克思列宁主义毛泽东思想。这四项基本原则是改革开放的总设计师邓小平在1979年提出来的。四项基本原则提出来以后,被写入我国《宪法》,成为全国人民必须遵循的基本准则。中国共产党的十四大修正通过的党章,明确强调四项基本原则"是我们的立国之本",是党和国家团结、稳定、

---

① R. A. V. v. City of St. Paul, 505 U. S. 377 (1992).

发展、进步的最重要政治基础。具体到信息传播活动，中国法律禁止任何挑战上述四项原则的言论。以上第2、3、4条的内容都是危害国家安全的。中国的传统文化历来把国家安全、荣誉和利益看得比个人的权利和自由更重要，因此那些有损于国家利益、颠覆政府的言论是中国法律禁载的重点对象。第1条所说的反对宪法确立的基本原则就是反对现行政治制度和现行政府，从这个意义上来讲也可认为是危害国家安全的行为。上述第5、6、7条是危害社会秩序的，包括宣扬淫秽、邪教、迷信、赌博和渲染暴力。尤其是对淫秽色情出版活动，中国一直采取非常严厉的禁止态度，认为它有伤社会风化，毒害青少年一代的身心健康，并且会导致性犯罪。上述第8条事关公民的人身权和名誉权。这项权利在中国出现的历史较短，但日益受到重视。另外，在《中华人民共和国刑法》、《中华人民共和国民法典》（简称《民法典》）等基本法中，均有与上述款项衔接的规定和惩罚措施，具体内容我们将在本书相关章节予以详细阐述。

二、限制的方式

政府即便有正当理由限制言论，也不能滥用此权利，而应注意在言论自由和其他重要的利益之间取得平衡。在实践中，政府限制言论的手段主要包括事前限制、事后追惩、时间-地点-方式的限制。这些限制在特定情况下有其必要性，但如果不加以适当限制的话，就很有可能构成对言论自由的伤害。

（一）事前限制

事前限制有多种表现形式，主要包括许可证制、审查制和法院禁止令等。许可证制是政府通过颁发许可证的手段，决定谁可以创办印刷媒体或电子媒体，或者决定某种言论是否可以发表。能获得许可证的人基本上都是政府所信任的人。如果出版的是政府不愿意看到的东西，政府可以取缔原来颁发给出版人的执照。美国最高法院认为，如果满足以下三个条件，政府颁发许可证并不违宪：(a) 具有重要理由，比如广播电视台必须要获得联邦通信委员会（Federal Communications Commission，FCC）颁发的营业执照才可运营，因为其占据了有限的公共资源（即电频波段），且对社会有普遍、广泛的影响；(b) 具有明确的标准，以至于主管机构无任何自由裁量空间；(c) 程序上有保障，使之对申请许可证的请求迅速作出反馈，对拒绝授予许可证的情况尽快启动司法审查等。[①] 这些标准是美国最高法院在一系列判决中慢慢确立的，其主要目的就是在保留许可证制的同时，防止此制度被政府滥用而成为压制言论自由的工具。

---

① CHEMERINSKY E. Constitutional law：principles and policies. 4th ed. New York：Aspen Publishers，2011：964.

审查制要求所有的手稿、校样、电影片等在发表之前，送请主管当局检查与核准。法院禁止令指的是法院颁布一道命令，禁止特定言论的发表。这两种方式都是对特定言论实施直接的事前限制，在实践中其所施予的限制常常超过实际的需要，因而被认为是较为严厉的限制言论自由的行为。在“尼尔诉明尼苏达案”中，美国最高法院认定明尼苏达州限制《星期六新闻报》（*The Saturday Press*）继续出版的禁止令是违宪的。首席大法官休斯（Charles Hughes）代表多数意见写道：“在大约150年里，美国几乎不存在事前限制关于公共官员失职的报道的情况，这个事实表明了一个根深蒂固的观念：这种限制将侵犯宪法权利。”在法院看来，事前限制存在政府压制言论的巨大风险，如果在犯罪之后通过法律手段来惩罚言论自由的滥用，则能更好地服务于社会利益。然而，这不是说绝对禁止对言论进行事前限制。在该案的判决书中，美国最高法院指出，在几种特殊情况下，允许进行事前限制，这些情形包括妨碍战争行为的传播、淫秽物品的传播、煽动暴力行为的传播等，因为这些传播行为如果不进行事前限制，就会给国家和社会带来无法弥补的损失。①

（二）事后追惩

事后追惩包括刑事、民事和行政的追惩手段。一般认为，事后追惩比事前限制的压制性要小，这是因为事后追惩是针对单个作品的发表，而事前限制会影响所有作品的发表。另外，在事后追惩中，是传播者而非政府来决定什么东西可以发表，而且在决策不合适的时候，才会受到惩罚。再者，事后追惩制为作品是否合适发表提供了公共评价的机会，而事前限制由于受内部行政程序主导而缺乏这样的机会。② 但有论者指出，即便存在上述差异，事后追惩和事前限制就管制效果而言也没有本质区别，尤其是相关法律含糊笼统、过于宽泛或过于严厉时，事后追惩同样能对言论自由产生类似“寒蝉效应”的效果。

含混（vagueness）和宽泛（overbreadth）事实上成为政府限制言论的重要方式。当一个理性的人无法说明何种言论受到该法律的禁止，何种言论又是为该法律所允许的，那么该法律被认为是含混的。如果该法律实质限制的言论超过宪法所允许的范畴，那么该法律被认为是宽泛的。这两者有时会重合，有时可以分开，但无论是含混还是宽泛，都会导致不公平、选择性执法、对言论产生“寒蝉效应”等问题。在美国，如果一项立法存在含混和宽泛的问题，常常会被认定为违宪。③ 在我国，含混和宽泛问题在法律法规中有时也会出现，但尚未受到严肃的挑战。如果立法者能对言论自由的范畴以及惩罚的条件和范围提供精确的界定，那么含混和宽泛的问题将会大大减少，也能对言论自由予以更合理的规制。

---

① Near v. Minnesota，283 U. S. 697，718－719（1931）.

② HOPKINS W W. Communication and the law. Northport，AL：Vision Press，2003：61.

③ 可参见 Kolender v. Lawson，461 U. S. 352（1983）；Schad v. Borough of Mt. Empgraim，452 U. S. 61（1981）等。

（三）时间-地点-方式的限制

事前限制和事后追惩主要是针对言论内容的限制，而时间-地点-方式的限制（time，place，and manner restriction，TPM）与言论内容无关，它针对的是言论表达的方式或管道。时间限制针对的是发言的时段。比如，在上下班高峰期，政府有权禁止抗议者在交通枢纽表达对政府政策的不满，因为这会妨碍公共交通的畅通；同样，在夜深人静的时刻，政府有权禁止发言者在大街上大声表达政见，因为这会影响附近居民的正常睡眠。地点限制针对的是发言的场所。美国法院将发言场所分为三个论坛，即传统公共论坛、有限公共论坛和非公共论坛。传统公共论坛指的是传统的传播信息和观点的公共场所，比如公园、人行道、街道等。对于没有机会接触广播电视等大众传媒资源的民众来说，这些公共场所是他们表达己见的重要阵地。政府不应对这些地方的言论表达进行限制，除非是基于合理的理由。有限公共论坛是政府指定的用于公共讨论的特定场所，比如法院、博览会、公立大学等。但除了言论表达之外，这些场所还有其他的重要功能，比如法院是用来审判案件的地方，重要的社会辩论只可在法院的台阶前，而不能在法院内部进行。因此，政府对有限公共论坛的言论发表有更多的管制权限。非公共论坛包括纯粹私人场所以及仅用于特定目的（言论发表除外）的公共场所，比如机场、监狱、军事基地、私人住宅等。一般情况下，政府对这些场所的言论表达享有充足的管制权限。方式限制针对的是发言的方式。不是所有的表达都是文字或图片性质的，有不少表达是通过象征符号（比如烧国旗）实现的。美国最高法院在"得克萨斯诉约翰逊案"中裁决，象征式表达（symbolic speech）也属于宪法第一修正案保护的范畴；政府若要对象征式表达进行限制，则必须谨慎从事，不得针对该表达所传达的信息。① 总的来说，要进行 TPM 限制，公权机构应做到以下几点方可无违于言论自由：不涉及言论内容；没有为行政自由裁量权预留任何空间；可增进政府的重要或实质效益；尚有其他管道供该言论表达使用。② 另外，如果仅仅是因为不喜欢言论内容，那么即便是通过 TPM 的形式对其进行限制，依然可能被认为是侵犯了言论自由。

【讨论】 网络空间的言论自由

进入时下的互联网时代，特别是随着社交媒体的崛起，人们获得了史无前例的言论表达和信息共享机会。言论自由所蕴含的社会价值，比如发

---

① Texas v. Johnson，109 S. Ct. 2533，2539－2540（1989）.

② Ward v. Rock Against Racism，491 U. S. 781（1989）.

现真理、监督政府、促进民主参与、实现自我等，在互联网时代也愈发得到彰显。但这不是说，网络空间的言论表达不存什么法律和伦理问题。恰恰相反，网络言论所引发的问题比比皆是，比如谣言横行、隐私锐减、色情泛滥、危及公共秩序和国家安全的事例也多有发生，这都证明网络空间并非一片净土，而是鱼龙混杂、泥沙俱下，言论自由存在被滥用的风险。因此，各国宪法所规定的有关言论自由的原则基本上被运用到网络空间，在为网络言论提供保护的同时，也对互联网上所传播的内容和方式进行了类似的限制。

然而，互联网毕竟和传统媒体存在区别，它为言论规制带来了一系列特殊的问题，这些问题在本书的各个章节将会有详细阐述，但有两个共性问题值得在此简要提出。一是传播的匿名性问题，二是谁对网络言论负责的问题。网络传播的匿名性问题指的是难以追溯言论的始发作者。匿名传播的好处在于促使人们更积极地表达其个人的观点，尤其是更勇于表达对政府和权力的批评。内在的风险在于，对于不负责任的言论，匿名传播使得发言者更容易逃脱法律的制裁。涉及网络言论的另一个共性问题是谁对网上的言论负责。当网上出现违法、非法信息时，可能涉及多个主体，比如该信息的原创者、该信息的转发者、首发该信息的网站、转载该信息的网站等。如果无法确定责任的承担者，受害者或公诉人将无法启动民事或刑事诉讼程序。问题是，如果信息的原创者由于匿名传播的缘故而无法加以界定，那么谁将对此有害信息负责？如果发表该信息的网络服务提供商对此负责，那么就会将其变成一个审查者，而这是大部分网络服务提供商不愿意扮演的角色。总的来说，言论自由的原则基本适用对网络言论的管制，但网络传播的独特性给传统的言论管制带来了巨大的挑战，立法者和监管者唯有与时俱进，拿出新的对策，才可妥善处理言论自由和其他权利之间的冲突。

【本章小结】

本章首先探讨了言论自由的概念，包括其发展背景、存在的价值、所受到的限制以及网络言论自由的特征。本章通过分析表明，言论自由的形成和发展从来就不是一蹴而就的，而是经历了漫长的斗争和反复的过程。之所以要保护言论自由，是因为其存有发现真理、监督政府、促进民主参与、维持社会稳定、实现自我等功效。但言论自由不是绝对的，而是经常会受到其他公权和私权的限制。限制言论自由的方式主要包括事前限制、事后惩治、时间-地点-方式的限制等，但这些限制手段不能被滥用，否则就有压制言论自由之虞。此外，在网络空间中，传播的匿名性和责任人的难以追踪等特点，给言论自由理论带来了新的挑战。

【思考题】

1. 为什么要保护言论自由?
2. 言论自由具体指什么?
3. 为什么要限制言论自由?
4. 限制言论自由的主要手段有哪些?
5. 言论自由在网络空间中呈现出怎样的特点，带来了哪些挑战?

第 3 章　危害国家安全

网络传播危害国家安全主要体现在三个方面。一是发表煽动性言论。我们需要了解政府在什么情况下可以禁止那些鼓吹推翻政府的言论。二是泄露国家秘密。我们需要理解国家秘密的范畴，以及采取何种措施防止国家秘密之泄露。三是破坏网络安全。无论是煽动性言论之发表，还是国家秘密之泄露，都对国家安全构成了威胁。而互联网的兴起，不仅使得这两种危害国家安全的行为更容易发生，而且给国家安全带来了其他方面的风险和隐患。

第一节　发表煽动性言论

煽动性言论是言论自由文献中的核心议题。在司法实践中，围绕煽动性言论所制定的规则常常会影响到其他言论案件的判决。它涉及的关键问题是如何在保护言论自由和维护国家安全或社会稳定之间取得平衡，或者说，政府在什么情况下可以禁止那些鼓吹推翻政府或破坏和平秩序的言论。在一些人看来，煽动性言论不值得保护，因为其危及的是国家安全和社会稳定，这两者的重要性远远高于个体所享有的言论自由；再者，煽动性言论鼓吹的是对国家法律的公然违反，这使得任何政治协商的过程和结果毫无意义，为政治讨论创造空间的言论自由因而也失去存在的意义。但在另一些人看来，即便是鼓吹推翻政府或破坏和平秩序的言论，除非存在现实的、即刻的危险，政府也不应追究其法律责任。有关煽动性言论的立法由来已久，但常因时代变化而异，甚至也因技术变化而异。下面我们将以中国和美国为例，结合网络传播的语境，对此问题展开讨论。

一、煽动标准在美国的发展

美国对煽动性言论的规制可追溯到 1798 年国会通过的《惩治煽动叛乱法》(Seditious Act of 1798)。该法案规定：任何针对联邦政府、国会、总统的恶意、虚假、诽谤性的言论，均构成犯罪；同时，不得散布蔑视、丑化联邦政府、国会或总统的言论，或者煽动善良的美国人民对于联邦政府、国会或总统的仇恨；违者将被处以长达 2 年的监禁和高至 2 000 美元的罚款。这个法案和当时政党相争密切相关，主要是执政的联邦党人想压制共和党人而采取的手段，颁布之后一度造成人心惶惶的局面，引起共和党人和普通民众的强烈反对，三年之后即宣告破产。按照美国今天的标准，《惩治煽动叛乱法》明显违反了宪法第一修正案，但当时并未在美国最高法院得到检验。20多位报刊主编及普通民众因此法受到指控，这表明如果缺乏法院的支持，宪法第一修正案对言论自由的保护也有可能是虚幻的。在随后的两百余年间，美国对言论自由的保护也出现过多次反复，反映的一个规律是：当国家处于非常时期（如战争），一般会加强对言论自由的控制；反之，当国家处于和平时期，一般会放宽对言论自由的管制。自20世纪初，美国最高法院开始介入言论自由的案子，创造了一系列判断煽动性言论的原则，主要包括不良倾向原则（bad tendency）、明显而现实的危险原则（clear and present danger）、平衡检测原则（balancing test）、即刻不法行为原则（imminent lawless action）。这些原则清晰地体现了美国最高法院在言论自由保护方面曲折反复但稳步向前的发展轨迹。

（一）不良倾向原则

不良倾向原则指的是如果政府认为某种言论存在煽动性或导致不法活动的趋势，那么其有权对该言论进行限制。该原则发轫于英国，后来被移植到美国，早期的一个相关案例是1907年的“帕特森诉科罗拉多案”[①]。在此案中，报纸发行人帕特森因发表批评科罗拉多最高法院及其法官的言论而被控以蔑视法庭罪，法院依据不良倾向原则判帕特森有罪。在1919年的“申克诉合众国案”中，不良倾向原则被明显而现实的危险原则取代，但在后来的“亚伯拉罕诉合众国案”“吉特洛诉纽约案”“惠特尼诉加利福尼亚案”等案中又被重新启用。不良倾向原则在1969年的“布兰登伯格诉俄亥俄案”中再次受到挑战，并最终被此案所确立的即刻不法行为原则取代。

在“亚伯拉罕诉合众国案”中，亚伯拉罕等人被控刊印和散发小册子，抨击美国向苏俄派遣远征军同刚成立的共产党革命政权开战，并号召军工厂的工人进行罢工。克拉克大法官代表最高法院多数人发表意见，主张在战争期间刊印和分发这些小册子不受宪法第一修正案保护。在法院看来，这些小册子用意不在通过诚恳的讨论促进行政改革，而是试图使政府的战争计划难产，通过罢工使这个国家瘫痪，并阻止军火及其他战争必备物资的生产。法院认为，上诉人破坏政府战争计划的意图可从其小册子的行文里推断出来，此种言论违反了国会通过的《1918年反煽动法》（Seditious Act of 1918），因而不受宪法第一修正案的保护。霍姆斯大法官对此表示异议，认为只有在将导致明显而现实的危险的情况下，政府对与私权无关的观念表达加以限制方为正当。[②]

在“吉特洛诉纽约案”中，美国社会党党员吉特洛（Benjamin Gitlow）被

① Patterson v. Colorado，205 U. S. 454（1907）.

② Abrams v. United States，250 U. S. 616（1919）.

当地法院裁定在《左翼宣言》中宣扬“通过武力、暴力及非法手段颠覆和推翻有组织的政府的必要性和正当性”，并发行报纸《革命时代》宣扬类似的思想，违反了纽约州议会1902年通过的《无政府主义法》。此案后来上诉到美国最高法院。吉特洛辩称《左翼宣言》是历史分析而非倡导和煽动，地方法院所运用的《无政府主义法》罔顾具体情况及产生不法后果的可能性，而惩罚了不具煽动性的言论的单纯表达。在吉特洛看来，言论自由只有在与某种业已造成、未遂或可能的实质性罪恶之间存在因果关联才可被限制，而纽约州的《无政府主义法》未考虑相关言论是在何种情况下所写的，因而违反了宪法第一修正案。最高法院拒绝了吉特洛的说辞。桑福大法官撰写的多数派意见声明，政府可以压制或惩罚直接倡导非法颠覆政府的言论，因为此种言论对社会稳定和国家安全构成了足够大的危险。在桑福看来，革命的星星之火可以燎原，《左翼宣言》包含了直接煽动的语言，而不是抽象哲学的表达。法院最终裁定，纽约州法律对宣扬武力或暴力推翻政府的必要性和正当性的言论予以定罪，不构成违宪。霍姆斯和布兰代斯两位大法官表示异议，认为吉特洛的言论只是很少一部分人会认同，倡导的是“在未来某个不确定的时期”进行暴动，因而对公共安全不构成明显和现实的危险。[①]

在“惠特尼诉加利福尼亚案”中，惠特尼（Anita Whitney）被指控违反了《加利福尼亚州刑法》之有关无政府主义的规定。她被起诉的行为是协助并参加了加利福尼亚州的共产主义劳动党组织，该组织扬言要推翻现有政府。美国最高法院支持了这一指控。在法院看来，州政府在行使管制权力的时候，可以惩罚那些滥用言论自由发表有损于公共利益的人，也可以惩罚那些倾向于煽动犯罪、破坏社会稳定、危及政府根基、威胁通过非法手段推翻政府的人。[②] 布兰代斯大法官在附议中阐述了保护言论自由的价值以及当前案件中的明显而现实的危险原则。布兰代斯认同证据要充分到足以提出指控，但他认为加利福尼亚州的有关无政府主义的规定宣称对言论和集会的限制是因其主张的危险性，是一个“有待商榷的假设”。尽管如此，布兰代斯并未对此案的判决表示异议。

（二）明显而现实的危险原则

在第一次世界大战期间，美国国会通过《1917年反间谍法》（Espionage Act of 1917），规定任何“不服从命令、对国家不忠、叛变，或拒绝服役”的美国人将面临最高20年监禁的惩罚。一时间，美国各地出现了数百起相关诉讼，第一个案件就是“申克诉合众国案”[③]。申克（Charles Schenck）是美国社

① Gitlow v. New York，268 U. S. 652 (1925).
② Whitney v. California，274 U. S. 357 (1927).
③ Schenck v. United States，249 U. S. 47 (1919).

会党的干事，参加了准备传单并向等待应征入伍的人散发传单的活动。该传单号召人们“加入到社会党废除征兵法的运动中来……行使你的言论自由权、和平集会权和要求政府进行权利救济的请愿权……请在向国会要求废除征兵法的请愿书上签名。帮助我们清除掉宪法上的污渍!”传单还指出，如果官员不“承认你维护反对征兵立场的权利”，那么官员的行为就属于违宪行为。申克及其同伴因为准备并散发这些传单而受到三项指控：一是违反《1917 年反间谍法》，图谋煽动军队中的“反抗”情绪和“阻碍”征募士兵的工作；二是以实施违法活动、邮递为《1917 年反间谍法》所禁止邮递的邮件的方式来对抗美国；三是非法使用邮件来散发传单。初审法院认定上述三项罪名成立，申克被判六个月监禁。申克以《1917 年反间谍法》违反美国宪法第一修正案为由，提起了上诉。

最高法院一致维持了有罪判决。霍姆斯大法官代写了司法意见书。在意见书中，霍姆斯提出了著名的明显而现实的危险原则，说明了维持有罪判决的原因。他写道：

> 我们不否认，在和平年代的许多情况下，被告发表他在传单中发表的所有言论，都属于宪法权利保护的范围。不过，每种行为的性质都依赖于发生这种行为的各种环境因素。即便是对言论自由最严密的保护，也不会保护在剧场中不恰当地高喊“着火了”并引起恐慌的人。它也不会为那些发表可能引起煽动性暴力行为后果的言论而应受到禁止的人提供保护。无论如何，问题都是发表的言论是否出现在上述情况之下，是否具备国会有权制止的、具有实质性危害的明显而现实的危险的特征。这是一个接近与程度的问题。当一个国家处于交战状态时，许多可以在和平时期发表的言论都会成为阻碍国家采取行动的负面因素，它们不会存续像人们竭力争取的那么长的时间，也没有一个法院会认为它们应当受到宪法权利的保护。人们公认，如果能证实的确存在破坏征兵工作的障碍，那么有关言论将承担引起这种后果的责任。

在对“申克诉合众国案”判决一周后，美国最高法院又对两起触犯《1917 年反间谍法》的案件做了有罪判决，即“弗罗沃克诉合众国案”和“德布斯诉合众国案”。在“弗罗沃克诉合众国案”中，由于参与准备并在一份德语报纸上发表一系列文章，弗罗沃克等人被指控触犯《1917 年反间谍法》，密谋引起美国陆海军的不忠、兵变及拒绝履行责任。弗罗沃克被判处罚款和 10 年监禁。他提起上诉，认为对他的指控违反宪法第一修正案。最高法院驳回了弗罗沃克的上诉主张。最高法院承认没有证据表明涉案文章对战争产生了负面影响，但不能否认存在如下可能，即在报纸发行的地区，反战言论具有星火燎原的作用，而且上诉人知道这个事实，也在利用这个事实。[1]

在“德布斯诉合众国案”中，政治活动家德布斯1918年6月在俄亥俄州坎顿市发表了一通主题为“社会主义、其成长及其最终胜利的预言”的演说，其中说到为其“最忠实的同志威根纳特、贝克及卢森伯格因协助并教唆他人拒绝接受兵役登记被定罪而为工人阶级接受惩罚的献身精神”感到骄傲。此外，演说数小时之前，德布斯已宣布认同一份1917年4月在圣路易斯通过的宣扬“以示威、群众请愿及一切力所能及的方式持续、积极、公开地反对战争”的《反战宣言和纲领》。发表这段演讲之后，德布斯被控违反《1917年反间谍法》并被判有罪。美国最高法院维持了有罪判决，认为德布斯虽然修饰了其发言内容以免触犯反间谍法，但是结合其语境却可以发现其言论对“阻碍征兵有着天然的倾向和可能的效果”，其本质和“申克诉合众国案”并无不同。[2]

（三）平衡检测原则

1940年，美国国会通过《1940年史密斯法》(Smith Act of 1940)，将宣扬“以武力和暴力推翻或摧毁美国国内任何政府的正当性”定为非法。该项法律成为美国政府对抗共产主义的一个工具。在这股反共产主义浪潮的高峰中，美国最高法院对“丹尼斯诉合众国案”进行了判决。[3] 在此案中，美国共产党总书记丹尼斯等12名高级领导人被联邦司法部指控散布教唆和鼓吹以暴力推翻和破坏美国政府的煽动性言论，并被联邦地区法院依据《1940年史密斯法》判罪。丹尼斯等人认为他们并没有任何主张以暴力颠覆政府的实际阴谋，并援引宪法第一修正案提起上诉。1951年，联邦最高法院以6∶2多数驳回了丹尼斯的上诉。首席大法官文森代表法院多数意见在判决中写道：“在每一件案件中，法院必须考虑‘罪行’的严重性，在扣除其不可能性之后，是否使得为避免危险而在必要时侵犯言论自由具有正当性。”文森宣称：“凡当言论对于完成法律所禁止的罪行具有巨大而潜在的祸害之可能性时，对这种言论就应当予以制止。”政府可以采取行动反对颠覆政府的阴谋和企图，尽管这些企图从一开始就注定要失败。丹尼斯等人的言论虽无明显而现实的危险，但对国家安全已有巨大而潜在的危险，政府有充分的实际理由予以限制，不能到迫在眉睫时再采取行动。可以看出，“丹尼斯诉合众国案”的判决取消了明显而现实的危险原则中的两个重要因素，即可能性和即刻性。如果危害足够大，比如推翻国家政权，即便没有任何可能性和紧迫性，鼓吹此行为的言论也应受到惩罚。换句话说，在判断某种言论是否值得保护时，需要综合考虑各种相关因素，包括罪行

---

① Frohwerk v. United States，249 U. S. 204 (1919).

② Debs v. United States，249 U. S. 211 (1919).

③ Dennis v. United States，341 U. S. 494 (1951).

的严重性。如果罪行很严重，那么即便产生的风险极其微小也是不可接受的。

在"丹尼斯诉合众国案"之后，美国最高法院还判决了其他几个涉及《1940年史密斯法》的案子，其中较为重要的是1957年的"叶茨诉合众国案"①。在此案中，14位美国共产党员被指控违反了《1940年史密斯法》。上诉人声称，美国共产党从事的是消极的政治活动，而《1940年史密斯法》限制的只是主动推翻政府的尝试。美国最高法院推翻了地区法院对上诉人做出的有罪判决，认为宪法第一修正案保护激进的和革命性的言论，除非该言论带来明显而现实的危险。在判决中，最高法院将"行动的实际倡导"（actual advocacy to action）和"纯粹的信仰"（mere belief）两者区分开来，认为《1940年史密斯法》并不禁止类似暴力推翻政府的如此抽象教条的宣传，而"行动的实际倡导"的环境实际上是非常少见的。该案并没有宣布《1940年史密斯法》违宪，但对其应用范围的严格限制，实际上导致该法案难以实施。

（四）即刻不法行为原则

到了20世纪60年代中期，美国最高法院对言论自由保护的态度大为改变。比如，在"邦德诉弗洛伊德案"中，法院裁定佐治亚州议会不能因为邦德（Julian Bond）发表了批评越南战争及征兵的激烈言论就剥夺他的州议员职位。援引"叶茨诉合众国案"，法院宣称邦德的言论只是理念的宣扬，理应受到宪法第一修正案的保护。② 在"沃兹诉合众国案"中，上诉人因为发表了威胁总统的言论被指控违反了相关刑法。上诉人曾宣称："如果允许我带一支来复枪，我第一个想射杀的人是L. B. J.，而不是我的黑人弟兄。"最高法院推翻了下级法院的有罪判决，认为上诉人所发表的上述言论只是夸张的政治说词，并无实际威胁，因此受到宪法第一修正案的保护。③

有关政府何时可以压制言论的关键判决来自1969年的"布兰登伯格诉俄亥俄案"④。布兰登伯格（Clarence Brandenburg）是俄亥俄州3K党的一个首领。他通过电视召集地方3K党成员，在电视上辱骂黑人和犹太人，并扬言："如果我们的总统、我们的国会、我们的最高法院继续压制白人的话，或许就必须采取某些报复行动了。我们有40万人，将于7月4日向国会进军。"他被指控违反了俄亥俄州的《有组织犯罪防治法》（Criminal Syndicalism Statute），该法禁止任何以犯罪、破坏、暴力或其他非法恐怖手段达成政治改革的主张。俄亥俄州法院判布兰登伯格1 000美元罚款和10年监禁，这名3K党头目不服

---

① Yates v. United States，354 U. S. 298 (1957).

② Bond v. Floyd，385 U. S. 116 (1966).

③ Watts v. United States，394 U. S. 705 (1969).

④ Brandenburg v. Ohio，395 U. S. 444 (1969).

判决，以《有组织犯罪防治法》违宪为由上诉至联邦最高法院。

1969年6月9日，最高法院做出裁决，推翻了州立法院的原判，认定俄亥俄州上述法律具有违宪性质。判决书指出：宪法保障言论自由，不允许政府禁止或限制任何主张暴力或不遵守法律的言论，除非言论的目的是煽动或制造即刻的不法行为，而且有可能会煽动或制造该种行为，才可以对其进行限制或惩罚。此案所确立的原则实际上为煽动性言论提供了最高层面的宪法保护，因为要将该言论治罪，就必须同时满足以下三个条件，即刻的危害，制造不法行为的可能性，以及导致即刻不法行为的意图。先前所有的判决原则都不曾包含"意图"的要求，也不包含产生危害之"可能性"的要求。这一判决重新定义了言论自由的含义，它抛弃了"申克诉合众国案"所提出的明显而现实的危险原则，也削弱了"丹尼斯诉合众国案"所谓平衡检测原则的影响，为煽动性言论提供了更多的宪法保护。

布兰登伯格测试在最高法院随后的几个判决中得到运用。在"赫斯诉印第安纳案"中，上诉人赫斯（Gregory Hess）在警察将游行示威人群从街道清空之后，声称"我们会将那该死的街道夺过来"，因而被州法院指控扰乱社会治安。美国最高法院认为该言论受到宪法第一修正案的保护。在最高法院看来，"该言论最好可被看作对现状的协调，最差也不过是对未来不确定时间之不法行为的宣扬"。最高法院由此认为，该案不符合布兰登伯格测试，因为没有证据表明上诉人的言论意在制造也有可能制造即刻的社会混乱。[①] 在"NAACP诉克莱伯尼硬件公司案"中，NAACP（全美有色人种协进会）领导人埃弗斯（Charles Evers）警告非洲裔美国人，如果不参加对白人商人的联合经济抵制，就要受到教训。州法院为此裁定NAACP违法，最高法院推翻了这一裁决。最高法院认为，有关使用武力或暴力的纯粹的宣扬仍受宪法第一修正案保护，埃弗斯一时冲动的夸夸其谈并未超出对布兰登伯格的判决中述明的应受保护的言论之范围。[②]

有论者指出，和前面几项原则相比，布兰登伯格原则为言论自由提供了更多的宪法保护。之所以发生这样的变化，还是跟当时的政治气候有关。如前所说，当国家处于较为紧张的时期，压制言论的呼声就会强烈一些，反之言论自由就会有更多的喘息空间。在"9·11"事件之后，美国进入一个新的战争状态，即发起无处不在的反恐战争。"9·11"事件之后随即通过的《美国爱国者法案》（USA Patriot Act），明显加大了对国家安全的保护，而言论自由等民权

① Hess v. Indiana，414 U.S. 105（1970）.

② NAACP v. Claiborne Hardware Co.，458 U.S. 886（1982）.

在一定程度上被削弱，这些新态势在后来发生的“霍尔德诉人道法律项目案”[①]等案件中得到了一定的体现。

二、我国对煽动性言论的惩治

我国对煽动性言论的法律惩治可追溯至1908年清朝制定的《大清报律》。依据该报律，诋毁宫廷之语、淆乱政体之语、扰害公安之语、败坏风俗之语，报纸均不得揭载。1911年中华民国成立后，《临时约法》承认言论和出版自由，《大清报律》自行废止。1914年，袁世凯政府制定的《报纸条例》，重新规定刊登淆乱政体、妨害治安、败坏风俗的内容为非法，并查禁了一批报刊和图书。1916年黎元洪上台之后，废除了《报纸条例》，间接促进了新文化运动的发展。1930年，南京国民政府颁布了新的出版法，规定出版物不得刊登以下内容：意图破坏国民党或三民主义，意图颠覆国民政府或损害中华民国利益，意图破坏公共秩序，妨害善良风俗，禁止公开诉讼的辩论。1949年中华人民共和国成立后，在宪法保障言论自由的同时，有关法律法规对煽动性言论都实行了严格的限制，这集中体现在我国《刑法》对煽动性言论的归罪上。《刑法》制定于1979年，之后经历了一次全面修订和十一次部分修正。最近修正的《刑法》规定了数十项危害国家安全和社会稳定的犯罪行为，其中有六项涉及煽动性言论，即煽动分裂国家罪，煽动颠覆国家政权罪，煽动实施恐怖活动罪，煽动民族仇恨、民族歧视罪，煽动暴力抗拒法律实施罪，煽动军人逃离部队罪，这些罪名均适用于对网络煽动性言论的管制。

（一）煽动分裂国家罪

《刑法》第103条规定：“煽动分裂国家、破坏国家统一的，处五年以下有期徒刑、拘役、管制或者剥夺政治权利；首要分子或者罪行重大的，处五年以上有期徒刑。”本罪的主体为一般主体，即任何达到负刑事责任的年龄并具有刑事责任能力的人。不论是中国公民，还是外国公民或者无国籍人，都可以成为本罪的主体。本罪侵犯的客体是国家的统一。本罪在主观方面只能是直接故意，具有分裂国家、破坏国家统一的目的。至于行为人的动机如何，对构成犯罪没有影响。本罪在客观方面表现为煽惑、挑动群众分裂国家、破坏国家统一的行为。煽动是指行为人以语言、文字、图像等方式对他人进行鼓吹煽动，意图使他人接受或相信所煽动的内容或去实行所煽动的分裂国家的行为，而并非行为人自己实行，这是煽动分裂国家罪与分裂国家罪的根本区别。煽动的对象，可以是一人或众人。煽动的方式多种多样，可以是发表言论，散布文字，制作、传播音像制品等。分裂国家、破坏国家统一，是指窃据地方权力，抗拒

---

① Holder v. Humanitarian Law Project，561 U.S.1（2010）.

中央领导，脱离中央，搞地方割据或地方独立，或者制造民族矛盾和民族分裂，破坏统一的多民族国家。

行为人是否出自分裂国家、破坏国家统一的直接故意，并实施了煽动分裂国家、破坏国家统一的行为，是划分罪与非罪的基本界限。如果只有狭隘的民族主义或地方民族主义情绪，或由于对国家有关民族政策、地方政策的不满，具有错误言行，或仅在思想上对民族分裂分子有附和倾向，但并不具有分裂国家、破坏国家统一的犯罪目的，也未积极实施促使或者放任他人在其煽动下产生分裂国家的犯罪决意的行为的，不应认定为犯罪。甄别行为人的煽动言行是否具有煽动分裂国家、破坏国家统一的犯罪性质，需要综合全案，作具体的分析。要以煽动的具体内容为基础，同时注意考察行为所指的攻击对象、行为时的具体条件，即行为是由何种具体事由引起的，行为的方式、手段，行为的影响、覆盖面以及行为人对这种影响所持的态度等。尤其要注意考察行为时当地社会政治稳定、社会治安形势的情况，特别是分裂与反分裂斗争的情况。此外，煽动分裂国家罪是行为犯。只要行为人进行以分裂国家、破坏国家统一为宗旨的煽动行为，不管其所煽动的对象是否接受或相信所煽动的内容，也不管其是否去实行所煽动的行为，都应构成犯罪既遂。

（二）煽动颠覆国家政权罪

《刑法》第105条规定：“以造谣、诽谤或者其他方式煽动颠覆国家政权、推翻社会主义制度的，处五年以下有期徒刑、拘役、管制或者剥夺政治权利；首要分子或者罪行重大的，处五年以上有期徒刑。”本罪的主体为一般主体。年满十六周岁具有刑事责任能力的自然人均可构成本罪的主体。本条将犯罪主体分别规定为首要分子、罪行重大的、积极参加的和其他参加的。本罪在主观方面表现为故意，行为人主观上必须出于煽动不特定人或多数人实施颠覆国家政权、推翻社会主义制度的故意。本罪侵犯的客体是人民民主专政的政权和社会主义制度。就客观要件来看，煽动颠覆国家政权罪是指以造谣、诽谤或者其他方式煽动颠覆国家政权、推翻社会主义制度的行为。造谣、诽谤是指编造、捏造歪曲、损害、诋毁、污蔑国家政权与社会主义制度的事实；其他方式是指除造谣、诽谤以外的方式。行为人所采取的各种方式，都是为了鼓动不特定人或多数人颠覆国家政权、推翻社会主义制度。明知出版物中载有煽动颠覆国家政权、推翻社会主义制度的内容，而予以出版、印刷、复制、发行、传播的，或者利用互联网煽动颠覆国家政权、推翻社会主义制度的，以本罪论处。组织和利用邪教组织，煽动颠覆国家政权、推翻社会主义制度的，构成本罪。行为人只要具有以造谣、诽谤或者其他方式煽动颠覆国家政权、推翻社会主义制度的行为，不管其所煽动的对象是否相信或接受其所煽动的内容，也不管其是否去实行所煽动的有关颠覆活动，均不影响犯罪的构成。

【案例】 黄某煽动颠覆国家政权案[①]

2000年3月至6月，被告人黄某及其开办的“天网寻人”网站主页设置“走向论坛”“网海拾遗”“遥看中华”等栏目，并散布传播有关“民运”“六四”“FLG邪教”等方面的文章。经公安侦查、检察院公诉、法院审理认定：被告人黄某采取造谣、诽谤的方式煽动颠覆国家政权、推翻我国社会主义制度的行为已构成煽动颠覆国家政权罪，依法判处被告人有期徒刑五年，剥夺政治权利一年。

（三）煽动实施恐怖活动罪

《刑法》第120条之三规定：“以制作、散发宣扬恐怖主义、极端主义的图书、音频视频资料或者其他物品，或者通过讲授、发布信息等方式宣扬恐怖主义、极端主义的，或者煽动实施恐怖活动的，处五年以下有期徒刑、拘役、管制或者剥夺政治权利，并处罚金；情节严重的，处五年以上有期徒刑，并处罚金或者没收财产。”所谓的恐怖主义，指的是通过暴力、破坏、恐吓等手段，制造社会恐慌、危害公共安全、侵犯人身财产，或者胁迫国家机关、国际组织，以实现其政治、意识形态等目的的主张和行为。[②] 所谓的恐怖活动，是指具有恐怖主义性质的下列行为：组织、策划、准备实施、实施造成或者意图造成人员伤亡、重大财产损失、公共设施损坏、社会秩序混乱等严重社会危害的活动的；宣扬恐怖主义，煽动实施恐怖活动，或者非法持有宣扬恐怖主义的物品，强制他人在公共场所穿戴宣扬恐怖主义的服饰、标志的；组织、领导、参加恐怖活动组织的；为恐怖活动组织、恐怖活动人员、实施恐怖活动或者恐怖活动培训提供信息、资金、物资、劳务、技术、场所等支持、协助、便利的；其他恐怖活动。[③] 本罪是2015年通过的《刑法修正案（九）》新增的罪名，主要是为了打击境内外日益严峻的恐怖主义和恐怖活动。本罪的主体是一般主体，即达到法定刑事责任年龄、具有刑事责任能力的自然人。本罪在主观方面只能是故意，即行为人明知自己的行为是宣扬恐怖主义、极端主义、煽动实施恐怖活动的行为，危害不特定人和物的安全而积极为之，并且希望这种结果发生。过失不构成本罪。本罪侵害的客体是公共安全。本罪在客观方面表现为行为犯，即只要行为人实施了以制作、散发宣扬恐怖主义、极端主义的图书、音频视频资料或者其他物品，或者通过讲授、发布信息等方式宣扬恐怖主义、极

---

① 参见四川省成都市中级人民法院刑事判决书（2001）成刑初字第49号。

② 参见《中华人民共和国反恐怖主义法》第3条。

③ 参见《中华人民共和国反恐怖主义法》第3条。

端主义的，或者煽动实施恐怖活动的行为之一，即可构成本罪。

【案例】 张某某宣扬恐怖主义案①

2016年初，被告人张某某通过其使用的一部小米牌手机和一部黑莓牌手机上网访问QQ等应用程序，发现有人在网上发布暴力恐怖视频和图片，遂予以下载并保存。2016年2月至2016年10月期间，张某某先后将其下载的部分暴力恐怖视频和图片上传至其号码为13×××59的QQ空间，供他人观看。案发后，公安机关从上述小米牌手机内提取到五段时长共计4分8秒的暴力恐怖音视频，还从上述QQ空间提取到涉及暴力恐怖内容的文字、暴力恐怖图片17张及六段时长共计3小时1分54秒的暴力恐怖音视频。经审查，上述音视频、图片均涉及以极度血腥残忍的手段危害他人生命，宣扬宗教极端思想的内容，属于典型的暴力恐怖主义、极端主义宣传品。法院因此以宣扬恐怖主义、极端主义罪判处被告人有期徒刑二年三个月，并处罚金人民币五千元。被告人不服判决，提起上诉，二审法院驳回上诉，维持原判。

（四）煽动民族仇恨、民族歧视罪

《刑法》第249条规定："煽动民族仇恨、民族歧视，情节严重的，处三年以下有期徒刑、拘役、管制或者剥夺政治权利；情节特别严重的，处三年以上十年以下有期徒刑。"本罪的主体是一般主体，即达到刑事责任年龄且具备刑事责任能力的自然人。本罪在主观方面表现为故意，且以激起民族仇恨、民族歧视为目的。本罪侵犯的客体是民族平等。民族平等是宪法平等原则在民族政策方面的体现，有两个层次的含义：一是各民族权利平等，即各个民族在政治上、法律上的平等，这是较浅层次的民族平等；二是各民族间事实上的平等，即各个民族在经济、文化等发展水平上的一致，这是深层次的民族平等。现阶段，我们说各个民族平等即是第一层次的，具体指各个民族在我国都是祖国统一大家庭中的一员，享有平等的政治权利，以及法律规定的其他合法权益。煽动民族仇恨、民族歧视罪所侵犯的民族平等权利也就是这个意义上的平等权利。本罪在客观方面表现为煽动民族仇恨、民族歧视，情节严重的行为。所谓煽动，是指以语言、文字等形式公然宣传。所谓民族仇恨，是指基于种族、肤色、世俗的原因而产生的强烈憎恨。所谓民族歧视，是指基于种族、肤色、世俗的理由而对人们进行区别、排斥、限制，意图损害其他民族的平等地位以及

---

① 参见广东省高级人民法院刑事判决书（2017）粤刑终1638号。

其他的合法权益。本罪的行为方式一般有：散发、公开陈列、张贴、放映或以其他方式使他人获得文书，鼓吹暴力或种族仇恨的行为。煽动民族仇恨、民族歧视，只有情节严重的，才构成犯罪。所谓“情节严重”，一般是指具有以下几种情形：(a) 动机十分卑劣的，如为了掩盖自己的违法、犯罪行径而煽动民族仇恨、民族歧视的；(b) 煽动手段恶劣的，如使用侮辱、造谣等方式的；(c) 多次进行煽动的；(d) 煽动行为造成严重后果或者影响恶劣的；(e) 煽动群众人数较多，煽动性大的。

【案例】麦合苏木·纳麦提、亚森江·麦麦提煽动民族仇恨、民族歧视案①

2012年8月，被告人麦合苏木·纳麦提将收集存储在个人手机中挑拨民族关系、制造民族隔阂、煽动民族仇恨的80余个音（视）频，多次播放给被告人亚森江·麦麦提等多人观看，并先后通过电脑复制、蓝牙传送等方式传输到亚森江·麦麦提等数人手机中进行扩散。2012年8月至12月，被告人亚森江·麦麦提又多次将上述音（视）频转给他人传看、复制，造成恶劣的社会影响。法院以煽动民族仇恨、民族歧视罪分别判处两名被告人五年六个月和五年有期徒刑，并分别剥夺政治权利两年。

（五）煽动暴力抗拒法律实施罪

煽动暴力抗拒法律实施罪，是指煽动群众暴力抗拒国家法律、行政法规实施的行为。本罪的主体是一般主体，凡达到刑事责任年龄、具有刑事责任能力的自然人均能成为本罪主体。本罪在主观方面是故意，即明知应当遵守国家的法律、行政法规，而出于泄愤或其他原因煽动群众暴力抗拒国家法律、行政法规的实施。因此，主观上的故意是构成本罪的重要特征。本罪侵犯的客体是社会公共法制秩序。社会公共法制秩序是统治阶级按照自己的意志和利益建立起来的，以国家法律、行政法规的形式颁布，要求人们在一定的范围内遵守一定社会生活规则所形成的稳定、有序的状态。遵守社会公共法制秩序是每一个公民必须履行的义务。本罪在客观方面表现为煽动群众暴力抗拒国家法律、行政法规实施的行为。所谓煽动，是指以鼓动性言词或文字劝诱、引导、促使他人去实施犯罪活动。煽动的内容必须是暴力抗拒国家法律的实施，煽动的对象必须是群众。如果煽动群众以和平方式如沉默的方式抗拒国家法律实施，不构成本罪。群众一般是指三人以上，既可以是守法公民，也可以是违法犯罪分子。所谓国家法律，应当从广义上理解，包括宪法、法律、法规、规章等。本罪属

---

① 潘从武. 新疆处理多起煽动民族仇恨传播宗教极端思想案. 法制日报，2013-06-21 (2).

于行为犯，只要行为人将暴力抗拒国家法律实施这一特定的煽动内容，以煽动的形式灌输给了群众，不管被煽动的群众是否付诸实施，均构成本罪。《刑法》第278条规定：“煽动群众暴力抗拒国家法律、行政法规实施的，处三年以下有期徒刑、拘役、管制或者剥夺政治权利；造成严重后果的，处三年以上七年以下有期徒刑。”一般认为有下列情形之一的可视为造成严重后果：由于煽动群众暴力抗法，使国家的法律、行政法规的实施受到阻碍，使其不能顺利实施的；在煽动群众暴力抗法的行为中造成人员伤亡、财产受到较大损失的；由于煽动群众暴力抗法而使局部地区秩序混乱、社会动荡不安的；由于煽动暴力抗法而引发其他社会矛盾出现的；由于暴力抗法而在国内外造成一定影响的。

【案例】 郭某、杨某煽动暴力抗拒法律实施案①

2016年11月至2017年2月，河南省林州市人民政府依据《中华人民共和国环境保护法》《中华人民共和国大气污染防治法》《中华人民共和国突发事件应对法》等法律法规及上级的工作部署，对全市范围内的污染物排放进行管理和对污染天气进行应急管控。被告人郭某、杨某二人，利用林州市铸造企业对市政府的治理行为不满之机，在“林州铸造企业大联盟”的微信群内（人数多达500人），以文字、语音、视频等形式，煽动群内人员到林州市红旗渠大道市政府门口堵路、聚集滋事，给政府施加压力。2017年2月9日和10日，微信群内大量人员到市政府门口聚集。法院以煽动暴力抗拒法律实施罪分别判处两名被告人一年六个月和一年有期徒刑。被告不服判决，提起上诉。二审法院驳回上诉，维持原判。

（六）煽动军人逃离部队罪

《刑法》第373条规定：“煽动军人逃离部队……情节严重的，处三年以下有期徒刑、拘役或者管制。”本罪侵犯的客体是国防利益，在客观方面表现为煽动军人逃离部队，情节严重的行为。煽动军人逃离部队，是指用语言、文字，如面谈、发表演说、寄送宣传材料、散发标语传单，鼓动正在服役的军人不经领导批准，擅自离开部队，或者虽经批准而逾期不归。煽动，是指采用语言、文字、图像等方式对军人进行鼓动、唆使、挑拨、劝说、请求、宣传、利诱，意图使其按自己的意图去实施所煽动的行为。煽动既可以是口头的，如当面劝说、电话鼓动或者进行演讲、报告、呼喊口号，散布具有恐怖性的政治、军事、自然灾害谣言等，又可以是书面的，如利用书信、电报、电传甚或是书

---

① 参见河南省安阳市中级人民法院刑事判决书（2017）豫05刑终614号。

写、印刷、张贴、散发传单、刊物、书画、大小字报等，还可以是其他诸如电视、录像、投影、电影、影碟、计算机等现代化科学技术手段等。至于煽动的内容则是使军人逃离部队。所谓部队，既包括中国人民解放军部队与中国人民武装警察部队，又包括战时的预备役部队以及民兵组织。所谓使军人逃离部队，是指使被煽动之人未经批准擅自离开自己所在的部队，不再继续服役，或者虽经批准，离队后拒不归队，逃避兵役义务，包括不经请假就私自离开部队，工作调动中离开原单位后不到新单位报到，病愈出院、完成出差任务、休假期满后不回部队等。煽动军人逃离部队的行为，必须情节严重，才构成犯罪。"情节严重"，司法实践中，主要是指战时煽动军人逃离部队的，煽动指挥人员、作战部队人员或者负有其他重要职责的人员逃离部队的，多次煽动或者煽动多人逃离部队的，因煽动军人逃离部队影响部队完成重要任务的，煽动军人逃离部队后予以窝藏的，煽动军人逃离部队进行其他违法活动的等情形。本罪的主体为一般主体。凡达到刑事责任年龄、具备刑事责任能力的自然人均构成本罪主体。本罪在主观方面表现为故意，即明知军人逃离部队是违反军纪军法的行为，仍然煽动其逃离部队。过失不能构成本罪。其动机可多种多样：有的是怕被煽动人受苦、打仗身亡；有的是想为被煽动人找工作，让其多赚些钱；有的是对部队不满，意在瓦解其士气等。无论动机如何，都不会影响本罪成立。

第二节　泄露国家秘密

除了煽动性言论，危及国家安全的另一种传播活动是泄露国家秘密。泄露国家秘密指的是使国家秘密被不应知悉者知悉的，或使国家秘密超出了限定的接触范围，而不能证明未被不应知悉者知悉的行为。大多数国家的法律对保守国家秘密有系统的规定，其中包含了不少限制言论自由的条款。随着互联网的快速发展，通过网络泄露国家秘密的事情时有发生，引发了人们对泄密问题的重新审视。在本节，我们首先讨论一个核心概念，即何谓国家秘密。如果不对这个概念加以澄清，法院是很难对泄密案件进行判决的。之后，我们将重点探讨美国、中国如何通过法律手段对泄露国家秘密进行惩治，从中也可看出两国在此问题上所显示的共性和差异。

一、国家秘密的概念

在处理泄露国家秘密案件时，一个关键且充满争议的议题是关于国家秘密的界定。如果国家秘密的概念过于抽象或模糊，会给言论自由带来相当多的限制，也会影响公众获取政府信息的权利。在英国、美国等国家，解决这一问题的基本途径主要是：首先确立信息公开的默认原则（presumption of openness），即"公开为原则，不公开为例外"；其次，在这一原则基础上，对于属于国家秘密范围不予公开的信息，进行具体、明确的列举，从而限制官员的宽泛裁量权。比如英国的《信息自由法案》（Freedom of Information Act, U. K.）在保证公众知情权的同时，开出了具有 25 项免予公开的信息的清单。[①]这些免于公开的信息分为两类：绝对豁免和有条件豁免。前者不需要经过任何公共利益测试；后者则需要接受此测试，即测试不公开信息之公共利益是否大于公开信息之公共利益。前者包括和国家安全相关的信息、损害国防的信息、损害国际关系的信息等；后者包括与公众健康、安全相关的信息，与个人有关的信息，商业秘密等。

美国的《信息自由法案》在坚持信息开放原则的同时，也做出了国家秘密依据总统令免于公开的规定。[②]依据克林顿总统在 1995 年颁布的第 12958 号总统令，下列 7 类与国家安全相关的信息属于保密的范畴：军事计划、武器系统或军事行动信息；外国政府信息；情报活动，情报来源或方法，或密码信息；美国的对外关系或对外活动，包括机密信息来源；与国家安全相关的科学、技术或经济事项；美国政府保护核原料或核设施的计划；与国家安全相关的系统、军事设施、基础设施、工程、计划或防卫部门的弱点或能力。在严格限定国家秘密范围之外，该总统令还制定了定密异议制度、定密审查制度和解密制度等，以确保国家秘密的划定始终不超出必要的限度，同时确保相关定密信息尽可能地走向公开。[③]

《中华人民共和国保守国家秘密法》（简称《保密法》）第 2 条将国家秘密界定为“关系国家安全和利益，依照法定程序确定，在一定时间内只限一定范围的人员知悉的事项”。换句话说，国家秘密应具备三个条件：

第一，关系国家安全和利益。《保密法》第 9 条规定，下列涉及国家安全和利益的事项，泄露后可能损害国家在政治、经济、国防、外交等领域的安全和利益的，应当确定为国家秘密：国家事务重大决策中的秘密事项；国防建设和武装力量活动中的秘密事项；外交和外事活动中的秘密事项以及对外承担保密义务的秘密事项；国民经济和社会发展中的秘密事项；科学技术中的秘密事项；维护国家安全活动和追查刑事犯罪中的秘密事项；经国家保密行政管理部门确定的其他秘密事项。第 10 条规定则将国家秘密的密级分为绝密、机密、秘密三级。绝密级国家秘密是最重要的国家秘密，泄露会使国家安全和利益遭受特别严重的损害；机密级国家秘密是重要的国家秘密，泄露会使国家安全和利益遭受严重的损害；秘密级国家秘密是一般的国家秘密，泄露会使国家安全和利益遭受损害。

---

① Freedom of information act 2000. [2023 - 10 - 10]. https: //www. legislation. gov. uk/ukpga/2000/36/contents.

② 5 U. S. code § 552. [2023 - 10 - 10]. https: //www. law. cornell. edu/uscode/text/5/552.

③ FOIA update: executive order no. 12958: classified national security information. (1995 - 01 - 01) [2023 - 10 - 10]. https: //www. justice. gov/oip/blog/foia-update-executive-order-12958-classified-national-security-information.

第二，依照法定程序确定。这是指根据定密权限，按照国家秘密及其密级具体范围的规定，确定国家秘密的密级、保密期限、知悉范围，并做出国家秘密标志，做到权限法定、依据法定、内容法定、标志法定。依据《保密法》第11条，国家秘密及其密级的具体范围，由国家保密行政管理部门分别会同外交、公安、国家安全和其他中央有关机关规定。军事方面的国家秘密及其密级的具体范围，由中央军事委员会规定。依据《保密法》第13条，中央国家机关、省级机关及其授权的机关、单位可以确定绝密级、机密级和秘密级国家秘密；设区的市、自治州一级的机关及其授权的机关、单位可以确定机密级和秘密级国家秘密。具体的定密权限、授权范围由国家保密行政管理部门规定。市直机关单位、县级机关不再拥有定密权，必须通过上级授权才拥有定密权。公安、国家安全机关在其工作范围内按照规定的权限确定国家秘密的密级。

第三，在一定时间内只限一定范围的人员知悉。以往的保密制度“只标密级，不标期限”，导致“一密定终身”，现行的《保密法》则增加了保密期限的规定。依据该法第15条，国家秘密的保密期限，除另有规定外，绝密级不超过30年，机密级不超过20年，秘密级不超过10年。保密期限已满的国家秘密事项，自行解密；在保密期限内保密事项范围调整不再作为国家秘密事项，或者公开后不会损害国家安全和利益，不需要继续保密的，应当及时解密。《保密法》第16条则规定，国家秘密的知悉范围，原则上应限定在最小范围。国家秘密的知悉范围能够限定到具体人员的，限定到具体人员；不能限定到具体人员的，限定到机关、单位，由机关、单位限定到具体人员。国家秘密的知悉范围以外的人员，因工作需要知悉国家秘密的，应当经过机关、单位负责人批准。

我国法律对国家秘密的定义及范围规定相对较为宽泛。尤其是国家秘密还包括“经国家保密行政管理部门确定的其他秘密事项”，这一条赋予了国家保密行政管理部门设定国家秘密的较大裁量权。这一较为宽泛的立法性授权，有时候容易导致保密主管部门和机构对定密权的滥用，使大量本应公开的信息被界定为“国家秘密”。不过，现行《保密法》新建了自行解密与解密审查相结合的解密制度，这在一定程度上有助于克服定密权滥用所带来的负面影响。

在制定《保密法》的同时，我国政府逐渐意识到了在保密和公开之间取得平衡的重要性。2007年，国务院颁布了《政府信息公开条例》。2019年，国务院又对其进行修订。依据现行条例，行政机关公开政府信息，采取主动公开和依申请公开的方式。对涉及公众利益调整、需要公众广泛知晓或者需要公众参与决策的政府信息，行政机关应当主动公开（第19条）。除行政机关主动公开的政府信息外，公民、法人或者其他组织还可以向地方各级政府申请获取相关政府信息（第27条）。与此同时，行政机关在进行政府信息公开的时候，必须进行保密审查，即凡属国家秘密或者公开后可能危及国家安全、公共安全、经济安全和社会稳定的政府信息，不得公开（第14条）。公民申请信息公开的事项如果涉及国家秘密，有关部门首先进行解密审查，不涉及上述政府信息的，才能公开。这表明信息公开依然处于宽泛的“国家秘密”概念影响之中。

此外，由于仅仅是国务院的相关规定，而非全国人民代表大会制定的法律，该条例并不享有最高的法律效力。换句话说，与享有更高法律效力的《保密法》相比，该条例并没有有力的法律约束力来指导信息公开，这就为某些政府部门拒绝公开信息提供了借口。另外，对于谁应该承担施行和监督政府信息公开的责任这一关键问题，该条例并没有进行明确规定，从而导致了职责界定的模糊，这也影响了该条例在各级政府的施行力度。

二、美国对国家秘密的保护

美国对国家秘密的保护最早可以追溯到1917年国会通过的《1917年反间谍法》，这个法案至今还在生效，近些年还被美国政府用来起诉网络泄密者。除此之外，美国国会还颁布实施了《1947年国家安全法》《1951年发明保密法》《1954年原子能法》《1986年计算机诈骗和滥用法》等法律，这些法律都包含了与国家秘密相关的条款。除了立法手段，美国政府还经常采用行政手段来防止国防或其他机密信息的泄露，但这有可能和宪法第一修正案产生冲突，引发的法律诉讼因此也不在少数。

(一)《1917年反间谍法》

第一次世界大战爆发以后，美国国会颁布实施《1917年反间谍法》，全称为《为惩罚干预美国外交关系和国际贸易之行为，惩罚间谍，促进美国刑法实施及其他目的所设之法律》。它主要对信息的传递进行了限制，泄露国家秘密或传播虚假信息都被明确地判为违法。它在《美国法典》中的编号现为18U.S.C § 792-799，其中跟泄露国家秘密相关的条款主要包括：

(1) 收集、传递或丢失国防信息罪（18 U.S.C § 793）。依据此条，任何人图谋使或有理由相信，犯罪有损于美国或有益于他国，收集国防信息的，将面临罚款或10年以下有期徒刑，或两罚并处；任何人接触到国防信息，且有理由相信对此信息的使用有损于国家安全，无论该接触是否得到授权，如果将此信息披露给无权获得此信息的人，或者拒绝执行政府要求其交出此信息的命令，将面临同样的处罚；任何人被委付以国防信息且允许其外泄或丢失，或者没有报告此信息的外泄或丢失情况，将面临10年以下有期徒刑。

(2) 为协助外国政府而收集或传递国防信息罪（18 U.S.C § 794）。依据此条，任何人图谋使或有理由相信，犯罪有损于美国或有益于外国，向外国政府传递国防信息的，将处以死刑或终身监禁。但只有在该信息传递导致本国间谍死亡或直接关乎核武器或其他极度敏感信息时，才可对行为人处以死刑。另外，任何人如果在战争期间收集或传递军事计划或类似信息，意在使该信息为敌人所知，同样面临死刑或终身监禁。

(3) 披露机密信息罪（18 U.S.C § 798）。依据此条，任何人有意披露特定机密信息，将面临罚款或10年以下有期徒刑。要对行为人实施处罚，此类披露必须损害了美国的国家安全或国家利益，或有益于外国政府同时有害于美国。此条款仅适用于与加密系统有关的信息，或与政府部门专门设置的内部情报系统有关的信息。

尽管何谓国家秘密不一定由政府界定，但联邦最高法院在“合众国诉莫里斯案”中裁定，政府具有优先定义国家秘密的权力。[①] 政府主动向社会公开的信息不属于国家秘密的范畴[②]，但如果信息公开是由于非法泄密所致，那么此类信息依然受到法律的保护[③]。此类信息既包括口头传递的信息，也包括以任何物质形式所传递的信息。[④] 此外，上述条款所说的“外国”或“外国政府”按照字面解释将国际恐怖组织排除在外，而进入21世纪以来，美国面临的最大威胁便是恐怖分子，这也是该法在近些年来受到批评最多的地方，因为它不能有效阻止向恐怖组织泄露机密信息的行为。

【案例】 合众国诉曼宁案[⑤]

布拉德利·曼宁（Bradley Edward Manning）1987年出生在美国俄克拉何马州。13岁时，父母离异。2007年，为了存钱上大学，加入美国陆军，服务于美国陆军第十山地师，派驻伊拉克。在这期间，他负责情报分析工作，利用职务之便，非法下载了25万份美国政府的机密资料，转交给维基解密。其中一份资料是美军“阿帕奇”武装直升机射杀记者的视频。该视频记录了“阿帕奇”飞行员和地面控制人员的对话。飞行员当时说，发现巴格达街上有武装人员（其实是记者），请求开火。视频画面显示，街上有两人看似持枪，但大多数人没有武器。维基解密曾在华盛顿召开新闻发布会，公开了此视频。在向维基解密爆料后，曼宁还在网络上向另一位黑客艾德里安·拉莫（Adrian Lamo）夸耀此事，遭后者举报。2010年5月，美国军方将其逮捕并起诉。军方宣布对曼宁给予12项罪名的指控，包括：涉嫌违反陆军规定，“将机密文件转移至私人电脑并擅自在加密电脑系统中安装未经许可的软件”；涉嫌违反《1917年反间谍法》，“传播、传输国防信息至未经许可的消息源”，“明知可能会损害美国利益，还泄露涉及国家安全的加密信息”。2013年7月30日，位于美国马里兰州米德堡军事基地内的一个军事法庭在持续审判8周以后，判定曼宁违反

---

① United States v. Morris，928 F. 2d 504（2d Cir. 1991）.

② Gorin v. United States，312 U. S. 19（1941）.

③ United States v. Squillacote，221 F. 3d 542（4th Cir. 2000）.

④ United States v. Rosen，445 F. Supp. 2d 602（E. D. Va. 2006）.

⑤ USA v. Bradley Manning：selected case files. [2023-10-10]. https：//sgp. fas. org/jud/manning/index. html.

了《1917年反间谍法》及其他六项违规行为。经过量刑程序，军事法庭最终判处曼宁入狱35年，并开除其军籍。2017年1月，在被关押近7年之后，曼宁获得了美国即将离任总统奥巴马的特赦，提前出狱。

【案例】 斯诺登泄密案

爱德华·斯诺登（Edward Snowden）生于1983年，曾是CIA（美国中央情报局）技术分析员，后供职于国防项目承包商博思艾伦咨询公司。2013年6月，斯诺登将两份绝密资料交给英国《卫报》和美国《华盛顿邮报》，并告之媒体何时发表。按照设定的计划，2013年6月5日，英国《卫报》先扔出了第一颗舆论炸弹：美国国家安全局有一项代号为"棱镜"的秘密项目，要求电信巨头威瑞森公司必须每天上交数百万用户的通话记录。6月6日，美国《华盛顿邮报》披露称，过去6年间，美国国家安全局和联邦调查局通过进入微软、谷歌、苹果、雅虎等九大网络巨头的服务器，监控美国公民的电子邮件、聊天记录、视频及照片等秘密资料。① 美国舆论随之哗然。斯诺登随即遭美国政府通缉。2013年6月21日，美国司法部对斯诺登提起诉讼，指控其偷窃美国及外国政府财产，并犯有《1917年反间谍法》两项罪名，即"未经授权传递国防信息"以及"将机密情报信息有意传递给无权获得此信息的人"②。每项指控若成立，都将面临最高10年的监禁。事发后，斯诺登获得俄罗斯的临时避难许可。2014年8月，斯诺登再次获得俄罗斯的居留许可，期限为3年。2015年10月，欧洲议会通过决议，撤销对斯诺登的刑事指控，并阻止其被第三方引渡。③ 有论者指出，这反映了欧洲国家对大规模政府监控的恐惧。斯诺登回应说这是一个改变规则的标志性事件，它不是对美国政府的打击，而是鼓励其往前看的机会。2020年10月，斯诺登获得俄罗斯永久居留权。

（二）其他法律

《1947年国家安全法》（The National Security Act of 1947）为美国的秘密

---

① GELLMAN B，SOLTANI A. NSA infiltrates links to Yahoo，Google data centers worldwide，Snowden documents say. The Washington post，2013-11-01.

② FINN P，HORWITZ S. U. S. charges Snowden with espionage. The Washington post，2013-06-02.

③ Mass surveillance：EU citizens' rights still in danger，says Parliament.（2015-10-29）[2023-10-10]. http：//www. europarl. europa. eu/news/en/news-room/20151022IPR98818/Mass-surveillance-EU-citizens-rights-still-in-danger-says-Parliament.

情报官员、情报员、耳目与情报来源的秘密身份提供了保护。依据该法，任何授权或曾经授权接触识别某一秘密情报员的秘密情报的人，故意地将这些秘密情报泄露给无权得知的其他任何人，明知这些秘密情报足以识别某一情报员的身份，并且美国政府正在采取积极措施隐蔽该情报员同美国的情报关系，将被处以5万美元以下罚款或10年以下监禁，或两罚并处。

《1951年发明保密法》(The Invention Secrecy Act of 1951) 对涉及国家安全的发明专利进行了定密保护。该法规定，如果安全部门认为通过授予专利的形式公布一项发明会危及国家安全，那么专利局可以命令将这项发明保密；未经许可而公开其发明或者在国外申请专利，发明人将会失去在美国获得专利的权利。发明保密期限为一年，一年之后专利局需要重新审批，看是否有必要继续保密。该法是美国在二战结束后进入冷战期间颁布实施的。在1959年至1974年冷战高峰期间，专利局每年平均发布5 000个发明保密令。但即便进入和平年代，此法依然在实施，每年颁发的保密令和冷战期间不相上下。发明保密的领域主要集中在原子能、加密技术、冷聚变、太空技术、雷达导弹系统、光学工程、真空技术等。

《1954年原子能法》(The Atomic Energy Act of 1954) 将所有涉及下列活动的数据自动列为机密信息，即核武器之设计、生产或利用，特殊核材料的生产，或特殊核材料在能源生产过程中的使用。任何人未经授权披露此类信息，将面临10万美元以下的罚款。但政府机构在“合众国诉《进步》杂志案”等案件中禁止对方发表核信息的尝试都失败了。

《1986年计算机欺诈和滥用法》(Computer Fraud and Abuse Act of 1986) 规定，任何人故意非法或超出合法权限进入计算机系统，借此获得法律法规出于国防和外交考虑而禁止公开的信息，且有理由相信该信息非法获取后会被用来损害美国利益，那么故意传播、传递或保留该信息的行为将构成犯罪。初犯处以10年以下有期徒刑，累犯面临20年以下有期徒刑。

【案例】 合众国诉《进步》杂志案①

《进步》是一本主要讨论政治文化和舆论的月刊。该案的起因是杂志的自由撰稿人霍华德·莫兰写了一篇文章，其中详细描述了氢弹的设计和制作。莫兰希望通过去除核武器的神秘感来推动更多公共辩论，为将来的核裁军创造可能。发表之前，该文章的副本被寄送给美国能源部，请求该部核实技术性信息的准确性。但能源部的官员断定，该文章的部分内容不应被发表。

作者及杂志编辑认为，文章所提

① United States v. Progressive, Inc., 467 F. Supp. 990 (W. D. Wis. 1979).

供的信息均来自非机密的公开信息，因此它不可能传达任何机密信息。然而在政府看来，这篇文章是危险的，因为它以公开场合不可取得的方式介绍了各种氢弹的概念。政府主张，依据《1954年原子能法》，该文包含的部分内容为“限制性数据”，因此要求法院禁止《进步》杂志发表该文章。政府还特别指出，该案和“五角大楼文件案”不同，因为《1954年原子能法》中已经明确允许了禁止令救济。此外，五角大楼文件只是历史文档，而氢弹则是当前的军事武器。最后，政府指出，在《不扩散核武器条约》的规定下，政府有不得帮助无核国家获取核武器的义务。

受理此案的地区法院在阅读案卷后，得出结论说“政府满足了两位大法官在‘五角大楼文件案’中阐明的标准，即该文会对美国造成严重的、直接的、即刻的和不可弥补的伤害”，因此决定颁布临时禁止令。法院在判决书中写道：“这篇文章是否为氢弹制作提供了DIY（自己动手做）的指导？可能不会这样……人们不会在地下室制造一颗氢弹。但这篇文章可能会为一个中等国家发展氢弹提供充分的信息……该文涉及的信息有关人类历史上最具摧毁力的武器，这一信息具有充分的摧毁力，能毁灭言论自由权利，并且威胁生命权利本身。”

《进步》杂志立即宣布上诉，但更高层次的司法判例没有形成。在上诉审理前的几个月，另有两位撰稿人和莫兰一样，汇编了有关氢弹的系列文章。这些文章陆续出现在《加利福尼亚日报》上。政府针对《进步》杂志的禁止令因此变得毫无意义。在下一步司法程序开始之前，政府撤回了诉讼，且在相关媒体刊登有关氢弹的报道之后没有再提起任何诉讼。

（三）行政手段

除了上述法律手段，美国政府还经常运用行政措施来防止国家秘密的泄露。其中一种重要的手段就是通过工作合同的形式要求政府雇员为其所接触到的机密信息保密。在“斯纳普诉合众国案”中，联邦最高法院确认了政府有能力执行有关雇员或前雇员不得泄露其所接触的机密信息的合同。法院允许政府对上诉人斯纳普（Frank Snepp）的出版收入施加推定信托，因为斯纳普出版的这本书是关于其雇主CIA的，但在出版之前没有按工作合同要求递交给CIA进行预先审查。CIA承认该书没有包含机密信息，但法院认为该书给美国情报系统带来了不可挽回的损失。[①]

政府采取的另一种行政措施就是颁布临时禁止令，禁止相关机构或个人公开国家机密信息。在“黑格诉阿吉案”中，CIA前雇员阿吉（Philip Agee）在

① Snepp v. United States，444 U.S. 507（1980）.

国际社会积极游走，进行反 CIA 的宣传活动，包括披露 CIA 在世界范围内特工的名字。为了阻止其披露机密信息，美国政府撤销了阿吉的护照，使其无法出国。阿吉提出抗议，认为美国政府侵犯了其旅行的自由和批评政府的自由，但法院对此并不认同。在法院看来，有关护照的禁止令不构成违宪，它可以“应用于有可能给国家安全或外交政策造成严重伤害的情形”[①]。但如果禁止令涉及媒体出版，由于和宪法第一修正案密切相关，政府试图保护机密信息的努力常常会失败，其中最著名的案例当属 1971 年的“五角大楼文件案”。

【案例】 五角大楼文件案[②]

1971 年 6 月，《纽约时报》经过深思熟虑决定发表一篇揭发美国卷入越南战争的国防部绝密文件，这些文件是由国防部官员艾尔斯伯格透露给外界的。联邦政府以“国家安全”为名，要求纽约南区地方法院对《纽约时报》发出临时禁止令，获得该法院的支持。但未过几天，地方法院便拒绝了政府希望永久禁止《纽约时报》发表该文的请求，声称“为了保障表达自由这一更为重要的价值以及人民的知情权，当局必须忍受喜爱争吵、固执己见且无处不在的新闻机构”。然而联邦第二巡回上诉法院推翻了这一判决，同时规定相关禁止令继续执行。其理由是要决定有关材料是否应当发表，必须进一步听取政府对文件发表之后果的阐述。与此同时，《华盛顿邮报》也卷入这场冲突，试图发表国防部的这份绝密文件。联邦政府如法炮制，向哥伦比亚特区地方法院申请禁止令，但遭到法院拒绝。当政府向哥伦比亚特区的巡回上诉法院上诉时，上诉法院却站在了新闻机构这边。结果，《华盛顿邮报》得以毫无限制发表该文，而《纽约时报》无法享受这份自由，后者便上诉到联邦最高法院。

1971 年 6 月 30 日，最高法院以 6∶3 的票决做出历史性裁决，宣布国内所有报纸均可不受限制地发表这份五角大楼的报告。大法官布莱克代表多数人发表了赞同意见。他写道：“无论是历史还是第一修正案，都表明新闻机构必须不受检查、禁止以及事先约束，可以自由地发表新闻，而无论其信息来源。”政府主张当一篇新闻报道对公共利益构成“严重的和无法挽回的”损害时，总统有权禁止其发表。但在怀特大法官看来，即便在这种情况下，如果立法机构没有授权法庭颁布禁止令，那么此一原则并无效力。持反对意见的大法官伯格则提出疑问：“谁来最终决定自由新闻机构行为的限度以及政府对于保密性的要求在何种程度上得到尊重?”总

① Haig v. Agee，453 U. S. 280（1981）.

② New York Times Co. v. United States，403 U. S. 713（1971）.

的来说，“五角大楼文件案”的判决代表新闻出版自由的一次重大胜利，这一判决使得整个政府密级制度丧失其合法性和神秘性，但上述地方及巡回上诉法院的不同判决，以及最高法院法官的不同意见，也充分显示了该案件的复杂性。最高法院的最终判决只不过是认为政府在这起案件中并没有遇到需要对新闻机构采取事先约束的情况，它并没有真正解决信息自由和国家安全两者之间的冲突。

美国政府通过行政措施保护国家秘密较为成功之处，是对媒体接触实际军事行动或军事工事的控制。自越南战争以来，美国军队对战争报道的限制趋于严格，记者基本上被剥夺了报道前线战争的传统自由。在海湾战争爆发前，美国国防部通过了一系列管制媒体报道的政策，比如：只有经过选择的记者团发布的战争报道才是被允许的；每个媒介团体必须由一个军事护卫队带领；新闻报道在发表之前，必须经过安全检查，以确定它们是否包含任何有关军方的敏感信息等。美国国防部解释说，制定这些政策是为了保护记者的安全，同时也是为了防止媒体披露危及士兵的信息。但批评人士指出，军方这样做并不是出于上述安全方面的原因，而是为了限制民众所获得的信息的质量。“9·11”事件发生以后，美国军方发动了阿富汗战争。《好色客》（*Hustler*）杂志发行人弗林特（Larry Flynt）写信给国防部，希望杂志记者能跟随美国军队进入作战前线，遭到国防部拒绝。弗林特提起诉讼，但未获法院支持。在法院看来，宪法没有赋予媒体跟随美国军方进入作战前线的权利。当媒体收集并报道发生在外国领土上的军方行动的有关信息时，它的宪法第一修正案权利是有限的。[①]

三、我国对国家秘密的保护

我国宪法规定保守国家秘密是公民的义务。1979年颁布的《刑法》规定了泄露国家秘密罪。1988年颁布的《保密法》、1993年颁布的《中华人民共和国国家安全法》（简称《国家安全法》）、2014年颁布的《中华人民共和国反间谍法》等法律法规都对保守国家秘密进行了规范。1997年修订的《刑法》将涉及国家秘密的犯罪分为三大类型，即泄露国家秘密罪，为境外窃取、刺探、收买、非法提供国家秘密、情报罪，以及非法获取国家秘密罪和非法持有国家绝密、机密文件、资料、物品罪，这是我国保护国家秘密的主要法律手段，具体阐释如下：

（一）泄露国家秘密罪

《刑法》第398条第1款规定：“国家机关工作人员违反保守国家秘密法的规定，故意或者过失泄露国家秘密，情节严重的，处三年以下有期徒刑或者拘役；情节特别严重的，处三年以上七年以下有期徒刑。”所谓泄露，就是行为人让不

① Flynt v. Rumsfeld, 180 F. Supp. 2d 174 (D. C. 2002).

应该知道的人知道自己掌管的或者知道的国家秘密。泄露行为的方式可以是多种多样的，可以是口头泄露，也可以是书面泄露；可以是用交实物的方法泄露，也可以是用发送电子信息等方法泄露。泄露的不同方式，不影响泄露国家秘密罪的成立。但是，如果是敌人或他人以盗窃、侦察、破译、遥测等方式获取了秘密，因而造成的泄露，而本人没有违反保密法规定，则不属于泄露国家秘密罪的行为，不能据此而追究主管、经管该项秘密的人员或其他有关人员的泄密责任。

根据本款规定，故意或过失均可以构成犯罪。“故意泄露国家秘密”是指行为人违反保密法，故意使国家秘密被不应知悉者知悉，或者故意使国家秘密超出了限定的接触范围，情节严重的行为。故意泄露的动机多种多样，比如为了显示自己消息灵通而加以炫耀，为了贪图私利而加以出售，因贪恋女色或碍于情面而泄露，或被威胁利诱而提供等。“过失泄露国家秘密”是指行为人违反保密法规定，过失泄露国家秘密，或者遗失国家秘密载体，致使国家秘密被不应知悉者知悉或者超出了限定知悉的范围，情节严重的行为。过失，一般是因为疏忽大意、工作马虎、玩忽职守、违反保守国家秘密的有关规章制度等造成的，如将保密文件不按规定放置而让他人看见，不认真保管致使丢失等，但也不排除出于过于自信的过失。

按照本款规定，泄露国家秘密还必须“情节严重”，才构成犯罪。如果不属于情节严重，即便具有泄露行为亦不可能以本罪论处，而应代之以行政处分。情节严重与否，则应从泄露国家秘密的密级，泄露的次数、时间、后果、目的、动机以及行为人泄露后的前后表现、态度等全方面地进行分析，综合加以判断。①

本罪属于渎职罪，犯罪主体为特殊主体，只有国家机关工作人员才能构成本罪，因为通常情况下只有国家机关工作人员才能掌握、了解国家秘密。但《刑法》第398条第2款规定：“非国家机关工作人员犯前款罪的，依照前款的规定酌情处罚。”此处“酌情处罚”，指的是在第1款规定的量刑幅度内，根据具体情况予以适当处罚。

【案例】孙某、伍某明故意泄露国家秘密案②

2009年6月至2011年1月，孙某在担任国家统计局办公室局长秘书室副主任及局领导秘书期间，通过MSN聊天工具，先后多次将国家统计局尚未公布的涉密统计数据共计27项，透露给国金证券股份有限公司工作人员付某以及中信建设证券有限公司资产管理部工作人员张某。经鉴定，上述统计数据中有14项为机密级国家秘密，有13项为秘密级国家秘密。

① 参见《最高人民检察院关于渎职侵权犯罪案件立案标准的规定》。

② 孙振、伍超明故意泄露国家秘密案．中华人民共和国最高人民检察院公报，2012（3）：29-30.

2010年1月至6月，伍某明在中国人民银行金融研究所货币金融史研究室工作期间，将其在价格监测分析行外专家咨询会上合法获悉的、尚未对外正式公布的属于秘密级国家秘密的25项国家宏观经济数据，多次以手机短信等方式向证券行业人员魏某某、刘某会、伍某文、刘某云等人故意泄露224次。法院经审理判定，孙某、伍某明两名国家工作人员的行为已构成故意泄露国家秘密罪，分别获刑五年和六年。

（二）为境外窃取、刺探、收买、非法提供国家秘密、情报罪

《刑法》第111条规定："为境外的机构、组织、人员窃取、刺探、收买、非法提供国家秘密或者情报的，处五年以上十年以下有期徒刑；情节特别严重的，处十年以上有期徒刑或者无期徒刑；情节较轻的，处五年以下有期徒刑、拘役、管制或者剥夺政治权利。"本罪的主体为一般主体，即无论其是中国公民还是非中国公民，凡达到刑事责任年龄、具备刑事责任能力的，都可能构成本罪。侵犯的客体是国家的安全和利益。在主观方面，行为人必须是出于故意，即行为人明知是国家秘密或情报而非法向境外提供，因过失而被境外人员窃取自己所保管的国家秘密或情报，不足以构成本罪。本罪与其他危害国家安全罪的区别在于，行为人在主观上并不一定有危害国家安全的直接目的，其动机可能是为了牟利，或为了抢独家新闻。但无论其动机如何，不影响本罪的成立。

在客观方面，本罪表现为为境外的机构、组织、人员窃取、刺探、收买、非法提供国家秘密或者情报的行为。所谓的"境外"，尚未见到有法律效力的解释，但一般将其解释为中华人民共和国司法管辖区之外的地区，这不仅包括外国，也包括我国的香港、澳门、台湾地区，因为后者也享有相对独立的司法管辖权。"窃取"在此指的是使用秘密手段盗窃属于国家秘密或者情报的资料或物品行为。"刺探"是指通过各种渠道、使用各种手段，非法探知国家秘密或者情报资料的行为。"收买"指的是用金钱、色情和其他物质利益等手段向掌握国家秘密或者情报的人员获取国家秘密或者情报资料及物品的行为。"非法提供"是指国家秘密持有者或知悉者非法出卖、交付、告知其他不应知悉该项国家秘密或者情报的人的行为。只要行为人实施上述行为其中之一的，就构成犯罪。如果行为人实施上述行为时被抓获，实际上未能最终获取国家秘密或情报，或者未能完成非法提供的行为，也应构成本罪未遂。

本条所说的"情报"，指的是国家秘密之外的关系国家安全和利益、尚未公开或者依照有关规定不应公开的事项。对于情报的范围，法律并未作出具体的规定，在司法实践中，则需根据具体情况具体分析，但不应把所有未公开的内部情况都列入"情报"的范畴，以免扩大打击面，同时也要注意与正常的信息交流区分开来。

【案例】师某为境外非法提供国家秘密案①

师某原为湖南《当代商报》新闻中心和编辑中心主任。2004 年 4 月 20 日下午，《当代商报》副总编王某某、杨某某在例行评报会和编前会后，召集该报社要闻部、热线机动部、编辑部等部门负责人开会，时任该报社新闻中心和编辑中心主任的师某参加了会议。王某某在会上口头传达了属于绝密级国家秘密的中共中央办公厅、国务院办公厅《关于当前稳定工作的通知》的重要内容摘要，并强调该文件属于绝密文件，不能记录，不要传播，但师某仍将此重要内容摘要做了记录。当晚，师某利用独自在办公室值班之机上网，通过其个人的电子邮箱向境外人员洪某的电子邮箱发送了其记录的重要内容摘要，要对方尽快想办法发出去，但不要用师某的名字。当日，相关内容在境外某电子刊物上发表，此后又被多家境外网站转载。法院认为，师某为获取高额稿费向境外人员通风报信，通过互联网将其在工作中所知悉的属于绝密级的国家秘密故意非法提供给境外机构，其行为危害了国家安全，已构成为境外非法提供国家秘密罪，且犯罪情节特别严重，判处有期徒刑 10 年，剥夺政治权利 2 年。师某不服裁决，提起上诉，终审驳回上诉，维持原判。

（三）非法获取国家秘密罪和非法持有国家绝密、机密文件、资料、物品罪

《刑法》第 282 条规定："以窃取、刺探、收买方法，非法获取国家秘密的，处三年以下有期徒刑、拘役、管制或者剥夺政治权利；情节严重的，处三年以上七年以下有期徒刑。""非法持有属于国家绝密、机密的文件、资料或者其他物品，拒不说明来源与用途的，处三年以下有期徒刑、拘役或者管制。"就犯罪构成来看，此两罪的犯罪主体均为具有刑事责任能力的自然人，包括中国公民、外国人、无国籍人。主观方面是故意，即行为人明知是国家秘密而故意窃取、刺探、收买，或者明知是自己不能持有的国家秘密却故意非法持有，且拒不说明来源和用途。如果行为人能够说明来源与用途，且能够证明自己确实不知其为国家秘密，那么其实际占有行为不是本罪的"持有"，可以根据其实际来源与用途依法处理。本罪的客体是国家的保守秘密制度。在客观方面，非法获取国家秘密的行为包括窃取、刺探、收买等，对这些行为的界定可参见前面的论述。另外，在行为人非法持有国家绝密、机密文件、资料、其他物品的既定事实下，当有关机关调查时，行为人拒不说明其来源与用途。总的来

① 参见湖南省长沙市中级人民法院刑事判决书（2005）长中刑一初字第 29 号；湖南省高级人民法院刑事裁定书（2005）湘高法刑一终字第 177 号。

看，这两个罪名只以非法获取或非法持有为特征，而不论行为人非法获取或非法持有的国家秘密是否泄露。

【讨论】 网上泄密的法律规制

随着互联网的快速发展，网上泄露国家秘密的现象日益增多，由此也成为我国关注的重点。2000年，全国人大常委会颁布实施《关于维护互联网安全的决定》，明确规定利用互联网窃取、泄露国家秘密、情报或者军事机密，将被依法追究刑事责任。2010年，全国人大常委会对《保密法》进行了修订，明显加强了对互联网泄密的防范和控制。该法第23条首先对涉密信息系统保密管理进行了规定，要求存储、处理国家秘密的计算机信息系统按照涉密程度实行分级保护。“涉密程度”是指涉密信息系统存储、处理和传输的国家秘密信息的密级，是确定系统安全保密防护级别的依据。“分级保护”是指涉密信息系统的建设使用单位依据分级保护管理办法和国家保密标准，对不同级别的涉密信息系统采取相应的安全保密防护措施，确保既不“过防护”，也不“欠防护”。如违反此规定，发生重大泄密案件的，由有关机关、单位依法对直接负责的主管人员和其他直接责任人员给予处分；不适用处分的人员，由保密行政管理部门督促其主管部门予以处理。

《保密法》第24条试图对网上涉密信息源进行控制，明令禁止以下5种行为：将涉密计算机、涉密存储设备接入互联网及其他公共信息网络；在未采取防护措施的情况下，在涉密信息系统与互联网及其他公共信息网络之间进行信息交换；使用非涉密计算机、非涉密存储设备存储、处理国家秘密信息；擅自修改涉密信息系统的安全技术程序、管理程序；以及将未经安全技术处理的退出使用的涉密计算机、涉密存储设备赠送、出售、丢弃或者改作其他用途。第26条试图对涉密信息的流通过程进行管理。该条明确禁止非法复制、记录、存储国家秘密；禁止在互联网及其他公共信息网络或者未采取保密措施的有线和无线通信中传递国家秘密；禁止在私人交往和通信（含电子邮件）中涉及国家秘密。任何组织和个人违反前述两项规定，构成犯罪的，将依法追究刑事责任。

《保密法》第28条特别规定了网络服务提供商的责任。该条责令互联网及其他公共信息网络运营商、服务商应当配合公安机关、国家安全机关、检察机关对泄密案件进行调查；发现利用互联网及其他公共信息网络发布的信息涉及泄露国家秘密的，应当立即停止传输，保存有关记录，并向公安机关、国家安全机关或者保密行政管理部门报告；应当根据公安机关、国家安全机关或者保密行政管理部门的要求，删除涉及泄露国家秘密的信息。违反此规定的，由公安机关或者国家安全机关、信息产业主管部门按照各自职责分工依法予以处罚。

由上述内容可以看出，我国网络用户、网络内容提供商以及网络接入服务提供商三方都肩负保守国家秘密的义务。这些法律规定清楚地表明，惩治网上泄密在我国是有法可依的，但由于国家秘密之界定尚存模糊地带，涉及泄密的惩治行为也存有不少争议。另外，网络平台为了规避法律风险，可能会主动屏蔽或删除一些可以公开的信息，这对信息的流通乃至网站本身的发展都是有伤害的。

第三节　破坏网络安全

没有网络安全，就没有国家安全。通过互联网散布煽动性言论、泄露国家秘密固然会给国家安全带来威胁，但网络空间所存在的安全威胁远远不止于此。时至今日，涉及国计民生和国家安全的大量信息和资源都在网络空间流转，都需要依靠网络系统加以运行。这意味着，对目标信息的窃取和篡改，对目标网站和信息基础设施的攻击，均有可能构成对国家安全的挑战。包括我国在内的世界各国已深刻认识到网络安全的重要性，并纷纷出台各种法律和举措，以应对网络空间所面临的安全挑战。在本节，我们首先阐释网络安全的概念和态势，之后详细分析美国和我国在保障网络空间安全方面所采取的举措。

一、网络安全和网络攻击

网络空间由独立且互相依存的网络系统和信息基础设施组成，包括互联网、电信网、广电网、计算机系统、嵌入式处理器和控制器系统等。网络安全是对网络系统和信息基础设施的预防破坏、保护和恢复，以确保其机密性、完整性、认证性、可用性和可控性。机密性指的是网络中的信息不被非授权实体获取与使用。完整性指的是信息系统及其中的数据没有被不正当地篡改和未经授权地改变。认证性指的是对授权用户的验明正身。可用性指的是能随时为授权者提供信息及系统服务。可控性意味着对信息的传播路径、范围及其内容具有掌控能力。

近年来，网络攻击事件频频爆发，给国家安全带来严峻的挑战，这包括：

(1) 出于政治目的的网络攻击。一种情况是源自国内政治的冲突，比如国内持异议者对政府机构的网站发起攻击使之瘫痪。另一种情况是国与国之间的冲突中，网络攻击是信息战的一部分，为传统的军事行动提供支援。典型的例子就是2008年俄罗斯对格鲁吉亚发起的大规模网络攻击，使得后者的新媒体无法与外界取得任何联系。

【案例】 俄罗斯对格鲁吉亚的网络攻击[①]

2008年8月，为了把格鲁吉亚从南奥塞梯驱逐出去，俄罗斯军队入侵了格鲁吉亚。在开展此项军事行动的同时，俄罗斯对格鲁吉亚展开了大规模的网络攻击。第一个阶段的攻击主要针对格鲁吉亚政府和媒体的网站，旨在阻止格鲁吉亚讲述自己版本的事情经过。攻击方式主要是分布式拒绝服务（DDoS）攻击，借助的武器主要是俄罗斯商业网络（Russian Business Network，RBN）等组织提供的僵尸网络。第二个阶段的攻击范围明显扩大，涵盖格鲁吉亚的金融机构、企业、教育机构以及西方媒体的网站。其目标同样是使格鲁吉亚与外界隔离，并尽可能给格鲁吉亚造成经济方面的损失。攻击手段既包括DDoS攻击，也包括网站篡改。例如，在格鲁吉亚的政府网站上添加亲俄涂鸦，将时任总统萨卡什维利（Mikhail Saakashvili）比作希特勒等。有观察家指出，这是互联网诞生以后首次与常规军事行动同时发生的大规模网络攻击，它明显削弱了格鲁吉亚与外界沟通的能力，并在信息和心理上对格鲁吉亚的媒体、政府和公众产生了重要影响。

（2）信息窃取和网络间谍。这指的是通过计算机系统窃取目标信息的行为。在很多案例中，信息窃取是搜集情报、窃取知识产权以及获得对手武器系统技术知识的重要手段。比如，在伊拉克战争期间，反对派武装拦截了美军“捕食者”无人侦察机的未加密视频。

【案例】 美军“捕食者”无人机信息被截获[②]

“捕食者”是美军20世纪90年代推出的一款高端无人侦察机，它可匹配各种各样高端的侦查工具，在伊拉克战争中被广泛使用。2008年末，在伊拉克作战的美军人员抓了一名什叶派民兵，从他的身上搜出一台笔记本电脑，电脑里保存着“捕食者”传输的视频信息。再后来，美军发现伊拉克反叛组织“真主旅”也获得了“捕食者”传输的视频信息，并配备有获得记录的必要设备。这些证据表明，美军引以为豪的“捕食者”无人机存在重大的安全隐患。进一步的调查发现，“捕食者”在进行超视距通

① 沙克瑞恩P，沙克瑞恩J，鲁夫．网络战信息：空间攻防历史、案例与未来．吴奕俊，康鹏珍，蒋云君，译．北京：金城出版社，2016.

② 同①.

信时，是通过无线网络将数据广播给用户的。美军可以获得信号并解码读取无人机搜集到的信息，但这些信息也被“真主旅”这样的第三方截取了。他们使用的截取工具是俄罗斯业余爱好者开发的名为“SkyGrabber”的软件，这是一款离线卫星下载工具，可以截获没加密的“捕食者”传输的信息。

(3) 针对基础设施的网络攻击。当今社会的众多基础设施都是通过计算机网络系统操控运营的，工业控制系统、金融支付系统、电子政务系统、军事指挥系统等都属于这一范畴。对这些系统发起网络攻击，会导致系统局部或大面积的瘫痪，或带来其他严重后果。著名的例子就是2010年“震网”(Stuxnet)侵入了伊朗的工业控制系统，使得伊朗的铀浓缩设备遭到破坏，并给当地环境造成严重灾难。

【案例】“震网”病毒对伊朗核设施的攻击①

“震网”是一种神秘复杂的蠕虫病毒。它至少有四个新的“零日”漏洞，能够盗取知名公司的证书私钥进行数字签名。它不仅可以在Windows操作系统所有版本中运行，还能突破工业专用局域网的物理限制，对西门子的SCADA等工业控制系统进行特定攻击。2010年，“震网”以伊朗核设施使用的SCADA系统为进攻目标，通过控制离心机转轴的速度，来破坏伊朗在纳坦兹的铀浓缩设施。低浓缩铀可用来发电，但纯度超过90%，即可制造核武器。“震网”潜入伊朗核设施后，一边向控制系统发布正常运转的信息，一边指挥离心机非常态运转，突破其最大转速造成其物理损毁。在感染“震网”病毒后，伊朗上千台离心机直接发生毁损和爆炸，进而造成放射性元素铀的扩散和污染，给当地环境带来严重的灾难。也因如此，伊朗在当年11月暂停了纳坦兹的铀浓缩生产，伊朗的核计划由此也倒退了两三年。有观察家指出，“震网”病毒是美国和以色列共同研发的，因为只有在国家的支持下才可发明出如此高端复杂的攻击武器，但美国政府对此不置可否。

二、美国对网络安全的保护

鉴于计算机网络逐渐渗透到通信、交通、金融、商贸、军事等各个领域，

① 沙克瑞恩P，沙克瑞恩J，鲁夫．网络战信息：空间攻防历史、案例与未来．吴奕俊，康鹏珍，蒋云君，译．北京：金城出版社，2016.

网络已成为一国赖以正常运行的“神经系统”。网络系统一旦出现问题或漏洞，事关国计民生的许多重要系统将陷入瘫痪，国家安全也将面临实质性的威胁。为此，美国学者提出了“制网权”的概念。所谓的制网权，就是对互联网的控制。它被认为是制海权、制空权、制天权之外各国争夺的又一控制权。在由运算器、控制器、存储器、系统软件、应用软件以及无数网民等组成的网络战场上，无数的二进制代码正在进行渗透、阻塞和攻击的搏杀，为的就是争夺制网权。美国的网络安全战略从萌芽到成熟，可以说主要是围绕制网权而展开的。

（一）网络安全战略的演进

美国的网络安全战略至少可追溯到克林顿时代。1998 年，克林顿以总统令的形式签发《关键基础设施保护》（Critical Infrastructure Protection），对网络安全战略的概念、意义和目标进行了阐释。该总统令指出，世界上最强大的军事力量和经济力量相互促进和依赖，但是也越来越依赖某些关键基础设施和以网络为基础的信息系统。所谓关键基础设施是指“那些对国家至关重要的物理性的以及基于计算机的系统和资产。它们一旦受损或遭破坏，将会削弱国家安全、国家经济安全或者公众健康与安全”。关键基础设施日益自动化，且相互联结，但这种先进特性却容易成为网络攻击的目标。为此，美国应从国家安全的高度对关键基础设施实施保护，具体举措包括：对设施的脆弱性进行评估；制订相应的补救计划；进行预警；实时反应；研发相关技术；加强情报工作；采取立法与预算措施等。

2003 年 2 月，小布什政府发布《网络空间安全国家战略》（The National Strategy to Secure Cyberspace），提出三大战略目标：防止美国关键基础设施遭受网络攻击；减少网络攻击所针对的漏洞；确实遭受网络攻击时，将损害及恢复时间降至最低。到了 2008 年 1 月，小布什政府制订了更为周密的美国网络防御计划，即《国家网络安全综合计划》（Comprehensive National Cybersecurity Initiative）。这个计划被称为信息安全领域的“曼哈顿计划”，内含 12 项重点工程，当时以国家安全的原因被列为高度机密，但两年后奥巴马政府将其解密。

奥巴马上台以后，更加关注国际网络空间的安全。2011 年 5 月，奥巴马政府发布《网络空间国际战略》（International Strategy for Cyberspace），提出美国将致力于在国际上促进开放、互通、安全、可靠之信息基础设施的建设，以支持国际贸易，加强国际安全、促进言论自由和创新。具体措施包括：在经济上，推动国际标准和创新以及开放市场；在网络保护上，增强网络的安全性、可靠性以及恢复能力；在执法上，拓展法制规则和执法合作；在军事上，准备迎接 21 世纪的安全挑战；在互联网治理上，推进有效的及总括性框架；在国际发展上，增强能力、安全和繁荣；在互联网自由上，支持基本自由和隐私。时任国务卿希拉里在该战略发布会的发言中强调了“互联网自由”，称美国将在上述七大政策领域开展“网络外交”，并将在这些政策领域发挥领导作用。

2018 年 9 月，在历届政府政策的基础上，特朗普政府发布美国《国家网络战略》(National Cyber Strategy)，这是自 2003 年以来首份完整阐述美国国家网络战略的顶层战略。新战略包括四大支柱：(1) 保护美国人民、美国国土和美国生活方式。通过保卫联邦网络及信息安全，保护关键基础设施，对抗网络犯罪和提升事件响应能力来实现。(2) 促进美国繁荣。通过培育生机勃勃的数字经济，培养并保护美国独创性，以及发展高端美国劳动力市场来实现。(3) 以实力维护和平。美国政府将运用一切国家力量威慑网络攻击，对恶意攻击者施以迅速而直接的打击。(4) 提升美国影响力。推动建立一个开放、互动、可靠和安全的互联网，以及通过为美国盟友提供网络能力以应对伤害双方利益的网络威胁来构筑国际网络能力。为实现这四大目标，特朗普政府还提出了 10 项重点任务和 42 项优先行动，美国的网络安全保障体系由此基本形成。

(二) 网络安全立法的尝试

在颁布《2015 年网络安全法》(The Cybersecurity Act of 2015) 之前，美国既有法律规定中有不少关于网络安全不同方面的条款，比如：《1986 年计算机欺诈和滥用法》禁止攻击联邦和金融机构的计算机系统；《1986 年电子通信隐私法》禁止未授权的电子窃听；《1987 年计算机安全法》要求国家标准与技术研究院负责制定联邦计算机系统的安全标准，但用于国防和情报使命的国家安全系统除外；《2002 年国土安全法》授权国土安全部成为负责网络安全的核心部门；《2002 年电子政府法》作为指导政府办公信息和服务网络化的主要立法，包括了许多网络安全的要求；《2002 年联邦信息安全管理法》明晰和增强了国家标准与技术研究院同联邦政府部门的网络安全职责，设立了联邦信息安全事件中心，并且授权行政和预算办公室来负责制定颁行联邦网络安全标准。

2015 年 12 月，美国正式颁布《2015 年网络安全法》，这被认为是美国有关网络安全最重要的一部立法。它由《网络安全信息共享法》(Cybersecurity Information Sharing Act)、《国家网络安全促进法》(National Cybersecurity Advancement Act)、《联邦网络安全人力资源评估法》(Federal Cybersecurity Workforce Assessment Act) 和《美国境外接入设备责任变化及其他网络事项》(Changes to Access Device Liability Outside of the United States and Other Cyber Matters) 四部分组成，是一部组合性质的法律，重要内容如下：

(1) 该法对网络安全的相关概念进行了拓展。所谓的网络安全既包括传统意义上的信息系统安全，也包括三种形态的数据安全。这三种形态的数据包括存储在信息系统上的数据、正处于处理过程中的数据以及途经该信息系统的数据。所谓的网络安全威胁指的是“可能对某一信息系统的安全、有效、机密和完整等属性造成负面影响的未经授权的行动，或对存储于该信息系统的数据、正在该信息系统上处理的数据、途经该信息系统的数据造成负面影响的未经授权的行动”。

（2）该法确立了美国国土安全部在网络安全保障体系中的核心地位。长时间以来，美国国土安全部和情报部门围绕网络安全的主导权一直争执不休。依据该法，国土安全部不仅是私营部门向联邦政府机构进行信息传输的枢纽，也是联邦政府各机构之间信息共享的枢纽，并因此成为美国网络数据最大的存储基地和中转港。此外，该法重新确认了国土安全部在网络安全事故应急处置和关键信息基础设施保障两大任务中的牵头部门地位，并新增其在网络安全人才教育培训中的负责部门地位。

（3）该法赋予美国网络服务商史无前例的网络监控和防御权。监控目标可以是自家网络信息系统，也可以是任何其他网络提供商的信息系统，只要获得书面同意即可。如果网络安全受到威胁，网络服务商可针对自家网络信息系统采取防御措施，或获得授权后针对其他信息系统采取防御措施。此外，有关网络威胁或防御举措的信息，网络服务商既可以将其报告给联邦政府机构，也可以报告给其他私营机构，但这种信息分享不为法律所强制。如果网络服务商按照规定开展上述网络监控、防御和信息分享行动，当面临侵权或其他指控时，其可享受有限的责任豁免。

（4）该法授权美国政府对全球网络安全进行管控。一方面，对于自然人，一旦触犯美国法律，不管其国籍如何，美国政府都将追责到底，包括动用国际刑警组织发布红色通缉令，实施抓捕行动。另一方面，对于其他国家，特别是中国、俄罗斯、巴西、印度这些网络大国，美国特别关注其在国际空间规则制定方面的一举一动，并要求美国国务院采取行动，制定相应的战略，以保障美国在国际网络空间的规则主导权。

除此之外，该法还规定了其他内容，比如要求对移动设备安全、网络医疗、网络金融等领域的安全予以前瞻性研究，对网络安全和信息技术类人才进行重点培养，并对网络安全相关工种进行全国统一职业编码等。

总体来看，美国《2015年网络安全法》改变了以前要求网络服务商配合政府执法的强制性政策，为私营机构和政府部门合作提供了协作性的法律架构。它保护的不仅仅是美国的国家安全，同时为美国网络服务商的商业运营提供了保护。这是网络巨头和美国政府长达十年博弈的结果，是双方不断谈判、妥协的产物，最终能达成一致在于它较为成功地将网络服务商的利益和国家利益捆绑在一起，从而也有了更强的生命力。

三、我国对网络安全的保护

我国自接入国际互联网起，便意识到保障网络安全的重要性，并为此制定了一系列的法律法规，这包括早期的行政法规《计算机信息系统安全保护条例》（1994）和《计算机信息网络国际联网安全保护管理办法》（1997），后来全国人大常委会颁布的《关于维护互联网安全的决定》(2000)以及《关于加强网络信息保护的决定》(2012)等。此外,《刑法》及其修正案(2009)[①]、《国家安全法》(2015)、《中华人民共和国反恐怖主义法》(2015)等法律也规定了与网络安全相关的保护条款,网络安全管理工作逐步上升至法律规范层面。这些法律法规在保护网络安全方面发挥了一定的积极作用,但其保护体系存在着碎片化、权责不清、监管主体不明确等问题,无法有效应对新时期日益严峻的网络安全问题。在此背景下,全国人大常委会于2016年11月正式通过《网络安全法》,这是我国网络安全领域最重要的立法。2016年12月,国家互联网信息办公室发布《国家网络空间安全战略》。2017年3月,外交部和国家互联网信息办公室联合颁布《网络空间国际合作战略》。这些法律和政策确定了中国网络安全保障的基本架构,尤其是2017年6月开始实施的《网络安全法》,一定程度上借鉴了世界主要国家的网络安全政策和立法经验,同时具有鲜明的中国特色和时代烙印。现将其主要内容阐释如下:

(一)网络空间主权

《网络安全法》第1条规定了其立法宗旨在于维护网络空间主权,这是网络空间主权原则在我国法律上的正式确认。在国际社会中,网络空间主权是一个颇具争议的概念。一种观点认为,网络无国界,网络空间是全球公共领域,不应受任何单个国家所管辖和支配,因而网络空间主权一说不成立。另一种观点认为,尽管国家不能对网络空间本身实施主权,但可以对位于其领土内的网络基础设施和与其有关的活动行使主权。但越来越多的人认为,网络空间主权是国家主权在网络空间的自然拓展和延伸。网络虽然无国界,但是网络基础设施、网络用户、网络公司等实体都是有国籍的,并且是所在国重要的战略资源,理应受到所在国的管辖,网络空间主权因此是切实存在的,这也是我国《网络安全法》所采取的立场。

具体来说,网络空间主权包括管辖权、防卫权、独立权、平等权四个方面。管辖权指的是主权国家对本国网络加以管理的权力。《网络安全法》第2条明确规定,凡是在中国境内建设、运营、维护和使用网络,以及网络安全的监督管理,适用本法。[②] 这条确立了中国境内相关网络活动的属地管辖原则,涵盖民事、刑事或行政等各类事务。依据此条款,凡是在中国境内与网络行动相关的人(包括网络服务提供者、运营者、使用者、监管者等)、物(包括网络基础设施)、网络信息(包括个人信息和重要数据)和网络行动本身(比如针对信息系统或者利用网络实施的犯罪行为)都属于该法管辖的范围。因此,只要是中国境内发生的网络活动,不论其实施者的身份和国籍如何,都应当受

---

① 现行《刑法》第285条、286条规定了四类针对计算机犯罪的罪名,包括非法侵入计算机信息系统罪,非法获取计算机信息系统数据、非法控制计算机信息系统罪,提供侵入、非法控制计算机信息系统程序、工具罪,以及破坏计算机信息系统罪。

② 这里说的中华人民共和国境内仅限于中国大陆地区,而不包括港澳台。

到该法的约束。

防卫权指的是主权国家具有对外来网络攻击和威胁进行防卫的权力。《网络安全法》第5条规定，国家采取措施，监测、防御、处置来源于中国境内外的网络安全风险和威胁，保护关键信息基础设施免受攻击、侵入、干扰和破坏，依法惩治网络违法犯罪活动，维护网络空间的安全和秩序。该条确立了中国在网络空间中的防卫权，允许其对境外的网络攻击和威胁实施监测、防御和惩治活动。第75条进一步规定，对攻击、侵入、干扰、破坏中国关键信息基础设施的境外组织和个人，如造成严重后果，中国政府将有权依法采取冻结财产或其他必要的制裁措施来追究其法律责任。该条将第5条确立的防卫权落到实处，为中国政府惩治境外网络攻击和监控行为提供了法律依据。

独立权指的是本国的网络可以独立运行，无须受制于别国的权力。目前，在全球13台域名根服务器中，美国就掌握了10台。理论上，只要美国在根服务器上屏蔽该国家的域名，就能让这个国家的顶级域名网站在网络上瞬间“消失”。在这个意义上，美国具有全球独一无二的制网权，各国的网络还无法实现完全独立。但是，各国网络对美国根服务器的依赖不应导致其国家主权的丧失。相反，网络空间主权应当是一种独立的国家主权，一个国家有权对其境内的网络安全事务实施管理，制定相关法律法规，保护本国信息系统和信息资源免受威胁、干扰、攻击和破坏，保障公民在网络空间的合法权益。各个国家应当相互尊重网络空间主权，不得随意干涉他国内政。

平等权指的是各国的网络之间可以平等地进行互联互通，不分高低贵贱。平等权要确保各国对网络系统具有平等的管理权，保证一国对本国互联网的管理不会伤及其他国家。然而，由于互联网本身的无国界性和相互依赖性，美国制定网络政策往往是基于其自身利益，并且有能力迫使发展中国家接受，从而在事实上加大了美国同其他国家在全球网络治理话语权上的差距。有鉴于此，《网络安全法》第7条提出“构建和平、安全、开放、合作的网络空间，建立多边、民主、透明的网络治理体系”。中国《网络空间国际合作战略》也明确指出，各个国家不分大小、强弱、贫富，都有权通过国际网络治理机制和平台，平等参与网络空间的国际秩序与规则建设，确保网络空间的未来发展由各国人民共同掌握。这些规定都可认为是中国政府为构建平等有序的网络世界的呼吁。

（二）网络运行安全

《网络安全法》第10条规定，建设、运营网络或者通过网络提供服务，应当依照法律、行政法规的规定和国家标准的强制性要求，采取技术措施和其他必要措施，保障网络安全、稳定运行，有效应对网络安全事件，防范网络违法犯罪活动，维护网络数据的完整性、保密性和可用性。这是一个原则性条款，规定了网络运营者保障网络运行安全的基本义务。除此之外，《网络安全法》

还规定了网络运营者保障网络运行安全的具体法定义务。这些法定义务主要包括：

1. 网络安全等级保护制度

《网络安全法》第21条确立了网络安全等级保护制度，要求网络运营者按照网络安全等级保护制度的要求，采取相应的管理措施和技术措施，履行相应的网络安全保护义务。具体包括：制定内部安全管理制度和操作规程，确定网络安全负责人，落实网络安全保护责任；采取防范计算机病毒和网络攻击、网络侵入等危害网络安全行为的技术措施；采取监测、记录网络运行状态、网络安全事件的技术措施，并按照规定留存相关的网络日志不少于六个月；采取数据分类、重要数据备份和加密等措施。

2. 产品或服务安全审查制度

《网络安全法》第22条规定，网络产品、服务应当符合相关国家标准的强制性要求。网络产品、服务的提供者不得设置恶意程序；发现其网络产品、服务存在安全缺陷、漏洞等风险时，应当立即采取补救措施，按照规定及时告知用户并向有关主管部门报告。网络产品、服务的提供者应当为其产品、服务持续提供安全维护；在规定或者当事人约定的期限内，不得终止提供安全维护。该条款从一般的意义上对网络产品和服务做出了规定，这些法定义务是作为一个网络产品和服务提供商所应履行的最初级的义务。除了上述一般义务之外，《网络安全法》还引入了网络关键设备和网络安全专用产品认证和检测机制，并引起国际社会广泛的关注。第23条规定，网络关键设备和网络安全专用产品应按照相关国家标准的强制性要求，由具备资格的机构安全认证合格或者安全检测符合要求后，方可销售或者提供。该项规定区别于对一般网络产品和服务的要求，除了在国家标准上不同之外，更重要的是需要实施安全认证和检测。

3. 关键信息基础设施的运行安全

《网络安全法》第31条规定，国家对公共通信和信息服务、能源、交通、水利、金融、公共服务、电子政务等重要行业和领域，以及其他一旦遭到破坏、丧失功能或者数据泄露，可能严重危害国家安全、国计民生、公共利益的关键信息基础设施，在网络安全等级保护制度的基础上，实行重点保护。由此，确立了关键信息基础设施重点保护制度。一旦被认定为关键信息基础设施，设施运营者将会承担相较于一般的网络运营者更为繁重的网络安全保护义务，这些义务主要包括以下四类。（1）三同步措施：业务运行稳定可靠，安全技术措施同步规划、同步建设、同步使用（第33条）。（2）额外的安全等级保护：设置安全管理机构和安全管理负责人，对从业人员进行教育、培训和考核，对重要系统和数据库进行容灾备份，制定应急预案并进行演练（第34条）。（3）网络产品和服务采购安全审查：采购的网络产品和服务，涉及国家安全时，应通过政府部门的安全审查（第35条）。（4）网络产品和服务采购保密要求：与提供者签订安全保密协议，明确安全和保密义务与责任（第36条）。

（三）网络信息安全

《网络安全法》对网络信息安全做了相当全面的规定。在该法中，网络信息安全应从两个方面来加以理解和把握。一方面是对网络空间违法有害信息的遏制和限制，主要体现于对网络实名制和网络信息审查制度的确认和完善，这很大程度上是为了维护国家的政治安全和文化安全。另一方面是对个人信息的保护以及跨境流动的限制，这很大程度上是为了维护国家的经济安全和社会秩序。

1. 网络实名制

有关网络实名制利弊的讨论已有十余年之久，《网络安全法》则对此进行了明确的答复，其中第24条规定，网络运营者在为用户办理网络接入、域名注册服务，办理固定电话、移动电话等入网手续，或者为用户提供信息发布、即时通信等服务时，应当要求用户提供真实身份信息，用户未提供的，网络运营者不得为其提供相关服务。这也是中国首次在法律中规定实名制，该规定意在遏制当前网络空间中大量违法违规信息的传播，并且使用“应当”而非“可以”的表述，表明了中国政府净化网络空间、培养有责任公民的决心。作为配套措施，该条还规定，国家实施网络可信身份战略，支持研究开发安全、方便的电子身份认证技术，推动不同电子身份认证之间的互认。

2. 网络信息审查

《网络安全法》重申了先前诸多法律法规关于内容审查的规定，其中第12条明确规定，任何组织和个人使用网络应当遵守宪法法律，遵守公共秩序，尊重社会公德，不得危害网络安全，不得利用网络从事危害国家安全、荣誉和利益，煽动颠覆国家政权、推翻社会主义制度，煽动分裂国家、破坏国家统一，宣扬恐怖主义、极端主义，宣扬民族仇恨、民族歧视，传播暴力、淫秽色情信息，编造虚假信息扰乱经济秩序和社会秩序，以及侵害他人名誉、隐私、知识产权和其他合法权益等活动。针对非法有害信息，《网络安全法》还出台了一系列的治理举措，包括建立面向公众的投诉、举报制度（第14条、第49条），规定网络运营者处置违法有害信息的义务（第47条、第48条），同时明确国家相关部门在内容审查方面的监督管理职责（第8条、第50条）。

3. 个人信息保护

有关个人信息的保护是近些年来世界各国网络立法的核心内容，2016年欧盟正式通过的《通用数据保护条例》便是这方面立法的典范，其对包括我国在内的个人信息立法产生了深刻的影响。在《中华人民共和国民法通则》（简称《民法通则》）、《民法典》、《数据安全法》、《个人信息保护法》等法律法规之外，我国《网络安全法》以专章规定的方式对个人信息提供了法律保障，足以体现信息化时代保护个人信息的至关重要性。

在《网络安全法》中，个人信息被界定为以电子或其他方式记录的能够单独或者与其他信息结合识别自然人个人身份的各种信息，包括但不限于自然人的姓名、出生日期、身份证件号码、个人生物识别信息、住址、电话号码等（第76条）。在此基础上，《网络安全法》明文规定了个人信息收集使用规则（第41条）和个人信息的删除权、更正权（第43条），明令禁止个人信息的非法获取、买卖和提供（第44条），并明确规定了网络运营者的个人信息保护义务（第42条）和监督管理部门的保密义务（第45条）。鉴于对个人信息权益的侵犯很大程度上涉及对用户隐私的侵犯，我们将在第6章“侵害隐私权和个人信息”中对此进行更详细的阐释。

4. 数据本地化与跨境传输

数据已经取代石油成为当今世界最有价值的资源。推动数据在全球范围内的自由流动以促进数字经济发展已经成为许多国家和地区的发展战略。然而，由于数据背后蕴含着一国地理、金融、交通、医疗等信息，这些信息的跨境传输可能影响到国家安全、社会安全以及个人安全，所以许多国家和地区都纷纷制定法律限制特定数据的境外存储和跨境传输。比如，美国2011年制定的《联邦政府云计算战略》（Federal Cloud Computing Strategy）向联邦机构施加了“保障云计算服务的安全”的义务，同时赋予联邦机构制定数据控制及接入政策以确定数据应存储在何处的权利。欧盟的《通用数据保护条例》对欧盟企业向境外地区传输个人数据做出了严格限制，其中之一即为由欧盟委员会对接收国的数据保护体系做出“充分性决定”（adequacy decision），在确认接收国为个人数据提供充分保护后才可实施跨境传输。

我国《网络安全法》第一次将数据本地化存储上升为法律要求。其中第37条规定，关键信息基础设施的运营者在中华人民共和国境内运营中收集和产生的个人信息和重要数据应当在境内存储。因业务需要，确需向境外提供的，应当按照国家网信部门会同国务院有关部门制定的办法进行安全评估。该条对数据存储和跨境传输做了基本规定，创设了数据本地存储和出境安全评估制度。目前，国家网信部门已出台《数据出境安全评估办法》，该办法可为企业提供更加明确的合规指引。

总而言之，我国的《网络安全法》以网络空间主权理论为支撑，确立了网络空间主权、保护与发展并重和国际合作三大原则，通过网络运行安全、网络信息安全等制度、关键信息基础设施重点保护等制度来强化网络空间治理，为维护网络空间安全提供了全方位的保障。但需指出的是，《网络安全法》仅仅是网络空间治理中的基础性法律，很多内容还不够详细和具备可操作性，缺乏相关配套制度的制定。如果实施不当，将存在滥用权力压制言论自由和信息正常流动的可能，这些都是我们需要倍加注意的。

【本章小结】

本章分析了危害国家安全的两类传播行为，以及各国政府对这些言行的规制。一类是煽动性言论。本章简述了煽动标准在美国的发展，主要包括不良倾向原则、明显而现实的危险原则、平衡检测原则、即刻不法行为原则；此外还阐述了我国对煽动性言论的刑法惩治，包括煽动颠覆国家政权罪，煽动分裂国家罪，煽动实施恐怖活动罪，煽动民族仇恨、民族歧视罪，煽动暴力抗拒法律实施罪等。另一类危及国家安全的言行是泄露国家秘密。本章为此讨论了国家秘密的界定，之后分析了美国和中国对泄露国家秘密之防治。在美国，限制泄密的主要法律是《1917 年反间谍法》，相关代表性案例包括“五角大楼文件案”“合众国诉曼宁案”以及“斯诺登泄密案”等。我国打击泄密的主要手段是刑法惩治，涉及泄露国家秘密罪，为境外窃取、刺探、收买、非法提供国家秘密、情报罪，以及非法获取国家秘密罪和非法持有国家绝密、机密文件、资料、物品罪等。结合网络传播的特点，本章对这些法律和案例进行了详细探讨，并试图展示两国惩治泄密之法律手段的共性和差异。

没有网络安全就没有国家安全。通过互联网散布煽动性言论、泄露国家秘密固然会给国家安全带来威胁，但网络空间所存在的安全威胁远远不止于此。时至今日，大量涉及国计民生和国家安全的信息和资源在网络空间流通，并依靠网络信息系统运转。对这些网络系统和信息基础设施包括里面的信息进行攻击和破坏，足以威胁到国家的经济安全、社会安全和军事安全。也因如此，世界各国纷纷出台了一系列法律和举措来保障其网络空间的安全。在本章最后部分，我们首先阐释了网络安全的概念和态势，其次阐释了美国在保障网络安全方面所采取的战略举措，以及美国《2015 年网络安全法》的立法特点和主要内容，最后聚焦我国 2016 年通过的《网络安全法》，详细阐释了我国与世界同步又独具特色的网络安全保护制度，包括对网络空间主权的强调、对网络运行安全的多层级保护以及对网络信息安全的全方位保障等。

【思考题】

1. 美国煽动标准是怎样演变的?
2. 我国与煽动性言论相关的罪名主要有哪些?
3. 什么是国家秘密?
4. 你如何看待“五角大楼文件案”?
5. 你如何看待“斯诺登泄密案”?
6. 我国保守国家秘密的主要法律有哪些?

7. 为什么说没有网络安全就没有国家安全?
8. 什么是网络安全?
9. 网络安全面临怎样的威胁?
10. 美国的网络安全战略是如何演变的?
11. 美国的网络安全立法有什么特点?
12. 中国的网络安全立法有什么特色?

第 4 章　危害社会秩序

网络传播对社会的影响是错综复杂的，本章聚焦于公众最为关切的三个领域，即虚假信息、网络色情和网络广告，详细阐释三类非法信息（即虚假信息、色情信息、非法广告）的生产与传播对公序良俗和社会秩序可能造成的破坏，以及针对这种负面影响，各国政府所采取的管制对策。

第一节　虚假信息①

虚假信息并非当代社会特有的问题，它的历史至少和纸质媒介一样古老悠久。但随着互联网的飞速发展，尤其是社交媒体的大行其道，虚假信息在 21 世纪以史无前例的规模和速度进行生产和传播，并对我们的社会生活产生了深刻的影响。无论是 2011 年发生的全国性抢盐事件，还是 2020 年初暴发的新冠疫情，虚假信息均在其中扮演了重要角色，其带来的社会后果也是明显而现实的，包括但不限于对公众决策能力的损害、对媒体产生的不信任、观点极化、政治冷漠以及对后真相时代的推波助澜。针对虚假信息的泛滥及其带来的社会危害，我国政府及其他利益相关方出台了各种举措，以期阻止虚假信息的传播，或最小化其破坏力，但尚未取得明显进展。

一、概述

(一) 虚假信息的概念

虚假信息指的是虚构的或者对真实信息进行篡改、部分或全部隐瞒、再加工后的信息，具有较强的误导性、欺骗性和社会危害性，且行为人是出于主观恶意而进行编造与传播。在现实语境中，虚假信息与谣言、诽谤、假新闻、煽动性言论等密切关联，但又有本质区别。了解这种区别，不仅有助于我们理解虚假信息的概念和内涵，也有助于我们制定更为合理有效的治理策略。

依据韦氏大词典，谣言指的是一种缺乏真实依据，或未经证实、公众一时难辨真伪的闲话、传闻和舆论。谣言和虚假信息因此存在三大区别：一是在客观方面，谣言可能存在虚假性，但其所传达的信息也有可能是真实的（只是尚未被证实），但虚假信息所包含的内容肯定是错误的或虚构的。二是在主观方

① 四川大学文学与新闻学院博士研究生黄琪、上海交通大学媒体与传播学院博士研究生梁杰冰为本节的撰写提供了部分材料，在此一并致谢。

面，谣言的编造者不确定信息是否真实，但虚假信息的编造者事前已经知道信息有误。三是在社会影响方面，谣言如果被证明是真实的，那么一定程度上就满足了公众的知情权，乃至帮助公众更早做出有利的决策。虚假信息旨在误导公众，因而只会对公众的自主决策乃至社会的正常运行构成威胁。

诽谤是行为人故意捏造并予以散布的事实，旨在贬损他人人格，破坏他人名誉。诽谤和虚假信息的共性在于所生产和传播的内容都是捏造的、虚假的，但诽谤的目的旨在贬损特定人或特定机构的社会声誉，而虚假信息损害的不是特定人或特定机构的权益，而是全社会的权益。诽谤主要是一种民事侵权行为，受到侵权责任法较为完善的管制。虚假信息伤害的是社会秩序或公共安全，因此属于刑法或治安管理法的管理范畴。也因如此，旨在损害他人名誉的诽谤性信息不属于我们所讨论的虚假信息之列。

假新闻的概念经常被媒介研究者使用，指的是内容部分或严重失实的新闻。与虚假信息不一样的是，假新闻可能源自行为人的采写失误，比如没有仔细核对信息准确性，或片面采纳一方当事人所提供的信息。在这种情况下，行为人只是违反了新闻工作者的职业伦理规范，而难说触犯了什么法律。然而，如果行为人刻意编造并传播已知是错误的新闻信息，那么此信息自然就属于虚假信息的范畴。还有一种情形在西方电视界比较普遍，即新闻模仿。这类电视节目不是制作真正的假新闻，而是模仿真实的新闻节目进行政治讽刺、娱乐观众。鉴于嘲讽或模仿的目的在于娱乐而非误导大众，因而此类信息也不属于虚假信息的范畴。

煽动性言论涉及范围甚广，常受到刑法制裁，比如煽动颠覆国家政权罪，煽动分裂国家罪，煽动民族仇恨、民族歧视罪，煽动暴力抗拒法律实施罪等。和虚假信息一样，煽动性言论同样有可能危害公共秩序乃至国家安全，行为人发布煽动性言论的时候同样是出于主观故意。它们的区别在于，虚假信息所包含的信息是虚假的，而煽动性言论所包含的内容可能是事实的陈述，也可能纯粹是观点的表达，事实有真假之分，而观点却不可证伪。另外，虽然煽动性言论可能是事实的陈述，但该事实可能是虚假的，也有可能是真实的，并不一定是虚假信息。

（二）虚假信息泛滥的原因

虚假信息在当今社会的大行其道，有行为人主观层面的原因，也有社会客观层面的原因。这些原因主要包括以下几个方面：

1. 商业利益的驱动

有研究认为“缺乏事实核查”是假新闻产生的主要原因之一①，但缺乏核

---

① WANG M, RAO M, SUN Z. Typology, etiology, and fact-checking: a pathological study of top fake news in China. Journalism practice, 2022 (16): 719-737.

查或者缺乏进一步核实只是虚假信息产生的直接原因，还存在更深层次的动机，这种动机常为经济上的逐利。虚假信息的编造者有可能出于直接故意，追求点击率、赚取广告费用或争抢市场流量，通过耸人听闻的标题或极具煽情性的不实内容博得受众的关注；也有可能出于间接故意，为了抢占信息首发时间，或者节约核实信息的时间与经济成本，发布未经严格核实、明知或应知为虚假的信息并放任其流传。较之真实信息，虚假信息传播的速度更快、范围更广、渗入更深、距离更远①，且常能激起受众强烈的情感反应，这些也解释了以虚假信息进行商业牟利的内在逻辑。

2. 政治利益的驱使

在西方国家的选举政治中，通过炮制、散布虚假信息误导选民、抹黑对手的情况屡见不鲜。马克·吐温的《竞选州长》对此有生动的描述，近些年来西方国家的选举丑闻则不断提供新的佐证。除了选举政治，政治性虚假信息还有可能被用来改变或破坏政治现状，这在21世纪初期东欧和中东发生的颜色革命中表现得尤为明显，在很大程度上体现了反传统、反体制的思想潮流。此外，一些宗教极端主义分子出于政治目的不断炮制、散布虚假信息，将其视为战斗的“武器”，以期达到激化民族矛盾、破坏公共安全等目的。

3. 政治、商业利益的混合驱动

不少虚假信息的编造和传播，既出于行为人特定的政治意图，又出于从中获利的经济目的，两者有时是存在重合的。一些鼓吹民粹主义的网站便采取了此种运行模式。另外，一些政治性虚假信息的炮制、散布还有可能纯粹是受经济利益驱动。比如，在2016年美国总统大选之际，位于马其顿威勒斯小镇的十几名青少年通过注册类官方账号，大量散布有关希拉里和特朗普两位候选人的虚假信息，吸引了全球范围内的受众，每日收入超过上千欧元。②

4. 传播技术的推波助澜

社交媒体在21世纪的蓬勃发展，使每个个体都有机会在网上发声，但同时严重缺乏传统媒体时代信息把关人的职业素养。这也意味着，每个个体都有可能是虚假信息的生产者和传播者。由于网络服务的不断优化，个体接触和使用互联网的成本和门槛不断降低，这又进一步提高了虚假信息生产和传播的速度、广度和连接度。此外，人工智能的发展近些年突飞猛进，信息的生产和分发正进入智能化的阶段。那些旨在挑动民众情绪的、渲染性的虚假信息更有可能被算法推荐给广大用户。社交机器人的出现，则使得虚假信息大规模的生产和传播成为可能，且有着明确的政治或商业目的。

---

① VOSOUGHI S, ROY D, ARAL S. The spread of true and false news online. Science, 2018 (6380): 1146-1151.

② PAUL B. Disinformation and democracy: the home front in the information war. Discussion paper, European Politics and Institutions Programme, 2019.

5. 虚假信息的难以甄别

一方面，虚假信息常常被包装成真相呈现给大众，具有很强的迷惑性。真相可被加工成片面真相、主观真相、人造真相和未知真相，而数字、背景、文化和历史都可成为加工真相的素材。[①] 尤其是近几年深度伪造（deep-fake）技术开始出现，它以“换头术”、真声模拟等手段，使虚假信息以视频、音频等方式动态呈现，受众更是难辨真假。另一方面，我们的职业、思维方式和生活环境会影响我们的认知偏差，而这种认知偏差又反过来影响我们对事实真相的把握。更糟糕的是，随着后真相时代的到来，人们已经不太关注事实的真相是什么了。人们只相信感觉，只愿意去听、去看想听和想看的东西，2016 年 2 月网络上疯转的上海女孩逃离江西农村的假新闻便是一例。[②] 由于上述原因，人们在转发虚假信息的时候，可能无法判断信息的真假；即便有所怀疑，但由于内心产生共鸣，还是会转发出去，并希望更多人看到。

（三）虚假信息的社会危害

互联网、大数据、人工智能等新技术推动人类社会全方位的变革，也赋予民众一种全新的沟通和表达方式，即社交媒体网络。该网络特别注重点对点的连接方式。在这样的背景之下，虚假信息经由社交媒体迅速传播、蔓延和发酵，其社会危害在多个维度更为显著地呈现出来。首先，由于虚假信息混淆视听、误导公众，真实、客观的信息可能被掩盖，公众在重大的公共事件、突发事件中的知情权将遭受严重破坏，这不利于他们做出理性的、正确的抉择，也有可能引发不同程度的社会恐慌，造成实质性的社会危害。比如，2011 年 3 月，日本东北部发生里氏 9 级大地震，大地震引起的海啸、核辐射等危机层层推进，在远在大洋彼岸的中国民众中引起了恐慌。一条“吃碘盐可以防辐射”的虚假信息忽然传遍大江南北，从而引起了大范围抢购碘盐的行为。

其次，虚假信息会严重损害新闻媒体和社交平台的公信力。真实是新闻的生命，也是新闻媒体公信力的来源。2020 年初我国新冠疫情暴发以后，为了抢夺眼球、追逐流量，不少新闻媒体不加核实便刊发有关疫情的新闻，成为传播虚假信息的得力助手。比如，“中国疾控中心主任高福被查”“国务院暂停武汉红十字会的工作”“白岩松今晚专访钟南山”等假新闻相应出现在江苏卫视、青海卫视、《广州日报》等官方媒体的报道中，极大地损害了这些媒体的公信力。社交平台尽管不是传统意义上的新闻媒体，但鉴于大部分用户是通过社交平台接触各类新闻和信息的，它实际上已经扮演了重要的媒体角色。如果社交平台充斥着虚假信息，就像电商网站充斥着假货，其声誉难免不受到影响，最

---

① 麦克唐纳．后真相时代：当真相被操纵、利用，我们该如何看、如何听、如何思考．刘清山，译．北京：民主与建设出版社，2019.

② 国家网信办发言人就“上海姑娘逃离江西农村”等虚假信息答记者问．（2016-02-26）[2023-10-10]．http：//www.cac.gov.cn/2016-02/26/c_1118164767.htm.

终也会为网民所唾弃。

最后，虚假信息的泛滥会从根本上损害民主政治的健康发展。这是因为，虚假信息的无处不在将会严重损害民众的知情权，而后者正是民主政治得以运行的根基所在。此外，如果公众在获取信息时需耗费精力甄别信息的真假，或常被告知此前接受的信息是虚假的，那么他们将陷入"信息的信任危机"之中。即便之前毫无争议的真实事件，比如人类登月、"9·11"恐怖袭击等，都会被阴谋论侵害，让公众深陷怀疑之中难以自拔。就政治信息而言，普遍的不信任或导致政治冷漠，或导致观点极化。无论哪种情形，都将从根本上损害民主政治的健康发展。

二、虚假信息的治理

在当今信息时代，如何治理虚假信息的泛滥是一个全球性议题。许多国家在原有的法律规范基础上另行出台针对性法律，以应对包括人工智能在内的技术加持下虚假信息传播带来的新危害。在下面的篇幅里，我们先简要介绍美国、德国、新加坡等国相对较为前沿的立法实践，之后再详细介绍我国治理虚假信息的情况。

（一）美国的情况

美国是首个大规模出现深度伪造事件的国家。深受这一加强式虚假信息的负面影响，美国高度重视该类虚假信息的治理，并积极开展针对性立法。2018年，参议员本·萨斯（Ben Sasse）提出《恶意深度造假禁令法》（Malicious Deep Fake Prohibition Act）。由于对"恶意伪造"的界定过于宽泛，引发了侵扰言论自由的担忧，该议案目前被美国国会搁置。2019年，国会议员伊薇特·克拉克（Yvette Clarke）又提出《深度伪造责任法》（Deep Fakes Accountability Act）。该法目前审议中，尚未成为立法。该法创设了"理性人标准"（a reasonable person standard），以解决深度伪造信息在说服力、可信度和违法性层面的判断问题。[①] 此外，该法要求通过互联网发送和传播使用了深度伪造技术的视听资料、视觉画面、音频资料等信息时，必须通过数字水印的方式清晰可见地对其进行披露。未进行披露且出于以下四种非法目的而发布深度伪造信息的，行为人需要承担刑事责任，处以罚金或/和5年以下监禁：（1）意图从涉性、色情的角度提供虚假信息，侮辱他人；（2）意图造成暴力或人身伤害，煽动武装或外交冲突，或干扰政府的运行，且确实造成了实际的威胁；（3）意图实施诈骗行为，包括证券诈骗、电信诈骗、冒名顶替或窃取他人身份；（4）外国势力或其代理人意图破坏国内政策制定，或影响各层级的选举，或从事法律禁止

① LANGA J. Deepfakes, real consequences: crafting legislation to combat threats posed by deepfakes. Boston university law review, 2021 (2): 761-802.

的其他行为。如果出于上述四种目的故意对数字水印进行掩盖、涂抹或删除并进行传播，则构成“更改披露”行为，同样处以罚金或/和5年以下监禁。

在联邦层面外，美国一些州也对深度伪造行为进行立法。2019年7月，弗吉尼亚州颁布一项反色情修正法案，将“制作、传播虚假的色情视频或图像”以胁迫、骚扰或恐吓他人的行为认定为刑事犯罪。法案将深度伪造的内容纳入，确认了上述图像、视频包括“虚假创建的视频或静止图像”，若触犯最高可判12个月监禁和处以2 500美元罚款。同年9月，得克萨斯州颁布实施《关于制作虚假视频意图影响选举结果的刑事犯罪法》，将利用深度伪造等技术制作视频企图干扰选举的行为定义为刑事犯罪，其关注点在于保障选举的公平和安全。

尽管上述针对深度伪造的法案对遏制造假传假行为、打击虚假色情信息、维护选举秩序等方面带来一定的积极效应，但亦有学者对上述法案尤其是《深度伪造责任法》的弊端表示下列担忧：对deep-fake的定义过于宽泛，容易造成过度诉讼和刑事制裁；阻碍了深度伪造等AI技术合法的、创造性的使用，影响了公共话语的披露；增加了网络平台的负担。[①] 保守的看法是应该充分利用现有的版权法、刑法、侵权责任法的体系性来约束深度伪造技术的滥用，而不是出台新的法律。

（二）德国的情况

《德国刑法典》对散布谣言危害公共秩序、造成社会不安定的，处6个月的监禁或罚款，出现死亡事件等严重后果的，则要受到5年的监禁处罚。2017年，德国通过《社交媒体管理法》（NetzDG），内容涵盖诽谤、传播虚假宣传材料、煽动从事危害国家的严重暴力犯罪、煽动仇恨和传播色情作品等。[②] 该法将虚假信息责任主体限定为旨在使用户能够与其他用户交换或分享任何类型的内容，或使此类内容向公众开放的商业性电信媒体提供商，但由平台运营商承担全部责任的带有新闻内容的平台、专注于特定主题的平台（如游戏平台）、注册用户在200万以下的小型社交网络被排除在外。该法要求网络平台负责对内容进行监控，若出现明显非法的帖子，应在24小时内或其他情形下7日内予以删除，否则将面临高达5 000万欧元的罚款。

该法对处理网上有害内容虽然具有一定效能，但并没有强制执行机制，实际运行中也存在一定争议。德国相关行业协会和民间团体认为该法与现有的欧盟法律存在严重冲突，它要求企业严格监管并删除在线内容，影响了网络言论的表达。该法也没有对非法内容做出足够严格的定义，故而社交媒体平台如何在预定的时间表内删除非法内容尚不明确。此外，它将有关言论性质的决定权

---

① SCHAPIRO Z. Deep fakes accountability act：overbroad and ineffective. Boston College Intellectual Property & Technology Forum，2020：1－16.

② POLLICINO O，BIETTI E. Truth and deception across the Atlantic：a road map of disinformation in the US and Europe. Italian journal of public law，2019（11）：43－85.

与违法的罚款权外包给私营企业，而这些公司并不适合做出这样的专业性决定。实际上，德国的互联网企业并不喜欢该法给它们施加的负担，而是希望由一个独立的公共机构对在线内容的价值或准确性做出认定。对于内容被删除的用户，该法也没有赋予其相应的申诉程序。

（三）新加坡的情况

新加坡《广播法》（1996）与《互联网操作规则》（1996）为新加坡互联网管理的基础性法规，负责对网络上的“惊动或误导部分或全体公众的内容”“影响种族和谐和宗教和谐的内容”等进行规制。新加坡境内三大电信服务提供商负有屏蔽、封杀特定网站和信息的义务，以便及时发现虚假信息并依法查处。政府有权要求网络服务提供商删除网站中宣扬色情内容的言论，严重造谣者则将以诽谤罪被起诉。若不能履行义务，涉事平台将会被罚款或被暂时吊销营业执照。2019年5月，新加坡出台《防止网络假信息和网络操纵法》（POFMA），以遏制虚假信息的网络传播、打击反复传递虚假信息的网站、防止使用机器人进行虚假信息传播和信息操纵、加强付费政治内容的披露、提升网络和相关事宜的透明度等。[①] 在刑事手段方面，POFMA 设置了“传播关于事实的虚假陈述罪”和“为传播虚假陈述制造或修改机器人罪”。可以看出，POFMA 不仅对传播虚假信息进行刑事制裁，还将故意提供用于传播违规内容的服务（即人工智能）定为犯罪。

因其制裁的严厉性，批评者将 POFMA 视为新加坡信息自由的主要威胁。然而，新加坡领导人则对此持强硬立场，强调在虚假信息的管控和更正方面，POFMA 将比现有法律具有更强的司法监督力度。

综上所述，虚假信息与人工智能的结合加深了其危害程度，传统的刑法等法律应对机制已不能满足时代变化要求，促使许多国家纷纷另行出台专门性法律。在这波立法实践中，美国的表现相对突出，原因在于深度伪造技术的无节制使用，以及虚假信息的无孔不入，严重撕裂了美国的民意聚凝与政治共识。然而对虚假信息的治理难免影响了公民言论表达的自由空间，故在西方世界常常招致批评。这牵涉公民自由权与公共秩序乃至国家安全之间的损益比较问题，深受国家治理经验以及所处政治背景和安全局势的影响。

（四）我国的情况

除了众多针对网络表达的专门性行政法规，我国的宪法、刑法、行政法以及最高人民法院的司法解释都含有针对网络谣言或虚假信息的法律条款。比如，我国《宪法》第51条规定，公民在行使自由和权利的时候，不得损害国家的、

---

① JAYAKUMAR S, ANG B, ANWAR N D. Fake news and disinformation: Singapore perspectives//JAYAKUMAR S, ANG B, ANWAR N D. Disinformation and fake news. Singapore: Palgrave Macmillan, 2021.

社会的、集体的利益和其他公民的合法的自由和权利。这为我国制定法律法规约束虚假信息提供了宪法依据。《中华人民共和国治安管理处罚法》(简称《治安管理处罚法》)第25条规定，对以散布谣言以及谎报险情、疫情、警情或其他方法故意扰乱公共秩序的行为，公安机关有权处以拘留、罚款等行政处罚。我国涉及虚假信息传播的案件，如果情节不算严重，大多是依据此条款进行行政处罚的。

除此之外，我国《刑法》还设定了广泛打击虚假信息的犯罪类型，而且在每个犯罪类型中，虚假信息的内容各有对应的指向，比如，违规披露、不披露重要信息罪中的“虚假信息”，是指提供虚假的财务会计报告或者依法应当披露的其他重要信息中的虚假信息；损害商业信誉、商品声誉罪中的“虚假信息”，是指恶意攻击、诋毁他人商业信誉、商品声誉的虚假信息；诽谤罪中的“虚假信息”，是指捏造损害他人名誉的虚假信息。然而，如前所述，虚假信息和谣言、诽谤、假新闻等存在实质性区别，有其特定的内涵，理应受到特定的法律规制。我国立法和司法机构已经意识到这个问题，并在现行《刑法》及相关司法解释中规定了四类专门针对虚假信息的犯罪，这也是我国打击虚假信息最重要的手段。具体如下：

1. 编造、故意传播虚假信息罪

近些年来，一些地方不断出现编造、传播涉险情、疫情、灾情、警情虚假信息的刑事案件。有鉴于此，全国人大2015年在《刑法》第291条之一处增列了第2款，即编造、故意传播虚假信息罪。它指的是编造虚假的险情、疫情、灾情、警情，在信息网络或者其他媒体上传播，或者明知是上述虚假信息，故意在信息网络或者其他媒体上传播，严重扰乱社会秩序的行为。“险情”是指可能造成重大人员伤亡或者重大财产损失的危险情况；“疫情”是指传染病与重大疾病的发生、蔓延等情况；“灾情”是指火灾、水灾、地质灾害等灾害情况；“警情”是指引起警察采取重大措施的情况。

依据此款，构成该罪应当同时具备两个条件：其一，实施了编造、故意传播虚假信息的行为。所谓“编造”，按照文义的解释，即无中生有、凭空捏造。例如，明明知道某地区不存在险情、疫情、灾情、警情，却通过虚构的事实将其描绘得“活灵活现”，让公众信以为真。所谓“故意传播”，是指行为人明知或应该知道自己所转发、发布或散布的信息为虚假信息，却通过信息网络、自媒体或其他媒体向他人或不特定人群扩散，令他人知晓、点击、浏览、转发、评论、讨论、报道等。其二，该行为严重扰乱了社会秩序。“严重扰乱社会秩序”，主要是指该行为造成社会恐慌，影响生产、工作和社会生活的正常进行。编造、故意传播虚假信息的行为必须严重扰乱了社会秩序，才可构成本罪。虽有编造虚假信息或者传播编造的虚假信息的行为，但没有扰乱社会秩序，如编造了但没有传播出去，或者只是在特定的亲戚朋友中谈论并未扩散的，或者虽然扰乱了社会秩序但没有严重扰乱社会秩序的，均不能构成本罪。

【案例】 赵某某编造、故意传播虚假信息案[①]

2018年至今，被告人赵某某私自购买警用装备录制快手、抖音视频，使大量陌生网友认为其是警察身份。2020年1月26日，赵某某使用其昵称为“鞍山交警小龙”的微信，在其朋友圈冒充警察编造并发布了由其带队封闭鞍山所有高速公路口、全城封路的虚假疫情信息。广大市民因此感到恐慌，向鞍山市8890政务便民服务平台、鞍山市公安局110接警中心、鞍山市公安局交警支队等部门拨打电话询问相关情况，占用大量公共资源，严重扰乱单位正常办公秩序和社会秩序。法院经审理认为，被告人编造、故意传播虚假封路信息的行为，导致在疫情防控期内大量社会公共资源被损耗，严重扰乱了社会秩序，已构成编造、故意传播虚假信息罪，应依法惩处。公诉机关指控的事实清楚，证据确实、充分，指控罪名成立，量刑建议适当，应予采纳。法院由此判处被告人有期徒刑一年六个月。赵某某未上诉，判决生效。

2. 编造、故意传播虚假恐怖信息罪

借助互联网和其他传播手段，编造、故意传播虚假恐怖信息的犯罪行为在过去几十年间呈明显上升趋势。它针对的往往是政府、社会组织等公共机构，有影响力的商业机构，以及商场、宾馆等公共场所，涉及面相对较广、影响较大、危害后果严重，因此《刑法》第291条之一第1款对此进行了针对性立法。依据该条款及相关司法解释，构成该罪应当同时具备两个条件：其一，实施了编造、故意传播虚假恐怖信息的行为，具体包括：编造爆炸威胁、生化威胁、放射威胁等恐怖信息，进行传播或放任传播；或者明知是编造的恐怖信息而故意传播。只要实施一种，即可构成实施该罪的行为条件。其二，该行为严重扰乱了社会秩序，具体包括致使机场、车站、码头等人员密集场所秩序混乱或紧急疏散，影响航空器、列车、船舶等大型客运交通工具正常运行，致使国家机关、学校、医院等单位的工作、经营、教学等活动中断，造成行政村或社区居民生活秩序严重混乱，致使公安、武警、消防等职能部门采取紧急应对措施等几种情况。

该条是故意犯罪。行为人必须出于故意，即为了扰乱社会秩序，明知没有爆炸威胁、生化威胁、放射威胁等恐怖威胁，却加以编造并传播，或者明知是编造的虚假恐怖信息而加以传播。过失不能构成本罪。确实不知是虚假的恐怖

① 参见辽宁省鞍山市铁西区人民法院刑事判决书（2020）辽0303刑初56号。

信息而误认为是真实的恐怖信息，或者将某种非恐怖威胁的行动误认为是恐怖行动而对其信息加以编辑、发布，不构成本罪。至于其动机，可多种多样：有的是想制造恐怖气氛；有的是对社会不满，制造混乱，发泄私愤；有的是想借此向社会施压，企图满足自己的某种要求；有的是精神空虚无聊，借之寻找畸形乐趣；等等。动机如何，并不影响本罪成立。

【案例】 陈某某编造、故意传播虚假恐怖信息案①

2008年5月31日，被告人陈某某在网易论坛上发布广西将发生重大地震的虚假信息。截至6月5日，该帖子的网民点击量为13 242次。在此之外，被告人还两次利用相关软件程序，将广西防震减灾网的计算机服务器内的数据和应用程序全部内容进行删除，造成广西民众在“5·12”汶川地震后，一度无法从官方渠道掌握正确的防震减灾信息，导致人心恐慌。法院经审理认定，被告人陈某某明知是编造的虚假恐怖信息而故意传播，严重扰乱社会秩序，其行为已构成编造、故意传播虚假恐怖信息罪；违反国家规定，破坏计算机系统功能，对计算机信息系统中存储的数据和应用程序进行删除，致使计算机信息系统不能正常运行，其行为又构成破坏计算机信息系统罪。据此，法院判处被告人陈某某犯编造、故意传播虚假恐怖信息罪，判处有期徒刑三年；犯破坏计算机信息系统罪，判处有期徒刑二年，决定执行有期徒刑四年。

3. 编造并传播证券、期货交易虚假信息罪

过去几十年间，与中国经济高速增长相呼应的是中国证券和期货市场的繁荣。为了保护投资者的利益，维护市场经济秩序，我国政府逐渐加强对证券期货信息的传播管理，这集中体现在《刑法》第181条规定的编造并传播证券、期货交易虚假信息罪。该罪有两个构成要件：其一，行为人实施了编造并传播虚假信息的行为。编造行为、传播行为必须同时成立才能构成本罪。不然，虽然编造了虚假信息但没有加以传播，或者虽然传播了虚假信息但这信息不是自己所编造，如道听途说后又散布给他人的，就不应以本罪论处。其二，编造并传播影响证券、期货交易虚假信息的行为扰乱了证券、期货交易市场，并造成了严重后果。所谓造成严重后果，主要是指行为人的行为造成了证券、期货价格强烈波动；在投资者中引起了恐慌，投资者大量抛售或购买证券、期货合约；给投资者造成了重大的经济损失；造成了恶劣的社会影响；等等。

该条是故意犯罪。行为人必须出于故意，即明知编造并传播虚假信息会影

① 参见广西壮族自治区南宁市中级人民法院刑事裁定书（2008）南市刑一终字第172号。

响证券、期货交易价格，扰乱证券、期货交易市场，仍然决意编造并加以传播。至于其动机，一般是为自己或关系人谋取不正当利益或转嫁风险，但也不排除诸如故意制造混乱造成证券、期货市场价格巨大波动等其他动机。然而不论其动机如何，都不会影响编造并传播证券、期货交易虚假信息罪成立。如果行为人因工作马虎、不负责任而提供有关虚假信息，造成危害后果的，则行为人不构成编造并传播证券、期货交易虚假信息罪。构成其他犯罪的，以他罪论处。

【案例】 两起编造并传播证券交易虚假信息案①

随着我国证券市场的快速发展，被定性为编造并传播证券、期货交易虚假信息罪的案例日趋增多。比如，证监会在2015年便发现了6起此类案件，并将有关机构和个人依法移送司法机关查处。其中一起是编造、传播“东莞证券风险预警”虚假信息案。在此案中，济南某报社记者刘某为宣泄炒股亏损情绪，于2015年6月2日使用“夏至星”账号在东方财富网股吧编造发布名为“东莞证券针对5 000万VIP的风险预警”的虚假信息：“通知客户：周四之前，把所有仓位调整到半仓以下，能空仓就空仓，预计周四、周五出重大利空。”6月3日，东莞证券发布澄清公告。6月4日大盘走势下跌后，刘某仍多次跟帖坚称其所发消息属实，严重扰乱市场秩序。另外一起是编造、传播“冯鑫（暴风科技董事长）图谋收购迅雷科技”虚假信息案。在此案中，湖北通城刘某于2015年5月19日买入“暴风科技”股票400股（交易金额约10.8万元）后，当天使用“love9413”账号在东方财富网股吧编造发布“冯鑫（暴风科技董事长）图谋收购迅雷科技”虚假信息。“暴风科技”当天及次日股价涨停。5月21日，刘某卖出其持有的“暴风科技”股票，获利约8 400元，暴风科技同日公开澄清后，股价下跌6.92%。

4. 寻衅滋事罪

我国《刑法》第293条第1款规定，在公共场所起哄闹事，造成公共场所秩序严重混乱，构成寻衅滋事罪。最高人民法院、最高人民检察院2013年9月颁发的《关于办理利用信息网络实施诽谤等刑事案件适用法律若干问题的解释》（简称2013年《解释》）将该款直接用于网络谣言的管制上，其中第5条第2款规定：编造虚假信息，或者明知是编造的虚假信息，在信息网络上散布，或者组织、指使人员在信息网络上散布，起哄闹事，造成公共秩序严重混乱的，以寻衅滋事罪定罪处罚。该司法解释的要义在于，除去《刑法》规定的

① 新华金融：证监会通报6起编造传播虚假信息案违法情节．（2015-07-03）[2023-10-10]. http://news.xinhuanet.com/fortune/2015-07/03/c_127982862.htm.

针对特定内容的虚假信息（比如虚假恐怖信息，虚假证券、期货交易信息等），编造其他虚假信息的行为也被纳入《刑法》惩处之中，网络造谣被界定为寻衅滋事。在立法者看来，网络空间属于公共空间，网络秩序也是社会公共秩序的重要组成部分。一些不法分子利用信息网络恶意编造、散布虚假信息，起哄闹事，引发社会公共秩序的严重混乱，具有现实的社会危害性，应以寻衅滋事罪追究刑事责任。该解释颁布次年，北京市朝阳区人民法院便以寻衅滋事罪判处网络红人秦某某（网名“秦火火”）有期徒刑1年6个月，理由是被告在重大突发事件期间，在信息网络上编造、散布对国家机关产生不良影响的虚假信息，起哄闹事，造成公共秩序严重混乱。[①]

【讨论】 我国虚假信息规制体系的改进路径

我国现行的法律体系一定程度上维持了网络空间的秩序，对于打击虚假信息的网络犯罪具有积极的意义，但存在有待完善和改进的地方。最具争议的是2013年《解释》第5条将编造、散布虚假信息，造成公共秩序严重混乱的行为认定为《刑法》第293条规定的寻衅滋事罪。有论者指出，网络空间可被认为是公共空间，但不能被认为是第293条所说的物理意义上的公共场所；网络秩序只是网络空间的秩序，但不应等同于现实中的社会公共秩序。[②]因此在网络上发表一些不当言论，可能会引发网络空间的混乱，比如充满争吵和语言暴力，但和《刑法》所说的公共场所秩序混乱存在很大出入。如同发表在报纸、广播电视上的言论一样，在网络上发表的不法言论有可能造成现实中公共场所秩序的严重混乱，但只是有这种可能，真正发生的概率或许不大。如果真有可能发生，应考虑用明显而现实的危险原则来加以判断，而非仅凭主观臆断来评判某则网络谣言是否具有现实的社会危害性。鉴于《刑法》的谦抑性要求，我们建议废除2013年《解释》关于网络空间寻衅滋事罪的条款，以减缓不确定、模糊性的刑法打击对网络表达带来的“寒蝉效应”。

另外，现行《刑法》第291条之一同时规定了“编造、故意传播虚假信息罪”和“编造、故意传播虚假恐怖信息罪”，在司法实践中容易引发歧义，也有可能压制公众对重大安全事件之关切的正常表达。依据最高人民法院2013年《关于审理编造、故意传播虚假恐怖信息刑事案件适用法律若干问题的解释》，《刑法》第291条之一第1款所规定的虚假恐怖

① 卢俊宇．“秦火火”一审被判三年 当庭表示不上诉．(2014-04-17) [2023-10-10]. http://news.xinhuanet.com/legal/2014-04/17/c_126400880.htm.

② 孙万怀，卢恒飞．刑法应当理性应对网络谣言：对网络造谣司法解释的实证评估．法学，2013(11)：3-19.

信息，指的是以发生爆炸威胁、生化威胁、放射威胁、劫持航空器威胁、重大灾情、重大疫情等严重威胁公共安全的事件为内容，可能引起社会恐慌或者公共安全危机的不真实信息。可以看出，该解释将恐怖信息从立法上的爆炸威胁、生化威胁、放射威胁等扩展到了重大灾情、重大疫情等方面，以拓宽《刑法》的打击面，但和《刑法》第291条之一第2款所规定的虚假的险情、疫情、灾情、警情有所重合。立法者或许认为两条款可以区分，因为第291条之一第2款所打击的虚假信息不一定产生恐怖效应，但第2款中所针对的虚假的“险情、疫情、灾情、警情”这四个概念本身又存在交叉、重复等问题。[①]

有鉴于此，可将现行《刑法》第291条之一第1款和第2款调整合并如下：“编造虚假的恐怖信息、险情、疫情、灾情、警情，在信息网络或者其他媒体上传播，或者明知是上述虚假信息，故意在信息网络或者其他媒体上传播，严重扰乱社会秩序的，处五年以下有期徒刑、拘役或者管制；造成严重后果的，处五年以上有期徒刑。”进行如此调整有以下好处：一是无须纠结恐怖信息、险情、疫情、灾情、警情等方面的交叉重合问题，它们都适用于同一条款；二是将《刑法》打击的虚假信息主要限定于这几类信息，尤其是规定了“严重扰乱社会秩序的”的入罪条件，既可有效遏制特定虚假信息可能带来的实质性社会危害，又可避免《刑法》打击的扩大化；三是可以用来取代2013年《解释》规定的寻衅滋事罪，后者明显存在《刑法》打击扩大化的风险。

除了《刑法》打击，包括我国《治安管理处罚法》在内的众多法律法规也包含了打击虚假信息的条款，但要保持虚假信息概念的严谨性。严谨性作为法律的基本特征，要求法律文本用语做到明确与一致。如果一个概念的外延漫无边际，或者每个人完全可以从不同意义上使用这个概念，那么这个概念在法律中便没有存在的余地。[②]随意而混乱的术语不仅有损法律制度的严谨性，也会导致司法实践中的错用、误用和滥用等消极后果。为此，立法者可参照本“讨论”的相关论述和《刑法》的相关规定，全面修正相关法律法规中虚假信息概念定义模糊、构成要件不清晰等问题，以在打击虚假信息和保护表达自由之间取得平衡。

第二节　网络色情

互联网使得人们接触色情信息变得更加容易和便利，尤其是为其免去了线下购买黄色书刊和光盘的尴尬。而近些年信息技术的发展，催生了虚拟现实性

① 苏青．网络谣言的刑法规制：基于《刑法修正案（九）》的解读．当代法学，2017（1）：15-26.
② 张明楷．刑法学中的概念使用与创制．法商研究，2021（1）：3-22.

爱物品，它更是网络色情发展的新标志。更有甚者，网络的开放性使得色情内容的传播极为迅速和广泛，其中相当一部分是网民自己创作和上传的黄色图片和视频。网络色情大规模的蔓延引发了人们对此问题的关注。不少人主张对其实行严格的控制，理由是它将严重危害未成年人的健康成长，败坏社会风气，诱发违法犯罪。也有一些人不主张对网络色情进行管控，认为其是言论自由的一部分，有关色情之社会危害的假设缺乏真凭实据。尽管如此，立法者还是鉴于色情内容对社会道德和少年儿童发展的影响，出台了不少法律和规章制度来限制色情资料的流通。本节先讨论有关色情的一些基本概念，比如色情的历史、色情的定义、色情的社会后果，之后详细阐述英国、美国、中国三个代表性国家在网络色情管制方面的理论和实践。

一、概述

（一）色情的历史

网络色情的泛滥是互联网技术发展的产物，但色情内容的传播已有着数千年的历史。1986 年美国司法部长色情调查委员会曾发布一份研究报告，里面简述了西方色情发展的历史，摘录如下：

> 以相对明显的性材料用于娱乐或性唤起并非新近出现的现象。希腊和罗马的戏剧和诗歌有时包括很详细的性内容，阿里斯托芬、卡塔卢斯、贺瑞斯、奥维德的个人作品中也含有有关性爱活动的描述，根据时下的标准，这些描述也是十分明确的。人们还发现，庞贝古城的妓院墙上绘有性交的场景……类似的情况也出现在之后的历史时期，出现在其他的文化中……我们可以公正得出结论，自从人类有记载的历史以来，性描述和性描绘就一直以这种或那种形式存在于我们周围。我们也可以公正地得出结论，与当代对性材料的管制相类似的法律规范是相对晚近的现象。但是，我们很难从这个历史现象中得出有用的结论。
>
> 从法律和执法活动的存在或缺失来推断太多关于社会宽容和社会控制的结论，是一个错误。很少有迹象表明，经典的戏剧中含有性行为。许多性内容的表达多是遮遮掩掩而非光明正大，这个事实表明，在大多数社会，关于性的公共讨论都存在禁忌，性被贴上了社会污名的标签。可是，虽然性描写和性描绘在一定程度上明显遭到禁止，但在不同的历史时期，这种禁止的力度会发生变化。社会对各种行为的宽容有点类似于循环模式，时而松时而紧。那种认为禁止讨论和描述性活动的行为完全是当代现象的观点，歪曲了事实真相，曲解了历史证据。但是，那种认为在 1850 年之前公众对性的讨论和描述完全被禁止的观点同样也是错误的……
>
> 在 17、18 世纪，英国的普通法法院只是偶尔被要求对被人们认为是

> 色情的那类材料提起诉讼。即便是在被要求的情况下，它们通常也不愿做出反应。例如在1708年，詹姆斯-里德因出版极端明确的性爱书籍《一名处女的十五场灾难》而在伦敦被指控。但是，英国高等法院驳回了起诉……法官认为，该书确实可能败坏优良传统，但尚不足以令我们对其进行惩罚……
>
> 英国对待性材料的经验很大程度上与欧洲其他国家、英国殖民地（包括北美）的经验相似。随着整个世界步入19世纪，世界大多数地方对性爱写作、性爱作品印刷和性爱绘画比50年后显得更加宽容……[①]

在中国的古代文化里，性行为并不引发负罪感，道教信奉者甚至相信性交是阴阳互补的重要手段，并在意境高雅的手册中描绘各种性爱场面。中国古代文学之性描写更是历史悠久，丰富多彩，极尽写作之能事。以文体论，诗赋词曲、小说史传，性描写几乎无体不备；就笔法论，或唯美蕴藉，或色情诙谐，或铺陈渲染，或世情暴露，雅俗并存，高下杂处。[②] 如同西方，在不同的历史时期，性材料受到不同程度的限制，时紧时松，并无定法。比如，唐宋两朝均严禁妖书、天文（指各种有关天文星象的书籍）、兵书、相书、私史等流传于世，但涉及性描写的书籍并无多少被禁的记录[③]；而在明清时期，除了禁止上述图书类别之外，明显加强了对色情文学的控制，包括《金瓶梅》《剪灯新话》《国色天香》在内的情色小说被认为是伤风败俗的而遭到严令禁毁[④]。

进入20世纪上半叶，我国处于侵略与反抗侵略、内战与动荡的艰难时期。即便如此，对于情色内容的渴求也从未停止。无论是张爱玲的言情小说如《色·戒》，还是唯美的黑白电影如《一江春水向东流》，都引发了民众的追捧。与此并存的是，街头报摊充斥着专谈风月的报刊书籍，为读者制造着媚俗的性幻想。1949年中华人民共和国成立，情色内容和各种闲情逸致作品一道被划为资产阶级的标志，而遭到新政府的严厉禁止。1978年改革开放以来，伴随着经济高速增长的是社会风气的不断开化，加之政府管制的相对放宽，各等色情内容广泛出现在图书报刊、录像带、数字光盘、电影电视等媒体上，直至当下在互联网上泛滥，引起社会的普遍关注，以及有关加强管制的持续讨论。

（二）色情的定义

色情是淫秽、不雅、猥亵等概念的总称。如何对其进行界定，至今尚无共识，这也是困扰各国司法实践的关键问题。英国在这方面进行了最早的尝试。

---

① 泽莱兹尼．传播法：自由、限制与现代媒介．张金玺，赵刚，译．北京：清华大学出版社，2007：233－240.

② 陶慕宁．论中国文学性描写的四种类型．明清小说研究，2011（4）：36－53.

③ 曹之．唐代禁书考略．图书·情报·知识，2004（5）：52－54；汪天顺，沈洁．略述宋代的禁书．保定学院学报，2011（5）：74－77.

④ 李沂秋，孙绍龙．明清通俗小说的变迁与禁毁．广西社会科学，2010（4）：116－120.

1868年，英国法官科伯恩（Alexander Cockburn）在“里贾纳诉希克林案”中提出了著名的判定“淫秽”（obscene）的希克林标准，即内容是否会让那些易于获得这类出版物而且受到这种不道德影响的人腐化或堕落，无论该内容是否具有艺术或文学价值。[①] 依此标准，如果部分内容被定义为淫秽，那么整部作品就有可能被判为非法。这一标准所涉及的范围明显过于宽泛，但其影响一直持续到20世纪。包括《尤利西斯》《洛丽塔》《幸福之源》在内的文学名著以及众多的医学教科书都被归为淫秽作品而遭到政府查禁，因而导致广泛非议。有鉴于此，英国在1959年推出《1959年防止淫秽出版物法》（Obscene Publications Act of 1959）。该法强调淫秽作品必须“整体上试图使那些受到这种不道德影响的人腐化或堕落”，同时将“出于科学、文学、艺术或者学术，或者具有普遍重要性的其他事物之利益”的作品特别排除在淫秽出版物范畴之外。

在界定淫秽色情方面，美国法院很长时间以来借鉴了英国的希克林标准，该标准直到1957年“罗斯诉合众国案”中被废除。1973年，美国最高法院在“米勒诉加利福尼亚案”中提出了沿用至今的、著名的“米勒标准”。该标准包括三部分：（a）根据当下的社区标准（community standards），普通人是否发现该作品整体上能够刺激淫欲（prurient interest）；（b）该作品对性行为的描写是否具有明显的冒犯性（patently offensive），违反了所在州相关法律的特别规定；（c）该作品从整体上看是否缺乏严肃的文学、艺术、政治或科学价值。[②] 在相关判决中，美国最高法院还对上述标准作了如下进一步的界定：陪审员可以运用其所处地区的标准来作为判定淫秽的“社区标准”[③]；“普通人”不包括未成年人[④]；“刺激淫欲”指的是刺激有关性的下流的、淫荡的、可耻的或病态的想法，只会激发正常的、健康性欲的材料不属此列[⑤]；“明显的冒犯性”指的是赤裸裸的性材料，至少包括两种情形，即“以具有明显冒犯性的方式再现或描述赤裸裸的性行为，无论这种性行为是正常的还是异常的，是真实的还是假装的”，以及“以具有明显冒犯性的方式再现或描述手淫、排泄功能或以猥亵下流的方式表现生殖器”[⑥]；在判断性材料是否具有明显冒犯性时，法院可能会考察社区标准，但在衡量“严肃的文学、艺术、政治或科学价值”时应使用全国标准，而且使用全国标准认定严肃的文学、艺术、政治或科学价值只是判断某作品不是淫秽的所需的，具有某种文学、艺术、政治或科学价值并不必然排除一部作品是淫秽的认定[⑦]。

---

① Regina v. Hicklin, L. R. 2 Q. B. 360 (1868).
② Miller v. California, 413 U. S. 15, 24-25 (1973).
③ Hamling v. United States, 418 U. S. 87, 105 (1974).
④ Pinkus v. United States, 436 U. S. 293, 298-299 (1978).
⑤ Brockett v. Spokan Arcades Inc., 472 U. S. 491 (1985).
⑥ Miller v. California, 413 U. S. 15, 24-25 (1973).
⑦ Pope v. Illinois, 481 U. S. 497 (1987).

我国关于淫秽最为权威的界定见于《刑法》第367条。该条规定:"本法所称淫秽物品,是指具体描绘性行为或者露骨宣扬色情的诲淫性的书刊、影片、录像带、录音带、图片及其他淫秽物品。""具体描绘性行为"在此指的是较详尽、具体地描写性行为的过程及其心理感受,比如具体描写通奸、淫乱、卖淫、乱伦、强奸的过程细节,描写少年儿童的性行为、同性恋的性行为或者其他性变态行为及与性变态有关的暴力、虐待、侮辱行为和令普通人不能容忍的对性行为的淫亵描写。而"露骨宣扬色情"则是指公然地、不加掩饰地宣扬色情淫荡形象,着力表现人体生殖器官,挑动人们的性欲,足以导致人的腐化或堕落的具有刺激、挑逗性的文字和画面。值得注意的是,有关人体生理、医学知识的科学著作不属于淫秽物品,包括有关人体的解剖生理知识、生育知识、疾病防治和其他有关性知识、性道德、性社会学等自然科学和社会科学作品。这些作品有助于医学科学和艺术事业的研究和发展,故《刑法》规定这类作品不是淫秽物品。此外,《刑法》还规定,有色情内容,但有艺术价值的文学、艺术作品也不视为淫秽物品。所谓艺术价值,必须是在文学艺术领域有公认的地位。一个典型的例子是《金瓶梅》,这部古典小说尽管有不少色情描写,但至今看来仍具有较高的文学、艺术价值,是中国文化的重要遗产,因此在当代社会不被认定是淫秽物品。

相比于《刑法》,原新闻出版署关于淫秽色情出版物的规定更为详尽。它于1988年发布的《关于认定淫秽及色情出版物的暂行规定》以及《关于重申严禁淫秽出版物的规定》,将涉及淫秽、色情的出版物分为三个层次,即淫秽出版物、色情出版物、夹杂淫秽内容的出版物。淫秽出版物是指在整体上宣扬淫秽行为,具有下列内容之一,挑动人们的性欲,足以导致普通人腐化或堕落,而又没有艺术价值或者科学价值的出版物:淫亵性地具体描写性行为、性交及其心理感受;公然宣扬色情淫荡形象;淫亵性地描述或者传授性技巧;具体描写乱伦、强奸或者其他性犯罪的手段、过程或者细节,足以诱发犯罪的;具体描写少年儿童的性行为;淫亵性地具体描写同性恋的性行为或者其他性变态行为,或者具体描写与性变态有关的暴力、虐待、侮辱行为;其他令普通人不能容忍的对性行为淫亵性描写。色情出版物是指在整体上不是淫秽的,但其中一部分包含前述内容,对普通人特别是未成年人的身心健康有毒害,而缺乏艺术价值或者科学价值的出版物。夹杂淫秽内容的出版物,是指尚不能定性为淫秽、色情出版物,但是夹杂有以上规定的内容的出版物。此类出版物如果含有艺术价值和科学价值,则在一定条件下可考虑出版,反之则遭到禁止。

(三)色情的社会后果

对色情的管制大致建立在色情对社会有害的假设上,但这个假设颇具争议。过去几十年来,社会科学家对色情的社会后果进行了广泛而深入的讨论,但并未得出任何结论性的东西。具体来讲,有关色情的社会后果有三种基本假设，每一种均存在争议，如下：(a) 色情会提高强奸发生率。不少人认为，色情内容激发了男子的性欲，而强奸是获得这种满足的途径之一。但丹麦在20世纪60年代后期的实验似乎反驳了这一点。当时丹麦废除了《反色情法》，废除该法之后性犯罪反而大幅度下降，但研究者并不能肯定，这两者存在因果关系。(b) 色情会引发更多的性骚扰与性歧视。在两位女权主义者麦金农（Catherine McKinnon）和德沃金（Andrea Dworkin）看来，色情材料经常将妇女描绘成臣服于男性权力的性对象，因此会引发更多对女性的不尊重以及骚扰。但波斯纳（Richard A. Posner）法官指出，色情会影响男性对妇女的态度，不符合丹麦、瑞典的色情去罪化的现实，因为这两个国家恰恰是女性解放和女权主义高涨的重要阵地。(c) 色情会引发道德败坏。这种观点认为，看过色情作品的人，会滋生性的不满足，并有可能造成婚姻破裂。但至今并没有证据一致表明，消费色情会破坏婚姻。当今社会婚姻的不稳定，更有可能与妇女经济地位和社会地位的变化有关。①

即便是政府机构，对色情是否有害也存在不同的意见。比如，1967年，美国政府成立了"淫秽与色情问题总统委员会"（President's Commission on Obscenity and Pornography），专门调查淫秽色情是否有害于社会，以及政府是否有正当理由禁止淫秽材料，得出的结论是：没有可靠的证据证明，接触性材料会导致违法犯罪行为。该委员会因此建议废除所有禁止向同意接受性材料的成人出售或分发性材料的法律，但这条建议从未被采纳。1985年，在里根总统的要求下，美国政府又成立了"色情问题司法部长委员会"（Attorney General's Commission on Pornography）。该委员会围绕色情的社会后果进行了广泛深入的社会调查，结果发现：接触暴力的或贬抑异性的性材料会导致男性对女性的态度更具攻击性，并提高了性侵犯的发生频率。该委员会因此建议检察官应更加积极地起诉淫秽法的违反者，这些淫秽法包括禁止向同意接受性材料的成人分发性材料的法律。两个委员会对色情的社会后果有着截然不同的看法，反映了问题本身的复杂性。

但各国的司法实践表明，立法者并不需要任何实质性证据来表明色情的社会危害，陪审团和法院也并不真正需要所谓的专家证言。在美国，陪审员可简单地通过浏览、阅读某一内容来决定其是否淫秽，他们所依据的标准就是当地社区的判断标准。在中国，打击色情是天经地义的事情，相关法律对色情内容的界定也较为详尽，为执法者提供了充足的法律依据。

二、网络色情的管制

网络色情在世界各国都遭到管制，管制的重点主要是赤裸裸的淫秽资料和

① 波斯纳．性与理性．苏力，译．北京：中国政法大学出版社，2002：492-504.

儿童色情，管制的方式不外乎将先前管制淫秽色情的法律应用到网络空间，但常常出现不适用的情形，不少国家因此另起炉灶，制定了专门针对网络色情的法律，但效果不尽如人意。另外，大多数国家都强调行业自律，鼓励相关机构或人员采取技术措施屏蔽淫秽内容和儿童色情。此外，受制于法律和文化传统，各国对网络色情的管制存在较大差异，比如英国对淫秽内容的判断主要是看相关内容对受众产生的影响，即是否使其腐化或堕落，这是一个以受众为基点的判断角度；但在美国，判断相关材料是否淫秽主要取决于“米勒诉加利福尼亚案”所确立的社区标准，即该内容能否为当地社区所接受；我国《刑法》关于淫秽内容的界定略显粗糙，但后来相关立法对淫秽内容的判断日益精确化。尽管如此，互联网给各国的色情管制实践带来了很大的冲击，下面我们将以英国、美国和我国为例，对此进行简要介绍和评述。

（一）英国的情况

英国管制淫秽色情的法律主要是《1959年防止淫秽出版物法》。依据该法，就在所有有关场合可能读到、看到或听到相关作品所包含或体现的内容而言，如果该作品或者作为其整体的一部分，具有使人腐化或堕落的效果，那么该作品应被认为它们是淫秽的。换句话说，某作品是否淫秽，主要取决于获得该作品的受众类型。如果该作品能使其腐化或堕落，便构成淫秽材料，反之则不然。因此，同样一份色情材料，刊登在报刊上不构成淫秽，但发表在网络上便有可能构成淫秽。这是因为报刊的发行受到一定的限制，尤其是未成年人难以获得；但在互联网上发表该材料，（最有可能被腐化的）未成年人便容易接触到，因此就有可能构成淫秽而受到政府制裁。值得说明的是，该法没有对“堕落”“腐化”进行定义，但在“英国政府诉考尔德和博亚尔斯案”中，法院要求陪审团结合日常生活的含义对这些术语进行考虑，因而一般认为它们是指“使道德败坏、道德错位或道德腐败”[①]。

依据1959年法案，任何人公开淫秽作品，或为了营利而持有可供公开的淫秽作品，将构成违法犯罪行为。此处的“公开”指的是散发、发行、出售、出租、给予、出借等行为。此处的“作品”不仅仅包括书面作品，也包括录音、胶片、图片、视频等其他形式的作品。可以看出，该条款调整的主要是传统媒体环境下淫秽材料的传播行为，并不能直接适用于网络淫秽色情的管制。英国议会1994年通过的《1994年刑事审判和公共秩序法》（Criminal Justice and Public Order Act of 1994）为此修改了有关“公开”的定义，规定当相关作品是以电子方式进行储存的时候，公开行为则是指数据传输。这样一来，通过互联网传播的淫秽材料基本上也属于法律规制的范畴。

1959年法案同时规定，遭到上述违法犯罪指控的人，在以下情况下可免受

---

① R. v. Calder and Boyars (1969) 1 QB 151.

处罚：(a) 淫秽资料发行人可以表明他并未对相关物品进行过检查，而且没有合理的理由怀疑该物品是淫秽的；(b) 相关物品并不具有致人腐化或堕落的倾向，而只是使受众感到震惊、排斥或厌恶；(c) 相关物品的公开是为了科学、文学、艺术或其他公众关注的事项的利益。这些免责理由基本上适用网络色情治理。1994 年法案更是明确规定，网络服务提供商只要有合理理由怀疑色情材料在其网站上传播，即便该材料是由第三方上传的，也要承担法律责任。因此，为了避免承担法律责任，网络服务提供商有义务去监控其网站上传播材料的性质。

为保护未成年人的身心健康，英国对儿童色情进行了更为严格的限制，将限制的标准从“淫秽”降低到“不雅”层面。比如，英国议会 1978 年通过的《1978 年儿童保护法》(The Protection of Children Act of 1978) 规定，如果某人实施了下列行为，将构成犯罪：给儿童拍摄任何不雅 (indecent) 的照片；允许给儿童拍摄任何不雅的照片；散发或展示此类不雅的照片；相关人员为散发或展示而持有此类不雅照片等。英国议会 1988 年通过的《1988 年刑事审判法》(Criminal Justice Act of 1988) 也规定，持有任何不雅的儿童照片，都可以构成犯罪。《1994 年刑事审判和公共秩序法》对这两部法律都进行了修正，以打击色情材料的网络传播。依据该法，通过计算机技术或其他电子手段生成照片符合照片的定义，因此网上公开的各种形式的儿童色情照片，均受到该法的管制。2000 年判决的“英国政府诉鲍登案”则规定，从网上下载儿童色情照片也是违法的。[①]

英国议会 1981 年通过的《防止不雅展示法》规定，在公共场所展示不雅的物品，或者引起或允许此类展示的行为将构成犯罪。此处的“物品”包括任何能展示的事物，比如文字、图片或其他可视资料。“公共场所”指的是公众可以进入的任何场合，但有些地方除外，比如不允许未成年人进入的性用品商店。任何被展示的物品或在公共场所可以看到的物品都被认为是处于公开展示状态。因此，如果在公共场所的联网计算机上看到有伤风化的内容，相关行为就构成不雅的展示行为。但如果在成人 BBS 展示不雅内容，且会员需要注册才可进入此网络论坛，便不能认为是公开展示，而无须承担法律责任。

还有一个与网络色情相关的立法是英国议会 1984 年通过的《英国电信法》。该法规定，通过公共电信系统发送包含不雅、淫秽或邪恶特征的信息或其他资料的行为，可以构成犯罪。由于互联网涉及公共电信系统的利用，故该法涵盖色情内容的网络传播。但如果此电信系统不是英国政府所规定的公共电信系统，或者不属于英国政府的管辖范畴，那么相关行为将不构成犯罪。此外，该法针对的只是信息的发送者，而不涉及网络服务提供商。这都使得该法对网络色情的管制显得效力有限。

---

① R. v. Bowden [2000] 2 Cr. App. R (S) 26.

【案例】 英国政府诉吉布森案①

依据英国《1959 年防止淫秽出版物法》，当某一犯罪行为在本质上涉及相关资料是不是淫秽物品这一问题时，应依法对此种行为提起公诉。但在此案中，被告吉布森（Rick Gibson）在公共画廊展出了一对由冰冻人体干胚胎做成的耳环，此种物品并不具有使人腐化或堕落的倾向，或者说不符合 1959 年法案所规定的淫秽物品的界定。但在法院看来，此案不应机械地套用 1959 年法案的相关规定，而应根据判例法中与侵蚀公共道德或侵犯公序良俗有关的规则进行起诉。依据侵犯公序良俗的判例规则，被告展示胚胎耳环的行为构成犯罪。此案表明，即使相关资料不具有使人腐化或堕落的倾向，依然可以对公开此种资料的行为进行公诉。被告不能援引 1959 年法案所规定的公共利益原则进行辩护。在决定相关资料是否可能招致公众愤怒时，陪审团也不必对相关物品进行整体上的衡量与把握。

【案例】 英国诉皮科克案②

案件发生时，被告皮科克（Michael Peacock）在 Craigslist 网站上做广告，销售色情光盘，其中含有男同性恋之间极端的性行为内容。这些性行为本身在英国并不违法，但销售含有此行为的光盘就有可能触犯《1959 年防止淫秽出版物法》，因为该色情内容被认为具有使人腐化或堕落的倾向。2009 年，伦敦警方派出卧底，在被告家中购买了此色情光盘，然后将被告拘捕，并依据 1959 年法案提出六项犯罪指控。如果被判有罪，被告将面临五年监禁的处罚。

在两度推迟之后，审判终于在 2012 年 1 月进行。控方声称，光盘中出现的场景有能力腐化观众，而且购买光盘的客户事先也不知道其中的色情内容。对此，被告予以坚决否认，声称其客户购买时“询问了光盘具体的名称和特殊内容，他们确切地知道其购买的内容”。包括男性和女性的陪审团花了四天观看、讨论涉案的色情光盘，其中含有诸如性虐待、尿色情、拳击男性睾丸等极端性画面。然而，陪审团最后认定被告无罪。在陪审团看来，涉案光盘主要的消费者是具有特殊性癖好的男同性恋者，而这些特殊观众不太可能会因此而腐化或堕落。

---

① R. v. Gibson (1990) 2QB 619.

② HODGSON H. Michael Peacock's acquittal is a victory for sexual freedom. (2012-01-06) [2023-10-10]. http://www.theguardian.com/commentisfree/libertycentral/2012/jan/06/michael-peacockobscenity-trial.

这个判决显示了1959年法案在互联网时代面临的重要挑战。被告律师杰克曼（Myles Jackman）欢呼这是“常识的重大胜利”，认为“1959年法案在数字化时代已经寿终正寝了，因为陪审团的决定显示正常人已将自愿性成人色情视为日常生活的一部分，而不再为此感到震惊、堕落或被腐化”。此案关系重大，因为它反映了英国民众正在用一种全新的方式来看待色情。

（二）美国的情况

美国各州都制定了管制淫秽色情的法律，这些法律大都规定制作、散布、出售或展示淫秽材料等行为均为犯罪。在联邦层面，《美国法典》规定了数十种涉及淫秽的犯罪行为，其中包括：散发、运输、销售、航运、邮寄淫秽物品；通过无线广播电视或有线电视传播淫秽、不雅、亵渎的内容；出于散发或销售目的而制作、持有淫秽物品；从事销售或传递淫秽物品的业务；通过邮寄或其他方式故意将淫秽物品传递给未成年人；使用误导性域名以吸引未成年人浏览有害和色情资料；通过卡通、绘画等方式描绘儿童色情等。[①] 犯有此等罪行的人将面临罚款、监禁等处罚；如果涉及儿童色情，违法者将面临更严重的惩罚。司法机构经常援引这些法律条款对色情内容（包括网络色情）进行管制，但也会遭到严峻的诉讼挑战。

有关管制淫秽色情的法律的里程碑式诉讼是1973年的“米勒诉加利福尼亚案”[②]。该案涉及的是在下面的情形中适用加利福尼亚州有关淫秽的刑事法令问题：当事人通过侵犯性的销售行为将性暴露物品强加给受众，而这些受众没有表示过任何意欲接受这些物品的想法。法院认为，当散发此种物品的方式有可能侵犯到受众的感受或有可能让未成年人接触到时，州政府有权禁止此淫秽物品的散发与公开。据此，法院认为需要制定一些标准，以判别哪些物品是州政府可以管制的淫秽物品，且这种管制不违反宪法第一修正案。法院在此案中认定淫秽的标准（“米勒标准”）就是：根据当下的社区标准，普通人是否发现该作品整体上能够刺激淫欲；该作品对性行为的描写是否具有明显的冒犯性，违反了所在州相关法律的特别规定；该作品从整体上看是否缺乏严肃的文学、艺术、政治或科学价值。此案的判决要点是：除非淫秽物品描写或叙述了由各州法律特别界定的具有明显冒犯性的性行为，任何人将不因淫秽物品的暴露或销售受到追诉。由此可见，“米勒标准”是社区标准，材料是否淫秽完全取决于当地社区而非某个个体的看法。在较为开放的拉斯维加斯合法的性暴露材料在相对保守的亚拉巴马州便有可能是违法的。也正因如此，在淫秽色情案件的

---

① 18 U.S.C. § 1460 - 1470.

② Miller v. California，413 U.S. 15 (1973).

判决中被奉为经典的“米勒标准”并不适用于网络色情的管制。网络传播具有全球化特征。网络性暴露内容的上传者可能在较为自由的拉斯维加斯市，但观看该内容的网民可能在较为保守的亚拉巴马州，那么依据哪个社区的标准来决定该材料是否淫秽便成了问题，这使得“米勒诉加利福尼亚案”所确立的社区标准无法适用于网络色情的判决。

在 1978 年的“FCC 诉太平洋基金案”[①] 中，法院面临的核心问题是 FCC 是否有权对一个虽不属于淫秽但不雅（indecent）的广播节目进行规制。在 FCC 看来，被告所广播的节目的语言以明显冒犯性的方式描述了性与排泄行为，而且是在儿童毫无疑问会收听广播时（比如下午的早些时候）播出的。据此，FCC 认为广播节目中的语言是不雅的，应当为《美国法典》第 18 节 1464 条款所禁止。[②] 但被告太平洋基金主张此广播节目不会引发淫欲，因此不属于法律规定的不雅的范畴。法院经审理认为，“不雅”和“淫秽”是两个不同的概念，不雅指的是与普遍接受的道德标准不符合，而引起淫欲是淫秽的要件之一。法院支持了 FCC 的主张，认为广播媒介深入美国人的生活，它是儿童唯一能够接触的媒介，即使对那些不能阅读的儿童亦是如此；正是因为广播电视具有其他媒介不可比拟的社会影响，法院认为必须对其进行更加严格的管制。此案确立了管制广播电视色情内容的标准，即只需构成不雅便可受到法律管制。但若将此判决标准应用到网络色情的管制，便会产生困难，主要理由是网络并非传统的广播电视媒体。网络传播是一个互动的、国际性的信息交换系统。在网络空间，不存在一个中央广播体系进行一对多的大众传播。因此，此案所确立的不雅标准不适用于网络色情的管制。

1996 年，美国国会通过《通信庄重法》（Communication Decency Act, CDA)，以控制日益泛滥的网络色情，但却是一次不成功的尝试。具体来说，该法将下列事实规定为犯罪行为：(a) 在州际或国际通信中以电子通信手段故意传送淫秽、下流、挑动情欲、污秽或不雅的评论、要求、建议、图像或其他内容，其目的在于惹怒、虐待、威胁或骚扰他人；(b) 在州际或国际通信中明知信息接收者在 18 岁以下，仍以电子通信手段故意传送任何淫秽或不雅的评论、要求、建议、图像或其他内容，或故意允许其管理的电子通信设备传播上述信息；(c) 在州际或国际通信中通过电信设备向成年人或 18 岁以下的未成年人发送，或通过电脑以 18 岁以下的未成年人可能接触到的方式展示关于性器官、排泄活动或排泄器官的任何评论、要求、建议、图像或其他内容，其描述方式按照当代社区标准来看具有明显的冒犯性，或者故意允许其管理的电子通信设备传播上述信息。该法同时规定，色情信息提供者在遭受上述指控时，如有以下情况可以免受处罚：已尽网络管理人职责，采取合理、有效的措施和技术，防止未成年人接触网上的不良信息；使用信用卡或扣账，或通过软件、

① FCC v. Pacifica Foundation, 438 U. S. 726 (1978).

② 该法禁止在广播中使用任何淫秽、猥亵、亵渎性语言。

密码等方式过滤未成年人用户。

为了净化网络环境，保护未成年人权益，CDA将网络淫秽和不雅内容均界定为违法。然而问题在于，它有可能和宪法第一修正案发生冲突。该法通过不久，美国公民自由联盟（American Civil Liberties Union，ACLU）便起诉美国当时的司法部长雷诺（Janet Reno），以阻止该法的实行。受理此案的联邦地区法院判决CDA违背了宪法第一修正案。政府不服判决，由雷诺上诉至美国最高法院。1997年6月26日，最高法院几乎一致认定CDA违宪，主要理由是关键术语过于模糊（比如没有对“不雅”和“明显的冒犯性”等内容进行定义），调整范围过于宽泛（正是没有对“不雅”和“明显的冒犯性”等术语进行定义，导致其覆盖的范围相当广阔），不符合比例原则（采取的是刑事制裁的方式），也违犯了最小限度手段原则（要求网站采取技术措施阻隔未成年人用户）。[①] 究其实质，是CDA要求所有的网站内容符合未成年人的安全和合适标准，从而侵犯了成年人的言论自由。

在CDA被最高法院宣布违宪之后，美国国会决定再次尝试，在1998年通过了《儿童在线保护法》（Child Online Protection Act，COPA）。该法是对CDA的修正，国会希望此版能通过宪法审查。该法规定，任何人故意且在明知某材料属性的情况下，在州际或国际商业活动中利用互联网，出于商业目的传播任何可被未成年人接触到的或对未成年人有害的材料，可被处以5万美元以下罚款，或6个月以下监禁，或两罪并罚。但该法同时规定，色情网站经营者可通过信用卡付款及设置账号密码等方式，对未成年人采取必要的限制进入措施，便可免受处罚。COPA出台伊始，同样遭到言论自由倡导者的反对，一家联邦地区法院为此颁布了临时禁止令，从而启动了长达十年的诉讼拉锯战。法院承认保护未成年人不受有害色情材料的侵害是重要的政府职责，但COPA的规定太过宽泛，对受宪法保护的成人言论具有“寒蝉效应”；法院同时认为，使用过滤软件等限制性较小的措施，足可保护未成年人。2002年，这起针对COPA的案件移交到美国最高法院，名称改为“阿什克劳夫诉美国公民自由联盟案”[②]。2009年，美国最高法院在两次审理此案后，拒绝继续受理，从而给了COPA最后一击，使其无法实施。

2000年，美国国会通过《儿童互联网保护法》（Children's Internet Protection Act）。该法要求全国所有公共图书馆的电脑安装过滤系统，以屏蔽淫秽内容、儿童色情或其他对未成年人有害的信息，否则图书馆将无法获得政府提供的技术补助资金。美国图书馆协会（American Library Association，ALA）对此提出抗议，认为过滤系统不准确，将会屏蔽掉许多受宪法保护且成年人需要的信息。该法允许成年人出于合法目的要求图书馆工作人员解除过滤系统，但ALA认为此举将增加成年人向图书馆论证其阅读合法性的负担。2003年，美

---

① Reno v. American Civil Liberties Union，521 U. S. 844（1997）.

② Ashcroft v. American Civil Liberties Union，535 U. S. 564（2002）.

国最高法院在“合众国诉美国图书馆协会案”中做出裁决，认定政府保护儿童的利益高于此法带给成年人的负担。法院同时声明，如果图书馆想为其用户提供无限制的上网服务，可以选择不接受联邦政府的技术资助。①

【案例】合众国诉贺利案②

2004年3月，贺利（Dwight Whorley）在弗吉尼亚州就业委员会提供的公共电脑上从本人的雅虎邮箱里下载儿童色情动漫，引起工作人员的注意，并招致警方对其邮箱和背景的调查。结果，贺利被指控犯有下列罪行：通过电脑故意接受20部日本动漫，这些卡通片描绘了进行性暴露活动的未成年人，违反了《美国法典》第18节1462条款；作为有接受儿童色情物品前科的人，故意接受同样20部儿童色情动漫，违反了《美国法典》第18节1466A（a）（1）条款；作为有接受儿童色情物品前科的人，故意接受14幅涉及儿童色情的数字图片，违反了《美国法典》第18节2252（a）（2）条款；故意发送或接受20封淫秽邮件，违反了《美国法典》第18节1462条款。以此为依据，联邦地区法院判处被告20年监禁。被告不服判决，上诉至美国联邦第四巡回上诉法院。

被告声称相关管制淫秽的法律违宪。在被告看来，禁止接受淫秽材料的《美国法典》第18节1462条款违宪，因为接受材料是拥有材料的一种形式，而拥有淫秽材料在“斯坦利诉佐治亚案”中被判定受宪法保护。被告还认为，《美国法典》第18节1462条款不适用只包含文本的电子邮件，且该条款中所说的“接受”在计算机环境下是模糊的，这些都不符合宪法的规定。被告还主张，将《美国法典》第18节1466A（a）（1）条款用在动漫资料上也不符合宪法规定，因为这些动漫并没有描述真实的未成年人。此外，被告还对诉讼程序及监禁期限提出了异议。

被告的上述主张均遭到巡回上诉法院的驳回。在法院看来，《美国法典》第18节1462条款惩罚的是具有淫秽物品的交易，“接受”在此种环境下有其独特的含义。法院还认为，被告忽视了有关淫秽物品的传统定义，该定义并没有提到相关媒介的形式和性质。至于虚拟的未成年人色情，法院认为同描述真实的儿童色情一样构成犯罪。巡回上诉法院因此支持初审判决，判被告有罪。

（三）我国的情况

1949年中华人民共和国成立以来，淫秽色情物品一直遭到严令禁止。1979

① United States v. American Library Association，539 U. S. 194（2003）.

② United States v. Whorley，550 F. 3d 326（4th Cir. 2008）.

年制定的《刑法》明确规定了制作、贩卖淫书、淫画罪。后来《刑法》历经上十次修改，上述条款也逐渐演变成现在的制作、贩卖、传播淫秽物品罪。在该法中，淫秽物品被明确界定为具体描绘性行为或者露骨宣扬色情的诲淫性的书刊、影片、录像带、录音带、图片及其他淫秽物品，但有关人体生理、医学知识的科学著作以及包含有色情内容的有艺术价值的文学、艺术作品均被排除在外。以《刑法》制定的淫秽标准为依据，我国自20世纪80年代起陆续制定了一系列法律法规，以应对色情传播渠道的日益多元化和社会影响的日益扩大化。比如，1987年颁布的《中华人民共和国海关法》禁止运输、携带、邮寄淫秽物品进出口；1991年颁布的《中华人民共和国未成年人保护法》（简称《未成年人保护法》）禁止向未成年人出售、出租或其他方式传播淫秽、暴力等毒害未成年人的图书、报刊、音像制品、电子出版物等；1997年颁布的《出版管理条例》《广播电视管理条例》，2001年颁布的《电影管理条例》则相应对出版刊物、广播电视节目及电影播放进行规定，禁止其宣扬淫秽色情内容。

进入21世纪，网络色情随着互联网的发展迅速蔓延开来，并引起了立法者的高度重视。2000年全国人大常委会通过《关于维护互联网安全的决定》，其中第3条规定：在互联网上建立淫秽网站、网页，提供淫秽站点链接服务，或者传播淫秽书刊、影片、音像、图片，构成犯罪的，将依法追究刑事责任。依据此决定和《刑法》相关规定，最高人民法院、最高人民检察院先后在2004年、2010年联合发布了两个《关于办理利用互联网、移动通讯终端、声讯台制作、复制、出版、贩卖、传播淫秽电子信息刑事案件具体应用法律若干问题的解释》（简称2004年《解释》和2010年《解释》），对互联网的淫秽色情活动作出了更加具体的规定，这是我国管制互联网色情的主要法律依据。

借鉴《刑法》关于淫秽物品的定义，这两个司法解释将淫秽物品界定为具体描绘性行为或露骨宣传色情的诲淫性的视频文件、音频文件、电子刊物、图片、文章、短信息等互联网、移动通信终端电子信息和声讯台语音信息。同样，有关人体生理、医学知识的电子信息和声讯台语音信息不认为是淫秽物品；包含色情内容的有艺术价值的电子文学、艺术作品也不是淫秽物品。2010年《解释》还对“淫秽网站”作了界定，即以制作、复制、出版、贩卖、传播淫秽电子信息为目的建立或者建立后主要从事制作、复制、出版、贩卖、传播淫秽电子信息活动的网站。相关政府负责人还指出，在实践中网站包括多个网页、栏目、频道或者板块，不宜仅因其中某一部分包含淫秽电子信息就认定整个网站为淫秽网站，而应结合其建立的目的和建立后主要从事的活动加以认定。①

2004年《解释》规定，出于牟利目的，利用互联网、移动通信终端制作、

---

① ［“两高”司法解释］明确界定何为“淫秽网站”.（2010-02-04）［2023-10-10］. http://news.cntv.cn/china/20100204/102257.shtml.

复制、出版、贩卖、传播淫秽电子信息，具有下列情形之一的，将构成犯罪：制作、复制、出版、贩卖、传播淫秽电影、表演、动画等视频文件二十个以上的；制作、复制、出版、贩卖、传播淫秽音频文件一百个以上的；制作、复制、出版、贩卖、传播淫秽电子刊物、图片、文章、短信息等二百件以上的；制作、复制、出版、贩卖、传播的淫秽电子信息，实际被点击数达到一万次以上的；以会员制方式出版、贩卖、传播淫秽电子信息，注册会员达二百人以上的；利用淫秽电子信息收取广告费、会员注册费或者其他费用，违法所得一万元以上的；数量或者数额虽未达到上述几项规定标准，但分别达到其中两项以上标准一半以上的。换句话说，网络用户或网站制作或扩散的淫秽电子信息达到一定数量，后果严重的，将面临刑事处罚。淫秽信息可能是通过聊天室、论坛、即时通信软件、电子邮件进行传播的，但无论是哪一种方式，均要受到法律的制裁。2004年《解释》同时规定，即便制作或传播淫秽电子信息的目的是非营利性的，同样构成犯罪，只不过对数量的要求要宽松一些。

在以往的司法实践中，司法机关打击的往往是淫秽网站利益链的末端，即直接制作或传播淫秽信息的个人和组织，但这常常不足以阻止淫秽信息网络传播的蔓延。实际上，淫秽网站、电信运营商、广告主、第三方支付平台等之间形成了环环相扣的利益链条。有鉴于此，2010年《解释》规定以下三种行为均构成犯罪，并制定了相应的定罪量刑标准：(a) 电信业务经营者、互联网信息服务提供者明知是淫秽网站，为其提供互联网接入、服务器托管、网络存储空间、通信传输通道、代收费等服务，并收取服务费；(b) 明知是淫秽网站，以牟利为目的，通过投放广告等方式向其直接或者间接提供资金，或者提供费用结算服务；(c) 网站建立者、直接负责的管理者明知他人制作、复制、出版、贩卖、传播的是淫秽电子信息，允许或者放任他人在自己所有、管理的网站或者网页上发布淫秽电子信息。立法者希望通过明确各参与方的刑事责任，来从源头上切断传播淫秽电子信息的利益链条。

上述不少条款涉及“明知”的概念。从各国司法的实践看，“明知”的认定是打击淫秽电子信息犯罪中的难点，行为人往往通过声称自己不“明知”以规避打击并牟取暴利。因此，为便于司法操作，2010年《解释》根据实际情况列举了应当认定行为人主观上明知的四种具体情形：行政主管机关书面告知后仍然实施上述行为的；接到举报后不履行法定管理职责的；为淫秽网站提供互联网接入、服务器托管、网络存储空间、通信传输通道、代收费、费用结算等服务，收取服务费明显高于市场价格的；以及向淫秽网站投放广告，广告点击率明显异常的。此外，还存在虽不属于这四种情形，但能够认定行为人明知的其他情形，故特别规定了“其他能够认定行为人明知的情形”的条款。考虑到司法实践中的情形比较复杂，可能存在虽然具有上述几种情形，但有证据证明行为人确实不知道的情况，该条还特别规定了例外原则。

与国际惯例一致，两个司法解释均突出了保护未成年人的原则。2004年

《解释》将制作、复制、出版、贩卖、传播具体描绘不满十八周岁未成年人性行为的淫秽电子信息作为从重处罚的情节。为进一步体现对未成年人的特殊保护，2010年《解释》规定了利用互联网、移动通信终端制作、复制、出版、贩卖、传播内容含有不满十四周岁未成年人的淫秽电子信息行为，构成制作、复制、出版、贩卖、传播淫秽物品牟利罪或者传播淫秽物品罪的定罪量刑标准，在2004年《解释》规定的基础上，进一步加大了对未成年人合法权益的保护。

【案例】 索某某、王某某、罗某某、郭某某传播淫秽物品牟利案①

2009年9月26日至2010年1月间，索某某在王某某的帮助下租赁虚拟主机，注册名为“女孩精选”的网站。该网站后来加入“八方广告联盟”，成为其正式会员网站。为通过提高网站中广告的点击率而获利，索某某在“女孩精选”网站上投放具有淫秽性内容的电子信息，至案发时，该网站上共有视频文件204个、图片160张、文章72篇，经鉴定，上述文件均有淫秽性。在此期间，王某某帮助索某某下载淫秽图片供其更新网站内容，做该网站的推广，并提供其个人银行卡作为“八方广告联盟”为“女孩精选”网站结算使用。2009年9月间，“八方广告联盟”的创建者罗某某雇用郭某某，利用QQ聊天的方式为“八方广告联盟”招募具有淫秽性内容的网站成为会员网站。法院认定，截至2010年2月，罗某某、郭某某招募的“八方广告联盟”的会员网站中有27个网站的内容具有淫秽性，罗某某为其中的13个网站提供过费用结算服务。罗某某向13家网站共支付12 490元，以10%收取费用，从中获利约1 387元。自2009年9月26日至2010年1月5日案发时，“女孩精选”网站内淫秽电子信息累计实际被点击数为775 331，罗某某为郭某某招募审核的索某某、王某某的“女孩精选”网站结算三次，共支付479元。

法院认为，索某某、王某某以牟利为目的，利用互联网传播淫秽电子信息，情节特别严重；罗某某、郭某某明知是淫秽网站，以牟利为目的，通过投放广告的方式，为淫秽网站提供费用结算服务，四人均构成传播淫秽物品牟利罪，四人同时构成共同犯罪。根据各被告人的犯罪事实，犯罪的性质、情节和对于社会的危害程度，依法对索某某判处有期徒刑十一年，并处罚金2 395元；对王某某判处有期徒刑十年，并处罚金1 437元；对罗某某判处有期徒刑一年六个月，并处罚金6 935元；对郭某某判处有期徒刑二年，并处罚金14 161元。

---

① 罗书臻．最高人民法院公布6起互联网和手机色情信息犯罪典型案例．人民法院报，2010-11-05（3）.

第三节 网络广告

广告指的是商品经营者或者服务提供者通过一定的媒介和形式直接或者间接介绍自己所推销的商品或服务的商业广告活动。广告是市场经济发展的产物，广告业的发展水平在一定程度上反映了一个国家市场经济发展的水平。以我国为例，自实行改革开放以来，我国的广告业随着经济的增长而高速发展起来。2022年，我国的广告与营销市场规模合计约11 238亿元，互联网广告收入为5 088亿元。[①] 在带动经济发展的同时，广告业明显存在诸多问题，比如一些企业利用广告推销假冒伪劣产品，贬低竞争对手，进行不正当竞争，在广告中夸大产品、服务的功效，欺骗和误导消费者。这些问题不仅发生在线下，更常见于线上。它们不仅阻碍广告业的健康发展，损害消费者的利益，而且严重干扰市场经济秩序。本节首先大致介绍中国、日本和美国三个广告大国的广告管理概况，然后讨论广告管理的几个关键问题，包括虚假广告、隐性广告、未成年人广告，最后聚焦网络广告所带来的几个特殊议题，比如网络广告主体之定位、竞价排名、在线行为广告和垃圾短信/邮件。

一、概述

不同的国家对广告业的管理方式是不一样的：有的制定了专门的广告法，统一对所有的广告活动进行规范，比如中国；有的没有制定统一的广告法，而是通过消费者保护法、不正当竞争法等相关法规来对广告进行规制，并辅之以强有力的行业自律规范，比如日本和美国。

（一）中国的广告管理

为了规范广告活动，国务院在1982年和1987年先后颁布了《广告管理暂行条例》和《广告管理条例》。国务院有关部委和一些地方政府还制定了大量的配套规定，将我国的广告业纳入了法制的轨道。1994年10月，全国人大常委会通过了《中华人民共和国广告法》（简称《广告法》），这是我国广告监督管理最主要的法律之一。2015年4月，全国人大常委会通过对《广告法》的修订，这是原《广告法》自颁布实施以来，时隔二十余年的一次全面修订。修订后的《广告法》包括总则、广告内容准则、广告行为规范、监督管理、法律责任和附则六个部分，规制的内容涉及广告活动的方方面面，是我们了解中国广告管理的重要窗口。

---

① 2022年《中国互联网广告数据报告》发布 .（2023 - 01 - 12）[2023 - 10 - 10]. https://tv.cctv.cn/2023/01/12/VIDEN7xawFgmaymhGjj7mYX4230112.shtml.

依据现行《广告法》，广告内容必须恪守以下三个原则：(a) 广告必须真实。这主要是指广告不得含有虚假或引人误解的内容，不得欺骗、误导消费者。(b) 广告应当具有可识别性，能够使消费者辨明其为广告。这主要是指无论是在形式上、内容上，还是在发布方式上，都具有使普通消费者一看便知是广告的特征。(c) 广告必须合法。这主要是指广告必须遵行法律规定，比如不得出现下列情形：使用或变相使用国旗、国歌、国徽，军旗、军歌、军徽；使用或变相使用国家机关、国家机关工作人员的名义或者形象；使用"国家级""最高级""最佳"等用语；含有淫秽、色情、赌博、迷信、恐怖、暴力的内容；含有民族、种族、宗教、性别歧视的内容；等等。

《广告法》对特殊商品的广告也进行了详细限制，比如：麻醉药品、精神药品、医疗用毒性药品、放射性药品等特殊药品，药品类易制毒化学品，以及戒毒治疗的药品、医疗器械和治疗方法，不得做广告；医疗、药品、医疗器械广告不得表示功效、安全性的断言或者保证，不得说明治愈率或者有效率，不得与其他药品、医疗器械的功效和安全性或者其他医疗机构比较，也不得利用广告代言人作推荐、证明；禁止在大众传播媒介或者公共场所发布声称全部或者部分替代母乳的婴儿乳制品、饮料和其他食品广告；禁止在大众传播媒介或者公共场所、公共交通工具、户外发布烟草广告；酒类广告不得诱导、怂恿饮酒或者宣传无节制饮酒，不得出现饮酒的动作，不得表现驾驶车、船、飞机等活动，也不得明示或者暗示饮酒有消除紧张和焦虑、增加体力等功效。

依据现行《广告法》，广告活动是一种市场行为，广告活动主体包括广告主、广告经营者、广告发布者等市场主体，对这些广告活动主体参与的广告活动的监督管理，在中央层面属于国务院市场监督管理部门的职责，在地方层面属于县级以上地方市场监督管理部门的职责。国务院市场监督管理部门在广告监督管理方面的职责主要包括：拟定广告业发展规划、政策措施并组织实施；拟定广告监督管理的具体措施、办法；组织、指导、监督管理广告活动；组织监督各类媒介广告发布情况；查处虚假广告等违法行为；指导广告审查机构和广告行业组织的工作。相应的，县级以上地方市场监督管理部门在广告监督管理方面也有类似的职责。

广告活动涉及各行各业，广告管理由此也牵涉市场监督管理部门之外的其他部门。为加强对各行业广告活动的管控，《广告法》因此明确了相关部门在各自的职责范围内负责广告管理的相关工作。比如，根据该法，发布医疗、药品、医疗器械、农药、兽药和保健食品广告，应当在发布前由相关行业监管部门对广告内容进行审查；报纸、杂志、广播电台、电视台、网络媒体发布违法广告，或以新闻报道形式变相发布广告，新闻出版广电部门应对主管人员和直接责任人员给予处分，情节严重的，可以暂停媒体的广告发布业务。

（二）日本的广告管理

日本的广告管理主要由三个部分组成，即法律规制、行业自律和行政监管。在法律规制方面，日本没有统一的广告法，涉及广告的法律见诸多项法律当中，主要包括：（a）1953年的《禁止私人垄断及确保公正交易的有关法律》（简称《禁止垄断法》）。为了维持和发展合理自由的竞争，该法明确禁止“把自己的商品或服务，以及相关交易事项，说成比竞争者有显著的优良和有利，使顾客误认，以便把竞争者的顾客拉到自己这边来进行交易，做这种不正当的引诱”。（b）1962年的《不正当赠品及不正当表示防止法》（简称《赠品表示法》）。该法禁止在有关商品和劳务交易中用不正当的赠品及表示引诱顾客。不正当的表述包括“优良误认”“有利误认”以及公平交易委员会制定的其他禁止事项。（c）1968年的《消费者保护基本法》。该法对国家、地方团体、企业经营者和消费者四方面所负责任和应尽义务，予以明确规定，对虚假广告也制定了惩罚措施。（d）1975年的《不正当竞争防止法》。为了制止经济活动中的不正当竞争行为，该法禁止下列广告行为：在广告上对商品的质量、内容、制作方法、用途或数量作出可以产生误导的表示；在广告上对商品原产地作出虚假表示；在广告上作出可以使人错认为该产品是出产、制作或加工地以外的地方出产、制作或加工的表示；陈述虚假事实、妨害有竞争关系的他人信用。（e）其他法律。比如《药物法》《食品卫生法》规定，药品或食品卫生广告不得进行夸大或虚假的表示，违者将面临监禁或罚款；《户外广告物法》规定，广告牌、招牌等户外广告不得影响市容美观，在公园、绿化区、纪念地、坟墓等地不得安设广告牌，地上广告的高度不得超过十米，对违者除取缔之外同时予以罚款。

除了法律规制，行业自律在日本广告管理中也扮演了重要角色。日本广告界建有各式各样的行业组织，比如日本广告主协会、日本广告业协会、日本新闻协会、日本民间放送联盟、日本广告制作协会等，这些组织都制定了各种广告伦理纲领、业务准则、条例公约等作为自己的行为规范。这些文件不是法律，但有很强的约束力——广告业界称之为“半法”。在这些自律机构中，影响最大的是广告主、广告业和媒体三方共建的日本广告审查机构（Japan Advertising Review Organization，JARO）。成立于1974年的JARO吸引了近千个会员单位加入，其主要职责包括：有关广告、表示的咨询和处理；对广告、表示的指导；有关广告、表示基准的制定等。JARO为广告、表示制定的审查标准是：广告必须公正、真实；不得给受方带来损害；必须考虑对青少年儿童的影响；必须遵守健康的风俗习惯；必须遵守有关的法律法规和社会公德。[①]对于不正当的广告，JARO会劝其修改乃至废除。如果不尊重其指示，JARO会广而告之，对违规方予以警示和鞭策。

在法律规制和行业自律的基础上，日本同时加强了行政监管在广告管理中

---

① 范志国，殷国华．日本广告自律机制给我们的启示．中国广告，2010（5）：122-124.

的角色。主要的行政监管机构是公平交易委员会，它是依法设置的独立行使职权的合议制国家行政委员会，其成员由一名委员长和四名委员组成。职责之一是依据《禁止垄断法》以及《赠品表示法》来行政执法。对于违反这些法律的企业，公平交易委员会可以依法予以处罚，处罚的方式包括罚金和损害赔偿。职责之二是依法认定各行业制定的公平竞争规约，推进竞争。经过认定的规约，可以得到法律保护；没有经过认定的，就存在违反法律的可能。[①]

（三）美国的广告管理

在美国，商业广告一般受到宪法第一修正案的保护，但如果商业广告是虚假的或误导性的，或者推广非法产品，那么它完全不受宪法的保护。在“中央赫德森案”中，美国最高法院提出了测定广告管理是否合宪的四步分析法：(a) 商业言论是否为误导性的或涉及非法活动？如果是，那么它不受宪法保护，而且可能遭到禁止。如果不是则考虑以下三个问题：(b) 政府是否声称可以通过限制该言论获得重大利益？(c) 限制是否直接增加了这种利益？(d) 限制是否没有超过增进政府利益所需要的必要程度？如果对这三个问题的回答都是肯定的，那么法院将支持对该内容真实的商业广告的限制。[②]

虚假的或欺骗性的商业广告受到多方面的打击，包括联邦贸易委员会(FTC)、联邦通信委员会、地方检察官、消费者和商业竞争对手。从历史来看，反对欺诈性广告最主要的力量是联邦贸易委员会。这是一个独立的联邦机构，由美国国会在1914年依据《联邦贸易委员会法》创立，其职责是管理商业中的或影响商业的不正当或欺诈性行为与活动。在FTC总部及遍布全国的十家办公室里，工作人员密切监测各种媒介上的广告。此外，FTC还接受消费者、消费者团体、国会议员、地方政府机构和被指控者的竞争对手的投诉。当FTC收到投诉或自己监测到了欺诈性广告时，它必须依据相关标准作出是否启动调查的决定。当一家公司因涉嫌欺诈性广告而被调查时，它可能被要求向FTC提供各种各样的信息。FTC还有权发出传票，强迫相关人士出面作证或提供材料。调查一完成，FTC便会对违法广告采取以下处罚措施：要求停止播放违法广告，并赔偿损失或接受政府罚款；要求广告者发布更正性广告；上诉至法院，通过法院发布禁止令，或追究民事/刑事责任。如果广告商对FTC的处罚不服，可向法院起诉或向国会陈情，法院和国会有权推翻FTC的决定。

近些年来，美国的企业频繁使用联邦《拉纳姆法》(Lanham Act)，以制止其竞争者从事误导性广告推广。制定《拉纳姆法》是为了保护商业市场的诚

① 周建明．日本的广告自律与他律．国际新闻界，2005 (4)：62-66.

② Central Hudson Gas & Electric Co. v. Public Service Commission of New York，447 U.S. 557 (1980).

信，其中第43条（a）款向商人提供了反对他人在市场中进行虚假广告推广的一种法律武器。该款规定：任何在商业广告或促销活动中错误地表述自己或他人的商品、服务或商业行为的属性、特征、质量或原产地的人，将对任何自认为可能遭受上述行为损害的人提起的民事诉讼承担责任。换句话说，一家公司可以针对其竞争者提起诉讼，指控其进行虚假的比较广告，这为反不正当竞争和虚假广告提供了一种截然不同的侵权诉讼手段。比如，纯果乐（Tropicana Products）发布了一则30秒长的电视广告，美汁源（Minute Maid）橙汁的生产商可口可乐公司依据《拉纳姆法》对纯果乐提起诉讼。可口可乐公司指控这则广告是虚假的，因为其声称纯果乐的产品含有未经加工的、新鲜压榨的橙汁，但事实上，该橙汁不仅要被加热到200华氏度（约93摄氏度），而且包装之前还要冷冻。巡回上诉法院经审理认为，该广告确实进行了虚假陈述，这种表述可能导致消费者改变他们的购买决定，从而损害了可口可乐公司的利益。巡回上诉法院因此要求初审法官发出有利于可口可乐公司的临时禁止令。[①]

除了法律规制和政府监管之外，美国的广告主都建立了较为完善的自律制度。比如美国三大电视公司，即全国广播公司、美国广播公司、哥伦比亚广播公司，都有自己的自律守则和律师机构。美国广告业也有很多行业管理组织，其中较为有名的是全美广告评议委员会。该委员会隶属于美国广告联合会，是由广告主、广告公司和公众代表组成的机构。委员会负责处理普通消费者对欺诈性广告的指控，也负责管理广告主对其竞争者所做的广告宣传所提出的指控。在接到上述指控后，委员会先让广告主进行说明，如不接受其说明，且广告主不愿进行更正，则把档案交给政府管理机构处理。

二、广告管理之关键领域

上面对三国广告管理的情况进行了概述，本部分将对广告管理的几个具体领域进行探讨，这些领域也是近些年来学者和业界关注的重点，对其进行探讨有助于加深我们对广告管理复杂性和重要性的认识。

（一）虚假广告

虚假广告既损害消费者的合法权益，也往往构成不正当竞争，损害其他商家的利益，因此禁止虚假广告成为各国广告管理中的核心内容。按照我国《广告法》第28条，广告以虚假或者引人误解的内容欺骗、误导消费者的，构成虚假广告。依据此条款，虚假广告应包括两个特征：形式上，广告的内容虚假或引人误解；效果上，造成了欺骗、误导消费者的客观后果，或者有欺骗、误导消费者的可能性。为了便于识别虚假广告，第28条还对虚假广告的常见情

① Coca-Cola v. Tropicana Products, Inc., 690 F. 2d 312, 314 (2d Cir. 1982).

形进行了列举，如下：(a) 商品或者服务不存在的；(b) 商品的性能、功能、产地、用途、质量、规格、成分、价格、生产者、有效期限、销售状况、曾获荣誉等信息，或者服务的内容、提供者、形式、质量、价格、销售状况、曾获荣誉等信息，以及与商品或服务有关的允诺等信息与实际情况不符，对购买行为有实质性影响的；(c) 使用虚构、伪造或无法验证的科研成果、统计资料、调查结果、文摘、引用语等信息做证明材料的；(d) 虚构使用商品或者接受服务的效果的；(e) 以虚假或者引人误解的内容欺骗、误导消费者的其他情形。前四种情形通俗易懂，最后一种是兜底条款，适用于其他所有情形下的虚假广告，但其中所说的“欺骗、误导消费者”，措辞较为模糊，容易在司法实践中造成混乱。

美国FTC将虚假或欺骗性广告明确界定为在一定情境下可能误导理性消费者的实质性信息的陈述或省漏。即便如此，判断某特定广告是否虚假或引人误解，仍不是一件易事。但FTC在多年的针对欺诈性广告案件的裁决中，逐渐发展出了一套判决原则，这套原则包括四个部分：(a) 该广告传递了什么样的事实性内容？内容陈述可能是明示性的，也有可能是暗示性的。明示的产品/服务内容很容易理解，但暗示性陈述通常较为微妙。一旦FTC认定某广告包含特定的暗示性信息，该信息将接受和明示性内容一样的审查。(b) 这些内容是真实的还是虚假的？如果广告传递的事实性内容是真实的，一般能避免任何处罚；如果是虚假的，那么这些内容是实质性的吗？实质性陈述指的是可能影响消费者对一种产品或服务的选择的陈述。即使某广告可能误导公众，除非该误导性内容是实质性的，否则该广告在法律意义上不具欺诈性。在司法实践中，关于产品/服务的任何明示性陈述一般都被视为实质性的，暗示性陈述如果涉及健康和安全，或涉及产品/服务的质量、成本或性能等核心内容，也被推定为实质性的。(c) 该广告是否可能对理性消费者产生误导？FTC会考虑在一定情境下，理性的消费者是否可能被广告误导。这是因为一条广告可能存在多个角度的合理理解，FTC不会因为个别消费者以非理性方式理解某则广告便认定该广告违法。也因如此，吹捧式广告（puffery）一般不被认为是欺诈性广告，因为理性的购买者对此非常了解，不会相信吹捧式广告中夸大其词的推销话语。(d) 广告主是否有充足的证据支持它的广告内容？FTC规定，广告主在进行广告推广之前，必须有充足的证据证明其要推广的内容。如果广告主没提供证明便进行推广，即便后来证据表明此广告推广是真实的，这种行为依然会被视为违法。在很多方面，FTC发展出的这套判决原则已被美国各州采用，成为管理欺诈性广告的重要依据。

（二）隐性广告

何谓隐性广告，目前学者并无共识。有论者认为，隐性广告是和显性广告相对而言的，区分两者的关键是广告是否具有可识别性，有则为显性广告，无则为隐性广告。不少国家要求广告具有可识别性，能够使消费者辨明其为广告，使消费者既能获得必要的商品或服务信息，又能对该信息有客观、清晰的认识，避免受到误导。但在现实生活中，因其宣传的隐蔽性所带来的更好的传播效果，隐性广告随处可见，且形式多样，主要包括以下三种：

1. 软文广告

软文广告指的是在大众传播媒介上以新闻报道形式发布的广告。新闻报道与商业广告都是以传播信息、扩大影响为主的社会传播活动，但两者又有明显区别：新闻是对新近发生的事实的报道，主要是为了满足受众对新闻的获知欲望，广告是推销商品或服务的手段，目的在于促进销售、提升形象、获得经济利益；新闻具有公共属性，广告主要是商业行为；新闻必须客观公正，广告则是自我推销；新闻中的报道对象无须向媒体支付费用，广告是有偿服务，广告商需要向广告发布者（主要是大众传媒）支付费用。在实践中，有的媒体以新闻报道形式发布广告，故意混淆新闻和广告的界限，比如，以消息、评论、人物专访、纪实报道、调查采访、专家咨询等形式发布广告，或不作“广告”标记，而使用“专版”“专题”“企业形象”等非广告标记。这种做法滥用了社会公众对新闻的信任，容易误导社会公众，损害消费者的利益。因此，我国《广告法》第14条特别强调：大众传媒不得以新闻报道形式变相发布广告，通过大众传媒发布的广告应当显著标明“广告”，与其他非广告信息相区别，不得使消费者产生误解。即便如此，软文广告在我国仍大行其道，主要是广告主体对利益的过度追求以及公权机构监督和处罚力度不足等原因造成的。[①] 在美国等西方国家，软文广告相对较少，相关法律明确将其定性为“欺骗、误导消费者”，因而受到政府严控，而新闻媒体也不愿刊登软文广告，以免损害自己的社会公信力。

2. 植入式广告

植入式广告主要是指将产品或品牌及其代表性的视觉符号策略性地植入电影、电视剧、电视节目、网络游戏甚至文字作品的场景或内容当中，达到潜移默化传递信息、塑造品牌的目的。代表性的案例包括007电影系列中出现的欧米茄手表和宝马（BMW）跑车，《黑客帝国》中出现的喜力啤酒、三星手机和凯迪拉克汽车，国产片《天下无贼》中出现的诺基亚手机、BMW跑车、惠普笔记本电脑、佳能摄像机、打印机等等。植入式广告的优势在于其隐蔽性，即广告信息与影视剧或电视节目中的场景、道具、情节自然融合，观众有时丝毫感觉不到广告的存在，但已然接收到了广告商传递的信息。正因为其高度的隐

---

① 应飞虎，葛岩．软文广告的形式、危害和治理：对《广告法》第13条的研究．现代法学，2007(3)：29-39.

蔽性，植入式广告可能和广告法所要求的可识别性产生冲突，因而在不少国家受到程度不等的法律规制。比如，丹麦和意大利的法律明确要求广告和节目内容必须加以区分，植入式广告遭到完全禁止。[①] 欧盟有条件地放宽了植入式广告的管制。欧盟议会2007年审议通过的《影音媒体服务法令》（Audiovisual Media Services Directive）允许电影、电视剧、娱乐节目、体育节目中植入广告，但同时规定，节目中出现的植入式广告不得影响广播电视台的节目内容、节目表、社会责任以及编辑独立，不得通过特别促销的手段直接鼓励受众购买商品或服务，不得过度突出呈现商品，必须在节目开始前、结束后列出广告赞助商，以确保观众注意到植入式广告的存在；此外，该法令明确禁止在儿童节目、新闻与时事性节目中植入广告，禁止烟草产品与处方药进入植入式广告。[②] 美国对植入式广告基本上持放任的态度。主管广播电视的联邦通信委员会对包括植入式广告在内的广告采取了“强制披露信息”政策，即广播电视台必须向观众披露节目中存在的广告及其赞助商，同时禁止播放有关烟草产品的广告；主管广告内容的联邦贸易委员会基本拒绝对植入式广告进行管制，除非该广告出现可能影响或实质影响消费者购买决策的欺诈行为。[③] 在我国，植入式广告虽普遍存在，并存在损害消费者权益的现象，但目前尚无针对植入式广告的立法规制或行政管控。

3. 原生广告

原生广告是互联网传播时代的产物，指的是内容风格与页面一致、设计形式镶嵌在页面之中，同时符合用户使用原页面的行为习惯的广告。[④] 谷歌的“广告词”（AdWords）、雅虎的“流广告”（stream ads）、推特的“促销推送”（promoted tweets）、亚马逊的“促销列表”（promoted list）、微信朋友圈的促销推送等皆可归为原生广告。由于其可以淡化商业特征且设计新颖，原生广告的传播效果较为良好，因而日益受到广告商以及广告媒体的追捧。然而，如同软文广告和植入式广告，原生广告模糊了广告内容和非广告内容之间的界限，违反了广告法通常要求的可识别性原则，也存在误导、欺骗消费者，损害媒体公信力的可能。2015年12月，美国联邦贸易委员会针对原生广告特意发表了一个政策声明，强调网络原生广告也必须遵守委员会有关欺诈性广告的法律规定。[⑤] 如果在广告的属性或来源方面误导理性消费者，且误导性陈述可能影响

---

① 马天柱．论我国植入式广告的法律治理．政法论丛，2011（3）：120-124.

② LEE S. Product placement in the United States：a revolution in need of regulation. Cardozo arts and entertainment law journal，2008（1）：203-232.

③ 同②.

④ 喻国明．镶嵌、创意、内容：移动互联广告的三个关键词．新闻与写作，2014（3）：48-52.

⑤ FTC issues enforcement policy statement addressing “native” advertising and deceptively formatted advertisements.（2015-12-22）[2023-10-10]. https：//www. ftc. gov/news-events/press-releases/2015/12/ftc-issues-enforcement-policy-statement-addressing-native.

消费者的决定或行为，比如提升了消费者对该产品或服务的信任，或是促使消费者和该广告进行原本不会有的互动，那么此原生广告将被看作是欺诈性的而受到法律惩治。在联邦贸易委员会看来，原生广告避免法律麻烦的关键是提升其透明度。如果有必要通过信息披露来防止误导消费者，那么该信息披露必须是清晰的和凸显的。在其他国家，专门针对原生广告的法规政策目前还不多见。

（三）未成年人广告

未成年人广告，也称儿童广告，指的是面向未成年人发布的广告、有未成年人参与演示的广告以及其他一切可能影响未成年人的广告。为了保证未成年人的身心健康发展，许多国家和地区都对未成年人广告进行法律规制，主要体现在两个方面：一是限制未成年人参与广告演示；二是对未成年人广告的一般限制。限制未成年人参与广告演示的理由是：未成年人心智尚未发育成熟，让其过早涉入商业活动，违背了儿童天性，也有可能影响其正确价值观的形成。为此，《俄罗斯联邦广告法》规定，酒类、烟草制品广告中不得出现未成年人形象。英国《儿童电视广告准则》要求，电视广告不得让儿童出面推荐那些他们自己都不会购买的商品或服务，不得让儿童在电视广告中出面为商品或服务做证明。我国新修订的《广告法》也规定，不得利用不满十周岁的未成年人作为广告代言人。

对未成年人广告的一般限制包括对播出时间、场合，广告所宣传产品与服务的限制以及广告内容与表现形式的限制等。比如，美国1990年通过的《儿童电视保护法》，对儿童电视节目可播出的广告数量进行了限制，即周末每小时不长于10.5分钟，其他时间每小时不长于12分钟。加拿大对未成年人广告实行强制性前置审批，广告发布者必须事先取得未成年人广告准播证。同时，广告内容须符合以下要求：不得试图以任何方法和技术传播超出未成年人正常理解能力的信息；广告的语言文字、音响、画面及其他可视性内容，均不得夸大服务、产品或奖励的特色，如性能、速度、体积、颜色、耐用性等；禁止使用在未成年人中十分流行的人物或角色以促进产品或服务的销售；禁止面向未成年人做药品、专卖药品和任何药物形式的维生素的广告等。《欧盟电视指令》明确规定：电视广告不得利用未成年人缺少经验和易轻信的特点，直接唆使儿童或年幼之人购买商品或服务；不得鼓励他们要求父母或他人购买广告的商品或服务；广告也不得利用父母、老师或他人与儿童或年幼之人的特殊监护关系；广告中不得对儿童或年幼之人不合理地展示危险情形。与此类似，我国《广告法》也明确要求所有广告不得损害未成年人的身心健康，并在具体条文中做出了针对性规定，例如：禁止向未成年人发送任何形式的烟草广告；禁止在针对未成年人的大众传播媒介上发布医疗、药品、保健食品、医疗器械、化妆品、酒类、美容广告，以及不利于未成年人身心健康的网络游戏广告；针对不满十四周岁的未成年人的商品或服务的广告不得劝诱其家长购买广告商品或服务，不得包含可能引发其模仿不安全行为的内容；不得在中小学校、幼儿园内开展广告活动，不得利用中小学生和幼儿的教材、教辅材料、练习册、文具、教具、校服、校车等发布或变相发布广告，但公益广告除外。

三、网络广告之特殊议题

网络广告指的是通过图文或多媒体手段在互联网（包括移动互联网）平台上发布的商业信息。常见的形式包括横幅广告、竖幅广告、文本链接广告、电子邮件广告、按钮广告、浮动广告、弹出式广告、定向广告、旗帜广告、视频广告、关键词广告、主页性广告等。与传统媒体广告相比，网络广告具有得天独厚的优势，比如覆盖范围广、主动性和灵活性强、时间持久、费用相对较低、性价比高、可直达产品和新消费群、具有强烈的互动性等。然而，由于立法的相对滞后性，网络空间一度成为违法广告滋生的“乐土”。如何有效管理网络空间的广告行为，在全球范围内已成为一个紧迫的法律课题。

我国2021年4月修正通过的新《广告法》，在相当大程度上便是对网络广告问题的回应。该法第44条第1款规定，利用互联网从事广告活动，适用该法的各项规定。除此之外，该法还针对网络广告的特点增设了一些专项规定，比如第44条第2款规定，利用互联网发布、发送广告，不得影响用户正常使用网络。在互联网页面以弹出等形式发布的广告，应当显著标明关闭标志，确保一键关闭。前款是一般性规定，禁止广告对正常网络使用的干扰。后款更加具体，主要是限制弹出式广告，因为这是目前最常见的一种干扰行为，该条款要求其能一键关闭，具有强烈的现实针对性。再比如，第45条规定，互联网信息服务提供者对其明知或者应知的利用其场所或者信息传输、发布平台发送、发布违法广告的，应当予以制止。该条款参考了《中华人民共和国侵权责任法》（简称《侵权责任法》）有关网络侵权的规定，尤其是明确了网络服务提供商在发布违法广告活动中所应承担的责任。

从上可以看出，我国的新《广告法》注意到了网络广告的强势崛起以及所带来的特殊问题，因此制定了旨在规范网络广告的一般及特殊条款。即便如此，网络广告发展迅速，且形式不断创新，已给监管者带来了许多新的挑战，主要包括：

（一）网络广告主体的定位

在传统广告中，广告中各主体的界限比较明确，我国旧《广告法》因此主要对三种广告主体（即广告主、广告经营者、广告发布者）的责任和义务进行规范。这三者的分工形成了广告市场的制约格局，广告主通过广告经营者设计、制作广告，然后由广告发布者发布，广告经营者和广告发布者都要通过专门的资格认证，到广告监督管理机关领取营业执照后，方能进入广告这一行业。这种制约格局有利于保证广告的真实性，从而实现在市场行为中杜绝虚假广告的目的。但网络广告将这一套制约机制打破了。在互联网上，网站运营商既是广告经营者又是广告发布者。如果网站通过广告宣传自己的业务，就将广告主、广告经营者和广告发布者三种角色集于一身。遗憾的是，我国新《广告法》并未对此进行调整，而是保留了以前的规定。在主体定位不明确的情况下，新《广告法》有关各方权利和义务的规范就难以适用于网络广告，既难以有效遏制虚假和违法广告的出现，也难以进行事后救济。

另外，我国现行《广告法》第 29 条规定：广播电台、电视台、报刊出版单位从事广告发布业务的，应当设有专门从事广告业务的机构，配备必要的人员，具有与发布广告相适应的场所、设备。该条款没有对互联网站从事广告业务必须办理登记的规定。在实践中，一方面，由于网络广告数量庞大，市场监督管理部门很难通过登记方式来规范发布行为，也不可能对网络广告逐一进行审查。另一方面，大部分网站本身没有专门的机构负责广告的承接、设计和发布，没有相应的广告管理制度，也不能严格审查广告信息发布者的真实身份以及广告宣传品的真实性。这些都导致网络空间大量虚假、违法的或欺诈性的广告涌现。

（二）竞价排名

发展至今，竞价排名不仅成为搜索引擎服务提供商主要的收入来源，而且成为消费者主动或被动接触广告信息的重要渠道。一般来说，竞价排名指的是搜索引擎服务提供商向客户提供的、以关键词付费高低为标准对购买同一关键词的客户的网站链接在搜索结果中给予先后排序的一种网络营销服务。[①] 对于竞价排名是否属于广告，先前的相关司法判决明显存在不一致性，但越来越多的学者对此问题持肯定态度。

我国现行《广告法》第 2 条规定："商品经营者或者服务提供者通过一定媒介和形式直接或者间接地介绍自己所推销的商品或者服务的商业广告活动，适用本法。"通过分析竞价排名，我们可以发现：客户是（付费）搜索结果的信息提供者；搜索引擎服务提供商发布搜索结果时需借助网络媒介；客户使用竞价排名服务的目的是使相关搜索结果在人工干预的情况下排名靠前，获得更多的消费者点击，而且搜索结果中所显示的标题和标题下面简短的内容介绍，都具有明显的促销特征。因此，因竞价排名产生的搜索结果符合《广告法》关

---

① 李明伟．论搜索引擎竞价排名的广告属性及其法律规范．新闻与传播研究，2009（6）：95－100，108－109．

于广告的定义，竞价排名服务就是一种广告服务。

与竞价排名相对照的是自然排序，即搜索引擎按照事先设定的计算方法，纯粹以与用户查询内容的匹配程度高低为标准依次排列搜索结果。与竞价排名的商业目的不一样，自然排序本质上是一种公共信息服务，其首要目标是最大限度地满足用户的信息搜索需求。既然认定竞价排名是一种广告活动，那么就应遵守《广告法》的各项规定，比如广告必须真实、合法、具有可识别性等。但在实践中，还存在许多监管问题，比如在百度网站上，经竞价排名而获得的付费搜索的结果常常和自然排序的结果混在一起，让消费者难以区分。如何对此进行规制，监管部门尚未出台较为妥当的解决方案。

（三）在线行为广告

随着互联网的快速发展，尤其是随着大数据时代的到来，网络广告涌现出不少新的形式，其中最值得关注的一种是在线行为广告（online behavioral advertising）。此类广告最先出现在美国，现今也普遍出现在我国的各家网站上。按照美国联邦贸易委员会给的定义，在线行为广告指的是通过收集和使用消费者在特定的计算机或设备上浏览网页的行为数据，来预测用户的偏好或利益，进而提供有针对性的商业信息广告的方法和行为。可以看出，这种广告形式是建立在广告主对消费者个人信息的获取和处理基础上。也正是比较准确地了解过消费者的信息需求，广告主才能更好地将其产品或服务传递给最恰当的用户，从而大大提升了广告的投放效果。

但问题在于，广告商直接或间接（比如通过网络服务提供商）跟踪和分析客户的在线行为，在很多情况下并没有得到用户的同意，或者是在用户不知情的情况下发生的，这便存在侵犯消费者个人隐私的风险。针对在线行为广告的问题，很长时间以来美国主要是鼓励业界采取自律政策，要求当事方在搜集消费者信息时自觉遵守信息披露透明、征得用户同意等原则。[①] 2010 年，美国联邦贸易委员会提出一个名叫“请勿追踪”（Do Not Track）的管理机制，要求在网络浏览器中添加一个“请勿追踪”的装置，用户可通过点击此按钮来表达自己的在线行为是否愿意被追踪。[②]

就我国现行《广告法》而言，还没有条款规制在线行为广告，但此类所谓的精准营销在当下的大数据时代变得日益普遍，也迫切需要立法者和监管部门对其中存在的隐私侵犯问题引起足够的重视，并采取合适的规制措施。

---

① PENN J. Behavioral advertising：the cryptic hunter and gatherer of the internet. Federal communications law journal，2011（3）：599－616.

② A preliminary FTC staff report on protecting consumer privacy in an era of rapid change：a proposed framework for business and policymakers. ［2023－10－10］. http：//www. ftc. gov/os/2010/12/101201privacyreport. pdf.

（四）垃圾短信/邮件

垃圾短信/邮件泛滥已成为互联网负面效应的代名词，也是互联网法律规制的重点。我国2012年12月通过《关于加强网络信息保护的决定》，首次在法律层面对商业性电子信息进行了规范。该决定第7条明确规定："任何组织和个人未经电子信息接收者同意或者请求，或者电子信息接收者明确表示拒绝的，不得向其固定电话、移动电话或者个人电子邮箱发送商业性电子信息。"我国现行《广告法》第43条则规定：任何单位或个人未经当事人同意或者请求，不得以电子信息方式向其发送广告；以电子信息方式发送广告的，应当明示发送者的真实身份和联系方式，并向接收者提供拒绝继续接收的方式。这两个法规旨在解决我国不断加剧的垃圾短信/邮件问题，但采取的模式存在实质区别：前者主要采取了"选择退出"（opt-out）模式，即接收者须向发送者声明退出后才不再接收邮件；后者主要采取了"选择加入"（opt-in）模式，即发送者在发送邮件前必须事先取得接收者同意。换句话说，这两个法规是互相矛盾的，且两者都是由全国人大常委会制定的，法律阶位相同。因此，必然给相关部门的执法带来困惑。

倘若遵照现行《广告法》的"选择加入"模式，现行的垃圾短信/邮件基本上都处于被禁止的范畴，因为在实践中很难满足上述"事先征求同意"的要求。在一些学者看来，收件人没有事先同意接收的以电子信息方式发送的广告，不能绝对认定其为垃圾短信/邮件，因为有些商业广告可能恰是接收者所需要看到的。换句话说，某个邮件是不是垃圾邮件只能由当事人在接收到该邮件时的主观评价标准来决定，即只有违背其意愿的邮件才可以被视为垃圾邮件。否则，将会不适当地扩大垃圾邮件的范围，也会影响商业信息合理范围内的流通。相比较而言，倘若采纳2012年《关于加强网络信息保护的决定》的"选择退出"模式，则会在促进商业信息流通和保护消费者权益之间取得更好的平衡。

此外，现行《广告法》规定，发送垃圾短信/邮件一般由相关部门进行行政处罚。在我国的司法实践中，也鲜见有关垃圾短信/邮件的民事诉讼，但现在国际上的发展趋势是越来越将垃圾短信/邮件看作一个民事侵权问题。这首先是因为垃圾短信/邮件的本质问题在于违反接收者意愿，强制向其固定电话、移动电话或电子邮箱等私有空间发送信息，因而构成了对公民隐私权的侵犯。此外，接收者、电信/网络服务提供商不得不花费一定的时间来清除垃圾短信/邮件，按照时间与金钱的换算关系，会导致其财产损失，从而也有可能构成对当事人财产权的侵犯。这些考虑并没有反映在新修正的《广告法》中。

【案例】 中国首例网络虚假广告案[①]

北京市朝阳区人民法院2006年曾判决了中国首例网络虚假广告案，即“周先生起诉金报电子出版中心、北京搜狐互联网信息服务有限公司和北京新网互联科技有限公司案”。原告周先生起诉称：2004年11月，他浏览人民网时，看到了一则“深圳数码科技发展有限公司”的网络广告。出于对人民网的信任，他决定从该公司购买一部数码相机，并向对方银行账户汇入8 600元。由于该网站迟迟未发货，周先生在向深圳消协投诉时才得知，原来“深圳数码科技发展有限公司”的注册地址等信息都是编造的。周先生向警方报案后，该网站人员迅速关闭了网站和手机，闻风而逃。为此，周先生与人民网广告部取得联系，得知深圳数码科技发展有限公司的广告是人民网的合作伙伴搜狐网发布的，后又经了解得知，被告金报电子出版中心是人民网的所有者，被告北京搜狐互联网信息服务有限公司（以下简称搜狐公司）是搜狐网的所有者，而该网络广告在人民网上的链接是搜狐网的代理商、被告北京新网互联科技有限公司（以下简称新网公司）做的。

原告认为，三被告在发布广告时对广告客户提供的资料及广告的真实性，负有审查、核实的义务。被告未经审核就将该诈骗网站链接到在全国范围内权威性、社会公信力极高的人民网上加以宣传，原告因误信人民网的权威性而导致8 600元的损失。根据《广告法》的相关规定，发布虚假广告欺骗和误导消费者，使消费者的合法权益受到损失的，广告主承担民事责任，广告经营者、广告发布者明知或者应知广告虚假仍设计、制作、发布的，应当依法承担连带责任，故诉至法院，请求判令三被告赔偿因虚假广告给原告造成的直接损失8 600元。

法院经审理认为，原告诉称因浏览人民网上由搜狐公司、新网公司发布的虚假广告致被骗受损，至少需要举证证明三个事实：(1) 曾经在人民网上看到过相应的广告链接；(2) 该广告为虚假广告；(3) 自己因信赖该广告进行交易造成损失。对于三被告是否在人民网发布过原告所称的广告链接，金报电子出版中心表示无法查清，搜狐公司认为无法确定是否发布过，需要原告提供证据，新网公司表示没有代理过相应广告。原告未在条件具备时采用合适方法固定相应证据，现在所举证据也均不足以作为认定这一事实的依据，且原告起诉时距离其看到广告时已经过一年半，原告所主张的事实现已无法核查，原告对此应承担举证不能的不利后果。由此，法院驳回了原告的全部诉讼请求。

---

① 石岩．搜狐等被诉虚假广告 消费者证据不足败诉．(2006-09-08)［2023-10-10］．http://www.chinacourt.org/article/detail/2006/09/id/219600.shtml.

【本章小结】

本章从三个方面探讨了网络传播与社会层面的关系，即虚假信息、网络色情和网络广告。在虚假信息部分，我们首先梳理了有关虚假信息的概念、泛滥的原因以及所带来的社会危害，之后讨论了美国、德国、新加坡及我国在打击虚假信息方面所采取的法律手段。在网络色情部分，我们讨论了色情的历史、定义、社会后果等基本概念，之后较为详细地阐述了英国、美国及我国在网络色情管制方面的理论和实践。在网络广告部分，我们首先介绍了中国、日本、美国三个广告大国的广告管理概况，然后讨论了广告管理中几个具体的关键问题，比如虚假广告、隐性广告、未成年人广告，最后聚焦于网络广告所带来的几个特殊议题，包括网络广告主体的定位、竞价排名、在线行为广告和垃圾短信/邮件等。

【思考题】

1. 何谓虚假信息？它和谣言有什么区别？
2. 虚假信息为什么会盛行？
3. 虚假信息会带来哪些社会危害？
4. 我国《刑法》包含了哪些与虚假信息密切相关的刑事犯罪？
5. 以寻衅滋事罪处理网络谣言是否妥当？存在哪些争议？
6. 何谓色情？它在国内外法律中是如何被界定的？
7. 色情是否会对社会产生负面影响？
8. 英国、美国及我国是怎样管制网络色情内容的？
9. 何谓“米勒标准”？该标准是否适用于网络色情的管制？
10. 简述美国、日本及我国的广告管理概况。
11. 试分析我国及美国对虚假广告的管理。
12. 试分析隐性广告的几种表现形式。
13. 试分析网络广告主体的定位。
14. 竞价排名是否属于广告的范畴？该怎样对其进行管理？
15. 怎样看待在线行为广告？是否要将其纳入法律规制的范畴？
16. 怎样对垃圾短信/邮件进行管理？

第 5 章　侵害名誉权

传播技术的每一次革新，都促进了诽谤性言论的生长。尤其是随着互联网的快速发展，出于各种动机而发表的诽谤性言论，在网上呈急剧增长态势。如何在名誉权保护和言论自由之间取得平衡，是互联网时代发展名誉权制度面临的新挑战。

本章首先简要介绍名誉权的发展、名誉权的概念、名誉侵权的对象、名誉侵权的形式、名誉权的法律保护等基本内容，之后重点讨论网络名誉侵权的四个构成要件和三类主要抗辩策略。

第一节　概述

一、名誉权的发展

有关名誉权的制度源远流长。早在公元前 399 年，古希腊著名哲学家苏格拉底被雅典法庭以侮辱雅典神和腐蚀雅典青年思想之罪名判处死刑。尽管有机会逃亡，但苏格拉底在判决后从容饮下毒酒而死，理由是逃亡只会破坏雅典法律的权威，同时也不符合他所宣扬的自由思想。公元前 5 世纪，古罗马时期的元老院制定《十二铜表法》，这是古罗马成文法的开端，其中第八表明确规定："以文字诽谤他人，或公然歌唱侮辱他人的歌词的，处死刑。"罗马帝国消亡以后，罗马法的精神在大陆法系得以继承和光大。法国、德国等大陆法系国家的刑法均包含有关诽谤罪的条款。1804 年制定的《法国民法典》和 1896 年制定的《德国民法典》——大陆法系的核心标志——虽未包含名誉保护的具体规定，但两国的法院通过司法解释或判例的形式弥补了这一缺陷，为名誉侵权提供了民法救济的途径。

在英美法系国家，对名誉侵权的法律规制可追溯至 1487 年英国成立的星室法庭。这是英国中世纪后期设立的旨在加强君主专制的"特权法院"，负责处理一切有关王国安危的刑事和准刑事案件。星室法庭宣称，诽谤是一种犯罪，因为它意在破坏和平。如果诽谤的是地方法官或公共官员，则罪加一等。资产阶级革命前夕的 1641 年，星室法庭被废除，诽谤诉讼由普通法法院接手处理。英国的诽谤法体系后传至其在北美的殖民地，并引发了轰动一时的曾格案。1798 年，美国国会通过《惩治煽动叛乱法》，规定出版任何对美国政府及其官员构成虚假、诽谤及恶意的言论均属犯罪。这个法案颁布不久，便遭到了宪法第一修正案起草者麦迪逊等人的反对，三年后宣告破产。但一直到1964年“《纽约时报》诉沙利文案”出现，联邦最高法院才明确规定《惩治煽动叛乱法》和美国宪法第一修正案不兼容，由此也开启了民法主导的名誉权保护之路。

【案例】 曾格案①

美国殖民地时期一个著名的诽谤案是曾格案。曾格是一名从德国移民到美国的出版商。他在1733年11月创办《纽约周报》，并在上面刊登了不少批评殖民当局的文章，引起时任纽约总督寇斯比的强烈不满。1734年11月，曾格以“煽动闹事”罪名被捕。费城著名大律师汉密尔顿主动为曾格辩护。按照当时英国和北美的惯例，凡是对政府进行批评，不管内容是否真实，一律视为诽谤，若言论属实，其煽动作用更为明显，所以事实是比谎言更大的诽谤。汉密尔顿首先承认原告对曾格的指控属实，即曾格的确在报上发表过抨击总督及殖民当局的言论。但他接着便指出，陈述无可非议的真相乃是每一个生来自由的人所享有的神圣权利，只要不违背事实，就不能算作诽谤，只有“虚假的、恶意的和煽动性的”谎言才构成诽谤，这样一来，便从根本上推翻了殖民地法庭对诽谤的解释，颠覆了“越是事实，就越是诽谤”的说法。汉密尔顿的辩护，赢得全场欢呼。陪审团做出了无罪裁决，曾格重获自由。曾格案确立了一个原则，即对政府官员进行批评是新闻自由的要义，而事实真相可成为抗辩手段。自此以后，再未出现殖民地法庭以煽动诽谤罪压制新闻自由的案例。

我国古代君主常将诽谤、侮辱作为犯罪行为对待，以达到维护其封建统治的目的。据《尚书·伊训》记载，商朝便有“三风十罪”的说法，这“三风”是巫风、淫风、乱风。② 秦朝对言论的限禁更是严厉，颁有“诽谤者族，偶语者弃市”的法令。汉朝的《九章律》则规定了欺谩、诬罔等罪名。在唐、宋、元、明、清朝，由于触犯言禁，“诽谤朝政”，“妄言时政”而受到刑罚的例子，史不绝书。③ 中华民国时期的刑法同样包含诽谤罪的条款，另有民法将名誉权作为侵权的客体加以保护，但在法律上并未明确名誉权的概念。1949年中华人民共和国成立后，包括诽谤条款在内的民国时期的《六法全书》均被新政权废

① FINKELMAN P. A brief narrative of the case and trial of John Peter Zenger. New York：Bedford，2010.

② 张新宝．名誉权的法律保护．北京：中国政法大学出版社，1997.

③ 方汉奇．中国封建社会言论出版禁令考//方汉奇文集．汕头：汕头大学出版社，2003.

止。自中华人民共和国成立到改革开放前，我国的法律中几乎看不到名誉权的存在。在此期间发生的“文化大革命”等政治运动，使人们遭受太多包括名誉受损所带来的痛苦。人们逐渐意识到，之所以出现人格被践踏的悲剧，部分原因是人格权没有得到立法上的保障。1979年中国颁布《刑法》，禁止“以暴力或者其他方法……公然侮辱他人或者捏造事实诽谤他人”，被认为是中华人民共和国成立以来有关诽谤最早的法律规定。1986年通过的《民法通则》将名誉权定为人格权的一种，并为其提供民法保护。自此以后，中国的名誉权案件逐年增多，相关的名誉权制度逐渐完善起来。

【案例】 奚弘诉《人民日报》及其记者案①

我国早期一个颇具影响力的案例是“奚弘诉《人民日报》及两位记者侵害名誉权案”。该报两位记者曾坤、史林杰撰写《喀什市建管局领导软弱无能 奚弘怠工乱告状成特殊公民》一文发表于1988年7月20日的《人民日报》。原告以该文侵害名誉权为由向法院提起诉讼。被告是中国第一大党报，而原告只是喀什市建管局的一名普通职工。因被告身份特殊，法院1989年才正式立案，但在立案后的三年多时间里，被告对法院的多次催促置之不理，拒绝应诉。1992年，此案终于开庭审理；1997年，此案以调解结案。法院在篇幅不长的调解书中写道：“该报道有些用词不当，对奚弘的人格评价造成一定影响，并给其生活工作带来困难，精神造成痛苦。被告人民日报社刊登该文不妥，负审查不严之责。被告曾坤、史林杰撰写该文有些内容缺少事实根据，亦有过错。”经法院主持调解，被告同意以书面形式向原告赔礼道歉，并赔偿原告精神损失和经济损失共计二十万元。此案前后跨越十年，影响深远，开启了我国审理新闻侵权的先例。

二、名誉权的概念

（一）名誉和名誉权

名誉是对特定人的品德、声望、才能、信用等的社会评价。名誉可分为主观名誉和客观名誉。主观名誉也叫名誉感，是特定人对自己品德、声望、才能、信用等的自我评价和感受。客观名誉不是特定人的自我评价，也不是特定人的自我感觉，而是社会对特定人的客观评价。名誉权不保护特定人的主观名誉，只保护其客观名誉不受非法行为的侵害。

---

① 西明．“奚弘案”带给中国社会的启示．新闻记者，1997（4）：52-54.

名誉权指享有名誉的权利，是人格权的一种，受法律保护。具体说来，名誉权包括三个方面的内容：(1) 名誉保有权。一是保持自己的名誉不降低、不丧失；二是在知悉自己的名誉处于不佳状态时，可以自己的实际行动改进它。名誉保有权的实质，不是以自己的主观力量左右社会评价，而是通过自己的行为、业绩、创造成果作用于社会，使公众对自己的价值给予公正的评价。(2) 名誉维护权。一方面，对于其他任何人有不得侵害的不作为请求权，任何其他人都负有不得侵害名誉权的法定义务。另一方面，对于侵害名誉权的行为人，名誉权人基于名誉维护权，可以寻求司法保护，要求司法机关对侵权人进行制裁，同时对自己遭受损害的权利进行救济。(3) 名誉利益支配权。名誉权人对于名誉权所体现的利益能够进行支配。自然人、法人可利用自己良好的名誉，与他人进行广泛的社会交往，使自己获得更好的社会效益和财产收益。

(二) 名誉权和荣誉权

和名誉权相似但又相互区别的一个概念是荣誉权。两者的相似点有二：(1) 保护客体具有内在的相通性。名誉权和荣誉权保护的客体分别是特定人的名誉、荣誉。名誉是对特定人的品德、声望、才能、信用等的社会评价。荣誉则是因特定主体的突出贡献或特殊劳动成果而由政府、社会组织授予的一种赞美称号。可见，荣誉和名誉有着密切的联系，可以把荣誉视为名誉的一种特殊形式。(2) 不是财产权但都与财产权相关。名誉权和荣誉权属于人身权中的人格权，它们都与特定的人身不可分离且没有直接的财产内容。但是，它们又可以与一定的财产权发生关联。如果公民的名誉权和荣誉权受到侵害，他可以要求赔偿由此造成的直接经济损失以及一定的精神损害金。

然而，名誉权与荣誉权存有本质区别，主要包括：(1) 权利主体不同。名誉权的权利主体是所有的民事主体，任何自然人、法人等都享有名誉权，具有普遍性。荣誉权的主体不是所有的民事主体，而是依据是否获得荣誉的事实而定，有的民事主体享有荣誉权，有的则不享有，它具有专属性。(2) 取得和丧失的方式不同。公民自出生时起、法人自成立时起便享有其名誉不受侵犯的权利，而荣誉权并不是公民、法人等与生俱来的权利，而是公民、法人等有了突出贡献被有关组织授予某种称号以后才能产生的一项权利。如果公民的荣誉称号被合法取消或剥夺，其荣誉权也就丧失了，但名誉权不会丧失。(3) 侵权方式不同。侵害名誉权是以侮辱、诽谤等行为损害他人名誉，侵害荣誉权的主要方式是非法剥夺他人的荣誉称号。

(三) 名誉权和隐私权

很长一段时间以来，我国对隐私权采取的是间接保护的方式，即将隐私权放在名誉权下进行保护，这实际上混淆了名誉权和隐私权的本质区别，不利于隐私权的保护。虽然名誉权和隐私权同属人格权，二者都是与精神利益有关却不体现直接财产内容的人身权利，但问题在于，侵害他人的隐私权有时会导致名誉权受损，但并非所有侵犯隐私权的行为都构成对他人名誉权的侵犯，而侵害他人名誉权的行为可能包含了侵犯隐私权。

具体而言，名誉权和隐私权的本质差异表现如下：(1) 权利主体不同。名誉权的权利主体不仅包括自然人，也包括法人等其他权利主体，隐私权的权利主体仅限于自然人。(2) 权利客体不同。名誉权保护的是对特定人的品德、声望、才能、信用等的社会评价，而隐私权保护的是自然人在私生活领域的自主。(3) 侵害方式不同。对隐私权的侵害通常表现为将个人隐私事实向社会公开，而对名誉权的侵害表现在作公开的事实是虚假的或被人为歪曲。前者的问题在于不应该公开，后者的问题在于可以公开但不应该歪曲事实。(4) 抗辩手段不同。内容属实是对抗名誉侵权的最好手段，但这恰恰构成隐私侵权成立的重要内容。正是因为内容真实，且属私生活领域，将其曝光才构成对权利主体隐私权的侵犯。除非是获得权利主体同意或事关公共利益，此类隐私曝光才可以免于承担侵权责任。

三、名誉侵权的对象

(一) 自然人

名誉侵权的对象，即名誉权的权利主体，不言而喻包括自然人。名誉权作为具体人格权的一种，是自然人与生俱来的一种权利。自然人指的是依自然规律出生而取得民事主体资格的人，它是相对于后来取得法律地位的团体即法人而言的。需要和自然人区分的另一个概念是公民。公民是个宪法概念，指的是具有一国国籍并按该国法律享有权利和承担义务的自然人。外国国籍的自然人显然不具有公民资格，但这并不妨碍其成为私法的主体。换句话说，外国公民在我国也享有名誉权保护，而不受其国籍限制。

一般认为，18周岁以上的自然人才具有完全民事行为能力。未成年人（包括胎儿）及其他无民事行为能力的人，须有法定代理人代理，方可参与包括名誉权保护在内的各种民事活动。对于死者是否享有名誉权，存有一定争议。按照传统学说，名誉权保护的是活着的人的名誉，人一旦死亡，其名誉权一并消亡。但现在流行的看法是，一个人死亡，并不意味着其人格利益一并消失，死者的姓名、肖像、名誉、荣誉、隐私、遗体等若受到侵害，其近亲属有权依法请求行为人承担民事责任。

在网络空间，出于保护隐私的需要或服务于其他目的，不少网民喜欢使用网名/假名来发表信息、表达观点。如果有人对该网名进行诽谤，那么该网名能获得民法救济吗？这实际上涉及虚拟主体的名誉权问题。有论者指出，虚拟主体无法参与民事法律关系，因此单独而言是没有名誉权的，但虚拟人格的操控主体即自然人是现实的，如果虚拟人格和现实主体在现实中没有被剥离，那么虚拟人格的名誉权也将受到法律的保护。换句话说，网名背后的自然人身份如果为公众所知，那么将受到名誉权保护，反之则不可。

【案例】 张某诉俞某某侵犯名誉权案[①]

原告张某，网名“红颜静”；被告俞某某，网名“华荣道”“大跃进”，二人各自以虚拟的网名登录网站。二人在现实生活中通过聚会认识，并相互知道网名所对应的人的真实身份，且张某的“红颜静”网名及真实身份还为其他网友所知悉。被告多次在网站的公开讨论板块上发表署名“大跃进”的文章辱骂“红颜静”，原告在被侵权后也曾在网站上发表过损害被告名誉的文章。后原告起诉被告侵犯其名誉权。

法院认为，尽管网络空间是虚拟的，但通过网络所折射出来的人的一举一动却是实实在在的。作为现代传播媒介的网络空间，既是人们传播信息和交流的场所，更是一个健康有序的交流空间，应当受到道德的规范和法律的约束。利用互联网辱骂他人，或者捏造事实诽谤他人，侵犯他人合法权益的，应当承担民事责任。该案中，被告主观上有侵犯原告名誉的故意，客观上有毁损他人名誉的事实，且“红颜静”这一网名的真实身份已为他人所知，所以此时的交流已不仅仅局限于虚拟的网络空间，交流的对象也不再是虚拟的人，而是具有现实性、针对性的，这就不可避免地影响了他人对张某的评价，被告应当承担侵权的民事责任。考虑到原告在被侵权后，也发表过侵害被告名誉权的文章，应适当减轻被告的责任。

（二）法人

法人指的是能以自己名义享有民事权利、承担法律义务的团体。法人的制度功能主要是财产上的，法人名誉权保护的主要也是财产性质的权利。法人包括企业法人、事业单位法人、社会团体法人、机关法人。法律规定法人与自然人一样享有名誉权，但并不是所有的法人都享有名誉权。

企业法人指的是取得民事主体地位的企业，它是市场经济体制中最为活跃的财产主体。企业法人的名誉主要体现为商业信誉和商品信誉。商业信誉指的是企业整体的名声，商品信誉指的则是一家企业提供的特定产品/服务的声誉。这两者有关联，但存在区别。比如有人在网上发帖，谎称丰田某款车型的刹车系统存在问题，这是一种对商品的诽谤。倘若发帖者谎称，丰田公司明知该款

---

① 张静诉俞凌风网络环境中侵犯名誉权纠纷案．［2023-10-10］．http：//www.pkulaw.cn/case_es/pfnl_1970324837041544.html？match=Exact.

车型存在刹车问题，但依然匆忙将其推至市场，这就构成对企业信誉的诽谤。企业的商业信誉、商品信誉如受到侵害，可能会影响到企业的生产、经营、销售等活动，甚至可能导致企业破产倒闭，因此普遍受到法律保护。

事业单位法人是被赋予民事主体资格的事业单位，常见的包括学校、医院、剧院、报社、电台、电视台等。社会团体法人是由法人或自然人组成，谋求公益事业或行业协调的法人，常见的包括协会、商会、基金会、研究会、促进会等。在西方，此类组织基本上被归入非营利性机构，普遍受到名誉权的保护。在我国，事业单位和社会团体常常有政府的资金支持，但其本质也是非营利性机构，名誉权也受到保护。比如，经济学者邹恒甫 2012 年夏在新浪微博上连续发布十多条信息，声称北京大学的院长、主任、教授与梦桃源餐饮有限公司女服务员存在不正当关系。随后，北京大学便以名誉权受侵害为由将邹恒甫诉至法院，并获得胜诉。①

机关法人是获得法人资格的国家机关，其是依法律直接设立的，如国务院、人大、政协、各级地方政府等均属此类。对于机关法人应否享有民法意义的名誉权保护，是一个颇具争议性的话题。按照学界通说，名誉权本质上是保护公民、法人的民事权益，政府机构作为公权组织不应受到保护。即使政府机构受到错误的指责，一般也不会给它履行法定职能带来严重的影响，不会造成经济损失，也不存在什么精神损失。再者，政府机构有能力、有条件回击不实的言论，也有机会通过自身的行动澄清人们的认识，而无须寻求民事上的名誉权保护。然而实践中，近些年来一些受批评的国家机关以批评失实提起名誉权诉讼的情况为数不少，其中有的案件法院在判侵权成立以外，还要求赔偿国家机关的精神损害或经济损失，这从反面证明了机关法人享有名誉权的弊端，即以公权做后盾，容易谋取对名誉权的过度保护。②

（三）非法人组织

非法人组织指的是不具有法人资格但可以自己的名义进行民事活动的组织，个体工商户、个人合伙等即属此类。它依照法定程序设立，有一定的组织结构，有一定的财产和经费，但与法人不同，没有独立的财产和经费，不能独立承担民事责任。不过，依据《中华人民共和国民事诉讼法》（简称《民事诉讼法》）等相关法律，非法人组织依然具有民事主体资格，可以作为民事诉讼主体参加包括名誉权保护在内的诉讼活动。③

---

① 曾巧艺．北大诉邹恒甫案二审维持原判 邹恒甫侵权成立．（2014－12－24）[2023－10－10]. http：//rmfyb. chinacourt. org/paper/html/2014－12/24/content _ 92006. htm? div=－1.

② 孙旭培．新闻传播法学．上海：复旦大学出版社，2008.

③ 《民事诉讼法》第 51 条规定：公民、法人和其他组织可以作为民事诉讼的当事人。《最高人民法院关于适用〈中华人民共和国民事诉讼法〉的解释》第 52 条规定：《民事诉讼法》第 51 条规定的其他组织是指合法成立、有一定的组织机构和财产，但又不具备法人资格的组织。

近些年来互联网的发展催生了越来越多的网络虚拟组织，比如淘宝网店、微信公众号等。这些组织已成为大众创业的重要平台，也是时下推动数字经济发展的关键环节。然而，此类组织多数并未进行工商登记注册，仅是获得网络交易平台服务经营者的实名认证，因而目前在我国无法作为非法人组织而参加民事活动。一个典型的案例便是2010年“舒某诉海南天涯在线案”。[①] 原告舒某2005年在淘宝网创立名为“LL”的网络店铺销售服饰鞋包。原告诉称，自2009年5月起，有网民在被告创办的天涯社区论坛和博客上先后发布多个帖子，宣称“LL”网店涉嫌造假贩假、偷税漏税、虚假广告等违法犯罪行为。原告多次向被告投诉，要求其全部删除侵权文章，但被告未采取任何必要措施。因此原告以网店名誉权被侵害为由提起诉讼。法院经审理认定，涉案网店未经工商行政管理部门核准登记，不能成为法律规定的民事主体，因而不享有名誉权。

四、名誉侵权的形式

(一) 诽谤和侮辱

名誉侵权可分为诽谤和侮辱两种形式。诽谤是指捏造并散布某些虚假的事实，破坏他人名誉的行为。侮辱是指用语言、文字、行动等方式，公然损害他人人格、毁坏他人名誉的行为。具体而言，诽谤的主要特征是虚假陈述，侮辱的主要特征是辱骂和丑化，比如用“猪”“狗”“王八蛋”等“非人”的词汇来指称他人，用“流氓”“奴才”“伪君子”等贬义的词汇评价他人，或是对特定人进行丑化、嘲讽、挖苦、奚落等。诽谤旨在损害他人的社会声誉，侮辱旨在贬损他人的人格尊严，最直接的效果就是激怒他人。内容属实一般不构成诽谤，但即便内容属实，依然有可能构成侮辱。诽谤需要满足发表的要求，即为第三方知晓。侮辱无须满足公开的条件，即便没有第三人在场或不为第三方所知晓，侮辱同样有可能成立。正因为存在诸多差距，我国的刑法和民法均将诽谤和侮辱分列，行为人无论触犯哪种，都有可能面临诉讼。但无论是诽谤还是侮辱，其结果都是破坏特定人与社会的关系，将其置于被社会蔑视、排斥和孤立的处境，因此均可通过名誉权来保护这种关系不受非法侵害。

(二) 口头和书面

侵犯名誉权的行为可以是书面的，也可以是口头的。在西方，书面诽谤被称为“libel”，通常包括印刷的、手写的或以其他物质方式保存的诽谤性文字；口头诽谤被称为“slander”，泛指通过口头、手势或其他转瞬即逝的方式传达的诽谤性内容。对两者的区分由来已久，有其历史根源。在印刷媒体出现以前，人与人之间的交往主要是通过口语传播完成的。在口语传播过程中所发生

---

① 参见上海市黄浦区人民法院民事判决书（2010）黄民一民初字第3802号。

的诽谤，多逞一时之快，因为没有物理性材料的记录，难以留存，对被诽谤者的伤害相对较轻，因此面临的惩罚较轻。随着印刷术的发明，宣传小册子、书籍、报纸、杂志等印刷物相继出现，极大地促进了信息的广泛流通。但诽谤性内容若刊登在报纸杂志等印刷媒体上，则其留存的时间会相当长久，对被诽谤者的伤害更大，因此立法者将其和口头诽谤区分开来，并予以书面诽谤者较重的惩罚。也因如此，口头诽谤比书面诽谤更易逃脱惩罚。在有些国家，只有在受害人能证明口头诽谤导致实际伤害的情况下，或者内容明显具有诽谤性质，口头诽谤才能受到惩罚。[①]

随着广播、电视等电子媒体的兴起，口头诽谤和书面诽谤之间的界限日益模糊。在广播电视节目中出现的诽谤究竟是书面的还是口头的，在不少国家和地区引起争议。以美国为例，大部分州针对广播电视中的诽谤不做书面和口头的区分，但有四个州（包括加利福尼亚州）将其视为口头诽谤对待，另有三个州（包括纽约州）将其视为书面诽谤对待。[②] 在纽约州看来，广播电视节目常常有成千上万的观众，在广播电视节目中出现的诽谤给被诽谤者带来的伤害不亚于印刷媒体带来的伤害，因此应被视为书面诽谤。还有两个州（康涅狄格州和田纳西州）则进一步细分：播放的诽谤性节目如果有副本，则视为书面诽谤；如果没有，则视为口头诽谤。为了解决这个问题，佐治亚州更为直接，将广播电视节目中的诽谤直接命名为“广播诽谤”（defamacast），被诽谤者可以此为由直接提起诉讼。尽管存在争议，但越来越多的人倾向于将广播电视中的诽谤当作书面诽谤，这是因为电子媒体拥有广泛受众而能产生巨大的影响力。互联网传播亦是如此，几乎所有在网上流通的诽谤性内容（包括文字、图片、声音、视频等）都可以保存，因此也常常被当作书面诽谤加以对待。

（三）网络侵害名誉权

随着互联网时代的到来，通过网络传播侵害他人名誉权正成为案发率最高的名誉侵权形式。同传统的媒体侵权相比，网络侵权具有三个鲜明的特点：一是侵权渠道的易得性。互联网使用变得日益廉价和易得，每个人都可以利用网络渠道发表各种言论，而无须像以前那样必须依赖传统媒体提供的发声平台。没有传统媒体的职业把关人，各种诽谤性言论就会借助网络轻而易举地大肆传播。更糟糕的是，人们利用网络平台发声的时候，由于没有面对面交流所存在的约束，更容易不假思索地发表不负责的言论，也更容易引发侵权纠纷。二是侵权后果的严重性。比起传统媒体，网络传播的速度更快、范围更广。通常情况下，上载到互联网上的侵权言论在几秒钟之内便可传遍世界每一个角落，对

---

① SCHACHTER M，KURTZBERG J. Law of internet speech. 3rd ed. Durham，North Carolina：Carolina Academic Press，2008.

② HOPKINS W W. Communication and the law. Northport，AL：Vision Press，2003.

于被诽谤者来讲，所受到的伤害自然就更为严重。此外，诽谤性内容一旦上网，基本上会保留很长一段时间，甚至是永久留在那里。被诽谤者可以依法要求网络服务提供商将诽谤性信息予以删除，但在现实当中，不少网络服务提供商对此类要求删除的信息常常延迟处理，甚至置之不理，除非面临侵权诉讼的实际风险。三是侵权责任者的难以界定。在大多数情况下，网络传播都是匿名的，使得追究侵权信息发布者的责任变得相当困难。此外，除了侵权言论的发布者，侵权责任者还有可能包括网络服务提供商。网络服务提供商有的提供内容，有的提供链接，有的提供搜索，有的提供服务平台，有的则兼具多项功能。不同的网络服务提供商在什么情况下承担责任，承担什么样的责任，需要具体情况具体分析。

五、名誉权的法律保护

（一）名誉权的宪法保护

名誉权作为人格权的一种，受到宪法层面的保护。我国现行《宪法》第38条规定："公民的人格尊严不受侵犯。禁止用任何方法对公民进行侮辱、诽谤和诬告陷害。"所谓人格尊严不受侵犯就是指公民的人格权不受侵犯。人格权是法律上作为权利和义务主体的人的资格，也是做人的起码资格。人格权有广义和狭义之分。广义的人格权包括公民的生命权、健康权、身体权、姓名权、肖像权、名誉权、荣誉权、隐私权等；狭义的人格权通常是指公民的名誉权。无论采用广义说还是狭义说，该条款为名誉权提供的保护都是明确的。在司法实践中，也出现了援引此宪法条款审理名誉权的案例。[①] 但按学界通说，宪法对名誉权的保护，如同对其他人格权的保护，是为了使个人的利益不受来自国家或其他公共团体的侵害。与此相对应，对包括名誉权在内的人格权进行民法保护，其目的是防止个人的人格权益受到来自他人的侵害。也因如此，宪法条款可成为相关民事立法的依据，但不应成为私法审判的直接依据。

（二）名誉权的民法保护

名誉权作为人格权的重要内容，明确受到民法的保护。全国人大1986年通过的《民法通则》第101条规定："公民、法人享有名誉权，公民的人格尊严受法律保护，禁止用侮辱、诽谤等方式损害公民、法人的名誉。"该法颁布之后，我国名誉侵权诉讼逐年增长，最高人民法院为此颁发了两个司法解释，即1993年《关于审理名誉权案件若干问题的解答》（简称1993年《解答》）和1998年《关于审理名誉权案件若干问题的解释》（简称1998年《解释》），为审

---

① 参见徐某连与徐某如名誉权纠纷案［（2016）粤0184民初2567号］、于某某与朱某某名誉权纠纷案［（2017）京02民终12629号］等。

理名誉纠纷提供了详尽的司法指导。2020年全国人大审议通过《民法典》，使其取代《民法通则》成为保护名誉权的主要民事立法。《民法典》第1024条规定民事主体享有名誉权，任何组织或者个人不得以侮辱、诽谤等方式侵害他人的名誉权。《民法典》第1025条、第1027条和第1028条则从新闻报道、舆论监督，发表的文学、艺术作品，报刊、网络等媒体报道方面对名誉权保护进行了规定，上述行为侵犯名誉权的，要承担民事责任。依据《民法典》第179条和第995条，法院可责令侵权人停止侵害、恢复名誉、消除影响、赔礼道歉、赔偿损失。恢复名誉、消除影响、赔礼道歉可以书面或者口头方式进行，内容须事先经法院审查。恢复名誉、消除影响的范围，一般应与侵权所造成的不良影响的范围相当。公民、法人因名誉权受到侵害要求赔偿的，侵权人应该赔偿侵权行为造成的经济损失；公民并提出精神损害赔偿要求的，法院可以根据侵权人的过错程度、侵权行为的具体情节以及给受害人造成精神损害的后果等情况酌定。

（三）名誉权的刑法保护

除了民法对名誉权提供的保护之外，刑法也对名誉权提供实质保护。现行《刑法》第246条明确规定："以暴力或者其他方法公然侮辱他人或者捏造事实诽谤他人，情节严重的，处三年以下有期徒刑、拘役、管制或者剥夺政治权利。"该条规定的两个罪名即侮辱罪和诽谤罪都是告诉才处理的犯罪，但是严重危害社会秩序和国家利益的除外。若受害人未告诉，则不能追究行为人的刑事责任。以《刑法》第246条为依据，最高人民法院、最高人民检察院于2013年颁布《关于办理利用信息网络实施诽谤等刑事案件适用法律若干问题的解释》，对利用网络实施诽谤的"主观故意""情节严重""严重危害社会秩序和国家利益"分别进行界定，引发社会的广泛关注乃至争议。[①]《刑法》第246条规定的侮辱罪和诽谤罪专属于侵犯公民人身权利的犯罪。《刑法》第221条规定的损害商业信誉、商品声誉罪，则是针对侵犯法人名誉权的犯罪。该条规定："捏造并散布虚伪事实，损害他人的商业信誉、商品声誉，给他人造成重大损失或者有其他严重情节的，处二年以下有期徒刑或者拘役，并处或者单处罚金。"损害商业信誉、商品声誉罪应与合法的新闻监督和合法的投诉行为区分开来。对于新闻机构经过正常采访公开披露和曝光一些商誉不好的经营者，以及一些消费者通过正常渠道反映经营者产品有掺假、低劣现象的行为，应予法律保护和支持。

第二节　侵权构件

在司法实践中，名誉权纠纷案大都属于民事诉讼范畴，解析侵害名誉权的

---

① 高铭暄，张海梅．网络诽谤构成诽谤罪之要件：兼评"两高"关于利用信息网络诽谤的解释．国家检察官学院学报，2015（4）：117－125，175．

关键因而在于如何认定侵害名誉权行为。依据1993年《解答》，侵害名誉权行为必须同时具备以下四个构件，即受害人确有名誉被损害的事实，行为人行为违法，违法行为与损害后果之间有因果关系，以及行为人主观上有过错。这构成中国法院审理名誉侵权案件的重要法理依据。在中国的司法实践中，这四个构件具体表现为：作品已经发表；作品有侵害他人名誉权的违法性质；有关内容指向特定人；行为人主观上有过错。这是传统的新闻侵害名誉权的构成要件，但已基本上被应用到网络侵权领域。下面我们将结合英美诽谤法对这四个构成要件进行具体分析，并讨论这些要件是怎样应用到网络空间的，在应用时又遇到哪些问题。

一、内容的发表

诽谤若要成立，则原告必须证明系争言论已经公开发表。换句话说，被告至少将系争言论与原告之外的第三方分享过。侵权作品没有发表，不会产生任何社会影响，谈不上对他人权利的侵害。如果侵权作品已经发表，则足以表明损害事实已经发生，而无须再提出侵权作品造成其他的损害事实。至于原告宣称的精神痛苦和经济损害，可进一步证明侵权行为给原告造成了比较严重的损害后果。但即便这些附带损害事实不存在或无法证明，法庭也不会就此认定作品不构成侵权。

（一）内容的网络发表

在网络空间，内容的发表至少包含两种形式，每一种形式都带来较为特殊的问题。一种形式是电子邮件。与书面交流相比，电子邮件显得更为随意，人们更容易说些在书面交流或面对面交流中不愿说的话。当然，不是所有包含不良言论的电子邮件都构成对他人名誉权的侵害。如果是行为人单纯地对受害人发出的不当言论并不会导致侵权，因为这种信息发布并没有针对公众。只有当行为人将这种不当言论通过电子邮件发给第三方时，才有可能构成对受害人名誉权的侵害。这既包括将一封邮件同时发送给多个不同的人，也包括通过邮件列表系统将邮件群发给不同的人。邮件列表又分为两种形式：一为公告型，即由一个管理者向小组中的所有成员发送信息；一为讨论型，即所有的成员都可以向组内的其他成员发送信息。在这个体系内，粗心的、没经验的使用者在回复群发件的时候，很有可能将原本发给某个特定人的信息发送给了群里所有人。一旦邮件包含诽谤性内容，则构成内容发表进而造成网络侵权的可能。

网络内容发表的另一种形式是在网络主页、博客、微博、微信群、网络论坛等网络空间发表不当言论侵犯他人名誉权。由于网页及各种网络应用均在万维网上，可在全世界范围内被接触，那么出现在互联网上的内容自然具备公开发表的性质。此外，这些发表的手段常常是交互性质的，参与讨论某个话题的用户常常会不由自主地言辞过激，甚至对他人进行人身攻击。由于网络论坛和留言板等具有公开性的特点，上述行为与当众的人身攻击性质及效果是一样的。比如，在1998年“恒升笔记本电脑名誉侵权纠纷案”中，法院审理后认为，被告王某在互联网上发表的《请看我买恒升上大当的过程》一文和他开设的BBS留言板，不仅给原告恒升集团的名声、信誉造成了极大的损害，同时造成了原告巨大的经济损失，仅由法庭认定的总退货金额就达到了2 450万元。[①]

（二）内容的重新发表

内容的重新发表指的是对作品的转载、摘编、翻译、改编、表演等行为。依据美国诽谤法，任何形式的内容重复发表都可构成新的侵权诉因。[②] 以内容的重复传播为例：如果A将诽谤性言论传播给B，B又将该言论重复传播给C，一旦言论内容因重复传播损害原告名誉，则B也应对诽谤性言论负责。背后的逻辑就是阻止个人或媒体通过二次传播扩大诽谤性内容的传播范围。如果B有合理的抗辩事由（如中立报道）或有合理的理由认为其所重复传播的事实是真实的（比如引用官方文件、通讯社发的通稿等），或者重复传播人主观方面没有过错，则不认为B的重复传播行为本身构成对他人名誉权的侵害。

我国法律法规对内容重述行为的规定集中反映在转载方面。1998年《解释》规定：“新闻媒介和出版机构转载作品，当事人以转载者侵害其名誉权向人民法院提起诉讼的，人民法院应当受理。”这说明转载侵权作品可以产生新的诉讼理由。2000年新闻出版署发布的《关于进一步加强报刊摘转稿件管理的通知》规定：“报刊摘转新闻报道或纪实作品等稿件应坚持真实性原则，对其摘转内容的真实性负有审核责任。摘转正式出版物的稿件也应核实真伪。稿件失实一经发现，应及时公开更正，并采取有效措施消除影响。”这里明确了转载者对于稿件负有核实责任。利用互联网复制诽谤性信息也受到我国法律法规的禁止。比如《互联网信息服务管理办法》规定：互联网信息服务提供者不得制作、复制、发布、传播含有侮辱或者诽谤他人的信息。

【案例】 唐季礼名誉纠纷案[③]

2004年2月3日，青年时报社记者芮艳红在青年时报社主办的《青年时报》第27版上发表了一篇题为《怀着孩子为情跳楼成终身残疾 唐季

---

① 张新宝，唐一平．网上商业诽谤第一案：恒升诉王洪等侵权案评析．私法，2001（2）：362.

② ZELEZNY J D. Communications law：liberties，restraints，and the modern media. 6th ed. Boston，MA：Wadsworth，2011.

③ 参见上海市第一中级人民法院民事判决书（2004）沪一中民一（民）初字第13号。

礼前女友惊报内幕》的新闻报道，对唐季礼的个人生活情况进行报道。成都商报社等多家媒体陆续转载，唐季礼遂向法院提起侵害名誉权诉讼。法院审理后认为：就侵犯名誉权之侵权行为的成立要件而言，转载作品和首次刊登的作品并无不同，只要其报道严重失实并导致被报道对象名誉受损，即可构成侵害名誉权的行为。但首刊媒体和转载媒体所承担的民事责任应有所区别，首刊媒体除应承担停止侵害、赔礼道歉、消除影响、恢复名誉等非物质形式的侵权民事责任外，还应当承担损害赔偿之民事责任。因此，判令各被告停止侵害、赔礼道歉、消除影响，并由首刊的青年时报社承担经济赔偿责任。当事各方均服从此判决，无人上诉。

（三）内容的匿名发表

匿名传播的好处是人们愿意表达一些真实的想法而不必担心遭到他人报复。尤其是在专制统治国家，匿名发表政治异议被认为是对抗专制统治的重要手段。匿名传播的缺点是内容如果涉及侵权，其发表者的身份则难以确定。如果无法确定内容的发表者，即便该作品损害了他人的名誉，仍存在无法得到法律救济的可能。因此，匿名传播呈现了一个困境，即保护匿名言论的愿望和使侵权者对其言论负责的意图发生冲突。法院需要根据情况谨慎判断，以在这两者之间保持微妙的平衡。

网络传播虽具有匿名性，但这种匿名不是绝对的。网络用户在使用网络服务时，常会被要求注册，提供个人的一些真实信息。网络经营者负有为用户保守秘密的义务，但当侵权行为发生时，网站经营者是否有提供侵权人个人信息的义务呢？根据我国《民事诉讼法》第70条的规定，法院有权向有关单位和个人调查取证，有关单位和个人不得拒绝。这意味着，在侵权行为发生的情况下，网站经营者应当向司法机关提供侵权人的真实身份。国务院颁布的《互联网信息服务管理办法》也明文规定：从事新闻、出版以及电子公告等服务项目的互联网信息服务提供者，应当记录提供的信息内容及其发布时间、互联网地址或者域名；互联网接入服务提供者应当记录上网用户的上网时间、用户账号、互联网地址或者域名、主叫电话号码等信息。互联网信息服务提供者和互联网接入服务提供者的记录备份应当保存六十日，并在国家有关机关依法查询时，予以提供。这就是我国颇具争议的网络实名制，它赋予了司法机关从相关网站获得用户个人信息的权力。但侵权行为发生时，受害人是否也有权利要求涉案网站提供侵权人的注册信息呢？到目前为止，中国的法律法规还没有对此进行明确的规定。但如果网络经营商在侵权行为未得到证实的情况下，就擅自向受害人或第三方提供他人的个人信息，则可能构成对他人隐私权的侵犯。

【案例】 匿名短信案①

2002年6月12日晚，北京市民肖某的手机陆续接到陌生人的电话，询问是否需要女性特殊服务。肖某随后通过来电者得知，原来他们从263网站“求职招聘”栏目中看到了一条“心情寂寞，需要一个能整天或晚上陪我的女生”的信息，信息中留的正是肖某的手机号。肖某随后找到263网站进行交涉，该网站及时删除了该条信息。肖某认为该帖子内容低下粗俗，具有侮辱、诽谤的性质，并引起家人和朋友的误会和谴责。肖某遂将该网站告上法庭要求被告书面道歉，赔偿经济损失1 500元，赔偿精神损失5 000元。法院一审认为，被告263网站的跳蚤市场求职招聘一栏属于开放性网络平台，被告方在接到原告的通知后及时删除了该条信息，已经尽到了自己的管理职责。原告方没有证据证明其社会评价有所降低和人格、名誉受损的后果。故对原告的诉讼请求不予支持。在此案中，网络服务提供商由于及时删帖而免于法律责任。受害人唯一能做的是向侵权人寻求赔偿。如果不知道侵权人的真实身份，受害人就无法得到赔偿，侵权人也可逃脱法律的制裁。

(四) 一次性发表原则

按照传统的普通法规则，诽谤性陈述的每一次发行，便单独构成一次发表，而每一次发表便可构成侵权的诉因。假设一份报纸的发行量是十万份，那么发表在此份报纸上的诽谤性文章理论上便可引发十万次的诉讼。这很明显给言论发表者带来了很大的负担。有鉴于此，美国法院创造了所谓的“一次性发表原则”（single publication rule）来解决这个问题。依据此原则，通过同一媒体发表的诽谤性内容，只能算一次发表，原告只能就其提起一次诉讼。此外，原告必须在诉讼有效期（如内容发表之后的一年）内提起诉讼，逾期则不可再提起诉讼，除非此内容后来被重新发表。该规则适用于任何形式的大众传播，比如出版一本书或一期报刊，播放一个电台节目或电视节目等。采纳一次性发表原则的好处是可避免给被告带来多次诉讼，使得原告可以一次性获得赔偿，以及减弱传统的重复发表原则给言论自由带来的“寒蝉效应”。

互联网传播的全球性凸显了一次性发表原则的重要性。在美国，即便系争言论通过互联网传播在美国各州都能看到，受害人也只能在其中一个州提起一次诉讼；但在欧洲，受害人可就网上看到的诽谤性言论在任何一个欧洲国家提起诉讼。只要受害人能在该国下载系争言论，并能说服该国法院其享有名誉权

① 赵中鹏，李汝银．谁用我的号码上网“招妓”机主状告263败诉．北京晨报，2003-01-23.

保护。① 这种情况正在发生改变。比如英国在 2013 年通过的诽谤法修改法案，其中借鉴了美国的一次性发表原则，规定原告针对同一出版商出版的同一内容，在发表之日起一年有效诉讼期内只能起诉一次，以避免因使用数据库中的同一个内容而被起诉多次的情形。② 需要指出的是，诽谤性内容如果在网络空间流通的时候发生一定程度的变化，比如出现在不同的网页上，或者内容被实质修改过，那么可能构成内容的重新发表，不再适用于一次性发表原则。③

【案例】 弗思诉纽约州案④

原告弗思（George Firth）曾受雇于纽约州环境保护厅，担任该机构执法部门的主管。被告是纽约州政府。1996 年 12 月 16 日，州检察长办公室发布了一份报告，对原告的管理方式和武器采购提出了批评。同一日，州教育厅在其网站上发布了此报告的主要内容，并附上了报告全文的链接。1998 年 3 月 18 日，在报告发表一年多之后，原告提起诉讼，声称被告网上发布的内容侵犯其名誉权。被告请求撤诉，理由是原告超过了一年的有效诉讼期。被告的撤诉请求得到初审法院的支持。原告不服判决，上诉至纽约州最高法院。此案提出的关键问题是一次性发表原则是否适用于互联网传播，这是美国法院首次面临这个问题。纽约州最高法院支持了初审法院的判决，认为一次性发表原则同样适用于互联网传播，诉讼的有效期自网上首次发表的日期算起。原告声称，报告发表的初始网页后来发生一定的变化，应被看作报告的重新发表，可构成新的诉讼理由。法院则认为，原告所说的网页改变只是在同一个网站上添加了一些不相关的内容，不存在向新的受众群进行传播的意图，不构成内容的重新发表，因而也不能成为新的诉因。

（五）网络服务提供商的角色

按照国际通行说法，网络服务提供商在网络侵害名誉权中可扮演两种不同的角色，一为出版者（publisher），一为发行者（distributor）。出版者指的是网络服务提供商参与了诽谤性内容的制作、编辑或转载。如同一般作者，ISP

---

① PACKARD A. Digital media law. 2nd ed. Hoboken，NJ：Wiley-Blackwell，2012.

② Defamation act 2013. [2023-10-10]. http：//www. legislation. gov. uk/ukpga/2013/26/pdfs/ukpga _ 20130026 _ en. pdf.

③ BRAUN O. Internet publication and defamation：why the single publication rule should not apply. Golden Gate University law review，2002（3）：325-337.

④ Firth v. State of New York，287 A. D. 2d 771（2001）.

在此情况下需要承担侵害名誉权的法律责任。发行者指的是 ISP 只是人们交流信息的场所和通道，并不参与诽谤性内容制作的任何环节。如同书店、图书馆等发行者一样，一般不需要承担法律责任，这是国际社会逐渐形成的一些关于 ISP 责任的规则。

中国的法律对 ISP 有着类似的规定。比如，《民法典》第 1194 条规定：网络用户、网络服务提供者利用网络侵害他人民事权益的，应当承担侵权责任。这指的是 ISP 扮演了出版者的角色，有直接侵权行为。网络服务提供者直接向网络用户提供信息产品，这些信息产品是网络服务提供商自己收集、编辑或修改的。如果这些信息侵害他人名誉，也没有合适的免责事由，就应承担侵权责任。更普遍的情况是，网络服务提供商只是为网民提供一个信息交流的平台，比如论坛、聊天室、博客、微博等。它并非信息的原创者，因此也不被看作出版者。在这种情况下，无论其对网民的发帖等信息发布行为是否具有实际控制能力（比如编辑、修改、屏蔽等），一般都不需要为网民在其平台上发布的诽谤性信息负责。然而，对于那些明显侵权或已被告知侵权的信息发布行为，网络服务提供者应采取措施予以阻止，否则就要承担侵权责任。

《民法典》第 1195 条规定：网络用户利用网络服务实施侵权行为的，被侵权人有权通知网络服务提供者采取删除、屏蔽、断开链接等必要措施。网络服务提供者接到通知后未及时采取必要措施的，对损害的扩大部分与该网络用户承担连带责任。此条款所包含的“通知规则”被认为是对于网络服务提供者采取了“避风港”原则，体现了平衡网络产业发展和私权保护的立法意愿。一般认为，如果网络服务提供者只是为用户提供信息交流的平台，对其所传输的信息提供自动的、不加修改的服务，那么它扮演的就是发行者的角色，在所传输的第三方信息构成侵权时不承担侵权责任。被侵权人发现侵权信息后，向网络服务提供者通知侵权事实，网络服务提供者此时才有义务“采取必要措施”。在“通知”网络服务提供者时，我国的司法实践要求被侵权人就侵权事实进行举证。当被侵权人发出通知后，网络服务提供者则被推定为已经明知，如果网络服务提供者未及时采取必要措施，就应与侵权的网络用户承担连带责任。此处所说的“及时”和“采取必要措施”，是指一旦被通知信息侵权，网络服务提供者就必须马上对侵权信息进行删除、屏蔽或断开链接。如不按此行事，则网络服务提供者对被通知之后造成的损害与网络用户侵权人承担连带赔偿责任。

《民法典》第 1197 条规定：网络服务提供者知道或者应当知道网络用户利用其网络服务侵害他人民事权益，未采取必要措施的，与该网络用户承担连带责任。这就是所谓的“知道规则”，即网络服务提供者明知网络用户利用其网络实施侵权行为，而未采取删除、屏蔽或者断开链接等必要措施，给被侵权人造成损害，对于该网络用户实施的侵权行为具有放任的间接故意，应当承担连带责任。而早前颁布的《互联网信息服务管理办法》也有类似的规定：“互联网信息服务提供者发现其网站传输的信息明显属于本办法第十五条所列内容之一的，应当立即停止传输，保存有关记录，并向国家有关机关报告。”所谓“明显属于”，应该是指按照正常人的认识水平，从有关言论本身就可看出它的违法性质。按照这个标准，《互联网信息服务管理办法》规定禁止的不少侮辱性言论都是可以发现的。如果互联网信息服务提供者发现了却不采取措施，说明具有过错，应该承担一定的责任。至于事关事实真假或评论妥当与否的诽谤性言论则不同。由于互联网信息服务提供者不可能像大众传媒那样去审核事实，所以网站对于他人言论的真实性不具有注意义务，从而在原则上也不宜承担责任。

【案例】 金德诉百度侵犯名誉权案①

因在百度搜索中输入“金德”“金德管业”“金德招聘”等词汇时，会出现“金德骗子”“金德管业骗人”“金德管业是骗子”“金德管业招聘黑幕”等内容，金德管业集团有限公司（以下简称金德管业公司）于2008年11月以侵害名誉权为由将百度告上法庭。法院经审理后认为，金德管业公司是以生产“金德”牌塑料管材、管件为主的公司，并于2007年被中国建筑装饰材料协会评为中国节能设计施工、装饰、装修一体化指定绿色环保建材产品；还被中国质量监督局评为中国名牌产品，且其“金德”商标也被认定为驰名商标。金德管业公司作为法人亦享有名誉权，禁止用侮辱、诽谤等方式损害法人的名誉。

此案中，在百度搜索引擎中输入与金德管业公司有关的词汇，便会搜索到“金德骗子”“金德管业骗人”“金德管业是骗子”“金德管业招聘黑幕”等字样，确系会对金德管业公司的名誉造成损害，金德管业公司已将这一情况以律师函的方式告知百度，但百度对相关内容并未及时删除，直至金德管业公司提起诉讼。百度未尽到相应审核义务的行为在主观上存在过错，在客观上导致金德管业公司的社会评价降低，即其行为已构成对该公司名誉权的侵害，应该停止侵害、消除影响。法院最终判决百度在百度网站上登载书面致歉函。

此案虽已了结，但引发的问题值得进一步探讨。百度是一个提供搜索引擎服务的，主要是利用自动搜索技术在信息海洋中将他人已经发布在互联网上的信息按照一定的关联性展开自动搜索并将信息提供给搜寻者。与论坛、聊天室等网络空间提供商不同的是，搜索引擎服务提供商对于他人的信息发布行为不具有实际控制能力。法律不应要求其对于信息搜索结果承担事先审查义务，除非在法律明确、技术可行的情况下令其承担所谓

① 搜索引擎中的相关搜索词不构成侵犯名誉权．(2011-11-10)［2023-10-10］. http://bjgy-old.chinacourt.org/public/detail.php?id=95086.

的“关键词过滤”义务。对于搜索引擎服务提供者及其他类型的网络服务提供者来说，一般只能要求其明知存在侵权信息从而采取屏蔽措施以防止侵权行为的发生，或者在收到侵权的投诉或通知的情况下及时采取合理有效的技术措施，以防止侵权后果的不当扩大。此案的关键问题在于百度是否有义务删除那些不良、不实的搜索结果，以及谁来出示“不良”“不实”的判别证明。如此案生成以前，金德管业公司曾与百度交涉，请求删除有损其公司形象的信息，但后者并未删除这些信息，导致双方争议扩大。此案的另一个关键问题是：百度对涉及金德管业公司的搜索结果有没有进行人工干预。在此案中，百度免于法律责任的一个必要条件是，百度未进行人工干预。如果进行了人工干预，那意味着对内容有控制能力；如果没有其他免责理由，就势必构成侵权。在此案中，百度宣称其搜索结果是按自己的算法自动完成的，其排序遵从了网页的点击量之多寡标准。然而，关于搜索引擎对网上搜索结果是否进行了人工干预，目前在技术和法律上还缺乏一套可行的查验标准。

二、内容的侵权性

名誉侵权若要成立，系争言辞本身必须具备诽谤性质。这个道理看似简单，但何种言辞具有诽谤性质，却常常难以判断并存在诸多争议。即便同一个词语，其含义也不是通透的、一成不变的。在不同的语境下，在不同的时空里，于不同的受众群，常常具有不同的含义。有些言辞一眼看去即知属于诽谤，有些则需要更多的信息才能加以判断。有些言辞看似表达观点，却包含着虚假事实的陈述；有些言辞所述皆为真实，却导向错误的结论；还有些言辞看似是侮辱性的，但置于特定的情境下，却不见得是侮辱。诸如此类，足见内容侵权判断之复杂性。结合我国及他国的司法实践，我们将具有侵权性质的内容大致分为三类，即陈述虚假事实、发表不当评论、使用侮辱性言辞，具体分析如下。

（一）陈述虚假事实

在司法实践中，散布虚假事实是最常见的侵害名誉权方式，也被认为是诽谤的重要构件。将虚假事实作为构件，要求原告举证内容失实，不能证明虚假，就不能以诽谤控告，而被告对于这种失实有能够预见和不能够预见的区别，实行过错责任。[①] 在具体的司法实践中，虚假事实的陈述至少包含以下几种情形：

---

① 魏永征．新闻传播法教程．4版．北京：中国人民大学出版社，2013.

1. 内容严重失实

所述事实纯属捏造，加以传播必定贬低他人的社会评价，自然构成名誉侵权。2008年“谢晋名誉受侵害案”即为典型一例。导演谢晋2008年因心源性猝死去世后，宋祖德在博客上传多篇文章，称谢晋因性猝死，谢晋与刘某某在海外育有一个重度脑瘫的私生子等。刘信达在其博客上称“谢晋事件”是其亲眼所见，并亲自到海外见到了“谢晋的私生子”等。谢晋遗孀徐大雯以宋祖德、刘信达侵害谢晋名誉为由起诉。法院经审理后认为，涉案博客文章的内容均非事实，均系捏造，属诽谤性文章。法院判决宋祖德、刘信达侵权成立，承担相应法律责任。被告不服上诉，二审法院维持原判。①

2. 内容基本失实

涉案文章可能涉及多处事实陈述，但其中大部分是虚假的。比如1992年“李谷一诉《声屏周报》案”。被告旗下的记者汤生午曾听河南南阳新闻中心人员袁某讲到中国轻音乐团团长李谷一在许多事情上非难该团原团员韦唯，再加上当时社会上流传韦唯得艾滋病、自杀等消息，于是通过电话采访了韦唯。根据袁某、韦唯提供的消息，外加自己的评论，汤生午完成了一篇报道，里面包含了诸多李谷一非难、打压韦唯的内容，随后将其发表在《声屏周报》上。1992年1月，李谷一愤而起诉，声称该报道侵害其名誉权。法院经调查发现，系争报道涉及十件事实的陈述，其中有八件事失实。法院由此认定系争报道基本失实，侵害了原告的名誉权，被告须承担侵权责任。②

3. 文章标题失实

文章标题失实有时也会构成名誉侵权的诉因。比如，网易娱乐频道在2009年3月25日刊发了一条题为《清华教授肖鹰：郭德纲才是文化流氓》的约三百字的消息，导致肖鹰对网易的侵权诉讼。法院经审理认为：文章标题显然缺少确凿证据，造成读者相信肖鹰本人做出该明确表述的误导，且客观上增加了对肖鹰不良评价的网络评论。法院因此认为网易确已损害肖鹰的合法权益，导致其人格贬损，构成对其名誉权的损害。③

4. 行为主体失实

典型的情况就是张冠李戴，姓名、名称、肖像与报道的实际内容不符。比如2001年中国体育明星刘璇之母谢蔚平控告汤国基、《现代女报》及《女性天地》一案。自由撰稿人汤国基曾先后在前述两家杂志发表了一篇有关原告谢蔚平的文章，其中杂志配发的照片张冠李戴，将原告和作者本人的合影注明为原

---

① 罗剑华，梁宗．宋祖德、刘信达侵犯谢晋名誉权案终审结果出炉．(2010-02-02)[2023-10-10]. http://sh.sina.com.cn/news/e/2010-02-02/0819132138.html.

② 巩沙．李谷一名誉权被侵害的法律特征．中国律师，1991(6)：16-18.

③ 张国．八卦新闻玩“标题党”惹祸 清华教授打赢网易侵权案．(2009-11-11)[2023-10-10]. http://zqb.cyol.com/content/2009-11/11/content_2929531.htm.

告和其丈夫的合影，从而引发了一场名誉权诉讼。[①] 法院经审理认为，汤国基投稿时对照片作了正确说明，无过错。同时判令两家杂志社侵权成立，各赔偿谢蔚平精神抚慰金一万元。

5. 影响问题性质的事实失实

1989年5月，新华社记者羊慧明在四川的《家庭与生活报》上发表署名文章，宣称电影明星刘晓庆偷漏税款百万元。刘晓庆遂以侵害名誉权为由将该文作者及所在报社告上法庭。法院经调查后发现，刘晓庆实际偷税漏税不足万元。按照我国法律，偷漏税不足一万元，属违法行为；偷漏税百万元，则是犯罪行为。法院判定媒体报道中影响问题性质的事实失实，构成对原告名誉权的侵害。

（二）发表不当评论

评论就是根据事实发表的观点或意见。事实的陈述可真可假，纯粹的评论则不存在真伪问题，因而在美国受到宪法层面的保护。在“葛兹诉韦尔奇案”中，美国最高法院指出，根据宪法第一修正案的原则，不存在诸如虚假思想这样的东西。无论一个观点看起来多么有害，要纠正它并不依赖法官或者陪审团的良心，而是依靠其他观念与它竞争。但关于事实的虚假陈述却毫无宪法价值。[②] 这个判决将事实和观点分开，在排除虚假事实之时，将观点的表达纳入宪法保护的范畴。我国的法律尚未对此进行明确规定，但1998年《解释》第9条提到，新闻单位对生产者、经营者、销售者的产品质量或者服务质量进行批评、评论，内容基本属实，没有侮辱内容的，不应当认定为侵害其名誉权。换句话来说，在主要内容属实以及没有侮辱性言辞的情况下，即使评论“不当”，也不承担法律责任。

然而，在司法实践中，事实和观点常常难以区分。在“奥尔曼诉埃文斯案”中，大学教授奥尔曼（Bertell Ollman）将专栏作家埃文斯（Rowland Evans）告上法庭，理由是被告发表专栏文章，宣称原告在学术圈没有地位，并将课堂作为传播马克思主义革命的渠道。被告的言辞是否构成诽谤，法官意见不一。有法官认为这是典型的精心设计的诽谤，但法院多数意见则认为，这只是一种意见的表达，受到宪法第一修正案的保护。为此，法院还确立了具有四个部分测试的“奥尔曼标准”，以方便人们对事实和意见进行区分。这四个部分的测试包括：该言辞能否被证实或证伪；措辞的一般含义是什么；该言辞发表时的新闻语境如何；该言辞发表时的社会语境如何。[③] 这个标准很大程度上拓宽了观点的保护范畴。比如，《纽约邮报》曾发表专栏文章，声称辛普森

---

① 杨翘楚．照片注解出错索赔百万 刘璇母亲要打名誉官司．(2001-12-24)［2023-10-10］．https：//ent. sina. com. cn/s/m/2001-12-24/67902. html.

② Gertz v. Robert Welch，Inc.，418 U.S. 323，339 (1974).

③ Ollman v. Evans，750 F. 2d 970 (1984).

的辩护律师科克伦（Johnnic Cochran）是个“讼棍”，“为了胜诉会说任何话做任何事，不惜出卖事实真相”。即便是这样能证明真伪的言辞，法院也没有要求当事人举证证明，而是认为专栏文章的要旨和陈述的语境表明，读者会将这些言辞视为意见性表达，而非事实性陈述。[①]

纯粹的评论引发的另一个问题是评论所依据的事实是否必须是真实的。如果评论所依据的事实被确认是虚假的，那么评论者是否应当承担法律责任。有论者指出，评论者不同于事实的传播者，他只是采信了他人所发现或传播的事实。如果评论者并不知道所依据的事实是虚假的，或者没有理由知道事实是虚假的，那么即使事实真的是虚假的，也不应负责。[②] 比如，在“余秋雨诉肖夏林侵害名誉权案”中，法院做出裁决：纵使评论所依据的事实只是传言，但只要“合乎情理”，不是凭空捏造、无中生有，没有必然导致被评论者的社会评价降低，评论者就无须承担侵权责任。[③] 这是因为，如果要求评论者必须首先调查事实的真假之后才能发表评论，就可能压制很多的评论。然而，如果评论者明知或者有足够的理由知道他人所传播的事实是虚假的，仍然加以传述和评论，那么评论者实际上等同于一个虚假事实的传播者，须为其所传播的内容负责。

更经常的情况是，纯粹的评论并不多见，而常常暗含事实的陈述。此类混合式评论可能会侵害他人的名誉权，原因不在于评论者发表了某种意见，而在于他暗示了新的事实，比如指责某个人是犯罪分子，工作上不称职、失职或渎职。未揭示的事实可能是虚假的，从而构成对他人名誉权的侵害。在“米尔科维奇诉《洛瑞期刊》案”中，美国最高法院干脆否决了“葛兹诉韦尔奇案”中所确立的观点绝对保护主义，理由是纯粹的观点基本不存在，而是常和事实混在一起。法院认为，事实可以伪装成观点加以表达，如果这样做的话，它实际上就暗示了引向结论的事实指控。[④] 在诉讼中，法院可要求评论者揭示评论中所包含的事实，然后根据事实的真伪做出判罚。这个判决大大增加了名誉权的保护，使得媒体不至于肆无忌惮发表评论。

（三）使用侮辱性言辞

侮辱是针对人格的贬损，旨在降低人的尊严。它旨在表达一种轻蔑或仇恨的情绪。如同评论，侮辱性言辞也有可能包含事实的指控。对于此类言辞，法院可在诉讼活动中要求言论者揭示那些暗含的事实，这里面的问题部分转化成事实是否真实的问题。[⑤] 纯粹的侮辱性言辞不包含事实的指控，而是对特定人

---

① 彭伯．大众传媒法：第13版．张金玺，赵刚，译．北京：中国人民大学出版社，2005.

② 侯健．舆论监督与名誉权问题研究．北京：北京大学出版社，2002.

③ 参见北京市东城区人民法院民事判决书（2003）东民初字第1807号。

④ Milkovich v. Lorrain Journal，497 U.S. 1（1990）.

⑤ 同②.

进行直接的辱骂、丑化、嘲讽等。这类言辞易于辨认，但须从特定的场合和文化背景出发才能准确地判断出是不是侮辱性言辞。就纯粹的侮辱性言辞而言，其所表达的褒贬对大多数事项而言是相对稳定的，是根据社会公认的价值观、道德观做出的，而不能以个人意志为转移。但社会评价又不是一成不变的，其褒贬的属性会因时而异，因人而异，因事而异。① 因此，在判断某个侮辱性言辞是否会损害特定人的名誉时，可以考虑以该言辞是否会降低被侮辱者本来应受到的尊敬来衡量。如果在公共讨论中，仅仅因为某某官员体态臃肿而称之为“肥猪”，则可能降低了该官员本应该受到的尊敬，此种言辞就是侮辱性的。如果把一名贪污犯称为“蛀虫”，称一名行凶施暴的警察为“禽兽”，则不算侮辱性言辞。因为公众并不是因为这些比喻才降低了对那名官员或警察的尊敬，而是因为官员和警察自身的劣行降低了对他们的尊敬。②

总的来说，无论是纯粹的侮辱性言辞，还是暗含虚假事实的侮辱性言辞，都不受法律保护。因为它们表达的只是一种情绪，除了给受害人带来名誉和精神损害之外，别无他用。它们既不能促进真实事相的发现，也无法像评论那样促进观点的多元化，而最终无助于公共讨论的进行。以 2014 年安徽泾县发生的“闹市挂牌侮辱他人案”为例：当事人双方合作开发房地产项目，产生合同方面的纠纷。被告周某于是在泾县“市民论坛”发表《被某某诈骗真相》的帖文，并附上其在县城挂牌游街的图片。法院经审理认为，被告胸前悬挂侮辱性字牌在县城主要商业区站街的行为，使社会公众对原告形成错误认识，诋毁了原告的人格，造成原告社会评价贬低、名誉受损，该行为侵害了原告的名誉权，应承担停止侵害、赔礼道歉、消除影响、恢复名誉的民事责任。此外，由于被告的侵权行为发生在县城的主要商业区，传播范围广、速度快，社会影响差，造成原告严重的精神损害，被告还应承担支付精神损害抚慰金的赔偿责任。③

【讨论】 如何看待网络内容的诽谤性？

侵权性内容的界定标准多产生于传统媒体时代。在网络传播时代，那些标准是否都可以直接运用于网络诽谤呢？有论者指出，网络聊天室、公共论坛、微博、微信以及其他不少网络空间的信息交流常常是随意的、情绪性的、不严谨的，普通大众一般也不会对网上的言辞给以过多的信任。如果将诽谤法严格用于网络空间，将会给网络发展带来不必要的负担，同

① 魏永征．新闻传播法教程．4 版．北京：中国人民大学出版社，2013.

② 孙旭培．新闻传播法学．上海：复旦大学出版社，2008.

③ 张玲，肖鹏．闹市挂牌侮辱诽谤他人 侵犯名誉权被判赔 1 元．(2014－10－29) [2023－10－10]. http：//www.chinacourt.org/article/detail/2014/10/id/1470232.shtml.

时抵消了网络信息自由流通所带来的社会福利。[①] 还有论者指出，互联网是个开放的平台，即便遭到诽谤性言论的攻击，受害者也完全可以借助网络平台对不实言论予以澄清和反击。[②] 在我国，有关名誉侵权的法律规定同样适用于网络传播，但在司法实践中，判断网络内容是否侵权的标准似乎要低一些。

2005年"唐某某诉中国青年报社等名誉权纠纷案"便是典型的一例。[③] 原告唐某某于2004年8月30日到山东省高级人民法院上访，中午时原告陈述见到同样上访的某夫妻俩，该夫妻俩以为女儿申冤为名，在高级法院门前摆放棺材进行烧火祭奠，原告写了名为《高级法院门前的少女和棺材》一文于2004年9月3日在凯迪网络上发表，文中重点写了原告所见及在高级法院门前拍摄照片而与高级法院法警发生争执的过程。文章发表后，在网络上引起很大反响。许多网友要求原告将当时拍摄的照片上传，因原告迟迟未将照片上传，许多网友对原告文章的真实性提出质疑。被告黄某某于2004年9月26日，在凯迪网络上发表了一篇名为《一个建议，请把"春祥"这个ID自裁了吧》的文章，对原告文章的真实性提出了质疑，其中有"您难道都没有想到，要编造也得编造得符合生活常识，不要超越自己的生活经验"这样的语句。原告认为黄某某系《中国青年报》编辑与中青在线"青年参考论坛"版主，身份特殊，知名度大，导致一些网友对原告群起而谩骂、侮辱等，请求判决被告侵害其名誉权，停止侵害，道歉赔偿，并删除所有侵权内容的帖子。

法院经审理认为，原告诉称被告侵犯了其名誉权，主要依据的是被告黄某某在网络上发表的文章及跟帖，因原告未及时将照片上传，致使被告黄某某及其他网友对原告文章的真实性提出质疑，认为原告是在编造故事。由此，原、被告产生了争议，相互之间进行质疑辩论。在法院看来，因当事人在网络上发表的言论不同于现实生活中发表在报纸杂志等载体上的文章，网络批评的范围更为宽泛，故被告黄某某发表的文章及跟帖未超出正常的网络批评范畴。法院裁定：此案被告的行为不符合侵犯名誉权的构成要件，不构成名誉侵权；且被告黄某某在原告上传照片后在网络上还发表了道歉声明，对原告赔礼道歉并自行删除了对原告有争议的帖子。原告要求被告赔偿30 000元，因被告未侵犯原告的名誉权，故对原告的诉讼请求，法院予以驳回。

三、指向特定人

侵害名誉权行为应有特定的侵害对象。只有指向特定人的行为才构成对他

---

① SCHACHTER M，KURTZBERG J. Law of internet speech. 3rd ed. Durham，North Carolina：Carolina Academic Press，2008.

② GODWIN M. Libel law：let it die. Wired，1996 (3)：116.

③ 参见山东省临清市人民法院民事判决书（2005）临民一初字第393号。

人名誉权的侵害。按照学界通说，特定指向意味着诽谤性内容和特定人损害事实存在直接的因果关系，而此因果关系正是我国民事侵权的构成要件。

（一）特定指向的含义

特定指向包括两层含义：一是指在作品中直接指明原告的姓名、身份等；二是受众通过作品的内容可推导出原告的身份。第一种情况比较容易理解，第二种情况略微复杂一些：它指的是尽管没有采用特定人的真实姓名，但作品所提供的背景、环境、特定时空等信息足以使公众将作品中的人物等同于特定人，这同样被认为有特定指向。比如，在“韦斯坦诉布里克案”中，美国费城警察局负责打击性犯罪的警长暗示，布林茅尔学院（Bryn Mawr College）的一名女学生可能谎称其被劫车、抢劫和强奸。这名学生愤而起诉该警长以及刊载、传播此番言论的当地媒体。被告认为其言论并未点出原告的名字，但法院认为，点名和指向特定人是两回事。因为言论中有太多的细节，比如该学生就读于一所规模较小的名校，开一辆尼桑的小汽车，是在参加宾夕法尼亚大学的一个派对之后被强奸的等，这些信息很有可能使人推导出原告的真实身份。法院因此否决了被告的建议判决请求。①

能否从言论中推导出特定人，却又常常见仁见智。比如，2008 年 6 月 6 日，体育评论员黄健翔在新浪博客中发表了《丑话说在前边》的文章，文中提到了国家足球队前任主教练杜伊科维奇将某位国家队首席跟队记者“搞成了宫外孕”。之后，中央电视台女记者陆幽认为，黄健翔的文章所指的女记者就是自己；黄文利用她的隐私杜撰、捏造了她与杜伊科维奇的性丑闻，对其进行诽谤，侵犯了她的名誉权，因此提起侵权诉讼。法院认为，此案的争议焦点在于，黄健翔发表的涉案文章中有关“国家队首席跟队记者”的内容，虽未披露当事人的具体姓名，但一般公众能否根据文中的相关信息，确定文中所提及的女性记者即特定地指向陆幽。法院指出，综合首席记者并非中央电视台独有，且陆幽“首席记者”的称谓系单位内部任命未向社会公开，参与中国国家足球队报道的媒体女记者并非陆幽一人，“宫外孕”系个人隐私，他人是否患有“宫外孕”难以排除性地确认，此案已有证据尚不足以证明涉案文章中的相关语句排他地、特定地、唯一地指向陆幽，一般公众在阅读涉案文章后，亦不能当然地得出文中涉及的女性记者即为陆幽的结论，并对陆幽做出负面评价。陆幽主张其名誉受损与黄健翔发表的涉案文章具有直接因果关系，证据不足，该院难以采信。一审法院驳回了陆幽的全部诉讼请求。二审法院终审判决驳回上诉，维持原判。②

（二）文学作品中的诽谤

有关特定指向的概念不仅适用于一般性的报道/评论作品，也适用于报告

---

① Weinstein v. Bullick，827 F. Supp. 1193（E. D. Pa. 1993）.

② 参见北京市第二中级人民法院民事判决书（2009）二中民终字第 12807 号。

文学、回忆录、传记、小说等文学作品。在新闻实践中，记者常常还会想象出诸如对话内容的细节，事实和虚构的界限变得日益模糊，是否指向特定人的问题由此变得复杂起来。一般来说，若要赢得诉讼，则原告必须证明普通读者会认为系争作品在描述一个真实的人，而且这个人就是原告。在“卡特-克拉克诉兰登书屋案”中，被告根据克林顿总统任期的事情出版了一部名为《基色》的小说，结果遭原告起诉，理由是书中一个角色和原告情况相仿，且被刻画成一个性关系随便的女人。在法院看来，文学作品中虚构的人物若能成为诉因，则虚构的人物必须要和现实生活中的真人存在密切关联，而且认识此真人的读者会不费力气地将其和虚构的人物联系起来。在此案例中，法院认定原告和虚构人物之间表面的类似不足以使读者相信作品指向的就是原告，因此拒绝受理此案。①

《民法典》第1027条第1款规定，发表的文学、艺术作品以真人真事或特定人为描述对象，含有侮辱、诽谤内容致其名誉受损的，应认定为侵害他人名誉权。运用此条款的关键在于确定作品是否描述了真人真事或特定人。如果使用的是真实姓名，则作品自然指向特定人。如果没有使用真实姓名，则其判断标准是描述的人或事情是否和特定人主要的人格特征以及主要的生活、工作经历一致，如果存在一致性，则可以认定描述的就是特定人。如果仅是其中的情节与该特定人的情况相似，但不符合与主要人格特征和主要的生活、工作经历一致的原则，则依据《民法典》1027条第2款，不应认定为侵害他人名誉权。考虑到文艺创作常常来源于生活实践，此条款有其积极意义，它有助于作家、艺术家从现实中寻找线索和灵感，进而获得更为广阔的创作空间。

【案例】 张某、曾某某等诉《湖北日报》等侵害名誉权案②

原告张某在校学习期间，在外做家庭教师时，偶遇来自台湾的曾某某，并欲与之建立恋爱关系。张某之父母即原告张某某、姚某某因此托宜城台湾事务办公室主任程某某打听曾某某的身份和家庭情况。程某某由此得知张某、曾某某的恋爱情况。1998年5月6日，程某某以笔名“程帆”在《湖北日报》发表《校园惊梦》一文，文中描述一女性唐琼在武汉高校读书期间，在外任家庭教师时，在主人家认识一曾姓男子，遂产生好感，并上当受骗一事。同年6月19日，又以笔名“程帆”在襄樊日报社所属的《襄樊晚报》发表《他只是想玩玩》，文中描述武汉某大学学生唐琼

① Carter-Clark v. Random House, Inc., 2005 NY Slip Op 03130.

② 参见湖北省高级人民法院民事判决书（1999）鄂民终字第73号。

结识的台湾男友曾某是个感情骗子，为此唐琼失去毕业分配和择业的资格等。文尾注明，考虑到隐私问题，主人公姓名为虚构。上述两文刊登以后，在当地产生了很大影响，张某的同学、老师、邻居等纷纷写信，有人表示指责，有人表示愤怒。张某、曾某某、张某某、姚某某于是以名誉权被侵害为由将程某某告上法庭。

一审法院认为，被告程某某发表的两篇文章并非新闻报道，文章也并未直接报道原告，也与原告的实际情况相去甚远，故驳回原告的诉讼请求。原告不服判决上诉至湖北省高级人民法院。二审法院认为，此案系纪实文学作品侵害名誉权纠纷。公民有进行文学作品创作的自由，通过文学作品揭露和鞭挞社会的丑恶现象，应受法律保护。但同时法律禁止任何人利用文学创作的形式以故意或过失的方式侵害他人的名誉权。程某某撰写的两篇文章虽未使用四名上诉人的真实姓名和详细地址，但文中所描述家住湖北宜城市、在武汉某大学读书的主人公唐琼与家住台湾在武汉经商的曾先生的相识地点、往来过程、赠送钱物、托人打听、主人公籍贯等描述，与原告所经历的生活事实基本吻合，且能相互印证，其范围由大到小，由泛指到特指；作为撰稿人的程某某由于其特殊身份，知道上诉人张某、曾某某相识的全部经历；周围群众也都知道这两篇文中所指，唐琼即为上诉人张某，曾先生即为上诉人曾某某。二审法院因此撤销一审判决，判程某某立即停止伤害并赔礼道歉，以消除影响，并赔偿四名上诉人精神损失费一万元。

（三）群体诽谤

有关诽谤之指向的一个特殊问题是群体诽谤，即针对某一地域、职业、人群、种族等不特定多数人的公开言论中存有诽谤之词。此类诽谤能否构成侵权，主要取决于在诽谤群体的时候，该言论是否指向了该群体中的特定人。一般来说，群体规模越小，就越有可能识别该群体中的特定人，因此越有可能构成侵权。比如声称所有官员都是腐败的，则很难构成侵权，因为这个群体规模太大，很难说该言论具体指向哪个人。但如果声称某个地级市所有的市级领导都贪污腐化，如果与事实不符，则会构成诽谤，因为该群体一般就十几名成员，读者很容易对号入座。

美国《侵权行为法（第二次）重述》规定，群体诽谤若要成立，就必须具备以下两个条件之一：（a）该群体/类别的人数少，以至于该诽谤性言论可被合理理解为是针对其成员的；（b）依据该诽谤性言论发表时的环境，可合理地得出该言论是针对其成员的结论。其逻辑是：如果诽谤之群体超过 25 人，则很难对其单个成员构成伤害；此外，如果允许每个成员进行索赔，则会给言论自由带来过多的负担。25 人是此群体诽谤法则确立的一个大致标准，但不是绝对的，法院还是会具体情况具体分析，比如根据言辞的包括性来判断是否针对特定人。在“尼曼-马库斯诉莱特案”中，被告出版了一本书，涉嫌诽谤达拉斯百货商店尼曼-马库斯（Neiman-Marcus）不同类别的雇员，其中包括“一些”模特和女销售人员以及“大部分”男销售人员。结果，所有9个模特、382名女销售人员中的30名、25名男销售人员中的15名提起诉讼。法院接受了模特和男销售人员的诉讼，但拒绝接受女销售人员的诉讼，理由是后者规模太大，读者难以得出有关其成员的任何结论。[①]

我国的民法尚未对群体诽谤做出明确规定，但司法实践中已出现了不少此类案件。一个较为著名的案例是2002年189名蒙古族大夫诉中国国际广播出版社侵犯名誉权纠纷案。[②] 被告于1989年出版发行了林杏光（已故）所著《四字语分类写作词典》一万册，其中第203页对“蒙古大夫”一词注解为“医术低劣的医生，尽出医疗事故的医生”。189名蒙古族大夫联名起诉。法院认为，当一职业群体的名誉受到侵害时，其中每一个成员就是具体的承担者，他们每一个人都有独立的人格，具有民事主体资格。一审判决赔偿189名原告每人1 000元，共计18.9万元精神抚慰金。

另有一例涉及博鳌亚洲论坛时任秘书长龙永图。2008年6月28日，龙永图在广东增城市公园化战略研讨会上直言：“对待刁民政府要硬气，不要被刁民挟持。”对最牛“钉子户”，他认为要平等协商但不能任其要价过高。此后在网络上引发了大规模的“刁民”之争，龙永图遭到了猛烈炮轰。7月20日，深圳市民柳敏因感到龙永图“刁民论”是对他的侮辱，遂致函博鳌亚洲论坛秘书处，要求龙永图就其有关“刁民”的言论向他道歉，否则将在两个月后起诉龙永图。此后博鳌亚洲论坛秘书处新闻发言人对记者表示龙永图先生对此拒绝回应。2008年10月13日受柳敏之托，金卡律师事务所深圳分所张兴彬律师正式向深圳市福田区人民法院提起名誉权纠纷诉讼，请求法院责令龙永图向柳敏公开赔礼道歉，并赔偿精神损失费一元钱。此案后经深圳市福田区人民法院和深圳市中级人民法院两级法院审理，最终以柳敏败诉告终。深圳中院认为：因柳敏不能证明龙永图的侵权行为发生在深圳，不能证明他与龙永图之间有直接利害关系，故起诉不当，不予受理。该法院以管辖权异议驳斥诉讼，并未对群体诽谤的实质内容进行裁定，一定程度上体现了群体诽谤界定之复杂性。

四、主观过错

《民法典》第1165条规定：行为人因过错侵害他人民事权益造成损害的，应当承担侵权责任。只要法律没有明确规定不以过错为要件的，过错便是行为

---

① Neiman-Marcus v. Lait，17 F. R. D. 119（1954）.

② 参见辽宁省阜新蒙古族自治县人民法院判决书（2002）阜县民初字第1095号。

人承担侵权责任的要件。过错责任原则是相对无过错责任原则而言的。无过错责任原则是指行为人损害他人民事权益，不论其主观上有无过错，根据法律规定均应承担侵权责任的归责原则。产品缺陷责任、环境污染责任、机动车交通事故责任等均属此类。侵害名誉权在我国普遍采取了过错责任原则，即主观上有过错的承担责任，没有过错的不承担责任（法律有特别规定的除外）。该原则不仅适用于侵权人，也适用于承载侵权内容的媒体；不仅适用于传统媒体的名誉权纠纷，也适用于网络名誉权纠纷。英美诽谤法最初对新闻侵权采取的是无过错责任原则，即只要发表了诽谤性言论，无论被告是否存在过错，都要承担法律责任。1964年发生的“《纽约时报》诉沙利文案”改变了这一点，其确立的实际恶意、公共人物等原则从根本上否决了普通侵权法规定的无过错责任，为言论自由提供了超越一般过错责任的宪法保护。

（一）过错的内涵

所谓过错是行为人实施行为时的心理状态，包括故意和过失。故意就是明知自己的行为会造成社会危害的结果或损害结果，却希望或放任这种结果发生。其中，希望的心理状态是直接故意，放任的心理状态是间接故意。判断行为人是否故意，可考察行为人的外部行为表现。按照我国学者的提法，以下四种新闻侵权情况可被认定为“故意”：（a）捏造事实诽谤他人，此行为本身即为主观故意的明证；（b）通过受害人或其他渠道已经得知所传播的内容虚假或极有可能虚假，却仍然将其传播出去，说明行为人对损害后果的发生持放任态度；（c）新闻媒体在刊登诽谤性文章后，面对受害人的指控和证明文章内容不实的确凿证据，还要在报刊上继续发表诽谤性内容或为自己辩护的文章，给受害人的名誉造成更大的伤害；（d）行为人具有针对受害人的不正当动机，这种不正当动机可能已经通过同他人的谈话、文字显露出来，如扬言要对受害人进行报复等。[①] 根据我国法律，主观出于故意的侮辱或诽谤行为，一般情况下承担民事责任，情节严重的须承担刑事责任。

过失是指行为人应当预见自己的行为会引起某种不利后果，而由于疏忽没有预见或虽已预见但轻信能够避免的主观心理状态。过失往往是以注意义务为前提的。若实然的注意义务达到应然的注意义务标准，则行为人无过错；若实然的注意义务低于应然的注意义务标准，则行为人有过错。具体而言，注意义务分为两个层次：一是普通人的注意义务，以一般人在通常情况下是否能够注意为标准。一般人难以注意而没有注意不能认定行为人存在过失；一般人能够注意而没有注意，行为人即存在过失，且为重大过失。二是与处理自己事务一样的同一注意义务，该注意义务较普通人的注意义务要求要高，它要求行为人在行为过程中要尽到与处理自己事务一样的同一注意义务，违反该注意义务称具体轻过失，

---

① 王利明，杨立新．人格权与新闻侵权．2版．北京：中国方正出版社，2000.

也即一般过失。在新闻侵害名誉权纠纷中，新闻媒体如果连普通人的注意义务都未尽到，则属重大过失；倘若只是未尽到新闻行规所要求的（一般更高的）注意义务，则属一般过失。无论是一般过失还是重大过失，都要承担侵权责任。

(二)《纽约时报》诉沙利文案

1960年3月29日，《纽约时报》用一个整版的篇幅，刊登了题为《倾听他们的呼声》的政治广告，呼吁为民权运动募捐基金。该广告列举了南方各州政府抵制民权运动的恶劣行径。其中提到蒙哥马利市动用"配有枪支和催泪弹的警察"包围示威学生，把参加示威活动的学生领袖逐出校园，又提到"南方暴徒"用恐怖和暴力对待示威学生。这些人袭击马丁·路德·金博士的家，攻击他本人，并曾先后七次以"超速""怠慢"等莫须有的罪名拘捕他。而实际上，这则广告的细节之处与事实存在差距。蒙哥马利市警察局长沙利文认为，该广告内容含有不实之词，严重损害了他作为警方首脑的名誉，据此向亚拉巴马州法院提起诽谤罪诉讼，要求被告赔偿50万美元。州法院一审和州高级法院二审都支持了沙利文的这一请求。《纽约时报》不服判决，上诉至美国最高法院。

1964年3月，最高法院以9票对0票一致推翻原审判决，将案件发回重审。最高法院认为，涉及公共问题的言论受到宪法第一修正案的保护，但让新闻媒体保证每一条新闻报道都真实无错，是一件不可能的事。判决书写道："对于公众事务的辩论，应当是毫无拘束、富有活力和完全公开的。在辩论中，很可能产生针对政府和公职人员的一些情绪激动、语调尖刻，有时甚至令人极不愉快的尖锐批评"，"本案涉及的政治广告，就是对当今一个重大的公共问题表示不满和抗议，它显然要受到宪法的保护"①。在辩论过程中，即使个别细节失实，有损官员名誉，也不能成为压制新闻和言论自由的理由，这样才能使言论自由有"足够的喘息空间"。

美国最高法院不仅否决了地方法院的判决，而且第一次明确提出了言论自由保护迄今为止最重要的一条原则，即在针对政府官员的职务行为而提起的诽谤诉讼中，除非政府官员能够证明对方存在"实际恶意"（actual malice），否则不得据此要求赔偿。对于实际恶意，最高法院的解释是"明知所言不实"（knowledge of falsity），或"全然不顾真伪"（reckless disregard）。在此案中，虽有证据表明，被告在刊登该广告时没有核查广告事实的准确性，但这并不能证明被告具有实际恶意，充其量只是在不实之处的审查上存在过失。

最高法院对此案的判决被称为美国言论自由保护的里程碑。在判决中提出的实际恶意原则，使新闻媒体从根本上摆脱了随时可能面临诽谤指控的威胁。这是因为新闻媒体在报道公共问题时犯有一般过失，不足以使其背负侵权责任。原告必须举证新闻媒体怀有"实际恶意"，这其实是相当困难的事情，也

---

① New York Times Co. v. Sullivan，376 U.S.254（1964）.

使得以诽谤为名追究媒体侵权责任几乎变得不可能。最高法院正是通过此法则，赋予了新闻媒体更大的表达空间，望其对公共事务和政府官员进行更加活跃的评论，以最大限度促进公共利益的实现。

（三）实际恶意原则

"《纽约时报》诉沙利文案"中确立的实际恶意原则关注的，不是被告发表诽谤性材料的动机，比如是出于恶意、敌意或怨恨，而是被告是否知道或是否相信材料是真实的。具体来说，实际恶意原则包括"明知所言不实"或"全然不顾真伪"两种情形。"明知所言不实"简单而言就是"撒谎"。它大致相当于我国《民法典》中的"直接故意"，即明知自己的行为会导致特定的损害结果，仍希望该结果发生。就新闻媒体而言，追求内容的真实是其最基本的职业规范，因此"明知所言不实"仍加以报道的情形并不多见。为数不多的一例便是"戈德华特诉金斯伯格案"[①]。在1964年的美国总统大选中，不少人对共和党候选人戈德华特（Barry Goldwater）能否胜任总统职位的能力表示质疑。作为一家杂志的发行人，金斯伯格向数百位精神病专家发放问卷，请其对戈德华特的精神健康进行评估。金斯伯格收到了各种各样的反馈，但发表的时候，只选择了那些对戈德华特持有负面评价的内容，从而招致戈德华特的名誉侵权诉讼。法院认定被告行为达到"明知所言不实"标准，构成名誉侵权。在新闻报道中，一个通常的实践是记者会改动采访对象的原话（即"引语"），那么这是否会构成"明知所言不实"呢？在"马森诉《纽约客》杂志案"中，美国最高法院对此给予了否定的答复。法院认为，读者想当然地认为引号中的话是对采访对象所说内容的逐字重述，但法律要求新闻界达到如此高标准是不现实的。在法院看来，如果每一次改动引语都会构成实际恶意，那么宪法第一修正案所保护的言论自由便毫无意义。法院得出结论说："故意改动原话不等于明知所言不实……除非此改动导致了原话意义的实质性变化。"[②]

"全然不顾真伪"类似于我国《民法典》所说的间接故意，即明知自己的行为可能会导致损害结果，却对该结果的发生持放任态度。"明知所言不实"关注的是被告知道什么，而"全然不顾真伪"关注的是被告应该知道什么。在美国司法实践中，"全然不顾真伪"的判断标准有三。(a) 报道的紧迫性：是否有时间核实信息？(b) 信源的可靠性：信源是否值得信任？(c) 报道的可信性：是否有必要进一步查证？[③] 如果报道具有紧迫性、信息来源可靠，或报道可信的话，法院一般就不认定发表者"全然不顾真伪"，反之则不然。1963年，《星期六晚邮报》发表了一篇文章。信息来源伯内特（George Burnett）在文中

---

① Goldwater v. Ginsburg，414 F. 2d 324（1969）.

② Masson v. New Yorker Magazine，Inc.，501 U. S. 496（1991）.

③ TRAGER R，RUSSOMANNO J，ROSS S D. The law of journalism and mass communication. Washington，DC：CQ Press，2010.

声称偷听了佐治亚大学橄榄球教练巴茨（Wally Butts）和亚拉巴马大学橄榄球教练布赖恩特（Paul Bryant）的通话，并且听到此两人在电话中合谋操纵了1962年一场橄榄球比赛的结果。报纸在发表此文的时候，没有验证新闻来源的个人记录（后被发现有犯罪记录），没有要求信息来源出示相关的电话记录，也没有向其他当事人、橄榄球专家或相关证人进行求证。法院经审理认为，这些证据足以表明报道者明显偏离了常规性的新闻报道规范，完全符合"全然不顾真伪"的标准，因而须承担侵权责任。[①] 另一起涉及美联社的案子，法院则做出了不同的判决。1962年，密西西比大学打算招收该校首名黑人学生，由此招致大批人在校园抗议。美联社在报道抗议现场时，声称退休少将沃克（Edwin Walker）率领抗议人群向前来执法的联邦法警发起冲击，鼓励他们使用暴力，并教导他们怎样应对催泪弹。美联社的这些不实报道被多个媒体转载，但法院判美联社无须为此承担责任。理由是：系争报道是美联社的一名记者在冲突现场发回的，许多细节足以显示这些信息是可信的；该记者的报道显示了内部的一致性，而且有关原告沃克角色的报道并不令人吃惊，因为这符合原告曾公开发表过的立场；考虑到新闻报道的紧迫性，美联社有关此事的系列报道并未严重偏离既有的新闻操作程序，因此无须为其不实言论负责。[②] 换句话说，美联社并非"全然不顾真伪"，因而得以免责。

(四) 公共人物原则

和实际恶意原则密切相关，"《纽约时报》诉沙利文案"还提出了公共人物原则，即原告是否是公共人物，决定了归责标准的差异，也影响诽谤诉讼的最终结果。原告如果是公共人物，则需要证明被告具有"实际恶意"（actual malice），方能获得胜诉；原告如果是普通公民，则只需要证明被告存有过失（negligence），便可获得胜诉。之所以对公共人物采取更加严格的认定标准，是因为公共人物有足够的媒体渠道来为自己辩护，同时其对公共事务或公共舆论的影响也值得民众对其行为和品格表示更多的关注。

公共人物分为公共官员和公众人物两大类。公共官员至少包括那些"政府雇员中地位较高的人，他们对政府事务负有或貌似负有重大责任"[③]，比如各级政府的行政负责人或国会议员。另外，如果政府中某个职务明显重要，以至于公众对该职务承担者的资格和工作表现感兴趣，且这种兴趣超越了公众对于政府雇员的一般兴趣，那么此人也会被当作公共官员。[④] 警察、政府业务承包商等便属此类。他们级别不高，甚至不是政府雇员，但其担任的政府职务却相当重要，因此也被认为是公共官员，适用于"《纽约时报》诉沙利文案"所确立

---

① Curtis Publishing Co. v. Butts，388 U. S. 130，158（1967）.

② Associated Press v. Walker，388 U. S. 130，140（1967）.

③ Rosenblatt v. Baer，383 U. S. 75，85（1966）.

④ Rosenblatt v. Baer，383 U. S. 75，85（1966）.

的实际恶意标准。公众人物又分为完全意义上的公众人物和有限意义上的公众人物。在"葛兹诉韦尔奇案"中，鲍威尔大法官认为有些人"占据着具有如此广泛的权力和影响力的地位，因此可被认为是完全意义上的公众人物"；更普遍的情况是，"为了影响有关问题的解决，有些人将自己推到特定的公共论战的前台"，这种人被定义为有限意义上的公众人物。① 在美国最高法院看来，公众人物和公共官员在法律意义上没有本质区别，因为他们均有可能影响公共问题的解决，只不过前者是通过其名望来施加影响的。有鉴于此，法院将实际恶意原则延伸到包括各种娱乐、体育、商业明星在内的公众人物身上。

在诽谤诉讼中，原告的身份如果不满足公共官员或公众人物的定义，那么可以被界定为私性人物（即普通公民）。这也意味着，原告不必证明被告存在实际恶意。在大多数案件中，原告只需证明被告在发表或准备发表诽谤性言论时没有做到合理的谨慎，即存有过失，便可获得实际损失（actual damage）赔偿。在新闻实践中，何谓过失并不容易界定，因为不同性质的媒体有不同的行为规范，比如广播电视可接受的报道方式就不一定会被报纸认可。尽管如此，以下一些报道行为一般被认为是存有过失的：依赖单一或匿名的消息来源；没有进行独立调查，只依赖其他媒体的报道；对材料内容进行粗心的误读；对原告心存恶意；不合理地得出结论或进行推导；没有遵循内部已有的操作规范；在记录或引用信源时发生错误。② 然而，作为普通公民的原告在名誉侵权诉讼中能否进一步获得推定损害（presumed damage）或惩罚性赔偿（punitive damage），则取决于系争言论的性质。如果涉及公共事务，原告同样需要证明被告存有实际恶意；如果涉及纯私人事务，原告只需证明被告存有过失，即可获得推定损害或惩罚性赔偿。③ 很明显，法院进行此类区分还是为了促进有关公共事务的讨论。

【讨论】 公共人物概念在我国的运用

在涉及诽谤的司法实践中，我国法院基本上采取的是过错责任原则：无论故意或过失，均应担责。换句话来说，中国不需要原告举证被告有"实际恶意"，也不区分原告是公共人物还是普通公民。这导致中国的媒体在涉及新闻诽谤案时经常败诉。陈志武教授收集了210起在1987年至2003年期间中国发生的以新闻媒体或记者为被告的侵权诉讼样本进行分

---

① Gertz v. Robert Welch, Inc., 418 U.S. 323 (1974).

② TRAGER R, RUSSOMANNO J, ROSS S D. The law of journalism and mass communication. Washington, DC: CQ Press, 2010.

③ Dun & Bradstreet, Inc. v. Greenmoss Builders, Inc., 472 U.S. 749 (1985).

析，发现中国媒体的平均败诉率为63%。其中，在原告是公众人物或政府官员的诉讼中，媒体败诉率高达65%。[1] 这都表明我国如果要加强对言论自由的保护，就应考虑弱化对公共人物的保护。

在2002年“范志毅诉文汇新民报业集团侵害名誉权案”中，我国法院首次有意识地引用了西方的公共人物概念。是年6月，中国国家足球队在世界杯决赛小组赛阶段三战皆负黯然出局，就连对战同组最弱对手哥斯达黎加也已零比二败北，不少人认为国家队后防主力范志毅表现失常。6月14日，《体坛周报》刊登《某国脚涉嫌赌球》一文，声称“某国脚竟然在赛前通过地下赌博集团，买自己的球队输钱……某国脚总是在最关键时刻失位，两个失球都与他脱不了干系”。6月16日，文汇新民报业集团旗下的《东方体育日报》刊登《中哥之战范志毅涉嫌赌球》一文，在开篇转载《体坛周报》的文章之后，通过推导方式得出涉赌球员为范志毅的结论。随后几日，《东方体育日报》又刊登《范九林：我儿子没赌球》《范志毅郑重声明》《真相大白：范志毅没赌球》等系列报道，澄清范志毅未参与赌球的事实。尽管如此，范志毅还是向法院提起诉讼，声称其名誉权遭到侵犯。法院经审理认为，《东方体育日报》的消息来源并非主观臆造，从文章的内容和结构看，旨在连续调查赌球传闻的真实性。即使原告认为报道指名道姓有损其名誉，但在媒体行使舆论监督的过程中，原告作为公众人物对于可能的轻微损害应当予以忍受。从表面上看，报道涉及的是原告个人的私事，但当这一私事与社会公众关注世界杯、关心中国足球相联系时，这一私事就不是一般意义的私事，而是属于社会公众利益的一部分，当然可以成为媒体报道的对象。新闻媒体对社会关注的焦点进行调查，行使报道与舆论监督的权利，以期给社会公众一个明确的说法，也并无不当。[2] 有论者指出，在公共人物概念和实际恶意原则尚未被我国法律正式认可的情况下，此案的审理具有突破性的意义。

（五）被告的媒体/非媒体身份

“《纽约时报》诉沙利文案”发生的年代，正是传统媒体的黄金时代，法院面对的基本上是传统媒体作为被告的情形。随着互联网时代的到来，人们越来越多通过网络与他人交往。尤其是博客、Facebook、Twitter等社交媒体的出现，使得人们可以随时在网上表达自己的想法，对公共事务进行关注和评论。考虑到一些社交媒体账号动辄拥有数万甚至数百万的受众，媒体和非媒体之间的界限变得日益模糊。这引发的一个问题是：是否有必要对被告的媒体和非媒

[1] 陈志武．媒体言论的法律困境．中国社会科学文摘，2005（1）：10.

[2] 参见上海市静安区人民法院民事判决书（2002）静民一（民）初字第1776号。

体身份进行区分？至今为止，美国最高法院并未对此问题进行判决。由于缺乏来自最高法院的统一指示，美国地方法院对此问题的判决明显存在不一致的现象。在有些法院看来，区分被告的媒体/非媒体身份是必要的。如果认定被告是媒体身份，原告若要胜诉，就需要证明被告至少存有过失，甚至需要证明实际恶意[①]；如果认定被告是非媒体身份，原告只需证明被告严格责任，就有可能胜诉[②]。有的法院在判决中对媒体和非媒体进行了区分，但得出结论说两者享受同等程度的法律保护。[③] 有的法院则认为，根本就不应该对被告的媒体/非媒体身份进行区分，不仅因为何谓媒体难以界定，而且何种媒体得到更多保护并未得到任何宪法层面上的支持。[④] 假设诽谤性言论发表在报纸上，原告需要证明报社记者至少存在过失才可获得赔偿；同时假设相同的诽谤性言论发表在社交媒体上，原告无须证明内容原创者存在过失，便可获得赔偿。这明显是一种不公平。人们不禁要问，为什么针对同一人同样的诽谤性言论，因为发表媒体的差异，便面临完全不同的处罚？这在相当大程度上会对包括博客在内的社交媒体造成“寒蝉效应”，使得它们不愿对公共事务进行自由的评论。此外，如果对媒体和非媒体不加区分，予以同等程度的法律保护，结果有可能变得更糟。网民或许会滥用此项原则，在网上轻率地诽谤他人，而不用担心受到任何惩罚。

解决上述困境的关键环节在于对媒体的界定。法院如果能对媒体进行合理的界定，就有可能对符合条件的社交媒体予以宪法层面的保护。近些年来，越来越多的社交媒体在诽谤诉讼中被列为被告，美国法院对其是否拥有媒体身份进行了有益的探索，主要涉及三个方面：（a）网站的内容是否接近传统的新闻报道？在“按揭专员诉内爆外爆重工业案”中，法院认为向公众提供信息服务的网站扮演的就是记者的角色，应被看作媒体加以保护。[⑤]（b）网站的格式是否和传统媒体类似？在“奥格雷迪诉高级法院案”中，法院认为以新闻为导向的系争网站，其格式和传统的报纸很相似，可被看作不间断、重复出版的报刊；这些网站与传统报刊唯一的差异就是网络技术所带来的内容不断更新。[⑥]（c）网站内容原创者是否拥有和传统媒体记者同样的信任度？在“奥普斯迪安金融集团诉考克斯案”中，法院提出被告如果符合以下条件之一便可视为记者，即受过新闻教育，具有某新闻媒体的身份/信用，有证据表明其遵循了诸如编辑、核对事实、披露利益冲突等新闻专业规范，记录访谈内容，和其消息来源之间保持互相理解或同意保密的关系，创造独立的作品而非对他人内容的整合，或是联系多方当事人以保证内容的全面性和可观性。[⑦] 简而言之，法院

① Obsidian Financial Group v. Cox，2011 WL 5999334（D. Ore. 2011）.
② Denny v. Mertz，318 N. W. 2d，141，141（Wis. 1981）.
③ Don King Productions，Inc. v. Douglas，742 F. Supp. 778，782－783 n. 4（S. D. N. Y. 1990）.
④ Bainhauer v. Manoukian，520 A. 2d 1154，1167 n. 7（N. J. Super Ct. App. Div. 1987）.
⑤ Mortgage Specialists v. Implode-Explode Heavy Industries，160 N. H. 227，999 A 2d 184（N. H. 2010）.
⑥ O'Grady v. Superior Court，139 Cal. App. 4th 1423，44 Cal. Rptr. 3d 72（Cal. App. 6 Dist. 2006）.
⑦ Obsidian Financial Group v. Cox，2011 WL 5999334（D. Ore. 2011）.

从网站的内容、格式或作者的身份来对社交媒体的媒体属性进行判断，对符合标准的社交媒体予以更多的法律保护，这在很大程度上促进了社交媒体和公民新闻的发展。

第三节 抗辩事由

名誉侵权一旦成立，被告就须承担民事责任，承担方式包括停止侵害、消除影响、赔礼道歉和赔偿损失等；情节严重的，被告还须承担刑事责任。然而，面对名誉侵权的指控，被告可依法进行抗辩，即针对原告的诉讼请求提出使自己免责或减责的事实和理由。抗辩属于程序法范畴，法律赋予被告抗辩的权利，既体现了程序公正，也是为了保证裁定、判决的公平与合理。针对原告的诉讼请求，被告可提出客观存在的事实，证明原告的诉讼请求不成立或者不完全成立。原告若要胜诉，则需要同时证明四个构件，即公开发表、具有诽谤性质、指向特定人、主观过错，缺一不可。被告只要证明其中一个构件不成立，便可获得胜诉。换句话说。任何一个构件之逆转，都可构成抗辩的事由。尤其是证明内容真实，是对抗名誉侵权指控最常见也是最重要的武器。除此之外，为了促进言论自由，包括我国在内的各国司法实践还创造了一些特殊的抗辩事由，比如绝对特许权、有限特许权、通讯社来稿、撤销与澄清等。这些抗辩事由基本适用于网络空间的名誉权纠纷，但也遭遇新的挑战。

一、内容真实

内容真实（truth）抗辩，是名誉侵权诉讼状中最重要的抗辩手段。1993年《解答》、1998年《解释》均对此抗辩事由进行了肯定，并将内容真实大致分为四个级别，即完全真实、基本属实、基本失实和严重失实。法院在接到诉讼人的诉讼请求后，经核实被指控文章内容完全真实或基本真实，并且没有侮辱他人人格的内容，以裁定不予受理或驳回起诉；只有文章内容基本失实或严重失实，并使他人名誉受到侵害，法院才会认定对名誉侵权的指控成立。与此类似，英美诽谤法也规定，系争言论只要实质真实（substantial truth），就不构成诽谤。实质真实指的是系争言论的“实质部分、主旨、刺痛点是真实的”；“无论其细节是否存在谬误，系争言论的实质如果被证明是真实的，就足以免除被告的法律责任”[①]。这些规定有力地遏制了“滥诉”行为，使新闻媒体和其他传播者不至于动辄得咎，成为被告席上的常客，保证了信息传播工作的正常运行。

在抗辩过程中，有关内容真实的举证责任由谁承担是个关键问题。在英美法系中，很久以来举证的责任落在被告方。被告需要拿出有说服力的证据，来

① Masson v. New Yorker Magazine, Inc., 501 U.S. 496, 516-517 (1991).

证明其内容的真实性。如果无法证明，则有可能承担法律责任。有论者指出，考虑到媒体对某些事实的报道是否失实很难证明，此原则明显将作为媒体的被告置于不利地位，很大程度上抑制了媒体对公共事务的自由讨论。1964年，美国最高法院通过“《纽约时报》诉沙利文案”逆转了这一原则，明确规定原告承担（有关被告实际恶意的）举证责任，并延续至今。但这不是说，在诉讼过程中，被告律师无事可做。被告若想以真实性作为抗辩事由，可以通过盘问原告的证人，或自己寻找证据，来证明内容的实质真实，以此免责。依据我国最高人民法院2001年颁布、2019年修正的《关于民事诉讼证据的若干规定》，当事人对自己提出的诉讼请求所依据的事实或者反驳对方诉讼请求所依据的事实有责任提供证据加以证明。这就是所谓的“谁主张、谁举证”原则。没有证据或者证据不足以证明当事人的事实主张的，由负有举证责任的当事人承担不利后果。该原则引发一定的争议，主要是认为没有给予新闻媒体足够的保护。在司法实践中，既存在以原告未能举证报道事实为由驳回起诉的，也存在被告未能证明事实真相而败诉的情况。[①] 尽管如此，如果被告要以真实性进行抗辩，那么至少应为此承担举证责任，这和美国诽谤法的抗辩是一致的。

二、公正评论

名誉侵权诉讼中的另一个抗辩手段是公正评论（fair comment）。它指的是公众对于一切进入公共领域的人物或事物，比如公共娱乐、科学成果、文化艺术作品以及形形色色的产品/服务等，享有自由评论的权利。创设此抗辩手段的前提是事实和评论能够分开。如果说内容真实抗辩是规范言论中事实的真实性，那么公正评论抗辩就是规范言论中意见的合法性。由于保护公民、媒体的正当批评权利，公正评论被视为现代民主政治的主要标志。将公正评论作为抗辩事由，体现了在名誉权和言论自由之间，法律对涉及社会公益的评论予以优先保护的精神。

按照国际通说，公正评论的认定主要依据三个标准。其一，评论涉及的是有关公共利益的事项。公共利益的范围具有一定的模糊性。在英国的丹宁大法官看来：“公共利益的范围不宜限制得太窄。当一件事情足够大到影响别人，而这些人又理所当然地对此感兴趣或对此关注的时候，这件事情就应当被认为是关乎公共利益的。任何人对此都可以发表评论。”[②] 但公共利益不等于公众兴趣。不少媒体为了吸引读者眼球，专挖名人隐私、诋毁名人声誉，美其名曰“满足公众兴趣”，但此类报道常常和公共利益无关。如果涉嫌诽谤，则不适合援引公共评论原则进行辩护。[③] 其二，评论建立在可靠的事实基础之上。该事

---

① 魏永征．中国新闻传播法纲要．上海：上海社会科学院出版社，1999.

② London Artists Ltd. v. Littler，［1969］2 QB 375.

③ 孙旭培．新闻传播法学．上海：复旦大学出版社，2008.

实必须真实可信，且在系争言论发表之前就已公开存在。如果评论是建立在重大事实错误的基础之上，公正评论的抗辩便告无效。但有论者指出，如果评论所依赖的事实有可信的新闻来源，且评论时无法发现（或难以发现）相反报道或不一致的信息，那么即使后来证明所引述的事实失实也不影响评论的公正性，因为这件事情的真实与否并不能由评论者来控制和审查。[①] 其三，评论者主观上不具恶意。这和"《纽约时报》诉沙利文案"所说的实际恶意不一样，指的是评论者是出于公心，对有关公共利益的问题和现象进行评判，而不是出于偏袒、嘲弄、讽刺或报复。[②] 如果被告的评论带有明显的恶意，其就不可能是公正评论。

需要说明的是，英国国会2013年对其诽谤法进行了修改，取消了先前所规定的公正评论之抗辩原则，代之以诚实意见（honest opinion）的抗辩原则。其理由主要是公正评论原则要求甚高，操作起来十分复杂，不利于对言论自由（尤其是网络言论）的保护。相比之下，诚实意见抗辩原则的门槛要低许多，只需满足以下三个条件即可：系争言论是意见的表达；系争言论大致或明确表明了意见发表所依据的事实；依据已公开的事实或受特权保护的陈述，一个诚实的人会持相同的意见。[③] 换句话说，诚实意见不要求系争言论必须关乎公共利益，也不在乎评论者主观是否具有恶意；至于意见发表所依据的事实，需在文章里大致或具体指明，但此事实是否必须真实，修改后的诽谤法并未对此做出明确规定，也为法院的判决留下变数。另外，修改后的诽谤法规定，诚实意见的抗辩原则只在两种情况下失效，即原告证明被告自己并不认同文章所表达的观点，或证明被告表达的是他人的观点但知道原作者并不认同此观点。此两种情况在司法实践中其实很少发生。

我国法律没有明文规定公正评论或诚实意见的原则。但我国《宪法》第41条赋予了公民对任何国家机关和国家工作人员的批评和建议的权利。1993年《解答》第8条以及1998年《解释》第9条所提及的真实程度的抗辩事由，也可视为公正评论抗辩的法律依据。在司法实践中，公正评论免责的原则得到了一定程度的认可，"中国国际贸易中心诉吴祖光名誉侵权案"便是一例。被告吴祖光针对中国国际贸易中心（以下简称国贸中心）所属惠康超市的工作人员对两名女青年非法搜查一事撰写评论，发表于《中国工商时报》。评论中有"恬不知耻""居然说出这样混账话""流露出扎根深远的洋奴意识"等语，国贸中心诉称此文捏造事实并使用侮辱性语言，侵害其名誉权。法院认为，吴祖光文章是对国贸中心不尊重顾客的行为所进行的批评，属正当舆论监督范畴，不构成侵权，判决驳回国贸中心的诉讼请求。

---

① 窦丰昌．新闻评论怎样才算公正．法制日报，2001-07-02（7）．

② 慕明春．新闻侵害名誉权的抗辩事由及其运用策略．宁夏社会科学，2003（1）：15-19．

③ Defamation act 2013.［2023-10-10］. http：//www.legislation.gov.uk/ukpga/2013/26/pdfs/ukpga_20130026_en.pdf.

三、特许权

特许权指的是为了公共利益或保护自己的合法权益，公民、法人可以作诽谤性陈述而无须承担法律责任。按照英美诽谤法，特许权分为绝对特许权（absolute privilege）和有限特许权（qualified privilege）两种。绝对特许权指的是在一些特定的社会领域，人们可以自由发言而无须承担任何诽谤责任。这主要指的是政府机关的职权行为。比如，议员在议会中的发言、诉讼当事人的当庭陈述、公务员的职务报告等就属于绝对特许权，其言论无论是否存有诽谤，都受到法律的绝对豁免。有限特许权也被称为公正报道特权（fair report privilege），指的是记者在报道官方活动信息时，即使原始信息出错，也无须承担法律责任。这主要是为了鼓励新闻媒体对政府活动进行自由和全面的报道，其背后的逻辑满足公民对政府信息的知情权。要想获得有限特许权豁免，须同时满足三个条件：信息必须来自官方的记录或程序；新闻报道必须公正、准确地反映公共记录或官方程序中所说的话；新闻报道必须清楚地表明信息的来源。[①] 公共记录或官方程序不仅涵盖各级行政、司法、立法机关的官方活动信息，也包括所有与政府进行沟通的个人或组织的活动信息。如果报道带有恶意，报道不准确或不公正，文章的要旨不正确，或在官方报告之外添加了评论，则不受有限特许权的保护。

在1994年“雷诺兹案”中，英国法院将有限特许权推广到了与公共利益相关的新闻报道。新闻的报道内容只要与公共利益相关，而新闻媒体的做法又符合负责任的新闻专业原则，即使新闻内容出现一定的错误，也无须承担诽谤责任。这一原则也被称为“雷诺兹特许权”（Reynolds privilege），理论上扩大了对新闻媒体的报道范围。[②] 但在实践中，由于对法院提出的十条负责任的新闻报道原则存在机械理解，有的法官甚至要求媒体在抗辩时完全满足这十条，媒体抗辩成功率很低。另外，此条原则只针对作为被告的新闻媒体，但在网络时代，媒体和非媒体的界限日益模糊，不少涉及公共利益的言论都是通过社交媒体发布的，是公民自发的个人行为。有鉴于此，2013年英国诽谤法改革案废除了“雷诺兹特许权”，代之以“基于公共利益的发表”（publication on matter of public interest）原则。根据此新原则，被告如果能证明所发表言论关乎公共利益，而且被告有理由相信发表此言论符合公共利益，便可以此作为抗辩事由。在判断系争言论是否“关乎公共利益”时，法院需要考虑所有相关背景。至于被告是否“有理由相信所发表言论符合公共利益”，法院必须考虑被告根

① TRAGER R，RUSSOMANNO J，ROSS S D. The law of journalism and mass communication. Washington，DC：CQ Press，2010.

② Reynolds v. Times Newspapers Limited and others.（1999-10-28）[2023-10-10]. http：//www. publications. parliament. uk/pa/ld199899/ldjudgmt/jd991028/rey01. htm.

据当时情况自行做出的编辑判断。有论者指出，如果被告在发表前没有核对事实，发表出来的内容也没有做到不偏不倚，就不能认为是“有理由相信”其报道符合公共利益，因此也不能获得此原则保护。尽管存在一些模糊地带，但新原则明显扩大了公共利益特许权的保护范畴：它不仅适用于事实的陈述，也适用于观点或意见的表达；不仅适用于新闻媒体的专业报道，也适用于网上网下所有非媒体机构或个人所发表的言论。较之“雷诺兹特许权”，新原则被认为是保护言论自由的一大进步。

【案例】 雷诺兹案①

1994年11月17日，爱尔兰总理艾伯特·雷诺兹（Albert Reynolds）在议会下议院宣布辞职。11月20日，《星期日泰晤士报》英国版和爱尔兰版都刊登了该事件的长篇报道。英国版题为《再见了，放高利贷的人》，占据了整版篇幅。爱尔兰版题为《为何一个撒谎的人难以证明其作为爱尔兰和平缔造者的重要性》，篇幅长达3个版。这两篇报道虽然都对雷诺兹持批评立场，但爱尔兰版详细报道了全过程，而英国版则略去了一些重要内容，特别是没有报道雷诺兹在下议院的辩护声明，雷诺兹对英国版的报道极为不满，对泰晤士报公司及文章作者、编辑提起诽谤诉讼。

此案于1996年11月初审理，被告提出的一个抗辩理由为：本文属于政治性报道，与公共利益有关，应该享有有限特许权的保护。法庭裁定政治性报道不属于有限特许权保护范围，但鉴于作者和编辑没有恶意，判令被告赔偿原告1便士。原告和被告均提起上诉，但是上诉法院的二审维持了一审的判决。法庭认为，此案的爱尔兰总理下台新闻无疑与公共利益有关，公众有权知悉，但是衡量《星期日泰晤士报》报道的全部情况存在缺陷：爱尔兰新闻官员曾告诉记者，雷诺兹要讲的话，都会在下议院交代，他会回击所有对他的攻击。爱尔兰版的报道写了这些内容，而英国版的报道却只字不提，这样的报道既不公正，也不准确，会对英国读者产生误导，所以不能免责，不过只需象征性赔偿。

法院还认为，基于某种特殊利益，诚实地发表一些言论，即使这些言论不能被证明是真实的，但其发表的重要性高于名誉权保护，普通法便可以予以特许权保护。这种特许权有的是“绝对特许权”，例如法官、律师、证人在法庭上的言论；但在通常情况下，主要是“有限特许权”。法院虽不赞成把政治性报道作为一项新的有限特许权，但在列举了以往诽谤

---

① Reynolds v. Times Newspapers Limited and others. (1999－10－28)［2023－10－10］. http://www.publications.parliament.uk/pa/ld199899/ldjudgmt/jd991028/rey01.htm.

案判决“有限特许权”保护的一些情况后指出：当一个人基于某种利益，或者职责、社会、法律甚至道义的需要发表意见，如果这种发表关乎公共利益，发表时又是负责的，就可以得到“有限特许权”保护，这自然也适用于新闻报道。那么怎样衡量新闻报道是负责任的呢？法院提出，可考虑以下一些因素：（1）对当事人（诽谤案件的原告）指责的严重程度；（2）有关事项受到公众关注的程度；（3）消息来源是否可靠；（4）发表前是否做过核实；（5）有关事项所处状态，例如是否正处于当局调查中；（6）发表的迫切性；（7）有没有请当事人回应；（8）有没有报道当事人的意见；（9）行文的格调；（10）报道发表的现实环境和时机。法院补充说，上述十点并非全部衡量标准，可视情况的变化而变化。此案所确立的原则也被称为“雷诺兹特许权”，它把有限特许权推广到了与公共利益相关的新闻报道，对英国乃至世界诽谤法产生了深远的影响。

我国法律也有特许权的法律规定。比如，我国《宪法》第75条规定：全国人民代表大会代表在全国人民代表大会各种会议上的发言和表决，不受法律追究。这里所说的会议包括全国人大全体会议、常委会会议、代表团会议、代表团小组会议、主席团会议、各专门委员会会议等。发言就其内容来说，包括了正确的、不正确的甚至是完全错误的发言；表决就其内容来说，包括赞成、反对或弃权，包括对各种会议议题的表决，如通过法律案，批准各种报告、计划和预算，选举、罢免、撤职、质询等。这其实就是一种绝对特许权，其目的在于免除代表由于害怕承担法律责任而不敢真实反映人民意见、提出自己主张的顾虑。

另外，1998年《解释》为媒体报道提供了有限特许权的保护，其中第6条规定：“新闻单位根据国家机关依职权制作的公开的文书和实施的公开的职权行为所作的报道，其报道客观准确的，不应当认定为侵害他人名誉权；其报道失实，或者前述文书和职权行为已公开纠正而拒绝更正报道，致使他人名誉受到损害的，应当认定为侵害他人名誉权。”之所以如此规定，是因为最高人民法院认为，公众有权了解国家机关为公共利益而从事公共事务、国务活动的情况，而新闻报道正是公众了解这种情况的根本途径。有论者指出，新闻媒体享受此特许权，需要同时满足以下四个条件：（1）新闻报道所依据的官方文书和行为必须是“依职权的”，非依法定程序产生的文书和行为不受特许权保护。（2）新闻报道所依据的官方文书和行为必须是“公开的”，报道尚未公开的官方文件或行为不受特许权保护。（3）要对官方文书或行为进行客观准确的报道，添油加醋或加入个人观点不受特许权保护。（4）官方文书和行为已公开纠正，新闻报道应同样加以更正；拒绝更正不仅不受特许权保护，还要被追究侵权责任。[①] 这和英美诽谤法的有限特许权的规定基本类似，不过没有明确要求新闻报道要注明消息的官方来源。此外，有学者提出，新闻报道如果有“权威的消息来源”，就可以免除诽谤指控，其所列举的“权威的消息来源”除了政府机关公开的文书和职权行为，还包括公民、法人关于自身活动提供新闻单位发布的材料，这明显扩大了有限特许权的保护范畴。依据英美诽谤法，公民、法人提供的关于自身的材料，如果不属于与政府沟通的信息，不应被看作“权威的消息来源”而使新闻媒体享受特许权的保护。

【案例】 刘某某诉河南省遂平县广播电视局等侵害名誉权案[②]

原告刘某某于2000年7月被遂平县公安局以诈骗和涉嫌敲诈勒索罪刑拘，同年经遂平县检察院批准逮捕。后经驻马店市检察院复查，该案于2001年11月撤销，并对刘某某因错误逮捕、羁押进行国家赔偿。2000年7月21日、22日，在原告被羁押期间，遂平电视台在其晚间新闻中播放了原告被公安干警讯问的录像以及记者到石寨铺乡李集村进行采访、群众给县委送匾等镜头。在该新闻中，刘某某被称为为害一方的“南霸天”，对群众敲诈勒索等。受该报道的影响，原告后来从事劳务或打工均遭到拒绝，家庭生活亦受到影响，精神受到伤害。2003年3月，原告要求遂平电视台向其赔礼道歉，恢复名誉，未果，遂向法院提起诉讼。初审法院同年11月做出判决，判被告承担民事责任。被告不服判决，提出上诉。二审法院以原判决违反法定程序可能影响案件正确判决为由，撤销初审判决，并发回重审。法院经重审后做出判决，依然判被告侵害名誉权成立。

法院认为，公民依法享有名誉权，公民的人格尊严受法律保护，禁止用任何方法对公民进行侮辱、诽谤和诬告陷害。在此案中，遂平电视台根据遂平县石寨铺乡李集村群众的反映，对采访群众以及公安干警讯问刘某某的情况予以报道，因刘某某当时确实因涉嫌敲诈勒索犯罪被遂平县公安局依法刑事拘留，就其报道而言，是客观、真实的，但遂平电视台在该报道中使用了“南霸天”一词，众所周知，“南霸天”是指电影《红色娘子军》中那个欺压百姓、鱼肉乡里、与反革命势力沆瀣一气的土匪、恶霸，该报道中使用该词显然对刘某某具有贬低之意。另外，刘某某涉嫌诈骗一案经驻马店市人民检察院、遂平县人民检察院作出撤销，并予以国家赔偿，说明遂平县人民检察院对错误将刘某某当作犯罪嫌疑人予以逮捕的

① 徐迅．唯一的特许权：准确和不准确的理解与适用//“中国新闻侵权案例精选与评析”课题组．中国新闻（媒体）侵权案件精选与评析50例．北京：法律出版社，2009.

② 参见河南省遂平县人民法院民事判决书（2003）遂民初字第64号。

职权行为已公开纠正，遂平电视台因此有更正报道的义务。2003年3月，刘某某曾向遂平电视台要求赔礼道歉，恢复名誉，意即要求其作出更正报道，但遂平电视台却未作更正报道。由此可见，遂平电视台于2000年7月21日、22日把刘某某称作"南霸天"的报道及国家机关的职权行为有错误已公开纠正之后而拒绝作出更正报道，致使原告刘某某的名誉持续受到损害，此行为已构成对刘某某名誉的侵害。由此，法院判遂平电视台承担民事责任，向原告赔礼道歉，并赔偿原告精神抚慰费3 000元。法院同时裁定，遂平县广播电视局作为遂平电视台的行政主管部门未参与该报道的制作，也没有法定的作出更正报道的义务，故不应当承担本案的民事责任。

四、其他事由

除了内容真实、公正评论和特许权这三个抗辩策略，包括我国在内的各国法院还允许被告采纳其他抗辩事由，其中较为重要的包括读者来信、通讯社来稿、撤销与澄清、反对针对公众参与的策略性诉讼等，简要介绍如下：

（一）读者来信

读者来信通常被看作观点的表达，因而在美国受到《宪法》的保护。在决定读者来信性质的时候，法院会根据其所处的位置来判断。如果明显置放在报纸的观点版，一般来说就会作为观点处理而受到法律的绝对保护。问题在于，读者来信有时会将观点和事实混在一起。比如，在"马德森诉布伊案"中，法院判系争的读者来信构成诽谤；这封来信质疑了一名儿童心理医生的资格和能力；法院认为此信不仅仅是观点，而且包含了诽谤性的事实陈述，因而必须承担法律责任。① 在我国，因读者来信引发的名誉权纠纷也不少，但对读者来信的言论性质及其是否免责，法律尚无明确规定。有学者建议，新闻媒体在刊发读者来信的时候，如果以适当的方式声明相关内容尚未核实，在当事人提出抗议/异议后，及时更正或提供答辩的机会，就不应承担法律责任，反之则应为读者来信中的事实的虚假陈述负责。②

（二）通讯社来稿

不少国家的法院承认通讯社来稿的抗辩事由，即如果刊登来自美联社、路透社这样具有声誉的通讯社提供的稿件，那么即便内容后来被证明是错误的，

---

① Madsen v. Buie，454 So. 2d 727（1984）.

② 徐迅．新闻侵害名誉权、隐私权新的司法解释建议稿（条文部分）．新闻记者，2008（1）：37-39.

被告也无须承担诽谤责任。前提是刊登的时候没有对原稿内容进行实质性改动，也没有怀疑原稿内容的真实性。设立此抗辩原则的逻辑是通讯社的稿件普遍值得信赖，刊登此稿件的媒体也没必要费力对其真实性进行核查。比如，美国阿拉斯加的一份报纸刊登了美联社的通稿，声称阿拉斯加的一名飞行员被控在亚利桑那走私毒品，结果被当事人以名誉侵权为由起诉。该报纸未独立核实报道的真实性，但也没有理由怀疑报道的准确性。法院很快以通讯社来稿事由拒绝受理此案。①

在我国，来自新华社的稿件常被视为权威的信息来源。1982 年全国人大常委会通过决议，决定“将新华通讯社作为国务院的组成部门，是国家集中统一的新闻发布机关”，承担着发布重要政务新闻的职能。1987 年中宣部等部门发布的《关于改进新闻报道若干问题的意见》，重申新华社是“党和国家发布新闻的机关”，它的一个主要职能是负责准确、及时地统一发布党和政府的重要新闻，主要包括：党和政府的重大政策、决定；重要文件；重要会议新闻；中央领导人的重要活动；中央领导人同外宾会见、会谈时发表的涉及国内国际重大问题的谈话；重要人事任免；领导人去世；等等。新闻媒体在采用新华社发布的此类通稿时，毫无疑问无须为其内容的真实性负责。但新华社提供的如果是其他类型的新闻报道，则刊登其报道的新闻媒体是否也无须为其内容的真实性负责，目前尚无正式规定。一般认为，媒体可以以权威消息来源为由进行抗辩，无须为其内容失实（如果有的话）承担责任；如果内容确有实质性错误，则应由通讯者承担相关责任。

（三）撤销与澄清

对于传统媒体而言，如果其发表的作品已被认定为侵害他人名誉权或者被告知明显属于侵害他人名誉权后，应刊登声明消除影响或者采取其他补救措施。拒不刊登声明，不采取其他补救措施，或者继续刊登、出版侵权作品的，应认定为侵权。此外，传统媒体即便采取收回或者更正这样的措施，也不能完全免除责任，只能部分减轻承担的责任。因为收回或者更正只是事后的一种补救措施，如果传统媒体没有尽到事前的审查核实义务，放任了侵权言论的发表，则还是要为主观过错承担责任。然而，对于网络经营者来说，如果要在各类信息发布前进行审查，是一种无力承担的负担，也不利于互联网的发展。因此，我国《民法典》第 1195 条规定，网络服务提供商如果事前不知晓内容侵权，那么在其接到受害人告知侵权后及时移除涉嫌侵权信息，就尽到了它应尽的义务，可以完全免责。如果没有及时采取必要措施的，则与该网络用户承担连带责任。

---

① Gay v. Williams，486 F. Supp. 12 (D. Alaska 1979).

【案例】 陈某某诉中国博客网案[①]

2005年11月初，南京大学新闻传播学院副教授陈某某以名誉权受侵犯为由，将中国博客网告上南京市鼓楼区法院，因网站非适格的被告，陈某某撤诉后又重新将网站的主办单位杭州博客信息技术有限公司告上法院。引发诉讼的起因是中国博客网用户“K007”在自己名曰“长套袜”的博客上，刊发了一篇名为《烂人烂教材》的网络日志，辱骂陈某某“是猥琐人”“简直就是流氓”。陈某某发现这篇博客日志后，致电中国博客网要求删帖，但网站方面却要他提供能证明自己身份的材料，否则不予删帖。因双方意见相左，那篇涉嫌侵权的博客日志便长时间被保留，直到引发诉讼才被删除。法院经审理认为，《烂人烂教材》因存在侮辱原告的内容构成有害信息，原告当初电话通知被告删除信息，可以认定被告此时已经发现有害信息，其应当在合理的时间内采取措施停止有害信息的传播。但被告仅仅要求原告提供身份证明而不采取任何措施，未尽到“善良管理人”的注意义务，应承担相应法律责任。有鉴于此，法院判被告在中国博客网首页刊登致歉声明，并赔偿原告经济损失1 000元。被告不服判决，提起上诉。南京市中级人民法院作出终审判决：驳回上诉，维持原判。

（四）反对针对公众参与的策略性诉讼

针对公众参与的策略性诉讼（strategic lawsuit against public participation，SLAPP）指的是因非政府主体就公共利益事项行使宪法规定的言论自由权、公开发表了意见，而据此对其提起的请求损害赔偿或者禁止令的民事诉讼。SLAPP起源于美国，这类诉讼的原告一般是经济实力强大的公司集团，被告多为经济实力较弱的个体或非政府组织；起诉的事由一般为名誉侵权、商业侵权、侵犯隐私等。在诉讼金额上，往往数额巨大，远远超出被告的经济承受能力。尽管原告在起诉时往往缺乏合理的法律依据，败诉的概率很大，但原告坚持起诉，其目的不在于赢得官司，而是将诉讼作为一种策略，通过烦琐的诉讼程序以及天价的索赔金额，来恐吓、阻止公众对其产品、服务或行为可能的批评。在司法实践中，美国法院如果发现原告试图通过漫长的诉讼程序来威胁、恐吓其批评者，则拒绝受理此案。换句话说，如果属于此类情况，则被告可以SLAPP进行抗辩，要求法院直接驳回原告的诉讼。在立法方面，美国不少州已经通过修改其《民事诉讼法》，禁止针对公众参与的策略性诉讼，以保护公

① 徐迅．网站对博客负有监管责任//“中国新闻侵权案例精选与评析”课题组．中国新闻（媒体）侵权案件精选与评析50例．北京：法律出版社，2009.

众对大型财团或其他权贵者的批评。

近些年来，伴随着公众和媒体对社会问题的日益关注，大公司发起的此类策略性诉讼在我国也开始出现。比如，2006 年 8 月，因不满一篇有关富士康员工“超时加班”问题的报道，台湾首富郭台铭所控制的富士康科技集团下属全资子公司——鸿富锦精密工业（深圳）有限公司，以名誉侵权为由，向《第一财经日报》的两名记者提出总额 3 000 万元的索赔要求，并要求法院查封、冻结两名记者的个人财产。[①] 经历了一波三折的舆论大战之后，原告最后撤诉，但其对两名记者造成的精神伤害是明显的，很大程度上也成功阻止了其他公民和媒体对其商业模式的批评。有论者指出，针对公众参与的策略性诉讼已明显呈上升趋势，法院系统在某种意义上沦为打压公众和弱势群体的工具，这将严重影响公众对法律体系和司法机构的信心，但至今为止，我国包括《民事诉讼法》在内的法律尚未对此问题进行针对性调整。

【本章小结】

本章首先简要介绍了名誉权的发展历史、名誉和名誉权的概念、名誉侵权的对象、名誉侵权的形式、名誉权的法律保护体系等基本内容。名誉是对特定人的品德、声望、才能、信用等的社会评价。名誉权是享有名誉的权利，是人格权的一种，受法律保护。名誉侵权的对象包括自然人、法人、非法人组织以及死者。名誉侵权的形式包括诽谤和侮辱、口头和书面等。网络侵权有三个鲜明特点，即侵权渠道的易得性、侵权后果的严重性、侵权责任者的难以界定。这些特点使得传统的名誉权的法律保护体系面临不少新的挑战。

之后，本章详细讨论了网络名誉侵权成立的四个构件，即内容的发表、内容的侵权性、指向特定人、主观过错。针对内容的发表构件，我们重点讨论了内容的网络发表、内容的重新发表、内容的匿名发表、一次性发表原则、网络服务提供商的角色等重要议题。内容的侵权性主要表现为三种形式，即陈述虚假事实、发表不当评论、使用侮辱性言辞。指向特定人具有特定的内容。无论是文学作品中的诽谤还是群体诽谤，都有可能满足特定指向的侵权构件，但须根据具体情况进行分析。在主观过错部分，我们重点讨论了过错的内涵、“《纽约时报》诉沙利文案”、该案所确立的实际恶意和公共人物原则，以及新媒体时代被告的媒体和非媒体身份所带来的影响。

接下来，本章阐述了被告在面临名誉侵权指控时主要采取的三种抗辩策略，即内容真实、公正评论、特许权。此外，我们还简要讨论了其他一些抗辩

---

① 吴俊，彭勇．第一财经日报两记者被诉索赔 3 千万元．(2006－08－29)［2023－10－10］. http://news.xinhuanet.com/legal/2006－08/29/content_5023348.htm.

手段，包括读者来信、通讯社来稿、撤销与澄清以及反对针对公众参与的策略性诉讼等。

【思考题】

1. 简述名誉权制度的发展历程。
2. 何谓名誉？何谓名誉权？
3. 名誉权和荣誉权有什么关联，又如何区分？
4. 名誉权和隐私权有什么关联，又如何区分？
5. 名誉侵权的对象主要包括哪些？
6. 怎样区分侮辱和诽谤？
7. 和传统环境下的名誉侵权相比，网络名誉侵权有哪些显著特点？
8. 名誉权受到怎样的法律保护？
9. 名誉侵权的构成要件是什么？
10. 何谓一次性发表原则？
11. 网络服务提供商在网络名誉侵权中承担怎样的责任？
12. 何谓实际恶意原则？
13. 何谓公共人物原则？
14. 新媒体时代是否有必要对被告的媒体和非媒体身份进行区分？
15. 被告在面临名誉侵权指控时可以采取何种抗辩策略？
16. 什么是“雷诺兹特许权”？

第 6 章　侵害隐私权和个人信息

隐私权和个人信息都属于人格权保护的范畴，保护的目的都是维护个人自由与尊严。本章先从比较法的视角梳理隐私权和个人信息保护在西方国家的发展历史，介绍我国在积极借鉴西方立法基础上，已初步建立的一套全面保护体系。接下来，鉴于隐私权和个人信息在权利内容、侵权方式、保护方式、财产价值等方面存在诸多差别，本章的第二、第三节对隐私权和个人信息分别进行讨论。

第一节　概述

1890 年，美国学者沃伦（Samuel Warren）和布兰代斯在《哈佛法律评论》发表了一篇名为《论隐私权》的文章，首次使用了隐私权的概念。他们认为新闻报道有时为了迎合低级趣味，不厌其烦地制造流言，而这种流言侵犯了个人私生活的神圣领域，逾越了符合社会利益的规范。两位学者针对的主要是新闻媒介肆意侵犯个人隐私的情形，在此背景下提出的隐私权概念是指一种“不被了解的权利”。在他们看来，每个人都有生活不被他人打搅的权利，对这样一种权利的侵害是对隐私的侵害。随着时间的推移，隐私权在美国各州及世界各地逐渐被人熟知和接受。隐私权的内容不断丰富，逐渐扩展到对个人的生理信息、健康、财产等私人生活秘密的保护方面。这类“不被了解的权利”是在被侵犯以后才感觉到的，是一种防御性的、被动的权利。

进入当代社会，尤其是随着信息技术和网络媒体的快速发展，各种个人信息在网络空间大量生产和流传，不仅容易被泄露，也有可能被相关机构大规模收集和使用，由此衍生了信息隐私的概念，即“控制有关自己信息传播的权利”。与传统的被动的隐私权相比，这是一种相对积极的权利。时至今日，鉴于个人信息在当代信息社会的至关重要性，以及个人信息处理不当给信息主体带来的人身财产风险，乃至给社会公共安全带来的隐患，越来越多的国家和地区开始通过专项立法对个人信息进行保护。

一、比较法层面的考察

如今，美国、英国、德国等国家以及欧盟已经发展出一套规范的体系，从宪法和私法等方面对隐私权和个人信息进行保护。宪法上的保护旨在保障个人私生活不受公权力的侵害，私法上的保护旨在保障个人隐私权和个人信息不受第三人的侵害。这些国家和组织的规范体系各具特色，但又存有共性，概述如下。

美国法律对隐私权（含个人信息）的保护包含三个方面：

一是侵权行为法上的隐私权。按照法学家普罗瑟（William Prosser）1960年对200多个判例的分析，侵害隐私权的诉讼可分为四类：侵入原告的私密领域；曝光原告令人难堪的私人事实；不合理的曝光致使公众对原告产生错误印象；出于私利窃用原告的姓名和肖像。这四项诉讼被通称为“普通法上的侵犯隐私”，提出之后影响甚大，终为美国侵权法所采纳，并得到美国大部分州全部或部分的承认。

二是宪法上的隐私权。美国宪法并未明确提出隐私权的概念，但其修正案被认为蕴含了对隐私诸多方面的保护，比如有关隐私的信仰（第一修正案），未经房主同意，士兵不得在民房驻扎（第三修正案），不得对公民人身和住宅进行不合理搜查（第四修正案），保护宪法中未列举的权利（第五修正案）等。通过对各州及联邦法令进行违宪审查，美国联邦法院由此创设了诸多宪法上的隐私权，包括信息隐私权、自决隐私权等。[①]

三是特别法对隐私权的保护。这集中体现在对信息隐私的立法保护方面，包括：《1974年隐私法》（Privacy Act of 1974）对政府机构收集、储存和使用个人信息的规范；《电子通信隐私法》对公民有线或无线、电子或口头之通信隐私的保护；《外国情报监控法》对国家安全机关收集外国情报行为的规范；《公平信用报告法》对消费者信用信息的保护；《健康保险携带和责任法》对消费者健康信息、医疗记录的保护；《格雷姆-里奇-比利雷法》对个人秘密金融信息的保护；《儿童网上隐私保护法》对儿童信息隐私的保护；等等。

【案例】 沃伦诉罗伊案[②]

1972年，纽约州议会通过一项法令，规定若干药品的处方应录入表格，统一备案，并储存在集中的政府计算机上。该法令有助于调查特定场合明面上的药品滥用现象，也有助于警示和阻止潜在的违反规定者，其最终目的是最大限度上减少危险药品的滥用现象。在此法令施行前数日，一群经常需要 Schedule Ⅱ类药品的病人、有处方权的医生和两家医生协会提起诉讼，认为该法令违反了宪法对“隐私领域”的保护。这些人担心政府收集的这些处方信息可能会泄露给公众，而这些泄露反过来会损害他们

① 艾伦，托克音顿．美国隐私法：学说、判例与立法．冯建妹，石宏，郝倩，等编译．北京：中国民主法制出版社，2004.

② Whalen v. Roe，429 U.S. 589（1977）.

的声誉。这种担心使得一些病人不愿用药，有些医生不愿开这类处方，即使有时此类用药是医学上必需的。由此，他们认为，该法令既可能侵害他们不愿透露隐私的权利，也侵害到他们独立做出重要决定的权利。

此案涉及的与宪法有关的问题在于：纽约州是否可以在其中央计算机的文件上记录下那些根据医生的处方获得药品的所有病人的姓名和地址，无论它是从合法渠道还是从黑市获得这些药品。在美国最高法院看来，控制危险药品的使用及分配乃纽约州之行政权的正当行使，将储存的信息向医生、保险公司或公共卫生单位公开，或在司法诉讼上被用作证据，并不当然构成对受宪法所保障隐私权的侵害。

此案例的重要意义在于它首次承认宪法上的隐私权包括信息隐私权和自决隐私权。斯蒂文斯大法官主笔的法院多数派意见特别强调：“我们不是不知道存在于计算机数据库或其他政府档案中的日益积累的大量的个人信息对个人隐私所造成的威胁。税收的争取、社会福利的发放、公共卫生的监督、武装力量的指挥、刑事法律的执行等等，无不要求有序地保存大量数据，其中多属个人性质，而一旦泄露出去就会令人尴尬或受到伤害。为公共利益搜集及使用此等数据的权利，历来就伴随着法定的义务：不得随意泄露。在若干情形下，此项义务有其宪法上的根源。”由此，对隐私权的宪法保护，不仅仅局限于宪法第四修正案对非法搜查和非法占有的禁止，而是扩展到对个人信息之非法搜集和泄露的限制。

英国法律尚未承认一般隐私权，但侵权法认定的以下四类行为具有保护隐私的功能，包括：直接侵害（trespass），比如在他人土地或房屋装设窃听器；生活妨害（nuisance），比如从空中拍摄他人房屋或观察土地上或屋内人的行动；恶意虚伪（malicious falsehood），比如记者闯进病房，伪称探访病人，实则为了报道病人隐私；违反保密责任（breach of confidentiality），比如医生违反保密规定向外泄露其病人信息。[①] 每种侵权行为的构件不尽相同，救济方式也有所不同。此外，如前所述，英国在 1998 年制定了《人权法》，其中第 6 条明文规定公务机关不得从事有违《欧洲人权公约》所定权利（包括隐私权）的行为，肯定隐私为宪法上的一种权利和价值。

德国法律对隐私权的保护主要通过一般人格权的路径。《德国基本法》第 1 条规定人格尊严不可侵犯，第 2 条规定人人有自由发展其人格之权利。依据这两条，德国法院创设了宪法上的一般人格权，并认定其为《德国民法典》第 823 条所称的其他权利。[②] 在一般人格权的法律框架下，德国法院通过判例将

① 王泽鉴．人格权法：法释义学、比较法、案例研究．北京：北京大学出版社，2013.

② 《德国民法典》第 823 条第 1 项规定：“因故意或过失不法侵害他人的生命、身体、健康、自由、所有权及其他权利者，应就所生损害承担赔偿责任。”

其具化到私领域，对隐私分为三个层面进行保护，即隐秘领域、秘密领域和私人领域。随着时代的发展和科技的进步，1983年德国法院更进一步，在人口普查案中创设了个人信息自主权。此外，德国还通过一些特别立法来加强对个人信息的保护，尤其是1977年制定的《联邦数据保护法》，旨在规范政府机构以及私人组织处理个人数据的行为，被认为是德国数据保护的核心法律。在刑法层面，《德国刑法典》规定了七种涉及侵害隐私权的罪名，包括侵害言论秘密罪、侵害通信罪、探知数据罪、侵害他人秘密罪、利用他人秘密罪、侵害邮政或电信秘密罪、非法侵害他人住宅罪，展现了德国刑法对公民隐私权保护的高度重视。

欧盟对隐私权和个人信息的保护可追溯到1950年欧洲委员会制定的《欧洲人权公约》，该公约第8条规定：每个人的私人及家庭生活、其家庭以及其通信隐私的权利与自由必须得到尊重，若需要对此做出限制，则必须符合法律规定且为民主社会所必需。随着互联网时代的到来，对个人数据的保护引发欧盟的关注。1995年，欧盟制定并通过了《数据保护指令》（Data Protection Directive），以协调欧洲成员国之间的数据保护法律，并为其成员国制定了一系列个人数据保护的最低标准。但这只是一个“指令”，对成员国没有直接约束力，而需要各国通过国内立法将其有效化，这也导致各国数据保护实践的较大差异。2012年，为加强对个人数据的保护，欧盟对《数据保护指令》进行了修改，并在此基础上制定了《通用数据保护条例》（General Data Protection Regulation）。制定该条例的一个重要目标就是将成员国数据保护的不同法律法规统一起来，并将此法律直接运用到各成员国（无须通过国内立法）。此外，该条例还增设了一系列规则，以强化自然人的数据保护权（包括被遗忘的权利），同时简化了跨国公司的合规程序。该条例2016年4月正式通过，成为当下欧盟保护个人数据最重要的法律，并影响了世界各国的个人信息立法。

简而言之，美国先有侵权行为法上的隐私权，后发展出宪法上的隐私权，并制定了一些特别法律对隐私（尤其是信息隐私）进行保护。英国对隐私的保护较为谨慎，尚未明确承认隐私侵权行为，但《欧洲人权公约》的本国化已创造了一个承认一般隐私权的宪法环境。德国创设了宪法上的一般人格权以及私法上的一般人格权，并将其具体化，延伸到对公民私领域的保护。此外，德国制定了特别法对个人数据进行保护，并构建了一套概念明确、逻辑严密的隐私刑法保护体系。欧盟通过《欧洲人权公约》对一般隐私权进行保护，同时制定《通用数据保护条例》对个人数据提供强有力的专项保护。这些比较法经验为我国构建隐私和个人信息规范体系提供了有益参考。

二、我国的立法保护

很久以来，中国人基本上没有隐私权的概念。中国的传统文化一向推崇集体主义，提倡凡事以家庭、社会和国家利益为重，主张个人服从集体，崇尚大公无私等。在这种文化背景下，隐私作为一种私权常常受到排斥和贬低。它曾经一度等同于“阴私”，指的是涉及不正当性行为，有关强奸、侮辱、猥亵妇女或者其他有伤风化的事情，是阴暗、丑陋的……在日常生活中，人们也常用“难言之隐”“难于启齿”“不可告人”等词汇来描述违反社会道德的丑陋的人和事。[①] 因此，凡“私”必揭，“街谈巷议”别人家的“家长里短”成了一种普遍认同的、习以为常的社会习惯。自 1978 年改革开放以来，中国社会发生了巨大的变化，这主要表现在市场经济的确立、民主政治的发展以及和世界的日益融合。在这种情况下，隐私权和许多其他的人格权概念逐渐被接受。有关隐私保护的条款逐渐见于中国的宪法、刑法、民法、诉讼法等法律体系相关条款的制定和修改中。与隐私权密切相关的个人信息也日益得到重视，并得到了高阶位立法的专门保护。

发展至今，我国已形成了隐私权和个人信息的二元保护体系。这套体系尚未达到成熟完善阶段，其实施效果还有待观察，但体现了立法者与时俱进的不懈努力。该保护体系主要包括：

（一）宪法层面的保护

我国现行《宪法》第 38 条规定，公民的人格尊严不受侵犯，禁止用任何方法对公民进行侮辱、诽谤和诬告陷害。按照学界通说，人格尊严是一个基本的法律概念，它不仅涉及名誉，也涉及隐私、姓名、肖像等内容。第 39 条规定，公民的住宅不受侵犯，禁止非法搜查或者非法侵入公民的住宅。该条款可被认为是对隐私权的重要内容——私人空间——进行了直接保护。第 40 条规定，公民的通信自由和通信秘密受法律的保护。该条款保护的是公民的通信活动，也是隐私权的重要内容。

（二）民法层面的保护

我国 1986 年制定的《民法通则》并未明确规定自然人的隐私权。依据随后颁布的司法解释，侵犯隐私权的行为在达到一定要件后，可认定为名誉权侵权。[②] 2009 年出台的《侵权责任法》第 2 条首次将隐私权作为一项独立的民事

---

① 马特．隐私语义考据及法律诠释．求索，2008（5）：131.

② 1988 年，最高人民法院在《关于贯彻执行〈中华人民共和国民法通则〉若干问题的意见（试行）》中，采取变通的方法，规定对侵害他人隐私权，造成名誉权损害的，认定为侵害名誉权，追究民事责任。其中第 140 条规定：“以书面、口头等形式宣扬他人的隐私，或者捏造事实公然丑化他人人格，以及用侮辱、诽谤等方式损害他人名誉，造成一定影响的，应当认定为侵害公民名誉权的行为。”1993 年，最高人民法院在 1993 年《解答》中，重申这一原则。该《解答》第 7 条规定：“对未经他人同意，擅自公布他人的隐私材料或者以书面、口头形式宣扬他人隐私，致他人名誉受到损害的，按照侵害他人名誉权处理。”这一司法解释继续沿用 1988 年司法解释的原则，对隐私权仍然采用间接保护的方式。

权利加以保护。[①] 2020 年出台的《民法典》第 110 条延续了《侵权责任法》的规定，将隐私权作为一项独立的民事权利加以规定。第 1032～1033 条则明确规定任何组织或者个人不得以刺探、侵扰、泄露、公开等方式侵害他人的隐私权。第 111 条将和隐私密切相关的个人信息也列入民法的保护范畴。第 1034～1039 条赋予个人信息权益基本民事权利的地位，并对处理个人信息的原则、个人信息权人享有的权利、信息处理者的保密义务等进行了详细的规定。

以《民法典》出台为契机，《个人信息保护法》接踵而来，于 2021 年颁布实施。尽管两者在承担义务主体、执行机制、法律责任等方面的规定有所区别，但从私法规范层面而言，《个人信息保护法》与《民法典》的规定构成特别法和一般法的关系。当特别法有具体规定时，应优先适用特别法；当特别法没有规定时，适用一般法的相关规定。

（三）刑法层面的保护

我国现行《刑法》第 245 条规定："非法搜查他人身体、住宅，或者非法侵入他人住宅的，处三年以下有期徒刑或者拘役。"非法搜查他人身体、住宅，或非法侵入他人住宅，属于侵犯公民隐私的情形。这一规定可被视为对《宪法》第 39 条的具体化，但增加了身体保护的内容。《刑法》第 252 条规定："隐匿、毁弃或者非法开拆他人信件，侵犯公民通信自由权利，情节严重的，处一年以下有期徒刑或者拘役。"《刑法》第 253 条规定："邮政工作人员私自开拆或者隐匿、毁弃邮件、电报的，处二年以下有期徒刑或者拘役。"这两条保护的是公民的通信隐私，可被视为对《宪法》第 40 条的具体化。《刑法》第 253 条之一规定："违反国家有关规定，向他人出售或者提供公民个人信息，情节严重的，处三年以下有期徒刑或者拘役，并处或者单处罚金；情节特别严重的，处三年以上七年以下有期徒刑，并处罚金……窃取或者以其他方法非法获取公民个人信息的，依照第一款的规定处罚。"这一条对侵犯公民个人信息的犯罪进行了规定，是 2009 年对《刑法》进行修正时增加的条款，2015 年得以进一步完善，凸显了大数据时代国家加强个人信息保护的趋势。

（四）诉讼法层面的保护

我国现行《民事诉讼法》有关隐私保护的条款主要涉及证据使用和审理判决环节：第 71 条规定，对涉及个人隐私的证据应当保密，需要在法庭出示的，不得在公开开庭时出示；第 137 条规定，法院审理民事案件应当公开进行，但涉及个人隐私的除外；第 159 条规定，公众可以查阅发生法律效力的判决书、裁定书，但涉及个人隐私的内容除外。现行《中华人民共和国刑事诉讼法》（简称《刑事诉讼法》）涉及隐私保护的条款较多，涵盖证据、侦查、审判等诸

① 2020 年 5 月 28 日，全国人大表决通过《民法典》，自 2021 年 1 月 1 日起施行。《侵权责任法》同时废止。

多环节：第54条规定，法院、检察院和公安机关有权向有关单位和个人收集、调取证据，对涉及个人隐私的证据，应当保密；第138条规定，侦查人员必须向被搜查人出示搜查证，方可进行搜查，除非有紧急情况；第152条另规定，侦查人员对采取技术侦查措施过程中知悉的个人隐私，应当保密；第188条规定，一审案件的审判应公开进行，但涉及个人隐私的案件，不公开审理。现行《中华人民共和国行政诉讼法》也包含了类似的隐私保护条款，涉及证据使用和审理判决等环节：第43条规定，对涉及个人隐私的证据，不得在公开开庭时出示；第54条要求法院公开审理行政案件，但涉及个人隐私的除外；第65条要求法院公开发生法律效力的判决书、裁定书，供公众查阅，但涉及个人隐私的内容除外。

(五）其他法律法规的规定

我国《未成年人保护法》第4条明确规定，未成年人的隐私和个人信息受到法律保护。《中华人民共和国妇女权益保障法》第28条规定，妇女的名誉权、荣誉权、隐私权、肖像权等人格权受法律保护。此外，《中华人民共和国律师法》、《中华人民共和国监狱法》、《中华人民共和国人民警察法》、《中华人民共和国执业医师法》（简称《执业医师法》）、《中华人民共和国商业银行法》、《中华人民共和国消费者权益保护法》等法律法规都设置了保护当事人隐私权、个人信息等合法权益的条文。此外，随着互联网时代的到来，针对互联网的专项立法日益增多，重要的包括《关于维护互联网安全的决定》《关于加强网络信息保护的决定》《网络安全法》等，这些立法均包含了保护公民隐私或个人信息的条款。

第二节　隐私权

一、相关概念

依据学界通说，隐私指的是个人与公共利益无关的、不愿被他人打扰或知悉的私密事项。个人的私密事项构成隐私的前提是与公共利益无关，反之则不成立。比如，政府官员的薪酬尽管是私人事项，但由于涉及公共财政，因而不应属于个人隐私的范畴。至于隐私权，可被界定为个人依法享有的其隐私不被侵犯的权利。具体解析如下：

(一）隐私权的主体

隐私权的主体只限于自然人，不包括法人（尤其是企业法人）。这是因为隐私权是一种人格权，保护隐私权的目的在于维护个人的人格尊严和精神利益。人格权最重要的特征在于其非财产性，企业法人的秘密则是与企业法人的经济利益挂钩的，是企业的一种财产。隐私权受到侵犯后，构成一种人格伤害，而企业法人的秘密受到侵犯后，只会构成企业经济利益的损失。因此，法人虽然也有秘密，但属于商业秘密范畴，可通过反不正当竞争法等法律加以保护。

死者不享有隐私权，但法律应对死者生前的隐私权继续予以保护。其理由是死者不是法律意义上的人，不能有任何权利，自然也包括隐私权。但对死者生前隐私进行保护，是因为死者生前的隐私与其近亲属以及利害关系人密切关联，构成近亲属的感情因素或名誉利益的一部分，揭露死者的隐私，很可能使生存的近亲属以及利害关系人遭受精神痛苦。因此，对死者生前隐私的保护，也就是对其近亲属以及利害关系人之名誉的维护。

（二）隐私权的客体

隐私权的客体是个人的私密事项，包括私密空间、私密活动和私密信息。私密空间也可看作私人领域，其中最典型的莫过于私人住宅。在西方国家，住宅神圣不可侵入已成为常识。法国谚语云：住宅是个人的城堡。又如英国前首相老威廉·皮特1763年曾发表演说宣称："风能进，雨能进，但国王不能进（民宅）。"除了私人住宅，私密空间还包括其他个人合法支配的领域，比如身体的隐秘部位、个人的邮箱、学生的书包、旅客的行李等。即便在公共空间，如果某些区域存在人们对隐私的合理期待，那么也不排除这些公共场所具有相对私人空间的性质，比如公共厕所、公共电话亭、商场里的更衣室等。所有这些私人领域都受隐私权保护，未经许可不得侵扰。

私密活动可被视为一种动态的隐私，比如社会交往、夫妻性生活、婚外恋、同性恋、个人在工作之余的休闲活动等。这些私密活动只要与公共利益无关，他人就不得非法干扰、刺探或泄露，否则就构成对隐私权的侵犯。私人活动另一项重要内容是个人的通信活动。现代社会随着信息技术的发展，采取各种非法手段窃听他人电话的情形越来越多，有效保障个人通信隐私不受侵犯，已成为隐私权制度的重要组成部分。

私密信息指的是有关个人私密的信息资料，比如身高、体重、电话号码、家庭地址、健康状况、财产状况、宗教信仰、档案材料等。无论这些隐私是否具有商业价值，非经当事人同意，他人都不得非法搜集和披露。私密信息是一种相对静态的隐私，其载体可能是文字，也有可能是音频、视频和计算机数据。私密信息有时处于当事人的控制之下，有时则处于公共或私营机构的控制之下，但无论处于何种情形，均应得到同样的保护。

（三）隐私权的内容

依据学者通说，隐私权包含四项内容，即隐私隐瞒权、隐私利用权、隐私维护权、隐私支配权。[①] 隐私隐瞒权是指权利主体对于自己的隐私进行隐瞒，

---

① 王利明，杨立新，王轶，等．民法学．4版．北京：法律出版社，2015：192.

不为人所知的权利。这种隐瞒不是不诚实的表现，而是出于维护自己的人格利益的需求。隐私利用权是指自然人对于自己的隐私信息可以积极利用，以满足自己精神、物质等方面需要的权利。这种利用是自我利用，而不是他人利用。隐私维护权是指隐私权主体对于自己的隐私权所享有的维护其不可侵犯的权利，在受到非法侵犯时可以寻求公力与私力救济。隐私支配权是指公民对自己的隐私有权按照自己的意愿进行支配，可以公开部分隐私，准许对个人活动和个人领域进行察知，准许他人利用自己的隐私。

二、侵权形态

行为人侵害隐私的方式多种多样，但大致可归为两类：第一类是私生活的侵入，包括对私密空间的侵入以及对私密活动的侵扰；第二类是私事的公开，包括私密活动的曝光和私密信息的公开。下面我们将以国内外学说、法律和判例为中心，对这两种侵权形态进行阐述，在此并不以严密体系化为目标，而是围绕侵权手段和被侵害的利益等方面进行讨论。

(一) 私生活的侵入

侵入他人私生活领域属于典型的侵害隐私行为。私生活领域既包括私密空间如住宅、身体的私密部位等，也包括私密活动如私人通信、私人性交往等。入侵的方式可以是物理性的，比如闯入他人住宅，也可以是技术性的，比如用高倍望远镜偷窥他人居所，或者用针孔摄像机拍摄他人私密性活动。此类侵害隐私的行为主要包括：

1. 侵入住宅

住宅是供人们居住使用的与外界相对独立、封闭的场所。它既包括经常居住的场所，比如私人购买的住宅，也包括临时栖身的场所，比如医院的病房、酒店的客房、单位的宿舍、私人的办公室等。住宅对人的日常生活有着极为重要的意义，我国《宪法》《刑法》和《民法典》均明文规定，公民的住宅不得非法侵入，否则构成对他人隐私的侵犯。2011年，深圳发生一起联防队员涉嫌强奸案，记者成群涌入事主家中，不顾事主恳求“求求你们了，出去好吗?”，对受害人及其丈夫强行采访，拍摄录像。[①] 事主尽管没有起诉记者，但实际上已构成隐私侵犯。

在日本，有记者潜入病房，拍摄武富士会长武井保雄在医院里的情形。法院认为在医院里的生活应该与私生活受到保障的私人住宅同样看待，因此认定隐私侵权成立。[②] 与此类似，英国著名演员戈登·凯（Gordon Kay）因车祸受伤住院，某杂志的记者潜入病房，强行对其进行采访和拍照。尽管英国法律中

---

① 叶铁桥．“最残忍的采访”有违新闻伦理．中国青年报，2011-11-12（2）．

② 五十岚清．人格权法．铃木贤，葛敏，译．北京：北京大学出版社，2009：162.

没有隐私权的概念，但法院还是谴责了该记者的行为，将其定为恶意、虚伪侵权行为，并发布禁止令阻止行为人继续侵扰。[①]

2. 偷录、偷拍

偷录指的是对他人私下的谈话或发出的声音进行秘密录音，偷拍指的是对他人私密区域或私密活动进行秘密的拍照或录像。随着现代录音、录像技术的发展，偷录、偷拍的现象日益增多，宾馆、酒店“暗处的红光”，商场、游泳池更衣室隐藏的针孔，让人防不胜防，且心生恐惧。在未经本人同意的情况下，偷偷使用录音或拍摄器材对他人不愿公开的私人谈话、私人生活进行录音或录像，构成对他人隐私的明显侵犯。2001年12月17日，台湾《独家报道》杂志封面报道了新竹市前“文化局长”璩美凤闺房遭偷拍的事件，并随刊贩售VCD光碟，这条爆炸性的新闻在岛内掀起了轩然大波，也给当事人璩美凤造成了巨大伤害。为此，台湾当局修订“刑法”，增设窃视窃听窃录罪，严格禁止非公开场合的偷录、偷拍行为。

有论者指出，为了行使舆论监督权，记者使用隐秘的技术手段，对危害公共利益的不法行为进行隐性采访有其合理性。比如，2014年2月9日，中央电视台《焦点访谈》播出暗访东莞色情业的节目，时长14分钟。节目曝光了五星级酒店“裸舞选秀”、小姐明码标价、20多项色情服务等内容，基本上都是通过偷录、偷拍获得的。[②] 曝光之后，东莞警方对色情业进行整顿清理。但一般来说，除非该信息具有重大的公共价值，且通过常规的手段无法获取，包括偷录、偷拍在内的隐性采访手段方可被使用。在这一过程中，应对与事件无关的隐私内容进行屏蔽或模糊化处理，以保护当事人的人格尊严。

3. 监听、监视

监听指的是采取比较隐蔽的技术手段或设备，对他人的谈话或声音进行窃听。监视指的是通过技术手段对他人行为、活动或其他变动中的信息进行持续性的关注。发展至今，监控技术日益发达，手机监听、网络监控、人脸识别等应用层出不穷。媒体记者为了获得独家新闻、追求轰动效应，时常会对社会名流或重要新闻人物进行窃听和监视，构成对他人隐私的侵犯。以刊登名人八卦为特色的《世界新闻报》便是臭名昭著的案例。这份报纸隶属于世界媒体大亨默多克的新闻集团，是英国销量最大的报纸之一。2011年7月，《世界新闻报》因为窃听众多名人、政治家、军人甚至“伦敦地铁爆炸案”遇难者家属的电话而引起公愤。英国政府之后进行调查，发现该报窃听行为的受害者超过

---

① Kaye v. Robertson [1990] EWCA Civ 21, [1991] FSR 62.

② 焦点访谈·管不住的莞式服务.(2014-02-09)[2023-10-10]. https://tv.cctv.com/2014/02/09/VIDE1391948460348471.shtml.

4 000 人，包括众多政要和王室成员。[①] 事发之后，《世界新闻报》宣布停刊，结束了 160 多年的办报历史。

在时下的互联网时代，监听、监视技术不断迭代，大规模监控已蔚然成风，甚至受到社会的认可。它可能是政府情报机构或其他部门所为，被用来打击恐怖主义、阻止社会动乱、保护国家安全等；也有可能是网络平台的自主行为，主要出于商业牟利的考虑；还有可能是公私合作，网络平台受政府压力而进行的大规模监控。有论者指出，即便存在保护国家安全等方面的需要，大规模监控的合法性与需要的法律授权也应进一步厘清，否则有可能侵害到公民的自由和隐私。

4. 跟踪

跟踪已成为新闻界较为普遍的现象，瞄准的常常是公共人物或社会名流。跟踪指的是以尾随、盯梢、守候或其他类似方式，持续接近他人或实时知悉他人行踪。跟踪构成对他人私生活的侵犯，侵犯了他人的私人生活安宁。在 1973 年“加莱拉诉欧纳西斯案”中，摄影师加莱拉为了获得美国前总统肯尼迪之遗孀杰奎琳（后成为希腊船王欧纳西斯夫人）的照片，在公共场合极为频繁地跟踪杰奎琳及其家人。由于威胁到他们的安全，加莱拉被保护杰奎琳及其家人的特工人员逮捕。被释放后，加莱拉向法院提起诉讼，认为杰奎琳构成了对他商业行为的非法干涉。法院驳回加莱拉的诉求，认定其侵犯到杰奎琳及其家人的隐私，并禁止他在 25 英尺范围内接近杰奎琳。法院认为基于公共需要，对公共人物隐私权的侵害难以避免，但新闻记者的长期跟踪乃不合理的侵害行为，不受新闻自由保障。[②]

在我国，媒体记者不顾当事人意愿，对其进行跟踪、强行拍录的情况也时有发生。比如，2013 年 9 月 13 日，王菲微博宣布和李亚鹏离婚，引起媒体密切关注。离婚回京的王菲在返回住所时，多名“狗仔”在机场辅路上与王菲的座驾展开追逐，见情势危急，王菲及其朋友被迫将车停了下来，记者于是隔着车窗拍到了王菲眼噙泪水的照片。我国法律尚未对此类跟踪行为进行明确禁止，但事发之后，有记者在网上大肆描绘如何获得此张珍贵照片的幕后故事，遭到许多网友的抨击，指责其违背了媒体的伦理道德。[③]

5. 其他侵入方式

一种方式是对他人的个人资料进行非法、秘密的调查，包括私拆信函、偷窥档案、秘密进入个人电子邮箱等。即便没有将这些私密性资料公开发表，这

---

① DAVIES N . Hack attack：how the truth caught up with Rupert Murdoch. London：Chatto & Windus，2014.

② Galella. v. Onussis，487 F. 2d 986（1973）.

③ 王菲离婚回京遭记者跟拍 座驾两度被逼停 .（2013 - 09 - 14）［2023 - 10 - 10］. https：//www. 163. com/news/article/98O3SMFC00011229. html.

些行为本身也足以构成对他人隐私的侵犯。一个案例就是1996年发生的北京大学学生假冒他人发送电子邮件案。[①] 此案原告薛某某、被告张某均系北京大学心理系的硕士研究生。美国密歇根大学曾以电子邮件的方式通知薛某某获得了该校1.8万美元的奖学金。张某在得知此信息后，秘密进入薛某某的电子邮箱，并冒充薛某某回复密歇根大学，表示拒绝该校的邀请。薛某某在久等无果的情况下，经调查才发现是张某冒充她回绝了该校的邀请，遂向法院提起侵权诉讼。经法院调解，原告获得了一定数额的民事赔偿。此案貌似侵犯了公民的姓名权，实质上侵害的是公民的隐私权。

另一种方式是以电话、短信、传单、电子邮件、即时通信工具等方式侵扰他人，这同样构成对他人隐私的侵犯。以垃圾邮件为例，对于大部分用户来说，垃圾邮件无论宣扬的是什么商业机会或政治理念，都是对其私人生活安宁的骚扰。比如，2008年8月，广东省通信管理局对深圳市合生智慧企业管理咨询有限公司进行调查，发现该公司从2006年1月起通过软件从互联网上收集电子邮件地址，在未经接收者同意的前提下，大量群发包含商业广告内容的电子邮件。广东省通信管理局认为该行为违反了《互联网电子邮件服务管理办法》的规定，对该公司做出行政处罚，责令其停止发送垃圾电子邮件，并罚款5 000元。[②]

（二）私事的公开

将他人的私人信息或私密活动公之于众，公开的事实是真实的，是他人不想为外人所知的生活秘密，将其公开因而是令人窘迫、羞辱性或冒犯性的。如果公开行为未经当事人同意，又不属于公共利益的范畴，则构成对他人隐私的侵害。在现实生活当中，对如下私事的公开容易引发隐私权纠纷。

1. 性或性关系

性是天然的隐私，通过文字、图像或视频等方式把个人的性器官、性特征、性生活、性心理、性癖好、性缺陷等公之于众，是对他人隐私权的天然侵犯。一个较有影响力的案例是“海运女”艳照门事件。[③] 殷小姐与朱某曾为恋人关系，后因感情不和分手。2009年5月，朱某出于情感报复，将30多张殷小姐的裸体照片、生活照片和单独反映女性人体部分隐私器官的照片上传至互联网，并很快成为网民争相索看并转发的目标。受害人殷小姐随即向警方报案，并要求各搜索门户、论坛、博客等网站尽快采取措施，删除这些照片及相关文字和链接。由于殷小姐曾就读于上海海运学院，因此该事件在网上被称为“海运女”艳照门事件。事发后，发帖人朱某被刑事拘留；因这些照片主要是

---

① 李秀平. 中国首例电子函件案追记. 法律与生活，1997（9）：8-9.

② 赵亚辉. 我国首次公开处罚垃圾邮件发送者. 人民日报，2006-08-21（5）.

③ 白明辉. 网上传“海运女”裸照或担刑责. 北京晨报，2019-05-19；钱朱建，李鸿光. “海运女”告百度一审胜诉. 新闻晚报，2010-07-01（A2）.

通过百度搜索引擎大量传播，百度公司被判承担侵权责任。

在报道性犯罪、性骚扰的时候，也不应披露受害人的姓名、身份、地址和其他足以使人辨认的特征，否则也将构成对他人隐私的侵犯。比如，2006年2月，新疆《都市晨报》在报道一起杀人案时，在没有征得当事人甘某某同意的情况下，擅自披露了甘某某的女儿即被害人与他人同居、有两性关系等情况，法院由此认定该报社侵犯了甘某某女儿的隐私权。①

至于私生活方面所发生的行为，如非婚性行为、男女关系暧昧等等，只要不构成具有很大社会危害性的犯罪行为，原则上也应视为隐私。对于这种违反道德规范的行为，予以道德谴责是合理的。但若予以公开宣扬，损害了当事人的人格尊严，则需承担侵权责任。所谓的“中国网络暴力第一案”便是一例。31岁女子姜某在博客上诉说自己的丈夫王某有外遇后，跳楼身亡。姜某的大学同学张某某得知此事后，开设名为“北飞的候鸟”的网站，披露事件的经过，并公布了王某的姓名、住址、工作单位等，引发了网民的密切关注乃至同仇敌忾。借助大旗网和天涯社区等网站，通过人肉搜索等方式，网民曝光了王某及其家人更多的个人信息，对王某进行密集的、指名道姓的谩骂，乃至到王某及其父母居所张贴、刷写侮辱性标语。因不堪忍受，王某将张某某以及大旗网和天涯社区诉至法院。法院判决张某某的行为侵害了王某的隐私权、名誉权，应承担删除网页、赔礼道歉、赔偿精神抚慰金等责任。大旗网在进行此项报道时，未对当事人姓名等个人信息及照片进行技术处理，使王某的隐私权及名誉权受到侵害，也需承担相应的民事责任。天涯社区提前删除了侵权内容，履行了监管义务，不构成侵权。②

2. 感情或家庭生活

感情或家庭生活可谓是私生活的中心。在1961年日本著名的“《宴会之后》案”中，行为人正是在原型小说《宴会之后》中描写了主人公的夫妻生活，就被法院认定为侵害原告隐私。③ 在判决书中，法院将隐私权界定为禁止擅自公开他人私生活的受法律保护的权利。这是日本首例隐私权案例，被认为奠定了日本隐私权的基础。

其他的还有，《女性周刊》杂志报道了著名剧作家、画家K在斯巴达式教育的名义下，无理对其子施以暴力，因此和妻子争吵不断、妻子与其离婚等内容，法院也认定行为人侵害了K的名誉和隐私。④

我国一个著名的案例是施利聆案。施利聆女士青年时曾与蒋纬国相爱，于1937年生一子。蒋纬国赴台，施利聆留居苏州，后曾与他人结婚生子，与蒋纬

---

① 参见新疆维吾尔自治区昌吉回族自治州中级人民法院（2006）昌中民一终字第826号。

② 邵国松．网络传播法导论．北京：中国人民大学出版社，2017：216-219.

③ 五十岚清．人格权法．铃木贤，葛敏，译．北京：北京大学出版社，2009：167.

④ 同③.

国所生的儿子成人后在南京工作。1995年出版的《蒋氏家族秘史》一书述及蒋、施之间的这段情史，结果导致施利聆向法院起诉，声称"《秘史》一书中有关描写施利聆与蒋纬国的恋情，未经施同意，侵害了施的隐私权"，要求作者和出版者承担侵权责任。施利聆的主张得到了法院的支持。①

3. 医疗或健康状况

出于个人和社会原因，人们越来越不愿意让外人了解自己的医疗和健康状况，如果将个人的医疗信息曝光，就有可能构成隐私侵犯。比如，美国网球巨星阿瑟·阿什在1988年获知自己患上艾滋病，很长时间以来都处于保密状态，直到1992年4月有人向《今日美国》报泄露此事。《今日美国》随后以《网球巨星阿瑟·阿什患了艾滋病》为题，公开报道了此事，这将阿什置于非常痛苦的境地。他质疑道："你们是准备以知情权为名，披着新闻自由的外衣，行冷酷、无情和愚蠢之事？还是对某些事情表示些许的同情？"阿什将最后的生命投入防治和帮助艾滋病人的事业中，并赢得了广泛同情和支持。②

考虑到医生有可能成为个人医疗信息的泄密者，我国的《执业医师法》明确要求医生保守患者秘密，否则将面临行政乃至刑事处罚。我国台湾地区的"医疗法"也规定，医疗机构及其人员因业务而知悉或持有病人病情或健康信息，不得无故泄露，违反者应负刑事或行政责任。在英国，如果医生违反保密规定向外泄露其病人信息，则将面临"违反保密责任"的侵权诉讼。

4. 日记和信件

日记通常是不以他人阅读为前提而写的东西。未经当事人同意，擅自公开其日记，是侵害隐私权的行为。2005年，山西省平遥县人民检察院以党组名义要求其领导干部撰写"自省日记"，"记录当日的学习、工作和生活状况，并总结得失，写出感想与措施"，并规定"自省日记"采取公开形式，相关领导乃至新闻媒体都可以审阅。③ 此举引起很大争议。有论者指出，即便出于反腐的需要，公开相关领导干部的日记，也依然构成了对其隐私权的侵犯。

信件大多也是除接收者之外不想被第三人看到的内容。未经授权公开他人书信，构成对他人隐私权的侵害。"丁某诉赵某某、北京古城堡图书有限公司侵害隐私权案"便是一例。原告丁某系已故著名漫画家丁聪、沈峻夫妇独子。2016年9月，原告发现北京古城堡图书有限公司经营的"孔夫子旧书网"上出现大量丁聪、沈峻夫妇及其家人、朋友间的私人信件以及丁聪手稿的拍卖信息，涉及大量家庭内部的生活隐私，其中的18封书信和手稿由赵某某拍卖。

---

① 任学路．《蒋氏家族秘史》引出的纠纷．法律与生活，1998（2）：52-54.

② 帕特森，威尔金斯．媒介伦理学：问题与案例：第4版．李青藜，译．北京：中国人民大学出版社，2006：144.

③ 邱伟．公开检察官"自省日记"涉嫌侵犯隐私．（2006-04-03）[2023-10-10]. http://star.news.sohu.com/20060403/n242602765.shtml.

丁某将赵某某、北京古城堡图书有限公司诉至法院。法院认为，名人与公共利益无关的私人信息应受到法律保护。涉案书信中有一部分涉及丁聪和其家庭成员的亲密交流，属于个人隐私。被告将其书信公之于众，构成对隐私权的侵犯，应承担相应的侵权责任。[①]

5. 未成年人犯罪

未成年人是指未满十八周岁的公民。一般认为，未成年人心理较为脆弱，身心有待成长，如果对其隐私缺乏保护，则可能在其心中造成无法愈合的伤口。我国《未成年人保护法》第4条因此规定，保护未成年人，应当坚持最有利于未成年人的原则，其中包括对未成年人隐私和个人信息的保护。第103条则对未成年人犯罪的信息披露予以严格禁止。在案件中，未成年人可能是犯罪嫌疑人，也有可能是被害人或证人，但依据此条，任何组织和个人不得披露案件中未成年人的姓名、影像、住所、就读学校以及其他可能识别出其身份的信息，除非涉及查找失踪、被拐卖未成年人等情形。此外，《刑事诉讼法》第285条规定，审判的时候被告人不满十八周岁的案件，不公开审理。此条确立了未成年人刑事案件不公开审理原则，从审判阶段保证未成年人隐私不被泄露。第286条规定犯罪时不满十八周岁，在被判处五年以下有期徒刑时，应当对相关的犯罪记录予以封存。这是对未成年人犯罪记录有条件地封存，不得向任何单位提供，除非有特殊需要。由此可见法律对于未成年人隐私的保护力度。

【案例】 李某某强奸案[②]

涉及未成年人犯罪的著名案件当属2013年发生的"李某某强奸案"。2013年2月17日晚，李某某及其同伙五人，在北京市海淀区一酒吧喝酒后，将在酒吧兼职的一名女性带至宾馆进行轮奸。由于李某某是某著名歌唱家之子，以《东方早报》为代表的新闻媒体在得到消息后大肆报道，挖掘和报道了李某某先前的违法记录和大量的个人往事，引发了社会的密切关注和热议。事发时，李某某不满十八周岁，相关报道明显违反了未成年人隐私保护的规定，但在这个事件中，没有一家媒体遭到李某某及其家人的起诉，也没有一家媒体遭到机构处罚或社会谴责。有论者指出，如果不交代李某某的身份背景，就无法形成强有力的舆论监督，即便犯下滔天罪行，李某某也有可能逃脱法律的严惩，这是对公共利益更大的侵害。

---

① 丁某诉赵某某、北京古城堡图书有限公司侵害隐私权纠纷案．[2023-10-10]. http://pkulaw.cn/case_es/payz_a6bdb3332ec0adc43017f73f6b9e8f23cdd27e1ec4ef279ebdfb.html?match=Exact.

② 魏武挥．未成年人案件报道的中国式媒介伦理．(2013-03-01)[2023-10-10]. https://weiwuhui.blog.caixin.com/archives/53531.

三、抗辩事由

一般认为，构成侵害他人隐私权的侵权责任，需同时具备四个条件：行为人存在侵害他人隐私权的行为；受害人隐私权受到损害，其后果主要是精神损害；行为人的侵害行为和受害人的损害后果之间存在因果关系；行为人在主观上存在过错。隐私侵权一旦成立，被告就需要承担民事责任，包括停止侵害、排除妨碍、消除影响、赔礼道歉、赔偿损失等；情节严重的，被告还需要承担刑事责任。然而，面对隐私侵权指控，被告可进行抗辩，即提出使自己免责或减责的事实或理由，比如本人同意、公共场所、公共记录、公共人物、公共利益等。这些抗辩事由源自国内外法律或案例，有着不同的适用场景，有的被普遍接受，有的尚存有争议，现一一阐述如下，旨在加深我们对隐私侵权及抗辩的理解。

（一）本人同意

隐私权具有可支配性的特征，即权利主体有权依据自己的意愿处理其隐私。比如，权利人可以利用自己的生活经历进行文学创作，以满足自己精神上和物质上的需求；也可以准许他人在一定程度上介入自己的私生活，或是知悉、利用自己的隐私和个人信息。这些活动只要不违反相关法律规定，都是无可非议的。在司法实践中，如果本人同意曝光其私事、处理其个人信息，或者侵入其私生活，那么将不构成隐私侵害。但这种同意应当是在当事人充分知情的情况下自愿、明确作出意思表示的，不存在他人欺诈、胁迫等因素。此外，征得同意的抗辩方式不适用于未成年人。未成年人是无行为能力人或限制行为能力人，他们的同意不具法律效力。

如果涉及重要隐私的披露，则征得同意应该有正式文件，否则还是容易引发纠纷。“李某某诉郝冬白、兰州晨报社、现代妇女杂志社案”便是典型一例。1998年7月，原告李某某因患“易性癖”，在一家外地医院做了变性手术，后被原单位解除用工合同，又去外地某单位打工。1999年5月，被告《兰州晨报》记者郝冬白得知此事后，对原告进行了采访报道，引发社会轰动。原告感受到了巨大的社会压力，因而向兰州市中级人民法院提起诉讼，诉称：“当时我同意被告郝冬白采访，并同意以化名发表采访稿。但其在文章中用了我的真名，还将照片也登了出来。后被告《现代妇女》杂志又登出《变性人李××》一文，又一次对我大曝光，个人隐私被暴露得淋漓尽致，使我无法工作生活。”被告声称：“原告李某某同意我对其变性一事进行采访，并同意撰文发表，还同意用其真实姓名，就不存在侵犯其隐私权问题。”法院在不公开开庭审理中，围绕三被告的行为是否构成侵权进行调查和质证。被告向法庭提供了其按《兰州晨报》领导指示与原告通长途电话，询问是否使用真实姓名的电话录音和电话记录。法庭认为该证据不能明确证明李某某同意使用其真实姓名，因此判侵权成立。[①]

（二）公共场所

公共场所指对公众开放，供不特定数目的人随时出入、停留和使用的场所，比如公园、商场、影院、车站、码头、民用航空站、展览会馆、运动场所等。一个人一旦出现在公共场所，他就存在了一个默示的同意，即放弃部分的隐私权，容忍他人对其言谈举止进行注视和观察，甚至拍摄和录像。如果碰见交通事故、露天集会、公开接吻等，则记者可对场景中的人物自行拍摄和报道，而无须担心侵犯他人隐私，因为公共场所一般不具备私密性。

比如，1976年，美国《体育画报》杂志的一名摄影记者拍摄了匹兹堡钢人队的球迷在球员休息室喧闹的场面，并将照片作为新闻报道的一部分发表在杂志上。该张照片以特写镜头拍摄的一位球迷恰好裤子拉链没拉上，这位球迷就此提起诉讼，声称《体育画报》杂志侵犯了他的隐私。法院最终驳回了原告的请求，裁定："一张在人人均可目睹的公开事件中拍摄的照片，一张在拍摄对象明知及默示同意的情况下拍摄的照片，并不涉及隐私性事实。"[②]

公共场所中的人物或事件可以被公开报道，但这并不意味着媒体记者在公共场所可以为所欲为，其活动不受任何约束。美国1967年的"卡兹诉合众国案"表明，即便在公共空间，如果某些区域存在人们对隐私的合理期待，比如公共厕所、公共电话亭、商场里的更衣室等，那么这些公共场所因具有相对私人空间的属性也应受到隐私权的保护。[③] 此外，如果记者使用电子设备或其他技术手段，使自己在公共场所所能看到的或所能听到的远远多于其他观察者，那么也存在侵犯他人隐私的可能。再者，如果监视行为过于频繁乃至令人厌恶，即便在公共场所，法院也有可能会认定侵害隐私权，前述"加莱拉诉欧纳西斯案"便是典型一例。

【案例】 卡兹诉合众国案[④]

在此案中，侦查人员在没有获得法院授权的情况下在公用电话亭外搭线窃听，获取了当事人卡兹将赌博信息通过电话传送给其他州的委托人的

① 徐迅．披露隐私需要权利人明示许可：李某某诉郝冬白、兰州晨报社、现代妇女杂志社侵害隐私权案//"中国新闻侵权案例精选与评析"课题组．中国新闻（媒体）侵权案件精选与评析50例．北京：法律出版社，2009.

② Neff v. Yime，Inc.，406 F. Supp. 858（W. D. Pa. 1976）.

③ Katz v. United States，389 U. S. 347（1967）.

④ Katz v. United States，389 U. S. 347（1967）.

相关情况。当事人因此关键证据被判有罪。上诉人认为美国联邦调查局的监听行为违反了宪法第四修正案，构成了对其隐私权的侵犯。监听获得的证据应当予以排除。

此案的关键问题是：公用电话亭是否属于宪法第四修正案保护的领域。在电话亭顶部设置电子监听录音设备获取证据，是否侵犯了电话亭使用者的隐私权。此外，宪法第四修正案的保护领域是否仅限于对有形财产的搜查和扣押。此案发生前，法院普遍认为宪法第四修正案保护的是人身、住所、文件和财产，是有形存在的东西。执法人员在没有得到搜查令的情况下对这些东西进行搜查，是违宪的。

“卡兹诉合众国案”改变了对搜查的界定。在此案中，法院多数人意见声称，宪法第四修正案保护的主体是人而不是地方，所以在任何空间（包括公共场所），只要当事人合理认为其享有隐私权，那么该空间便受宪法第四修正案保护。法院裁定，侦查人员没有取得搜查令，就对卡兹在公共电话亭的通话进行窃听，是对后者隐私权的侵犯，窃听来的录音视为非法证据。

布莱克法官提供了不同意见。他认为窃听自古以来就存在。立宪者在制定宪法第四修正案的时候肯定是意识到了窃听的存在。如果想对其进行限制，那么肯定会在条文中有所包含，但他们并没有那样做。哈兰法官在异议书中为此类隐私保护提供了两步测试的标准：首先，当事人必须显示对隐私有实际的期待；其次，该期待必须为当时的社会所认可，是合理的隐私期待。

“卡兹诉合众国案”由此确立了一项原则：只要搜查的对象是人，对隐私有合理的期待，那么从物理侵入到电子监听，都要受宪法第四修正案的制约。放在目前的信息时代，那意味着如果没有合理的事实依据，没有得到法院的搜查令，就不应对民众进行监听，否则就构成违宪行为。

（三）公共记录

公共记录是指政府部门和公共机构公开发布的正式文件、通知、判决书、布告，或者其他允许公开发布、引用的材料。由于这些记录的公共性，即使其内容涉及个人隐私，使用者也无须承担侵权责任。但这不是说所有的政府记录都可以加以披露。公共记录特许权仅限于政府公开的信息或档案，未公开的政府记录不属于合法披露的范畴。同样，对于不公开审理的案件，即使在判决书中有相关信息的表述，该信息也属于隐私权保护的范畴。

涉及公共记录的一个著名案例是“考克斯广播公司诉科恩案”。在此案中，美国法院根据宪法第一修正案做出了有利于被告的判决。判决书写道：“我们不愿确立以下原则，即一方面允许公开记录普遍向媒介公开，但同时却因为其中的信息会冒犯理性人的情感而禁止媒介发布这些记录。这项规则令新闻界很难在遵守法律的同时为其读者提供关于公共事务的信息……一旦向公众开放、由公众检视的法院档案公布了某些信息，新闻界便不能因为出版了该信息而受到制裁。”[①] 这就是美国司法界所认可的公开记录特许权，它不限于法院，而是适用于政府的所有分支部门。

公共记录是否存在有效期也值得探讨。在瑞士，法院曾判决了这样一起案件：被告以前犯过罪，但他要求隐藏其犯罪的官方和非官方记录，使公众不得知晓。法院认为，由于犯罪分子对公共利益的影响不是无限的，经过一段时间之后，公众不应再享受接触这些犯罪信息的权利。[②] 但何谓“经过一段时间之后”，即公共记录的有效期，法院并未做出明确界定。在法院看来，只要该信息不再具有新闻价值，媒体就不应该继续披露。但有关过去的信息如果有助于保护公众目前的利益，那么记者将其重新刊发出来，是可以接受的。

（四）公共人物

公共人物是指在社会生活的特定时期和特定领域内，因特定身份或因特定事件，与一定的社会公共利益或公众兴趣密切相关，成为公众关注对象的自然人，它包括政府高级官员、作家、艺术家、影视明星、体育明星、著名科学家、著名企业家、社会活动家、罪犯、被告、犯罪嫌疑人以及其他易受注意的人物。有论者指出，原告如果被认定为公共人物，那么其所享有的名誉权、隐私权等民事权益会在一定程度上受到削弱，主要理由是公共人物对公共事务或公共舆论的影响值得民众对其行为和品格表示更多的关注。

“公共人物”的概念是美国最高法院在1964年“《纽约时报》诉沙利文案”中提出来的，用来解决公共人物面临的名誉侵权问题，之后便延伸到公共人物隐私权的裁决上。[③] 但公共人物的隐私权是否应受到限制，一直存有争议，一来公共人物的范畴难以界定，二来任何人在一定范围内的隐私都理应受到保护，公共人物原则并未为此提供判断基准。“公共人物”的概念后来也被我国学者引进，并出现在我国的司法判决中，但不同法院对此概念的理解完全不同，有的将原告是公共人物作为判决被告免责的一个理由，有的则以在我国没有法律根据为由，不采纳被告以原告为公共人物进行的抗辩。[④] 在我们看来，与普通民众相比，公共人物的隐私范围理应受到一定的限制，但这并不是说公共人物就没有一点自己的隐私。一般认为，公共人物的下列隐私还是应该受到法律有效保护的：住宅不受非法侵入或侵扰；家庭生活和正常的私生活不受监

---

① Cox Broadcasting Corp. v. Cohn，420 U. S. 469（1975）.

② WEBER R H. The right to be forgotten：more than a Pandora's box？. Journal of intellectual property，information technology and e-commerce，2011（2）：120－130.

③ YANISKY-RAVID S，LAHAV B Z. Public interest vs. private lives-affording public figures privacy，in the digital era：the three principles filtering model. University of Pennsylvania journal of constitutional law，2017（19）：975－1014.

④ 魏永征．公众人物权益“克减”论可以休矣．新闻记者，2015（3）：63－66.

听、监视；正常婚姻和夫妻生活不受他人的干扰；正常的通信自由不受侵犯；与公共利益无关的私人事项不受侵扰。

（五）公共利益

隐私权不是绝对的，当个人隐私和公共利益发生冲突的时候，往往要优先保护公共利益，这就是隐私权的可克减性。隐私权遭遇克减的情形不少，但在司法实践中主要表现在和国家安全以及知情权的冲突方面。国家安全泛指通过使用政治、经济、军事、外交等各种手段来维系国家的生存，使之免于外部的威胁和侵害，或免于内部的混乱和疾患。它是国家的根本利益所在，也是各国宪法的重点保护对象。当隐私权和国家安全发生冲突时，前者会在一定期限内受到限制，乃至暂停。知情权指的是民众享有从官方或非官方渠道知悉、获取相关信息的权利。民众知情权的满足，往往是建立在当事人隐私权克减基础上的。比如，媒体记者在报道官员贪污腐败的时候，或者在报道街头滋事犯罪的时候，即便涉及当事人的隐秘事项，也不能被认为侵害其隐私权，因为这不再是一般意义上的个人私事，而是关乎公共利益，关乎民众的知情权能否得到满足。

然而，隐私权的克减不是绝对的。只要该隐私没有涉及公共利益，新闻媒体就不应以知情权的名义对其进行侵犯。如果涉及国家安全或社会公共安全事件，则公民将隐私权让渡给公权机构是有度的、有条件的。公权机构需严格按照法律规定的程序进行调查或侦查，而不可滥用权力，无视公民的隐私和尊严。在司法实践中，当隐私权和国家安全、社会安全、知情权等发生冲突的时候，法官常常会审时度势，尽量采取平衡手段妥善处理。

第三节　个人信息

一、相关概念

（一）个人信息的概念

依据欧盟《通用数据保护条例》，个人数据指的是一个被识别或可识别的自然人的任何信息。依据我国《民法典》，个人信息指的是以电子或者其他方式记录的能够单独或者与其他信息结合识别特定自然人的各种信息，包括自然人的姓名、出生日期、身份证件号码、生物识别信息、住址、电话号码、电子邮箱、健康信息、行踪信息等。由此可以看出，个人信息含有以下两个重要特征：

其一，具有可识别性。可识别性包括直接识别和间接识别。直接识别指的是该信息能够识别特定自然人的身份，例如自然人的肖像、身份证件号码。间接识别指的是该信息需要与其他信息相结合，才能够达到识别特定自然人的效果。“间接识别绝非毫无边界，通过间接识别知晓特定个人必须不存在不合理的困难。”[①] 实际上，大部分个人信息属于间接识别信息。如果不对间接识别的方式加以限制，那么将导致个人信息的范围过于宽泛，阻碍企业对数据的合理利用。[②]

其二，主体是自然人。法人、非法人组织均不是个人信息的主体。另外，自然人指的是活着的自然人，死者不能构成个人信息的主体。但自然人死亡以后，其近亲属为了自身的合法、正当利益，可以对死者的相关个人信息行使查询、复制、更正、删除等权利，除非死者另有安排。

个人信息的种类有很多。依据相关法律，可从三个维度进行区分：一是依据个人信息是否属于隐私保护的范畴，可分为私密信息和非私密信息；二是依据个人信息是否涉及人身财产安全，可分为敏感信息和非敏感信息；三是依据个人信息是否已经合法公开，可分为公开的个人信息和非公开的个人信息。不同种类的个人信息，所受的法律保护程度是不一样的。比如，依据我国《民法典》第1034条，私密信息既属于个人信息，也属于个人隐私，因此采取更为严格的隐私权保护路径；非私密信息由于不涉及个人隐私，则采用一般性的个人信息保护路径。然而，个人信息的分类有时并非那么泾渭分明，也会受到应用场景等因素的影响，这对相关的司法实践提出了挑战。

（二）个人信息权益的概念

依据我国《民法典》，隐私权和个人信息都属于人格权保护的范畴，保护的目的都是维护“个人自由与尊严”。但是否要像隐私权那样，将个人信息“权利化”，一直存有争议。2020年出台的《民法典》在人格权编第六章采用的标题是“隐私权和个人信息保护”，表明一些学者提出的“个人信息权”主张并未得到认可。[③] 一年后通过的《个人信息保护法》则明确提出“个人信息权益”的概念，并将其作为该法保护的核心目标。由此看来，个人信息的法律属性是“权益”，是权利和利益的结合。它体现了立法层面的利益平衡考虑，即既要保护个人信息主体的人格尊严免受侵犯，又要避免个人信息保护的绝对化，为数字经济的发展提供合理使用的空间。

简要来说，个人信息权益是自然人享有的有关其个人信息的权利和利益。依据相关法律，它至少包括以下七项内容：（1）知情权。自然人对其个人信息

---

① 韩旭至．个人信息概念的法教义学分析：以《网络安全法》第76条第5款为中心．重庆大学学报（社会科学版），2018（2）：154－165.

② 彭诚信，史晓宇．个人信息识别标准的域外考察和在我国的转进：基于美欧国家制度互动的分析．河南社会科学，2020（11）：2－11.

③ 王利明．论个人信息权的法律保护：以个人信息权与隐私权的界分为中心．现代法学，2013（4）：62－72.

的处理享有知情权。信息处理者应明确告知处理其个人信息的目的、方式、范围等。(2) 决定权。自然人对其个人信息的处理享有决定权，有权限制或者拒绝他人对其个人信息进行处理，除非法律、行政法规另有规定。(3) 查询复制权。自然人可以向信息处理者依法查阅或复制其个人信息。这是因为，即使个人信息被信息处理者控制，其归属权不变，仍然为权利人所有。(4) 可携带权。自然人请求将个人信息转移至其指定的个人信息处理者，符合国家相关部门规定条件的，个人信息处理者应当提供转移的途径。(5) 异议更正权。自然人在查阅或复制个人信息时，发现个人信息有误的，有权提出异议，并要求信息处理者及时采取更正等措施。(6) 删除权。自然人发现信息处理者违反法律、行政法规规定或者双方的约定处理其信息的，有权要求信息处理者及时删除其个人信息。(7) 解释权。自然人有权要求个人信息处理者对其个人信息处理规则进行解释说明。尤其是算法推荐等自动化决策对个人权益产生重要影响时，权利人有权要求信息处理者对其信息被自动化处理的方式进行说明。①

(三) 个人信息权益和隐私权的区别

在《民法典》颁行之前，中国司法审判中多以隐私权来保护个人信息，个人信息所具有的独立价值被忽略，导致很多不属于隐私的个人信息难以获得保护。因此，《民法典》将个人信息分为私密信息和非私密信息，在此基础上对隐私和个人信息进行差异化保护。如此一来，隐私权与个人信息保护存在既关联又有所区分的特征。关联之处在于私密信息。它表明隐私与个人信息之间不属于包含与被包含的关系，而是属于交叉的关系，交叉部分即私密信息。比如，个人银行账户、生物特征数据、身体健康数据等既是私密信息，也是个人信息，受到隐私权和个人信息权益规定的双重保护。然而，越来越多的人认为，个人信息权益和隐私权存在明显区别，这也是我国在《民法典》后又推出《个人信息保护法》对其进行专门保护的原因。两者的区别如下：

1. 权利性质不同

隐私权和个人信息都属于人格权保护的范畴，保护的目的都是维护“个人自由与尊严”。然而，隐私权主要是一种精神性的人格权，虽然可以被利用，但其财产价值并不显著。而个人信息权益在性质上属于一种综合性的权益，既涉及精神利益也涉及财产利益。在对其进行保护的同时，还应当允许其被合理利用，以为权利人带来经济收益，或促进数字经济的发展。

2. 权利内容不同

隐私权主要是一种被动性的人格权，其内容主要防范个人的私密事项和私生活安宁被披露或被侵扰，权利人通常是在其隐私遭受侵犯时才提出主张。与此不同，个人信息权益是一种主动性的人格权，主要包含对个人信息的支配和

---

① 参见《民法典》第1037条和《个人信息保护法》第44～48条。

自主决定。权利人除了被动防御第三方的侵害之外，还可对其个人信息进行积极控制和排他性使用。

3. 侵害方式不同

隐私权的客体是个人的私密事项，它以不同形态出现，包括私密空间、私密活动和私密信息。隐私侵权的方式主要包括侵入他人的私生活和披露他人的私事两类。个人信息具有一定的载体形式，通常是被记载或以数字化形式表现出来的信息。对个人信息的侵害则主要体现为非法收集和处理个人信息，以及因过错导致个人信息的泄露、篡改和丢失等情形。尤其是个人信息的大规模收集和使用、个人信息的跨境流通以及将个人信息用于个性化的算法推荐等，都是隐私保护场景未曾遇到的新问题。①

4. 保护方式不同

对隐私的保护主要借助于私法手段，而对个人信息的保护则采取了公法私法并行的方式。这是由于隐私本身为个人私领域的体现，原则上不涉及私密事项的大规模披露或干预，因此法律主要为受害者提供民事救济路径。然而，对个人信息的收集和使用常常是大规模的，且和数字经济的发展密切相关。个人信息权益不仅具有私人性的精神利益和财产利益，而且会关系到一国的经济发展乃至国家安全。因此，对个人信息的保护和利用不仅包括私法手段，而且涉及行政法、刑法等综合法律手段。尤其是面临大规模的微型伤害，即单个个体所受的伤害是轻微的，但侵权规模大，社会影响面广，这时就需要国家公权机关去追究侵害人的责任，以为原子化的个体提供保护。②

二、侵害方式

如前所述，个人信息权益是一个权利和利益的集合体，包括知情权、决定权、查询复制权、可携带权、异议更正权、删除权、解释权等诸多内容。信息主体在行使这些权益时，信息处理者如无合法理由，不得加以拒绝或制造障碍。另外，即便信息主体没有主动提出权益主张，信息处理者仍需要履行其保障数据质量和数据安全等方面的义务。如果没有履行这些义务，同样构成了对信息主体权益的侵害。在此，我们将结合相关的法律规定和司法实践，对侵害个人信息的几种主要方式进行阐释。

（一）个人信息的非法收集

我国《民法典》《个人信息保护法》等均明文规定，收集自然人的个人信息，应当遵守合法、正当、必要原则。合法指的是必须按照法律规定收集，不

---

① 王利明．和而不同：隐私权与个人信息的规则界分和适用．法学评论，2021（2）：15-24.

② 瓦格纳．损害赔偿法的未来：商业化、惩罚性赔偿、集体性损害．王程芳，译．北京：中国法制出版社，2012：178.

得非法进行。正当指的是收集自然人个人信息应具有正当性目的，不得非法收集。必要指的是即使合法、正当收集自然人的个人信息，也不得超出必要范围。如违反这些原则，则构成对个人信息的侵害。在现实生活中，个人信息的非法收集主要表现为未经被收集者的同意即收集个人信息，或者虽经同意但是未依法明示收集、使用信息的目的、方式和范围或超越目的、方式和范围过度收集个人信息。

【案例】 滴滴公司非法收集用户个人信息案①

"滴滴出行"是一款基于分享经济而能在手机上预约未来某一时点使用或共乘交通工具的手机应用程序，由滴滴全球股份有限公司（简称滴滴公司）设计开发。该应用起初只能预约出租车，后来发展到可以预约快车、专车、顺风车、代驾，甚至还可以拼车出行。滴滴公司与多个第三方服务提供商合作，用户可以在手机上实现打车并付款。2021年，"滴滴出行"用户达5.8亿人，是当时世界上最大的出行服务平台。

2021年7月，国家互联网信息办公室宣布对"滴滴出行"实施网络安全审查，审查期间"滴滴出行"App停止新用户注册。2022年7月，国家网信办公布其审查结果，认定滴滴公司存在16项违法事实，主要包括八个方面：一是违法收集用户手机相册中的截图信息1 196.39万条；二是过度收集用户剪切板信息、应用列表信息83.23亿条；三是过度收集乘客人脸识别信息1.07亿条、年龄段信息5 350.92万条、职业信息1 633.56万条、亲情关系信息138.29万条、"家"和"公司"打车地址信息1.53亿条；四是过度收集乘客评价代驾服务时、App后台运行时、手机连接桔视记录仪设备时的精准位置信息1.67亿条；五是过度收集司机学历信息14.29万条，以明文形式存储司机身份证号信息5 780.26万条；六是在未明确告知乘客的情况下分析乘客出行意图信息539.76亿条、常驻城市信息15.38亿条、异地商务/异地旅游信息3.04亿条；七是在乘客使用顺风车服务时频繁索取无关的"电话权限"；八是未准确、清晰说明用户设备信息等19项个人信息处理目的。

基于上述违法事实，国家网信办决定对滴滴公司处80.26亿元罚款，对滴滴公司董事长兼CEO程维、总裁柳青各处人民币100万元罚款。这笔罚款也是至今我国涉及个人信息案件最大的一笔罚款。

---

① 国家互联网信息办公室有关负责人就对滴滴全球股份有限公司依法作出网络安全审查相关行政处罚的决定答记者问.（2022-07-21）[2023-10-10]. http://www.cac.gov.cn/2022-07/21/c_1660021534364976.htm.

（二）个人信息的非法使用

依据我国《民法典》《个人信息保护法》等，使用自然人的个人信息同样要遵守合法、正当和必要的原则。个人信息的使用包括个人信息的提供、公开、加工、传输等方面。虽然个人信息的收集符合法律规定，经过被收集人的同意，但是收集者没有经过被收集者的同意，违反法律、行政法规的规定或者双方的约定使用个人信息的，同样构成对个人信息的侵犯。司法实践中出现的案例包括：银行及其工作人员盗用他人身份信息开立银行账户[①]；房产中介利用客户的身份信息以及房源信息伪造固定住所进而取得北京市居住证[②]；电商服务平台利用用户在网上购物时留下的手机信息，给用户手机发送商业短信[③]；金融机构将获取的客户信息非法出售给第三方进行牟利[④]；等等。

进入大数据时代，利用个人信息进行自动化决策的现象日益普遍。我国《个人信息保护法》因此规定，信息处理者必须保证决策的透明度和结果公平、公正，不得对个人在交易价格等交易条件上实行不合理的差别待遇，即不得进行基于性别、收入、地域等方面的算法歧视。在现实生活中，算法歧视现象屡见不鲜，常见的包括金融服务平台的借贷歧视、电子商务平台的大数据“杀熟”，以及将算法融入用工管理时所产生的不利于女性的就业歧视等。利用个人信息进行自动化决策或许有利于个人和机构做出更好的决策，但如果设计不当，导致对特定个人或群体的歧视，则是对个人信息的滥用，也构成对相关权益人的伤害。

（三）个人信息的泄露、毁损和丢失

依据我国《民法典》《个人信息保护法》等，信息处理者应当采取技术措施和其他必要措施，确保其收集、存储的个人信息安全，防止个人信息泄露、篡改、丢失。如果发生或者可能发生个人信息的泄露、篡改、丢失的，应当及时采取补救措施，依照规定告知自然人并向有关主管部门报告，防止损失的扩大，并挽回已经造成的损失。信息处理者如果违反这些义务，则构成对个人信息权益的侵犯。

---

① 参见马某与盛京银行股份有限公司北京五棵松支行等隐私权纠纷案［北京市海淀区人民法院民事判决书（2016）京0108民初8187号］。

② 参见赵某与北京链家房地产经纪有限公司、宋某华、杨某某，第三人宋某友一般人格权纠纷案［北京市朝阳区人民法院民事判决书（2018）京0105民初9840号］。

③ 参见赵某与纽海电子商务（上海）有限公司（1号店）其他侵权责任纠纷案［上海市浦东新区人民法院民事判决书（2016）沪0115民初2998号］。

④ 参见杨某某与中国邮政储蓄银行深圳分行隐私权纠纷案［广东省深圳市福田区人民法院民事判决书（2015）深福法民一初字第4278号］。

【案例】庞某某诉中国东方航空股份有限公司、北京趣拿信息技术有限公司隐私权纠纷案[①]

原告庞某某委托其助理鲁某通过北京趣拿信息技术有限公司（简称趣拿公司）运营的去哪儿网购买中国东方航空股份有限公司（简称东方航空公司）机票，其后收到诈骗短信，短信内容中显示有庞某某航班的起飞时间、降落时间、机场名称、航班号。庞某某认为，自己的手机号及确切的航班信息只有趣拿公司和东方航空公司掌握，因而断定是这两家公司泄露了其个人信息，于是诉至法院。法院认定，被告东方航空公司和趣拿公司掌握了原告庞某某的身份证号、手机号和航程信息，其后，相关信息在合理时间内发生泄露，根据高度盖然性的证明标准，足以认定信息泄露系被告导致，故二被告构成对原告隐私权的侵犯，应当承担侵权责任。

（四）个人信息的更正和删除

我国《民法典》《个人信息保护法》等均规定，自然人享有其个人信息的更正权和删除权。自然人在查阅或复制其个人信息时，如发现信息有误或者可能对自己造成不好影响的，有提出异议并要求更正乃至删除的权利。信息处理者负有更正和删除的义务。如不履行此义务，则构成对个人信息的侵犯。在“孙某某诉鲁山县农村信用合作联社侵犯公民个人信息权案”中，法院经调查发现，被告工作人员违规办理贷款时，冒用原告个人信息担保贷款，并将原告征信纳入不良记录，给原告造成精神上、物质上的损失，被告过错明显。法院裁定，原告请求被告消除原告在银行系统的不良信用记录，理由正当，本院予以支持。另外，由于将原告纳入征信不良记录，给原告造成一定的精神痛苦和精神损失，被告还需向原告赔偿精神物质损失3万元。[②]

【案例】中国被遗忘权第一案[③]

2015年4月，原告任某某在百度公司的网站上发现“陶氏教育任某某”“无锡陶氏教育任某某”等字样的内容和链接。由于陶氏教育在外界名声不好，颇受争议，任某某遂以侵害姓名权和名誉权为由，多次请求百

① 参见北京市第一中级人民法院民事判决书（2017）京01民终509号。

② 参见孙某某诉鲁山县农村信用合作联社侵犯公民个人信息权案［（2017）豫0423民初3728号］。

③ 邵国松．“被遗忘的权利”：个人信息保护的新问题及对策．南京社会科学，2013（2）：104-109，125.

度公司删除相关信息，但后者未予配合。于是，任某某将百度公司起诉到法院，主张姓名权和名誉权侵权以及"被遗忘权"，要求百度公司断开涉案关键词的搜索链接、赔礼道歉、赔偿经济损失。[①] 这是我国法院处理的首例被遗忘权案。"被遗忘权"是欧盟在《通用数据保护条例》中提出的一项权利，指的是民众有权要求相关机构删除有关他们的个人数据，同时阻止那些个人数据的进一步传播。在此案裁决时，我国的《民法典》尚未颁布。法院由此认为，由搜索引擎自动生成的相关搜索词是计算机相关算法在收集和处理过程中的一串字符组合，不构成侵权。鉴于今日《民法典》已颁布并生效，其规定的自然人享有的更正和删除等权利，有可能直接影响类似案件的判决。

三、免责事由

行为人如果发生侵害个人信息的行为，需要承担民事责任、行政责任或刑事责任。就民事侵权而言，信息处理者不能证明自己没有过错的，应当承担损害赔偿等责任；侵害众多个人的权益的，相关机构可以依法向法院提起集体诉讼。违反行政管理规定的，需要承担行政责任。构成犯罪的，需要承担刑事责任。要排除这些法律责任，就必须具备法律上的免责事由。依据我国《民法典》《个人信息保护法》等相关法律规定，此种免责事由要么来自个人的知情同意，要么来自法律、行政法规的规定即法定许可，二者共同构成了处理个人信息的合法性基础。

（一）知情同意

知情同意规则也称告知同意规则，指的是任何组织或个人在处理个人信息时，都应当对信息主体进行告知并取得其同意，除非法律另有规定。处理个人信息的场景包括：收集和使用个人信息；个人信息处理目的、处理方式和处理的个人信息种类发生变更；转移个人信息；向第三方提供其处理的个人信息；等等。在这些情形下，均应当告知用户并取得同意。没有告知，自然人无法就其个人信息被处理作出同意与否的表示。即便告知了，但告知不充分、不清晰，自然人作出的同意也并非真实有效的同意。或者，虽然充分、清晰地告知，却未取得自然人的同意，对个人信息的处理也是非法的，侵害了个人信息权益。反过来讲，在取得自然人的同意之后，对其个人信息进行处理，就不再构成对其权益的侵害。然而，这种同意必须是自然人自愿、自主做出的选择。信息处理者不得以拒绝提供产品或服务为威胁，强迫自然人同意其个人信息的

① 参见任某某与百度公司名誉权纠纷案［（2015）一中民终字第09558号，（2015）海民初字第17417号］。

处理，否则仍有可能构成侵害行为。

【案例】 微信读书案[①]

因认为微信读书在未经其有效同意的情况下获取其微信好友关系，为其自动关注微信好友，并向共同使用微信读书的微信好友默认开放其读书信息构成侵权，黄某于2019年将微信读书软件、微信软件的开发者、运营者腾讯科技（深圳）有限公司、腾讯科技（北京）有限公司、深圳市腾讯计算机系统有限公司诉至法院。7月30日，北京互联网法院作出一审判决，认定腾讯公司侵害原告黄某个人信息权益，但未侵害其隐私权。

北京互联网法院认为，此案中，微信读书为用户自动添加好友、微信好友之间的读书信息默认开放的行为构成对原告个人信息权益的侵害。首先，微信读书、微信在应用软件中为两款独立的应用，显示的开发者并不相同，两个软件共同好友的关系并不符合一般用户的合理预期。其次，读书信息可能构成对用户的“人格画像”。在互联网时代，用户应享有自主建立或拒绝建立信息化“人设”的自由，而这种自由行使的前提是用户清晰、明确地知晓此种自由。但是，微信读书在用户协议中并没有就应对好友列表、读书信息的处理方式等重要事项进行充分告知，易让用户对微信和微信读书两个软件中的“好友”产生混淆，因此，不能视为获得用户有效的知情同意，构成对原告个人信息权益的侵害。

（二）法定许可

我国《个人信息保护法》第13条在参考欧盟《通用数据保护条例》相关规定的基础上，对我国《民法典》第1036条加以细化，除取得个人同意外，明确规定了个人信息处理活动的其他法定事由。信息处理者如果是在如下情形下处理自然人的个人信息，即便没有取得自然人的同意，也是合理合法的，无须承担任何法律责任，包括：（1）为订立、履行个人作为一方当事人的合同所必需，或者按照依法制定的劳动规章制度和依法签订的集体合同实施人力资源管理所必需；（2）为履行法定职责或者法定义务所必需；（3）为应对突发公共卫生事件，或者紧急情况下为保护自然人的生命健康和财产安全所必需；（4）为公共利益实施新闻报道、舆论监督等行为，在合理的范围内处理个人信息；（5）依照该法规定在合理的范围内处理个人自行公开或者其他已经合法公开的个人信息；（6）法律、行政法规规定的其他情形。

① 参见北京互联网法院民事判决书（2019）京0419民初16142号。

需要指出的是，在法定许可下处理个人信息，同样需要秉持克制、谦抑和审慎精神，严格遵循个人信息处理的基本原则，比如合法、正当、必要、诚信、目的明确、公开透明等。因为在个人信息保护领域，个人利益、企业利益、公共利益之间不是单向度关系，而是经常处于交叉、冲突和紧张的状态。单向强调一方利益，而忽视各方利益之间的平衡，不仅不妥当，甚至会从根本上破坏个人信息保护体系。尤其是政府公权机构，在进行行政管理或提供公共服务时，比如进行疫情防控，一定要注意公私利益的平衡，在保证最大限度不损害个人利益的前提下促进公共利益的实现。

【案例】 微博解救儿童案①

2015年4月，被告徐某某在发现男童（即原告一施某某）被养父母虐待后，在网络平台上披露了这些信息，并配上男孩受伤的图片（脸部已经做模糊化处理），希望借此获得网络帮助以解救该男童，引发了公众的持续关注。男童的养母李某某被公安机关以涉嫌故意伤害罪逮捕，男童也被转给其亲生父母张某某（即原告二）、桂某某（即原告三）临时监护。事发之后，三名原告以侵犯其肖像权、名誉权、隐私权为由将徐某某告至法院，要求法院判令被告停止侵害，赔礼道歉，为三位原告消除影响、恢复名誉，并支付精神抚慰金。

法院经审理认为，徐某某对相关信息的披露是节制的，对相关照片进行了模糊处理，没有暴露受害儿童的真实面容，也没有披露施某某的姓名和家庭住址，其目的是揭露可能存在的犯罪行为。徐某某所发微博的内容虽出现“收养”的词语，但微博文字与照片结合后，第三人不能明显识别出微博中的受害儿童。徐某某所发微博的内容未涉及张某某、桂某某的任何信息资料，至于徐某某发表微博后，网民对张某某、桂某某搜索导致其相关信息被披露，不应由徐某某承担责任。在法院看来，徐某某在该男童受伤害后，为保护未成年人利益和揭露可能存在的犯罪行为，依法在其微博中发表未成年人受伤害信息，符合社会共同利益原则和儿童利益最大化原则。

此案系法院在《民法典》颁布实施前作出的判决，因而其判决的基本思路仍然是建立在肖像权、隐私权等传统人格权的路径下。但此案的焦点问题是被告出于保护儿童的目的，在未经自然人同意的情况下，于网络平台上披露个人信息的行为是否违法。法院基于公共利益的考量，判被告行为不构成侵权，并驳回了原告的全部诉讼请求。一审判决后，原被告双方均未提起上诉。

① 参见南京市江宁区人民法院民事判决书（2015）江宁少民初字第7号。

【本章小结】

本章第一节从比较法的视角介绍了隐私权和个人信息保护在西方国家发展历史。简言之，美国先有侵权行为法上的隐私权，后发展出宪法上的隐私权。英国虽未明确承认隐私侵权行为，但《欧洲人权公约》的本国化已创造了一个承认一般隐私权的宪法环境。德国创设了宪法上的一般人格权以及私法上的一般人格权，并将其具体化，延伸到对公民私领域的保护。欧盟制定的《通用数据保护条例》为个人数据提供了强有力的专项保护，并影响了世界各国的个人信息保护立法。我国在积极借鉴西方立法的基础上，已初步建立了一套全面保护个人隐私和个人信息的体系。

隐私权和个人信息都属于人格权保护的范畴，保护的目的都是维护个人自由与尊严。然而，两者存在本质的区别。隐私权主要是一种精神性的人格权，虽然可以被利用，但其财产价值并不显著。而个人信息权益在性质上属于一种综合性的权益，既涉及精神利益也涉及财产利益。除此之外，隐私权和个人信息权益在权利内容、侵权方式、保护方式等方面也存在诸多差别。因此，我们在本章第二、第三节对隐私权和个人信息分别进行讨论。在隐私权部分，我们首先讨论了隐私权的主体、客体、内容等基本概念，然后通过相关判例阐释了隐私侵权的两大形态。一是私生活的侵入，包括侵入住宅、偷录偷拍、监听监视、跟踪、其他侵入方式等；二是私事的公开，这些私事包括性或性关系、感情或家庭生活、医疗或健康状况、日记和信件、未成年人犯罪等。之后，我们讨论了面对隐私侵权指控时可能采取的五种抗辩策略，即本人同意、公共场所、公共记录、公共人物、公共利益。在个人信息部分，我们首先讨论了个人信息以及个人信息权益的概念，阐释了个人信息权益和隐私权的区别；然后讨论了侵害个人信息的几种方式，主要涉及个人信息的非法收集，非法使用，泄露、毁损和丢失，更正和删除等方面；最后讨论了使用个人信息的两类免责事由，即知情同意和法定许可。

【思考题】

1. 简述隐私权和个人信息保护在西方的发展历史。
2. 简述我国对隐私权和个人信息保护的法律体系。
3. 简述隐私权的主体、客体和内容。
4. 侵害隐私权的方式有哪些?
5. 隐私侵权的抗辩事由有哪些?

6. 何谓“对隐私的合理期待”?
7. 如何界定个人信息?
8. 个人信息权益指的是什么?
9. 个人信息权益和隐私权有什么关联?
10. 为什么要对隐私权和个人信息进行区别性保护?
11. 侵害个人信息的方式有哪些?
12. 使用个人信息有哪些免责事由?

第 7 章 侵害其他人格权

进入网络传播时代，除了名誉权、隐私权、个人信息权益之外，姓名权、肖像权、公开权等其他人格权被侵害的现象也日益增多，值得我们专门讨论。

姓名权和肖像权都是具体人格权，是人之尊严与价值体现于自己姓名、肖像等人格特征的自主权利。与此同时，姓名权、肖像权等人格权益具有财产性质，权利人可以将自己享有的这种人格权益许可他人使用并获得相应的收益，这项权利被称为公开权。

在本章中，我们将在网络传播的时代背景下，对姓名权、肖像权、公开权的历史、概念、特征等进行阐释。

第一节 姓名权

一、姓名权的历史

人的命名因国家、文化和时代而异，但一般认为姓名是由姓和名两部分组成。姓代表自然人的家族传统，而名则指代自然人本身的语言符号。两者合在一起构成姓名，既可使自然人与其他人相区别，又可在社会上彰显此人的同一性。由于长久使用，姓名成了一种重要的个人标识，构成其人格的一部分，这样逐渐产生了保护姓名不受他人侵害的权利意识。

对姓名权的立法保护始于 1896 年颁布的《德国民法典》。该法典对人格权未设一般规定，但对姓名权却情有独钟，予以专门保护，其中第 12 条明文规定："有权使用某一姓名的人，因另一方争夺该姓名的使用权，或者因无权使用同一姓名的人使用此姓名，以致其利益受到损害的，可以要求消除此侵害。如果有继续受到侵害之虞，权利人可以提起停止侵害之诉。"受德国立法的影响，1907 年制定的《瑞士民法典》不仅规定了姓名权，而且对姓名权的侵权责任做了更明确的规定，其中第 29 条写道："如果一个人对其姓名的使用存在争议，可在法院提起姓名确认之诉。如果一个人因他人冒用其姓名而受到不利影响，则可请求法院禁止此冒用；并且如果用户有过错，则可请求赔偿损失；如果依侵害性质可认为正当的话，则还可请求支付抚慰金。"同一时期，姓名权在美国也得到了发展，但和肖像权一样，是作为隐私权的一种而获得保护的，后来又发展出姓名和肖像的公开权。日本民法未见姓名权条款，但日本最高法院 1988 年在"NHK 日语读音诉讼案"的判决中指出："从社会的角度看，姓名具有将个人从他人中进行识别和特定的功能，同时从个人的角度来看，是作为个人受到尊重的基础，是个人人格的象征，构成人格权内容的一部分。"由此在日本法上首创了姓名权。

我国传统文化对人的名号一向看重。“闻其名，知其人。”姓名不仅用于自我标识，而且具有“循名责实”的功能，即姓名是人的身份象征，姓名之下蕴含了人的精神风貌和社会定位。具体实践中，中国人讲究避讳，比如臣民要避皇帝的名讳，晚辈要避长辈的名讳，都体现了姓名在国人心中的重要性。到了清朝末年，本着“中学为体、西学为用”的思想，清政府推出《大清民律草案》，承认姓名权为私权，予以保护。1929 年民国时期制定的《民法典》对自然人的姓名权予以明确保护。中华人民共和国成立以后，民国时期制定的法律均被废止。有关姓名的规定最开始出现 1950 年颁布的《中华人民共和国婚姻法》，其中第 11 条规定：“夫妻有各用自己姓名的权利。”1986 年颁布的《民法通则》则明确提出了姓名权的概念，其中第 99 条规定：“公民享有姓名权，有权决定、使用和依照规定改变自己的姓名，禁止他人干涉、盗用、假冒。”2009 年颁布的《侵权责任法》在第 2 条“民事权益”规定中列举了姓名权。2020 年颁布的《民法典》第 1012～1017 条对姓名权进行了全面的规定，由此构成我国姓名权制度的基石。

二、姓名权的概念

我国《民法典》第 1012 条规定：“自然人享有姓名权，有权依法决定、使用、变更或者许可他人使用自己的姓名，但是不得违背公序良俗。”由此可见，姓名权指的是自然人决定、使用和依照法律规定改变自己的姓名，并维护其姓名利益的具体人格权。展开阐释如下：

（一）姓名权的主体

姓名权的主体仅限于自然人。自然人死亡后，若姓名权受到侵害，则其近亲属有权依法请求行为人承担责任。自然人死亡后，若肖像权受到侵害，则其配偶、子女、父母有权依法请求行为人承担责任；死者没有配偶、子女且父母已经死亡的，其他近亲属可以依法请求行为人承担责任。近亲属无健在的，法律不再予以保护。下面这个案例是在《民法典》颁布之前的 2013 年判决的，但法院已认可了死者姓名权中的财产利益。

【案例】 黄某某等诉养天和集团姓名权纠纷案[①]

原告黄某某等九人的祖辈及父辈等人经过了数十年的经营于解放前就形成了著名的“养天和”品牌药店，被告养天和集团在经营“养天和大药房”

① 参见湖南省长沙市雨花区人民法院民事判决书（2012）雨民初字第 2297 号；湖南省长沙市中级人民法院民事判决书（2013）长中民一终字第 02518 号。

的过程中，未经原告的同意在商业宣传中使用了原告祖辈及父辈等人的姓名及创业历史，原告等人遂诉至法院，请求判令被告停止侵权并赔偿经济损失。初审法院认为，自然人的姓名权始于出生，终于死亡，同时此案被告并非以侮辱、诽谤、贬损、丑化等方式使用原告祖辈及父辈等人之姓名，故作出驳回判决。原告不服，提起上诉。二审法院认为，原告祖辈及父辈等人虽已亡故，原告等人不能直接继承已故者的姓名权，但可以继承涉案姓名所承载的财产性利益，因而判令行为人停止侵权行为并赔偿原告损失十余万元。

法人、非法人组织不享有姓名权，但享有名称权。名称权是指法人和非法人组织依法享有的决定、使用、变更、转让或者依照法律规定许可他人使用自己的名称，并排除其他组织和个人非法干涉、盗用或者冒用的具体人格权。名称权的主体是法人和非法人组织，自然人享有的是姓名权而不是名称权。除了法人和非法人组织，有些自然人组合也有名称，比如没有民事主体地位的合伙人可以起字号。对于没有这些主体地位的自然人组合，可以使用名称权的规则予以保护。

（二）姓名权的客体

姓名权保护的客体一般是指户籍上的姓名。然而，依据《民法典》第1017条，具有一定社会知名度，被他人使用足以造成公众混淆的笔名、艺名、网名、译名、字号、姓名的简称等，同样是姓名权保护的对象。这个条款将姓名权保护的范围扩展到自然人的此类称谓，但设置了两个限制性条件：一是具备一定的知名度，即这些称谓必须具有一定的知名度，否则不予保护。例如不少网络大V的网名就具有相当高的知名度，便可使用姓名权的保护方法予以保护。二是被他人使用足以造成混淆，例如中国科学院大学如果简称为“中科大”，就会与中国科学技术大学相混淆。在司法实践中，只有称谓与特定对象之间已经形成了稳定、特定的指向对应关系，该称谓才会受到姓名权的保护。

【案例】“云菲菲”案①

2007年11月至2012年11月期间，钮某某是北京上加一线公司的签约歌手。在作为上加一线公司签约歌手期间，钮某某使用艺名“云菲菲”进行各种演艺、宣传等活动，逐渐具有知名度。钮某某与上加一线公司的

① 参见北京市第三中级人民法院民事判决书（2014）三中民终字第07228号。

合同到期后，于2013年4月与北京鸟人公司签订合同，成为鸟人公司的签约艺人。而上加一线公司则安排其签约艺人卞某某使用“云菲菲”作为艺名对外进行演艺活动。同时，上加一线公司还将“云菲菲”注册了商标并获权。鸟人公司和钮某某认为，上加一线公司和卞某某使用“云菲菲”作为艺名对外进行演艺活动和宣传的行为构成对其的不正当竞争，遂将其诉至法院。法院经审理认为，经纪公司为其签约艺人起艺名，艺名属于姓名权保护的范畴，姓名权属于人格权，专属于自然人，因此签约艺人对该艺名享有姓名权，而不是该经纪公司享有。法院还认为，自然人参与市场竞争时，姓名不仅是标记自然人的符号，同时也是区分商品或服务提供者的符号，姓名代表自然人的商业信誉，因此该艺名受《反不正当竞争法》保护。

（三）姓名权的内容

在具体适用时，姓名权主要包括以下几个方面。

1. 姓名决定权

作为权利主体的自然人可以决定自己的姓名，具体包括姓氏和名字。自然人出生后尚不具备民事行为能力，因此其姓名通常由父母、收养人或其他监护人决定。当自然人具有完全民事行为能力之后，才能够行使姓名决定权，决定继续使用或不继续使用现在的姓名。即便自然人最初的姓名是由父母、收养人或其他监护人决定的，也应当符合相关法律的要求，不得违反公序良俗，应充分考虑自然人不因姓名在成长或生活中产生困扰。

具体来说，关于姓名的取得，《民法典》第1015条明确作了规定：“自然人应当随父姓或者母姓，但是有下列情形之一的，可以在父姓和母姓之外选取姓氏：（一）选取其他直系长辈血亲的姓氏；（二）因由法定扶养人以外的人扶养而选取扶养人姓氏；（三）有不违背公序良俗的其他正当理由。少数民族自然人的姓氏可以遵从本民族的文化传统和风俗习惯。”

我国首例姓名权案——“‘北雁云依’起名案”可供参考。2009年，山东省济南市的吕氏夫妇给女儿起了一个既不随父姓也不随母姓的名字“北雁云依”。在办理户口登记时，被当地派出所以姓名“北雁云依”不符合办理户口登记条件为由拒绝。吕氏不服，诉至法院。法院经审理认为，吕氏为其女儿取名“北雁云依”，具有明显的随意性，会造成对文化传统和伦理观念的冲击，违背社会善良风俗和一般道德要求，也不利于维护社会秩序和实现社会的良性管控。法院据此驳回了吕氏的诉求。[①]

---

① 指导案例89号：“北雁云依”诉济南市公安局历下区分局燕山派出所公安行政登记案．（2017-11-24）[2023-10-10]．https://www.court.gov.cn/shenpan-xiangqing-74112.html.

此外，姓名决定权还包括自然人选择自己别名的权利，即自然人可以根据自己的意志和愿望，来确定登记姓名以外的笔名、艺名以及其他相应的名字，任何人都不得加以干涉。当然，不能和他人已有的具有一定社会知名度的别名产生混淆。例如，像鲁迅这样的笔名已广为人知，自然人就不适合再以“鲁迅”为笔名发表文章。

2. 姓名使用权

自然人有权使用自己的姓名，用以区别自己与其他自然人，确定自己的主体地位，实施民事法律行为。使用自己的姓名是自然人姓名权的重要内容，自然人在民事活动中，除法律另有规定的，可以使用本名，也可以使用自己的笔名、艺名或化名等。任何组织与个人都不得强迫自然人使用或不使用某一姓名。

姓名使用权是一种专有的使用权，他人不得故意使用别人的姓名。擅自使用他人有一定影响的姓名，可能构成侵害姓名权与不正当竞争行为的竞合。在现实中常见的重名现象，并不是侵权行为。重名也叫姓名的平行，即数人合法取得同一姓名。在这样的情形下，各人都有权使用自己的姓名，对自己姓名的使用也都是权利的正当行使，但是故意混同的除外。

姓名使用权包括积极行使和消极行使两种方式。例如：在自己的作品上标示自己的姓名，在给他人发短信时署上自己的姓名，就属于积极行使；在作品上不署名，或者在做了慈善之后，拒绝向主办方透露自己的姓名，就属于消极行使。然而，在特定条件下，自然人的姓名权可能受到限制。例如，在进行户口登记时，就需要正确使用正式姓名。

3. 姓名变更权

自然人有权对自己的姓名进行变更，他人不得干涉。但姓名变更权不是绝对的，因涉及个人和社会的利益，姓名的更改受到程序性和实体性的双重限制。程序性限制主要体现为登记制度。我国《民法典》第1016条规定，民事主体变更姓名的，应依法向有关机关办理登记手续，变更前实施的民事法律行为对其具有法律约束力。《中华人民共和国户口登记条例》第18条规定：“公民变更姓名，依照下列规定办理：（一）未满十八周岁的人需要变更姓名的时候，由本人或者父母、收养人向户口登记机关申请变更登记；（二）十八周岁以上的人需要变更姓名的时候，由本人向户口登记机关申请变更登记。”未办理登记手续的，姓名的变更缺乏法律效力。

实体性限制主要是指姓名的变更必须符合法律规定和公序良俗。在司法实践中，姓名的变更如果是为了规避法律责任、逃避法律制裁，则不会得到准许。例如，在“刘某某与许昌县公安局申请变更姓名纠纷案”中，法院认为刘某某申请变更姓名的行为与现行刑法规定的前科报告制度相冲突，不利于对其犯罪前科的查询和社会有效的教育监督，由此驳回了原告的诉请。[①] 此外，姓

① 参见河南省许昌市中级人民法院行政判决书（2011）许行终字第23号。

名的变更不得违反公序良俗。例如，在“姚某某诉北京市公安局大兴分局不予变更姓名案”中，法院认为原告姚某某要求将其姓名变更为“汩稽幽悠”具有随意性，“会造成民事、行政管理等活动混乱无序的局面，增加社会管理的风险性和不确定性，如果任由公民仅凭个人意愿喜好，随意选取姓氏甚至自创姓氏，则会造成对文化传统和伦理观念的冲击”①。

4. 姓名许可权

自然人可以许可他人使用自己的姓名，通过许可他人使用自己的姓名获得一定的物质利益。姓名权虽然是典型的精神性人格权，但是随着市场环境的不断开放、社会经济的快速发展，姓名权被商业化使用的现象已经越来越多，尤其是特定领域名人的姓名，除了本身存在一定的财产价值（如签名）之外，通过许可他人在特定范围内使用自己的姓名，可能会提升产品或服务的知名度，产生一定的广告作用或促销作用，从而产生一定的财产利益。

当自然人许可他人使用自己姓名时，本人与使用人都应当遵循诚实信用原则行使权利、履行义务、恪守信用、尊重交易习惯，如姓名权人不得违反约定将姓名交由其他人使用，且其在使用自己的姓名时，应注意避免与他人商业性使用产生冲突，使用人有权商业性使用姓名，并在该姓名被他人擅自商业性使用时，以企业名称权人或商标权人等主体身份起诉侵权行为，同时使用人也应当按照约定向姓名权人交付使用费，不得将该姓名用于约定之外的其他领域等。

三、姓名权的侵害

（一）侵害方式

依据我国《民法典》第1014条，任何组织或者个人不得以干涉、盗用、假冒等方式侵害他人的姓名权。质言之，姓名权的侵害主要包括以下三种方式。

1. 干涉他人姓名

这种侵害指的是对自然人命名权、使用权、变更权和许可他人使用权的干涉，阻碍自然人对姓名权的行使。一个著名的案例就是2008年的“赵C案”。②江西省鹰潭市月湖区22岁男子赵C，在办理第二代身份证时与当地公安局发生争议，月湖区公安局称赵C这个名字不符合国家要求，进不了公安部户籍系统，建议赵C更名。但赵C认为自己的名字具有独特意义，国家不应该干涉自己的姓名权，因此提起行政诉讼。初审法院认为，公民有权使用自己的名字，这是不可侵犯的权利。在法院看来，原告名字中的“赵”可称为汉字，“C”既

---

① 参见北京市第二中级人民法院行政判决书（2018）京02行终字第1246号。

② 朱华．中国姓名权第一案终审达成庭上和解：“赵C”要改名．江西日报，2009-02-27.

是汉语拼音字母，又是英文字母，同样可认为是符合国家标准的数字符号。法院据此要求公安局在规定时间内以赵C为姓名为其换发第二代居民身份证。公安机关不服上诉。2009年2月，双方达成庭外和解，赵C决定改一个中文名字。

因电脑系统无法登记引发的姓名权纠纷已经不是个案。2010年，山东省菏泽市牡丹区高庄镇高庄村的200名“𫇦”（shǎn）姓氏的村民，因姓氏生僻，行政机关在电脑系统中无法录入该姓氏，村民在填写学籍、办理保险、换发身份证等事项时，都无法顺利进行。行政机关建议该200名村民集体改姓，诸多村民被迫将祖上传承下来的该姓氏更改为“冼”或“显”。[①] 同样，因电脑打不出生僻的“钽”（chí）字，安徽省蚌埠市怀远县古城乡庙荒村的上千村民，长期以来过着“有名无姓”的日子，办理证件遇到困难。2014年7月，这上千名村民中的大部分人被迫把姓改成了“鉏”（chú）字。[②] 在这两起事例中，当地公安机关仅仅因为公民姓氏所使用的汉字生僻而不便录入系统就要求公民更改姓氏，是对公民姓名权的侵犯，也不利于保护他们悠久的文化传统。

2. 盗用他人姓名

盗用指的是未经权利人本人同意而非法使用权利人的姓名。盗用不同于冒用，是非法使用而未冒名。盗用他人姓名实施的行为，可能是将他人姓名用于行政事务的办理，比如用于工商登记、缴纳税款等；也有可能是从事实际的民事法律行为，比如擅自在法律文书上签署他人姓名，或者是擅用名人的姓名和肖像作为宣传广告等。下面即为一例。

【案例】周星驰诉中建荣真无锡建材科技有限公司肖像权、姓名权纠纷案[③]

2017年1月11日，中建荣真无锡建材科技有限公司（以下简称中建公司）的网站页面的终端风采VI展示处有“城市森林携手星爷一起见证生态墙板真功夫”的宣传广告。该宣传广告配有周星驰的照片，与涉案网页上另一宣传广告语共同在页面上展示。2017年6月19日，“创业邦”网站和页面均显示有中建公司的宣传广告，并在插图周星驰的照片旁注有“华语喜剧演员、导演、编剧、监制、制片人、出品人，代表作：《功夫》”的文字。2017年9月5日，周星驰的委托代理人在上海市虹桥火车站购得一本《旅伴》杂志。中建公司在《旅伴》杂志上发布广告，在该宣传广告

① 黄体军，张继业．山东两百村民因电脑不认生僻字被迫改姓．齐鲁晚报，2010-08-13.

② 周宽玮，王慧冬．安徽上千村民因电脑打不出姓被迫改姓 公安局：我们也没辙．(2014-07-07)[2023-10-10]. https://www.thepaper.cn/newsDetail_forward_1254623.

③ 周星驰诉中建荣真无锡建材科技有限公司肖像权、姓名权纠纷案．最高人民法院公报，2020(2)：43-48.

右侧配有周星驰肖像和签名的照片，照片上注有小字体文字对周星驰进行介绍。法院经审理认为，中建公司未能举证证明获得周星驰肖像权或姓名权的使用许可，其以营利为目的，在网站、杂志的宣传广告上使用周星驰的肖像和姓名（艺名），且突出显示，构成对其肖像权和姓名权的侵害。法院判决被告中建公司向周星驰公开赔礼道歉，并赔偿其经济损失580 000元。

3. 假冒他人姓名

假冒指的是冒名顶替使用他人姓名，并冒充该人参加民事活动或其他行为。假冒他人姓名与盗用他人姓名一样，都是指行为人在受侵害人不知情的情况下，非法利用他人姓名并侵害了权利人的姓名权。两者的区别在于：(1) 概念不同。姓名权盗用是在当事人不允许的情况下利用他人的姓名获得自己的利益，而冒用是直接冒用他人的姓名做一些事情。(2) 实施方式不同。冒用直接把自己假扮成被冒用人来获得不法的利益，而盗用仅仅利用被盗用人的名气来提高自己的身价或者品牌名气。(3) 危害不同。盗用姓名直接损害了被盗用者的利益，而假冒姓名则完全是以姓名权人的身份进行活动，其危害往往甚于盗用他人姓名。被称为冒名顶替第一案的“齐玉苓案”便是典型一例，曾引发广泛关注。

【案例】 齐玉苓案

齐玉苓、陈晓琪均系山东省滕州市八中1990届初中毕业生。陈晓琪在1990年中专预考时成绩不合格，失去了升学考试资格。齐玉苓则通过了预选考试，并在中专统考中获得441分，超过了委培录取的分数线。随后，山东省济宁市商业学校发出录取齐玉苓为该校1990级财会专业委培生的通知书。但齐玉苓的录取通知书被陈晓琪领走，并以齐玉苓的名义到济宁市商业学校报到就读。1999年1月，齐玉苓在得知陈晓琪冒用自己的姓名上学并就业的情况后，以陈晓琪及陈克政（陈晓琪之父）、滕州八中、济宁市商业学校、滕州市教委为被告，向山东省枣庄市中级人民法院提起民事诉讼，要求被告停止侵害，并赔偿经济损失和精神损失。

1999年5月，枣庄市中级人民法院作出一审判决。法院认为，陈晓琪在中考落选、升学无望的情况下，由其父策划并为主实施冒用齐玉苓姓名上学的行为，构成对齐玉苓姓名权的侵害，应赔偿其精神损失费3.5万元。法院同时驳回了齐玉苓受教育权被侵害的主张。齐玉苓不服判决，向山东省高级人民法院提起上诉。山东省高级人民法院认为该案存在适用法律方面的疑难问题，报请最高人民法院作出司法解释。最高人民法院批复指出：根据此案事实，陈晓琪等以侵犯姓名权的手段，侵犯了齐玉苓依据《宪法》规定所享有的受教育的基本权利，并造成了具体的损害后果，应承担相应的民事责任。2001年8月，山东省高级人民法院据此做出终审判决：陈晓琪停止对齐玉苓姓名权的侵害；齐玉苓因受教育权被侵犯而获得经济损失48 045元及精神损害赔偿50 000元。

（二）抗辩事由

如果姓名权被侵犯，受害者有人格权请求权与侵权损害赔偿请求权两种工具为之提供救济，行为人原则上需要承担相应的法律责任，包括停止侵害、排除妨碍、消除影响、赔礼道歉、赔偿损失等。但姓名权的保护不是绝对的。在现实生活中，姓名是自然人开展社会交往之必需，也不可避免为他人或社会所需要。如果凡是使用自然人的姓名都要经过其同意，则会给社会生活造成诸多不便，极大地提高了社会运行成本。因此，有学者建议，在下列情况下可以合理使用自然人姓名，而无须征得其同意：为个人学习、科学研究、介绍或评论，适当引用他人姓名；为报道时事新闻，在报刊、电视台、网络等媒体中不可避免地使用他人姓名；国家机关为执行公务、保障公共安全等目的在必要范围内使用他人姓名；为姓名权人自身的利益使用其姓名；工作单位在合理范围内使用其工作人员姓名；其他不会造成与他人识别混淆、损害姓名权人姓名利益的使用他人姓名的行为。[①]

第二节　肖像权

一、肖像权的历史

肖像权的历史也颇为悠久，早在19世纪中叶便为法国的判例所认可，其中一个著名的案子是1858年的“雷切尔案”。雷切尔是法国当时著名的女演员和社交名流，但36岁时便英年早逝。一名画家将其在病床上的死亡容貌画了下来，并不顾其家人反对向外兜售。法院认为，未经家属的正式同意，任何人都不得复制和公开死者容貌特征，无论此人有多有名，也无论他的生活多么引人关注。[②] 法院因此判决禁止公开该画像，并加以没收。在这之后，关于肖像权的保护扩张至活着的自然人，但法院同时认为，肖像权的保护并非绝对。例如在街头拍摄电影，其偶然入镜者，不得主张其肖像权受到侵害。1970年法国制

① 张红．民法典之姓名权立法论．河北法学，2019（10）：2-21.

② WAGNER W J. The right to one's own likeness in French law. Indiana law journal，1970（1）：1-36.

定《个人权利强化保护法》，并在《法国民法典》增设第9条，明确规定：任何人有其私生活受尊重的权利。此项权利对人格权的发展有重要意义，普遍认为其包含了对肖像权的保护。

德国民法并无关于肖像权的明文规定，但1898年德国铁血宰相俾斯麦去世，两位记者偷偷潜入其庄园，拍下其入殓期间的仪容，引发社会各界关注。照片中的俾斯麦衰弱无助，脑袋缠了一圈绷带牵拉着，床边只有一个便桶相伴，全然没了昔日睥睨天下的风采。帝国法院以非法侵入住宅为由判令记者交出底片，这一轰动性案件让德国意识到保护肖像权的重要性。[①] 1907年，德国制定《艺术及摄影作品著作权法》，明确规定肖像须取得肖像权人的允诺方可传播或公开展示。肖像权人取得报酬者，应认为已允诺。肖像权人死亡后10年内，其允诺应由其亲属做出。通过授予自然人肖像权，该法旨在限制著作权人对涉及自然人肖像的作品的使用，进而达到保护自然人人格利益的目的。1965年德国制定了《著作权法》，上述法律的大部分条款均已废除，但关于肖像权保护的规定至今有效。

美国法律将肖像权作为隐私权的一种加以保护。首个涉及肖像的案例出现在1902年，即“罗伯逊诉罗彻斯特折叠盒生产公司案”[②]。在此案中，被告使用一位年轻女孩的照片为其面粉产品做广告，但未得到后者许可。在原告看来，被告的行为使原告蒙受了羞辱，侵犯了其隐私权，于是向纽约最高法院提起诉讼。原告的诉求被法院驳回，理由是并不存在“隐私权”的先例。然而，在1905年的“派维斯奇诉新英格兰人寿保险公司案”中，佐治亚最高法院受理了一个保险公司在广告中使用他人照片的案件，在案件相似的情况下推翻了前面“罗伯逊诉罗彻斯特折叠盒生产公司案”的判决，成为首个正式承认隐私权（含肖像权）的法院。[③] 1953年，美国法院在“海兰诉托普斯案”中首创“公开权”的概念，允许个人授权他人使用其姓名或肖像并获得一定报酬，从而扩大了对肖像权的保护。[④]

日本法律长时间以来没有关于肖像权的明确规定。20世纪60年代，日本学生运动如火如荼。京都大学学生在一次运动中发生骚乱，警察将混乱场面拍照，并以此为证据对学生提起违法诉讼。日本最高法院对此做出了一项重要判决。该判决指出：“《宪法》第13条规定了国民的私生活上的自由。即使国家在行使维护国家秩序等国家权力时，也应该对这种权利进行保护。而且，作为个人私生活的一种自由，应该说任何人都拥有未经本人许可，他人不能随意对

① 王泽鉴．人格权法：法释义学、比较法、案例研究．北京：北京大学出版社，2013：137.

② Roberson v. Rochester Folding Box Co.，171 N. Y. 538（1902）.

③ Pavesich v. New England Life，122 Ga. 190（1905）.

④ Haelen Laboratories，Inc. v. Topps Chewing Gum，Inc.，202 F. 2D 866（2D Cir. 1953）.

其容貌及姿态进行摄像的自由。"[1] 该项判决虽然没有明确使用肖像权的概念，但本质上认可了肖像权的存在。在之后的判决中，否决肖像权的判例依然存在，但越来越多的判决认可了肖像的人格权益。

我国关于肖像权的保护始见于 1986 年颁布的《民法通则》。该法第 100 条规定："公民享有肖像权，未经本人同意，不得以营利为目的使用公民的肖像。"最高人民法院 1988 年颁布的《关于贯彻执行〈中华人民共和国民法通则〉若干问题的意见（试行）》第 139 条进一步规定："以营利为目的，未经公民同意利用其肖像做广告、商标、装饰橱窗等，应当认定为侵犯公民肖像权的行为。"2009 年颁布的《侵权责任法》第 2 条明确将肖像权列为受保护的民事权益，规定侵害此权益者须承担法律责任。2020 年全国人大通过《民法典》，其中第 1018～1023 条对肖像权进行了全面的规定，该法由此成为我国目前保护肖像权最重要的法律。

二、肖像权的概念

依据我国《民法典》第 1018 条第 1 款，自然人享有肖像权，有权依法制作、使用、公开或许可他人使用自己的肖像。详解如下：

（一）肖像权的主体

肖像权的主体仅限自然人，是自然人与生俱来的权利，只能由特定自然人专属享有。法人可为名称权或名誉权的主体，但由于不存在客观的、能够独立反映其容貌的"肖像"，法人或其他社会组织不享有肖像权。任何自然人在肖像权受到不法侵害时，均可诉请排除侵害。自然人死亡后，若肖像权受到侵害，其配偶、子女、父母有权依法请求行为人承担责任；死者没有配偶、子女且父母已经死亡的，其他近亲属可以依法请求行为人承担责任。近亲属无健在的，法律不再予以保护。

【案例】 光文·堪达雷里诉湖北汉家刘氏茶业股份有限公司案[2]

原告光文·堪达雷里主张其祖父刘峻周生前作为茶叶专家，在茶行业影响巨大，具有较高的知名度，被告湖北汉家刘氏茶业股份有限公司（以下简称汉家公司）在未取得其亲属授权的情形下，在其生产销售的产品

---

① 五十岚清．人格权法．铃木贤，葛敏，译．北京：北京大学出版社，2009：129.

② 参见北京市朝阳区人民法院民事判决书（2016）京 0105 民初 21142 号；北京市第三中级人民法院民事判决书（2019）京 03 民终 14655 号。

及商业推广过程中使用刘峻周的照片及姓名，其行为侵犯了刘峻周的姓名权及肖像权。法院经审理认定汉家公司在其所售产品上印刷的照片、网页宣传中使用的刘峻周姓名与刘峻周本人的肖像、姓名具有同一性，同时也可以认定光文·堪达雷里与刘峻周之间的祖孙关系，故法院对光文·堪达雷里的相关陈述予以认定。汉家公司在未取得刘峻周近亲属授权同意的情况下，以营利为目的使用刘峻周姓名、肖像的行为构成侵权，光文·堪达雷里有权提出相应诉讼主张。

（二）肖像权的客体

肖像权的客体是肖像。依据《民法典》第1018条第2款，肖像指的是“通过影像、雕塑、绘画等方式在一定载体上所反映的特定自然人可以被识别的外部形象”。依据此条款，肖像包含四个特征：（1）表现方法是艺术手段，如影像、雕塑、绘画等。（2）固定在一定的载体之上。这种载体不限于艺术作品，任何可以反映自然人外部形象的物质手段都可以纳入这种载体。（3）具有可识别性。肖像具有人格标识的作用，可以通过固定在载体上的形象区分本人和他人的人格特征，不具有可识别性的形象不是肖像。（4）是自然人的外部形象。无论是面部容貌还是其他部位，是正面的还是侧面的，是静态的还是动态的，只要能清楚地反映出某个人的形象特征，能与其他人区别开来，就是肖像。下面是两个代表性案例。

【案例】 葛优诉艺龙网侵犯肖像权案[①]

葛优为我国著名演员，曾在电视剧《我爱我家》中扮演纪春生（二混子），角色特点为懒惰耍赖、骗吃骗喝。该角色在剧中将身体完全瘫在沙发上的放松形象被称为“葛优躺”，该词成为2016年的网络热词，并被艺龙网用来在微博上做广告。葛优认为其肖像权受到侵害，便诉至法院。在法院看来，《我爱我家》中的“葛优躺”造型确已形成特有网络称谓，并具有一定的文化内涵，但一般社会公众看到该造型时除了联想到剧目和角色，也不可避免地与葛优本人相联系，该表现形象亦构成葛优的肖像内容，并非如艺龙网所称完全无肖像性质。即便该造型已成为网络热点，商家亦不应对相关图片进行明显的商业性使用，否则仍构成对肖像权的侵犯。

---

① 参见北京市第一中级人民法院民事判决书（2018）京01民终97号。

【案例】易烊千玺诉成都绽妍生物科技有限公司侵犯肖像权案①

被告为经营护肤品的成都绽妍生物科技有限公司。2021年1月，被告在其微信公众号上发布了一篇商业推广文章，文章中附有一张人物肖像剪影图片，并提到该公司即将迎来一名神秘“蓝朋友”；文章中除肖像剪影外，还用文字描述的方式提供了大量人物线索，并且在该文章的精选留言区有大量留言均提及艺人易烊千玺的名字。法院经审理认为，“肖像剪影＋人物特征描述＋精选留言”模式具有明显的可识别性，可构成侵犯肖像权。单纯的剪影因其仅有轮廓，可识别性并不强，但如果对剪影有大量明确指向性的人物特征描述，再加之精选留言，使该剪影具有很强的可识别性。法院据此判决该公司向原告易烊千玺公开赔礼道歉并赔偿经济损失。

（三）肖像权的内容

肖像权是绝对权、支配权、专属权，肖像权人可以对自己专有的肖像进行自由处分。具体表现在以下几个方面。

1. 制作肖像的权利

肖像的制作是指通过照相、录影、雕刻、绘画等方式将自然人的外貌形象固定在胶片、相纸、光盘、雕像、画纸或其他物质载体上，使自然人的外貌形象转化为肖像的全部过程。肖像权人可以根据自己的需要或他人、社会的需要，自主决定自行制作肖像或许可他人制作自己的肖像，自主选择肖像的制作方式与途径，自主设计肖像的呈现效果。只要不违反法律和公序良俗，他人便不得随意干涉和阻止。他人未经肖像权人的同意或授权，不得擅自制作肖像权人的肖像。例如，生活中常见的偷拍行为，即是侵犯肖像权的典型类型。

2. 使用肖像的权利

肖像一旦被制作出来，固定在一定的物质载体上，便独立于世，可以为人们所支配、利用。尽管肖像的使用价值具有普遍的意义，但享有使用专有权的只能是肖像权人自己。在不违反法律和公序良俗的前提下，肖像权人有权出于任何目的，以任何方式使用自己的肖像，并通过使用肖像取得精神上的满足和财产上的收益。自然人有权禁止他人非法使用自己的肖像。

3. 公开肖像的权利

在自然人的肖像以特定方式呈现在物质载体上之后，肖像权人即有权决定

---

① 参见成都高新技术产业开发区人民法院民事判决书（2021）川0191民初10252号。

是否将肖像公之于众，是否以营利为目的，是在特定范围内公开还是向不特定的人公开。肖像的公开方式主要有发表、发行、展览等，必须在法律和公序良俗许可的范围内。除此之外，肖像权人还有权禁止他人未经自己的同意或授权擅自公开自己的肖像。

4. 许可他人使用自己肖像的权利

当自然人的肖像以艺术的方式再现，具体地、独立地被固定在某一特定的物质载体上的时候，肖像便具有了物的属性。自然人有权通过平等协商、签订合同等方式有偿或者无偿地允许他人以约定方式在约定时间内使用自己的肖像，除非违反法律和公序良俗，否则他人不得随意干涉和阻止。

（四）和其他权利的关系

1. 肖像权与声音权

与肖像一样，声音可以标识特定自然人的人格特征，不仅便于识别，而且具有相当的财产利益。声音权就是指自然人自主支配自己的声音利益，决定对自己的声音进行使用和许可他人使用的权利。我国《民法典》并未将声音权列为一种独立的人格权，但其中第1023条第2款规定："对自然人声音的保护，参照适用肖像权保护的有关规定。"借由此款，声音权得到了间接认可和变通保护。

具体来说，声音权包括两类内容。一类是自我使用权：声音权人对自己的声音可以进行使用，利用自己的声音来表达自己的意志，也可以利用自己的声音创造财产利益。[①] 另一类是许可他人使用权：声音权人可以将自己的声音许可他人使用，并从中获得利益或不获得利益。[②] 侵害声音权的行为主要包括：未经同意擅自录制、公开或使用他人的声音；丑化、污损他人的声音，比如对他人声音进行不恰当的剪辑、拼接、处理导致声音违背了他人原有的使用意图或失真；以及利用信息技术伪造他人的声音，比如利用计算机信息技术合成他人的声音，导致公众发生误认。[③] 声音权受到侵害的，权利人可以行使声音权请求权、停止侵害请求权和排除妨碍请求权。

2. 肖像权与名誉权

肖像权与名誉权联系密切，侵害他人肖像权可能同时侵害他人名誉权。这是因为肖像具有个人标识功能，对肖像的不当或恶意使用有时会影响到肖像权人社会评价的降低。常见的情形就是张冠李戴，图文错位。比如，TOM网站登载了一篇题为《揭秘北京天上人间真正陪侍小姐的照片》的文章，并为此文

① 准用的条款是《民法典》第1018～1020条关于肖像权的规定。
② 准用的条款是《民法典》第1021～1022条关于肖像权的规定。
③ 参照《民法典》第1019条关于肖像权侵权行为的规定。

配上了演员战一的照片，让人误以为战一就是文中所说的陪侍小姐。法院判定使用此照片同时侵害了战一的名誉权、肖像权。① 另外，以侮辱或丑化的形式使用他人肖像，从而构成双重侵权的情形也时有发生。比如，有好事网站曾发起“评选国内歌坛十大丑星”的活动，歌手臧天朔入围其中。在评选过程中，未经臧的同意，主办方使用了臧的三幅肖像，并配有调侃性文字，引发网民热议。臧天朔以“评丑”活动侵害其肖像权、名誉权为由提起诉讼，同样得到了法院的支持。② 当行为人同时侵害肖像权、名誉权时，构成请求权竞合，被害人可考虑个人情况、举证责任等因素，一并或选择主张之。

3. 肖像权与隐私权

在特定场景下，肖像构成私密事项。对肖像权的侵害，往往也构成对肖像权人隐私权的侵犯。比如，2019年的某个早上，6岁小女孩李某某因不愿上学而哭闹，父母将其绑在树上进行教育。路人魏某使用手机拍摄了上述过程，并将视频私信给某新浪微博大V进行传播，引起广大网友对李某某父母教育方式的热议。法院经审理认定，魏某在未经李某某监护人同意的情况下，通过微博转发的涉案博文侵犯了李某某的肖像权、隐私权，应承担相应责任。③ 如前所述，在美国等国家，肖像权是作为隐私权的一种加以保护的，但两者其实存在重要的区别。隐私权主要是一种精神性人格权，而肖像权作为一种人格权，既包括精神利益，也包括财产利益。肖像可以许可他人使用，而隐私一般不能利用。也因如此，我国法律对肖像权和隐私权进行了区分，分别予以保护。

4. 肖像权与著作权

从肖像权的发展历史来看，肖像权与著作权关联密切。在德国等大陆法系国家，肖像权并非民法的创设，而是经由著作权法确定的，具体路径是通过限制肖像作品的复制和传播来为肖像提供保护。时至今日，包括我国在内的大部分国家对肖像权和著作权进行了区分，并予以性质不同的法律保护。就一幅肖像作品而言，肖像权属于肖像权人，但著作权属于该作品的作者。质言之，肖像权的主体和著作权的主体常常是分离的，因此在实践中容易引发侵权纠纷。比如，肖像权人未经著作权人同意，便将其肖像作品发表在媒体上或通过其他渠道加以公开，就侵犯了肖像作者的著作权。反之，如果肖像作者未经肖像权人同意，便将其肖像作品用于广告、商标等营利目的，那么便侵害了肖像权人的利益。再如，第三方未经肖像权人以及著作权人的许可，擅自将后者的肖像作品用于广告、商标等营利目的，那么便构成了对肖像权、著作权的双重侵害。

---

① 参见北京市东城区人民法院民事判决书（2010）东民初字第10071号。

② 参见北京市第二中级人民法院民事判决书（2002）二中民终字第397号。

③ 小女孩被父母绑树上教育，路人拍视频传上网被判侵权．(2020-12-18)[2023-10-10]. http://www.chinapeace.gov.cn/chinapeace/c100007/2020-12/18/content_12428087.shtml.

【案例】汤丽诉张旭龙和吉林美术出版社侵犯肖像权案[1]

2004年2月，原告汤丽（又名汤加丽）在北京劳动大厦礼品部购买了吉林美术出版社出版、张旭龙著的《看见记忆——中国首位演艺员人体魅力摄影》图书一套和《汤丽人体写真——看见记忆》精装本图书一套，书中共收录汤丽人体摄影照片180余幅。汤丽以张旭龙和出版社侵犯其肖像权为由诉至法院，请求法院维护其合法权益，并要求损害赔偿。法院认为两被告未经汤丽许可出版载有其肖像的摄影作品的行为侵犯了原告的肖像权，并依法判决赔偿原告的损失。

三、肖像权的侵害

（一）侵害方式

对肖像权的侵害主要涉及四种情形：一是肖像的制作，例如拍摄、绘画、雕塑他人的肖像。制作本身即是侵害行为，不以公开或传播为必要。二是肖像的公开，例如将他人肖像在电视、杂志、网络媒体上公开传播。三是以丑化、污损、伪造等方式侵害他人肖像。四是以营利目的使用他人肖像。下面对前三种情形进行阐释，最后一种将在公开权中一并讨论。

1. 擅自制作他人肖像

未经他人同意，擅自拍摄他人肖像，或以其他方式偷偷制作他人肖像，即便行为人不将此肖像公开，也有可能构成侵权。在日本一起民事案件中，被《写真周刊》杂志误登照片的女性的诉讼得到了法院的支持。法院在判决书中写道："人仅仅因为其容貌和姿态被擅自拍摄就有可能会感到痛苦，不管照片是否被公开，擅自拍照的行为本身应该理解为已经构成了权利侵害。"[2] 在另一起民事案件中，《写真周刊》的摄影师在围墙外拍摄了正在与作家井上靖交往的女性在厨房做饭的样子，被该作家起诉侵权。法院同样认为，这是"超越常规的行为"，责令赔偿100万日元。[3]

很长时间以来，擅自拍摄他人肖像在我国并不被认为是违法。比如，将自己的恋人或暗恋对象偷偷画下来进行收藏，只要不进行公开，就不会有什么问题。但随着智能手机这样的拍摄设备日益便捷可得，人们的隐私意识不断提高，未经他人同意就对其进行拍摄，就有可能构成对肖像权的侵犯。发生在住

---

① 原晓爽．我的照片，谁享有权利．人民法院报，2012-03-21（7）.

② 五十岚清．人格权法．铃木贤，葛敏，译．北京：北京大学出版社，2009：134.

③ 同②.

宅小区的一起邻里纠纷便是一例。2021年5月，浙江湖州居民董某在小区内部道路上行驶时，差点撞到突然蹿出的缪某的女儿。缪某气愤不过，将董某及其车辆进行拍照，并发到社区微信群，董某由此遭到群内成员议论指责。董某为此诉至法院维权。法院判定缪某未经董某许可，对其进行拍摄并将照片公开，侵犯了董某的肖像权。① 在法院看来，缪某此种绕过沟通和协商途径直接进行网络曝光的方式不应得到鼓励，而应通过法律加以约束。在此案中，擅自公开他人肖像当然构成侵权，但缪某未经董某同意对其进行拍照，本身也是侵权行为。

2. 擅自公开他人肖像

未经他人同意，擅自通过网络或其他媒体公布他人肖像，行为人即便没有营利目的，也构成对他人肖像权的侵害。随着社交媒体的广为流行，动辄网络曝光引发的侵权行为日益增多，且多为普通民众之间的私人恩怨。比如，张某因李某欠钱不还，将李某照片发布在某微信群，并配文"此人是老赖，大家注意别借钱给他"。在这种情况下，张某未经李某同意，将李某照片发布在微信群里，即使李某有欠张某钱未还的事实，但根据我国相关法律规定，张某的行为亦侵犯了李某的肖像权，李某可以主张张某承担侵权责任。而对李某欠钱不还的行为，张某可以向法院提起诉讼。

在云南宣威，某镇村民袁某与邻居孟某两家多年前因承包地互换发生纠纷，双方积怨已久。2022年2月，孟某一家找来挖掘机，修整自家门前的道路。袁某一家出面制止，两家再次发生争吵。孟某便将吵架的过程录制成12个小视频，并发布在抖音平台上。袁某随后以对方侵害其名誉权、肖像权为由提起诉讼。法院经审理后认为，孟某在抖音上发布的争吵视频并未捏造歪曲事实，亦未使用侮辱性言辞贬损袁某，故不构成对袁某名誉权的侵犯。但法院同时指出，孟某发布的小视频虽未侵犯袁某的名誉权，但侵犯了袁某的肖像权。②

3. 以丑化、污损、伪造等方式侵害他人肖像

我国《民法典》第1019条第1款规定："任何组织或者个人不得以丑化、污损，或者利用信息技术手段伪造等方式侵害他人的肖像权。""丑化"指通过艺术加工或者改造的方法，对他人的肖像加以歪曲、诬蔑、贬低，比如在他人的肖像上画叉或画上胡须等。"污损"是指将他人的肖像损害或弄脏，比如往他人的照片上泼墨水或者焚烧、撕扯他人的照片等。不管行为人动机何如，这些丑化、污损等恶意行为都侵害了肖像权人的人格尊严，也构成了对其肖像权的侵害。

"伪造"主要是指利用信息技术手段编造或捏造他人肖像，这同样构成对

① 业主微信群曝光邻居照片 法院：侵害肖像权不再以"营利目的"为条件．(2021-11-26)[2023-10-10]. https://www.thepaper.cn/newsDetail_forward_15578144.

② 涉嫌违法！邻居吵架后擅自录制视频并发布网络 法院：涉嫌侵犯肖像权．(2022-08-17)[2023-10-10]. https://www.thepaper.cn/newsDetail_forward_19492553.

其肖像权的侵害。最典型的就是现在日益增多的深度伪造，它指的是机器学习模型将图片或视频合并叠加到源图片或视频上，借助神经网络技术进行大样本学习，将个人的声音、面部表情及身体动作拼接合成虚假内容的人工智能技术。深度伪造最常见方式是AI换脸，即利用人工智能技术将他人的头部肖像深度伪造到特定场景或移花接木到其他人的身体上。虽然创建虚假内容的行为并不新鲜，但深度伪造利用人工智能技术合成视觉和音频内容，更富有欺骗性，观察者无法通过肉眼辨别真伪。比如，2020年，一些人在短视频平台上利用图像和声音合成技术，“化身”男演员靳东，让不少中老年女性沉迷其中从而受骗，引起社会一片哗然。时至今日，深度伪造已被用来制作名人色情视频、进行色情报复、炮制假新闻、搞恶作剧、网络欺凌、金融欺诈、制造儿童性虐待材料等，引发了社会的广泛关注，并给受害人带来了严重伤害。

（二）抗辩事由

肖像权是一种重要的人格权。如果肖像权侵害行为成立，则行为人原则上须承担相应的法律责任，包括停止侵害、排除妨碍、消除影响、赔礼道歉、赔偿损失等。但肖像权的保护不是绝对的。在面对侵权指控时，行为人可采纳一定事由阻却违法，其中最主要的是肖像权人允诺。即使没有取得肖像权人允诺，行为人还可以采取新闻性使用，公共安全，公共环境，出于学术、艺术目的等合理使用事由进行抗辩。

1. 肖像权人允诺

由于肖像权是禁止未经本人允诺而对其肖像进行制作、公开和使用的权利，因此如果得到了肖像权人的允诺，自然就不属于违法行为。如果权利人尚未成年，一般需要取得其法定代理人的允诺。允诺不一定非要以明示的方式进行，默许也是可以的。比如权利人拿了相关报酬，便可默认为获得其允诺。

允诺的范围，应依照肖像权人的意思表示加以认定。德国司法实务上的一则模特裸体照片案可供参考。在此案中，A摄影模特同意他人使用其裸体照片于生物教科书，后因课程变更，不再使用于此教科书。数年后，B电视台在讨论相关问题时使用了该裸体照片。德国法院认为，A模特同意使用其裸体照片，限于教科书，而不包括电视台的转播，故该电视台严重侵犯了A的人格权，应承担赔偿损害责任，支付慰抚金。①

如果情况发生变化，其肖像的使用将构成对人格权的侵害或严重违反肖像权人的信念，肖像权人就可以撤回允诺。比如，广州有家公司用离职员工照片做宣传，结果引发肖像权纠纷。法院经审理认为，劳动者在职期间为用人单位拍摄相关宣传照片，视为以行动表示同意用人单位使用其肖像；劳动者离职后明确要求用人单位停止继续使用其肖像，用人单位不得再继续使用。此案中，

① 王泽鉴．人格权法：法释义学、比较法、案例研究．北京：北京大学出版社，2013：143.

原告A离职后，被告B公司未经A同意，基于经营需要在微信公众号中继续使用A肖像，构成对A肖像权的侵害，判被告立即停止侵害，并赔偿原告损失2 800元。[①]

2. 新闻性使用

新闻传播从来不是纯粹的商业活动，而是蕴含着重大的公共利益。为实施新闻报道，不可避免地制作、使用、公开他人的肖像，是国际公认的对肖像的合理使用，无须征得肖像权人的同意。然而，这种新闻性使用不是绝对的，而是需要在报道自由和肖像权保护之间取得平衡。依据日本法院的一个判决，新闻报道若要阻却使用他人肖像的违法性，必须要满足三个条件：（1）事实的公共性，即该采访报道行为与公共利益相关；（2）目的的公共性，即使用完全以公益为目的；（3）手段的相当性，即依据其目的，该采访报道的手段方法相当。[②] 这些原则尽管是日本法院总结出来的，但在我国的司法实践中亦有体现。

【案例】 刘翔诉《精品购物指南》报社等侵犯肖像权案[③]

2004年10月21日，《精品购物指南》在其千期专刊的封面上刊登了2004年奥运会110米栏冠军刘翔的大幅跨栏照片，封面的下方是中友公司购物节的广告，约占页面的六分之一。刘翔以侵害肖像权为由诉至法院。初审法院认为，该专刊的相关内容是为回顾2004年具有影响的事件而进行的报道，使用刘翔在公共领域的肖像，属于合理使用，被告行为不构成侵权。刘翔不服判决，提起上诉。二审法院查明，系争图片在发表前已被修改，比赛现场背景为红旗所取代，跨栏上的奥运标志和刘翔运动服上的耐克商标被去掉。二审法院认为，千期专刊内容中虽然有关于刘翔奥运夺金的消息，但专刊封面使用的刘翔肖像，其背景、衣着、跨栏均有较大改动，不属于单纯的新闻报道。专刊封面上的刘翔与购物节广告之间，虽然不具有直接的广告关系，但具有一定的广告性质的关联。就专刊封面的整体设计而言，足以令公众产生"刘翔在为某某公司做广告之误解"。此与直接使用刘翔肖像做广告相比，两者在对刘翔人格的侵权样态上并无本质区别。法院由此撤销原判，判决被告的行为构成侵害肖像权，须向刘翔公开赔礼道歉，并赔偿精神抚慰金2万元。

① 章程，刘文添．擅用离职员工照片 公司侵犯肖像权须赔钱．(2021-07-07)[2023-10-10]. https://news.dayoo.com/guangzhou/202107/07/139995_53984243.htm.

② 五十岚清．人格权法．铃木贤，葛敏，译．北京：北京大学出版社，2009：138.

③ 参见北京市海淀区人民法院民事判决书（2005）海民初字第2938号；北京市第一中级人民法院民事判决书（2005）一中民终字第8144号。

3. 公共安全

此种合理使用指的是为了维护公共安全，执法机关可以在必要的范围内制作、使用、公开肖像权人的肖像。常见的情形包括：针对逃犯制作、使用、公开其肖像，进行刑事通缉；为了犯罪侦察或证据保全，对犯罪嫌疑人进行拍照；为了防范犯罪，在犯罪多发区域放置摄像机，对该区域进行监视；等等。然而，执法机关不得滥用这种权力，对肖像权的使用应当符合行政行为的比例原则。具体来说，执法机关必须是在依法履行职责时，才可以合理使用他人肖像，反之则不可。另外，执法机关必须在必要范围内制作、使用、公开肖像权人的肖像，超出必要范围的，即使是依法履行职责，也构成对肖像权的侵犯。①

在现实生活中，为了预防犯罪而设置摄像头对居民进行监视，常常引发争议。日本的两起判决可供参考。在东京高判昭 63.4.1《判时》1278 号案件中，法院原则性认为，如果可以认为该地方的犯罪发生的概率相当高的话，那么应该认为用防范摄像机摄像的行为是合法的。在大阪地判平 6.4.27《判时》1515 号案件中，大阪警方在"爱邻地区"放置了 15 个防范摄像机，居民以侵害肖像权和隐私权为由提起诉讼，请求拆走。法院认为，对此案系争摄像机的设置和使用，主要通过对有无隐私权侵害进行判断，同时从目的的正当性、设置及使用的必要性、设置状况的妥当性、系争摄像机的有效性、使用方法的相当性等五方面进行讨论，结论是对 15 处的 1 处责令撤去。②

4. 公共环境

此种合理使用指的是为展示特定公共环境，不可避免地制作、使用、公开肖像权人的肖像。例如为了拍摄天安门城楼而不可避免地将路人一并拍摄到画面中，对此，路人不得主张肖像权。但是这种合理使用也有严格的条件限制。一是制作、使用、公开肖像权人的肖像的目的是展示特定的公共环境。二是即使是为了展示特定的公共环境，也必须是"不可避免"地制作、使用、公开肖像权人的肖像。如果可以避免，则不构成合理使用。

【案例】 电影《秋菊打官司》之肖像权纠纷③

1992 年 2 月，《秋菊打官司》摄制组在陕西宝鸡拍摄体现当地风土人情的场景时，将正在街头贩卖棉花糖的贾某某摄入镜头，并在制成的影片中使用。贾本人自称因患过天花，脸上有麻子，从来"连照相都不愿"。

---

① 参见我国《民法典》第 1020 条。

② 五十岚清．人格权法．铃木贤，葛敏，译．北京：北京大学出版社，2009：137-138.

③ 张嘉林．从"秋菊"到贾桂花：首例因拍摄电影引发的肖像权纠纷案．法律与生活，2009(23)：41-43.

影片公映后，贾的形象大约出现了4秒钟。有熟人嘲弄贾“成了明星”，“长得那样还上电影”；其子在学校也因此被戏谑。这些遭遇让贾感到非常痛苦，于是以肖像权被侵犯为由向法院提出诉讼。在法院看来，原告身处社会公共环境之中，身份明确，形象公开。电影制片厂出于影片创作的需要，拍摄街头实景时将其摄入镜头，主观上并无过错。影片虽有4秒定格，但摄制者主观上没有恶意，客观上也没有渲染贾某某任何不完善之处，该人物镜头的拍摄及使用应被列入合理的直接允许的范围。综上，法院认为，摄制组未经贾本人同意，拍摄并使用其肖像镜头，具有社会实践的合理性，且不违背现行法律关于保护公民该项权利的禁止性规定，故不构成对贾某某肖像权的侵害。

5. 出于学术、艺术目的

这是指为个人学习、艺术欣赏、课堂教学或者科学研究，在必要范围内使用肖像权人已经公开的肖像，包括三个方面的内容：(1) 合理使用的方式是指为个人学习、艺术欣赏、课堂教学或者科学研究；(2) 合理使用的范围是必要范围，在上述方式的可控范围内，不得超出该范围；(3) 使用的是肖像权人已经公开的肖像，而不是没有公开的肖像，更不是自己制作的他人肖像。到目前为止，我国还没有看到有关这类问题的案例。

第三节 公开权

一、公开权的发展

公开权诞生于美国。在1890年沃伦和布兰代斯提出了“隐私权”的概念之后，第一个重要诉讼是1902年的“罗伯逊诉罗彻斯特折叠盒生产公司案”。在此案中，法院否决了隐私权的存在，引发了许多争议。纽约州次年在修订《纽约州权利法案》时，因此加入了隐私权的保护条文，规定出于广告商业目的使用他人姓名或肖像时，必须得到本人的书面承诺，否则可以判为轻罪，且构成侵权行为。这可视为公开权的肇始，但当时公开权是作为隐私权的一环加以保护的。

1953年，美国著名法官弗兰克（Jerome Frank）在“海兰诉托普斯案”中创设“公开权”的概念，由此成就了一项里程碑式的判决。在此案中，口香糖制造商海兰公司和一些著名棒球手签订了协议，约定前者可在其贸易卡片上排他性使用后者的肖像。但海兰公司的商业竞争对手托普斯公司，后来也设法和这些棒球选手签订了类似的协议，并在其商业活动中使用了棒球手的肖像。海兰公司诉诸法院，主张自己对上述肖像拥有独占性财产利益。托普斯公司辩称海兰公司所签的协议仅能视为棒球手抛弃个人隐私权的契约，并不能授予其对抗第三方的权利。

纽约州上诉法院弗兰克法官集中了大多数法官的意见，判决认为："我们认为，除了独立的隐私权（它是不可转让的、人格性的）外，一个人对他的肖像的经济价值还拥有一项权利……这项权利可以被称为'公开权'（right of publicity）。因为众所周知的是，公众人物不会因其面容暴露于大庭广众之下而感受到情感的伤害，让他们感到痛苦的是其面容被作为商业广告出现于报纸、杂志、公共汽车、火车和地铁上而自己却未得到报酬。因此，形象权必须是一种可以对第三者主张的排他性权利，否则，其经济价值难以实现。"法院因此判托普斯公司败诉。

在弗兰克法官创造公开权以保护人格权的财产利益之后，好莱坞派拉蒙电影公司的律师尼莫（Melville Nimmer）立即认识到此案对娱乐界的重要性，并于1954年发表论文《论公开权》，高度肯定弗兰克的创设性贡献。在这篇论文中，尼莫提出四项论点：不可让予的隐私权不足以保护人格标识上的财产利益；不正当竞争难以保护此种财产利益，因其缺乏竞争的要件；公开权的创设，使法律更符合社会的需求；姓名、肖像等人格标识所体现的商业利用价值，系来自个人耗费心力的投资与努力，对此商业利用价值予以承认和保护，符合普通法的基本理论和洛克的财产权劳动理论。[①] 这篇论文发表以后，对推动公开权的发展产生了重要作用。

在"海兰诉托普斯案"创设公开权之后，美国各州并未对此达成一致，有的予以承认，有的不置可否。法学家普罗瑟在1960年发表的对隐私权发展起指导作用的论文，将出于私利窃用他人姓名和肖像列为四类隐私侵权行为中的一类，对公开权的发展还起了阻碍作用。1977年，美国最高法院审理"扎奇尼诉施贵普斯-霍华德广播公司案"，公开权的发展进入一个新的阶段。原告扎奇尼是"人体大炮"杂技的表演者，而被告施贵普斯-霍华德广播公司未经扎奇尼的允许，将其时长15秒的全程表演视频在电视报道中播出，因此引发诉讼。法院经审理认为，扎奇尼享有公开权，判决被告应向原告赔偿。判决要旨有三：以保护个人标识财产价值为内容的公开权，应和以保护个人情感、思想等为内容的隐私权相区分；公开权之所以受保障，意在激励个人进行投资，获得因其努力带来的报酬，这与个人情感的保护并无多大关联，乃独立于隐私权之外的一种类似于专利权或著作权的权利；此案所涉及的是一种现场表演，事关原告的职业生计，应受公开权的保障。[②] 由此，公开权从隐私权中独立出来，作为独立的权利被固定下来了，并在随后美国的司法实践和州立法中获得普遍认可。

---

① NIMMER M. The right to publicity. Law & contemporary problems，1954（2）：203－223.
② Zacchini v. Scripps-Howard Broadcasting Co.，433 U. S. 562（1977）.

在大陆法系国家，关于以营利目的使用姓名和肖像的情形，以前大都是放在姓名权和肖像权的范畴内进行讨论的。美国法院创设公开权之后，对于名人的人格权，强调其财产性质的讨论日渐增多。比如在日本，东京地方法院在"麦克莱斯塔案"中认定，被告利用原告的姓名和肖像宣传产品，则原告拥有以获取对价为条件让第三方专用的利益。该判决虽然没有使用"公开权"这一概念，但从实质上认可了公开权。在英美法系国家，比如英国、加拿大、澳大利亚等国，对于个人特征的保护主要是通过仿冒、虚假陈述、不当占用等侵权之诉实现的，而非通过制定成文法的形式为公开权提供单独保护。

我国的立法虽然没有明确使用"公开权"这一概念，但早期的《民法通则》、《侵权责任法》、《广告法》、《商标法》（全称为《中华人民共和国商标法》）、《反不正当竞争法》（全称为《中华人民共和国反不正当竞争法》）等都包含了商业利用人格标识的条款。在实务中，2011年，北京市高级人民法院在"邦德（Bond）007"商标异议行政诉讼中，首次提出了与公开权较为接近的"商品化权"的概念，认定版权方对007电影名称以及电影中的人物名称"邦德"（Bond）享有商品化权。2016年，最高人民法院对"乔丹姓名权纠纷案"进行审理，认定注册商标"乔丹"侵犯了美国职业篮球联赛（NBA）球星迈克尔·乔丹（Michael Jeffrey Jordan）的在先姓名权。这个引发国际关注的案例表面是关于姓名权的保护，但争执的实质对象是关于乔丹的姓名、形象乃至相关特性进行商业推广的控制权，以及由此产生的商业利益。2020年，全国人大颁布《民法典》，其中第993条规定："民事主体可以将自己的姓名、名称、肖像等许可他人使用，但是依照法律规定或者根据其性质不得许可的除外。"该条被认为是我国对公开权的认可，预期会对相关司法实践产生重要影响。

二、公开权的概念

公开权，也称形象权、商品化权、商事人格权、人格利益商业利用权等，指的是自然人对其人格标识进行商品化利用并享有利益的权利。具体解释如下：

（一）公开权的性质

有关公开权的性质，国内外法学界一直争论不休。在美国，很长时间以来是将公开权看作隐私权的一部分，但现在情况有变化，将其看作独立的财产权的观点占据支配地位。具体来说，他们认为其法律构造类似于著作权或商标权，因此可视为一种知识产权。但在大陆法系国家，将公开权看作人格权的一部分依然占据主导地位。在现实生活中，社会名流经常会因为他人擅自使用其姓名和肖像而感到痛苦，比如将某演员的肖像用作整容广告，将某运动员的肖像用作壮阳剂广告。将公开权视为人格权的一种发起侵权诉讼，既可将此作为认可停止侵害的充足依据，又可追究因人格权侵害而造成的精神损失和财产损失。因此，将公开权定位为人格权，和现有的人格权理论可以完整对接，这不仅是本书的处理方法，而且是我国《民法典》将公开权条款（即第993条）放置在“人格权编”的原因。

(二) 公开权的主体

根据目前主流意见，公开权的主体仅为自然人，不包括动物、非生命物体、法人和其他组织。但对于什么样的自然人能享有公开权一直存有争议。不少人认为只有名人才可拥有公开权，这是因为名人多是通过多年的辛勤努力而获得知名度，他们有权获得因使用其知名度而带来的报酬。在司法实践中，大多数有关公开权的案例涉及名人的人格因素所带来的商业利益，因此公开权对于名人更有意义。但更多的人认为，所有的自然人都享有公开权。因为即便是普通民众，如果其姓名、肖像、个人信息等被用于商业活动，本身就意味着其人格标识具有商业化的价值。在社交媒体上，圈层里的朋友对某个产品的推荐往往比专业性的广告还有效，同样说明了普通民众人格标识的商业价值。个人的知名度并非公开权的成立要件，而是量定损害赔偿数额的斟酌因素，是法律效果层面的问题。人人享有公开权的观点现已成为通说，这也是我国民法所采取的立场。

【案例】 芙拉莉等诉 Facebook 案①

2011年，Facebook引入“赞助故事”（sponsored story）这一新的广告形式，它会凸显用户在社交活动中所“点赞”过的品牌。比如，如果A用户点赞过New Balance的品牌页面，那么他的朋友B就有可能看到包括文字内容“A喜欢New Balance”在内的广告。原告以集体诉讼的方式将Facebook诉至法院。原告指控，Facebook在没有获得用户同意的情况下，将用户姓名、照片、喜好和身份信息用到广告之中，或通过受赞助的内容功能来销售产品和服务的业务中。Facebook否定了一切指控。在法院看来，这是利用熟人的影响力来进行商品推荐，其效果往往胜过名人广告。这种病毒式传播的朋辈推荐在当下的数字营销时代正被深度挖掘和利用。正因如此，法院指出，在被电视节目真人秀和在线社交媒体统治的当代社会，在决定是否给予公开权保护时，区分名人和非名人显得越来越武断。在这起集体诉讼中，双方最后达成和解，Facebook为此向受到该案影响的用户支付了总额达2 000万美元的赔偿。

① Fraley, et al. v. Facebook, Inc., et al., 830 F. Supp. 2d 785 (2011).

对于死者是否享有公开权，不同的国家有不同的规定。有的规定自然人仅在世时享有公开权，死后不享有；有的给予死者一定期限的公开权保护，保护期10年到100年不等；有的给予死者公开权有条件的保护，比如规定只有生前对公开权进行过商业使用的人在死后才享有公开权。与此密切相关的是公开权的继承性问题。有的国家规定公开权只能在生前行使，而不能由继承人继承；有的地方则规定继承人拥有继承死者的公开权的权利。依据我国《民法典》第994条，自然人死亡后，即便其民事权利能力已经消亡，但其人格权益依然受到保护。由此可以推导，死者的公开权在我国也是受到保护的，并且鉴于其蕴含的财产属性，也是可以被继承人继承的。

（三）公开权的保护对象

公开权旨在保护具有标识性的人格特征，以认同其人，进行商业性使用而产生财产价值。在司法实践中，以人格特征的可识别性为基础，公开权保护的范畴主要包括以下几类。

1. 姓名

作为自然人的外在人格要素，姓名既蕴含一定的精神利益，也具有一定的财产价值。在不违反法律规定和公序良俗的前提下，自然人有权许可他人对其姓名进行商业化利用，如用作商标、用于产品宣传。在注重“名人效应”的现代社会，商业性使用名人姓名的情况日益增多，并引发了大量诉讼。历时四年之久的“乔丹姓名权纠纷案”便是典型一例，它引发了我国学界关于姓名权之商品化权益的全面讨论。①

【案例】 乔丹姓名权纠纷案②

2012年，NBA退役明星迈克尔·乔丹宣布起诉设在福建的中国乔丹体育有限公司（简称乔丹公司），指其在未经他本人许可的情况下非法使用他的中文名字和球衣号码“23”。乔丹以争议商标的注册损害其姓名权，违反《商标法》第31条关于“申请商标注册不得损害他人现有的在先权利”的规定为由，向国家工商行政管理总局商标评审委员会提出撤销争议商标的申请。商标评审委员会裁定争议商标予以维持。迈克尔·乔丹不服，继续上诉，但在一审、二审中均被驳回。2015年，迈克尔·乔丹向我国最高人民法院申请再审。

2016年12月，最高人民法院作

---

① 孔祥俊．姓名权与姓名的商品化权益及其保护：兼评“乔丹商标案”和相关司法解释．法学，2018（3）：161-176.

② 参见最高人民法院行政判决书（2016）最高法行再27号。

出判决，认定乔丹公司对争议商标“乔丹”的注册损害迈克尔·乔丹在先姓名权，违反《商标法》，撤销一审、二审判决，判令商标评审委员会重新裁定。最高人民法院认为，现有证据足以证明迈克尔·乔丹的中文名在中国具有较高的知名度，乔丹公司对于争议商标的注册具有明显的主观恶意，其经营状况，以及乔丹公司对其企业名称、有关商标的宣传、使用、获奖、被保护等情况，均不足以使得争议商标的注册具有合法性。

需要指出的是，姓名在此指的不仅是户籍登记用的本名，也应包括自然人的别名、笔名、艺名、网民等。对于后者，我国《民法典》第 1017 条专门作了规定：具有一定社会知名度的笔名、艺名、网名、字号、姓名的简称等，与姓名受同等保护。之所以强调“具有一定社会知名度”，是因为它可以对自然人进行人格标识。将自然人具有一定社会知名度的称谓纳入公开权的保护范畴，因此就有其合理性。

2. 肖像

依据《民法典》第 1018 条，肖像是通过影像、雕塑、绘画等方式在一定载体上所反映的特定自然人可以被识别的外部形象。肖像不仅仅限于照片，还包括其他通过一定的载体再现出来的自然人可以被识别的外部形象，包括漫画形象、素描形象、油画形象、雕像、表演形象等。对自然人的肖像进行商业化利用，属于公开权保护的范围。“姚明诉云鹤公司侵害人格权及不正当竞争案”便是典型一例。尽管法院在此案中判被告侵害了姚明肖像权和姓名权，但实际上侵害的是姚明的公开权。

【案例】 姚明诉云鹤公司侵害人格权及不正当竞争案①

被告武汉云鹤大鲨鱼体育用品有限公司（以下简称云鹤公司）在未经姚明同意的情况下，将其姓名和肖像用于生产和销售的“姚明一代”产品及其宣传上。初审法院经审理认为，姚明因其自身的努力，凭借其在男子职业篮球领域取得的成就及其良好的社会形象，在广大消费者中的影响力而产生的相关权益受法律保护。云鹤公司在商品销售的宣传过程中，多次使用姚明的肖像和姓名，将其生产和销售的运动型产品与姚明相联系，既侵害了姚明的肖像权及姓名权，也构成了不正当竞争，法院判决其立即停

① 参见武汉市中级人民法院民事判决书（2011）武民商初字第 66 号；湖北省高级人民法院民事判决书（2012）鄂民三终字第 137 号。

止侵权行为，赔礼道歉并消除影响，酌定赔偿经济损失30万元。姚明以初审判决赔偿数额过低为由，提起上诉。二审法院判决被告赔偿姚明经济损失共计100万元。

3. 声音

声音也是自然人的一种人格标识，具有唯一性、稳定性的特征。一个人独特的声音或声音风格，比如歌手独特的演唱声、朗读者独特的朗诵声，也可以标识该歌手或朗读者的身份。因此，未经权利人许可，在商业活动中使用权利人的声音或模拟权利人的声音，也是对其公开权的一种侵害。

【案例】迈德尔诉福特公司案[①]

福特公司想在广告中以美国著名歌手迈德尔（Bette Midler）演唱的那首《你想跳舞吗》（Do You Want to Dance）作为背景音乐。福特公司虽然获得了词曲作者的同意，但遭到了迈德尔本人的拒绝。福特公司于是雇用了另一名歌手，极力模仿迈德尔本人的声音，致使熟悉迈德尔声音的人都以为是迈德尔本人在演唱。迈德尔诉至地区法院，声称其声音被盗用，因而寻求赔偿。但地区法院认为法律上不存在声音保护条款，驳回了迈德尔的诉求。迈德尔不服判决，提起上诉。巡回上诉法院经审理认为：声音如同面孔一样，具有可区别性与个性。人类的声音是表明身份的最易感受的方式，而被告不适当地盗用了原告声音的价值，是对原告的对其身份所享有的财产性利益的侵犯。巡回上诉法院因此推翻了先前的判决，认定模仿原告的声音构成侵权，判决被告向原告赔偿40万美元。

4. 其他具有识别性的人格特征

在某些情况下，一些具有鲜明特色的人格特征，比如富有特色的装扮、特殊的举止、特有的道具等，可明确指向某一特定的人，或能让公众联想到某一特定的人。这些因素也是主体的人格标识，可加以商品化利用，并得到法律的保护。例如，在“怀特诉三星案”中，三星因制作了一个形象与举止酷似电影《命运之轮》（*Wheel of Fortune*）里的演员怀特（Vanna White）扮演的机器人而被判侵害怀特的公开权，应向怀特赔偿40万美元。[②] 在“莫森巴彻诉雷诺烟草公司案”中，被告在广告中使用了一辆能够被赛车爱好者认出是原告著名赛

① Midler v. Ford Motor Co., 849 F. 2d 460 (9th Cir. 1988).

② White v. Samsung Electronics America, Inc., 989 F. 2d 1512 (9th Cir. 1993).

车手莫森巴彻驾驶的特别的赛车。巡回上诉法院认定，被告展示的赛车具有较强的可识别性，能够指向该名赛车选手，使得公众认为被告所宣传的产品与该名赛车手存在关联，因而被告的行为构成侵权。[①]

三、公开权的限制

公开权的行使分两种形式：一种是积极权利的行使，即权利人积极将其人格标识用于商业活动中，以获取一定的报酬；一种是消极权利的行使，即权利人依法禁止他人擅自将其人格标识进行商业化利用。在实务中，积极权利的行使一般不会遇到什么问题，消极权利的行使也常得到法律的保护，但这种保护不是绝对的，而会受到言论自由等方面的限制。

具体来说，在书籍、报刊、广播、电视、网络媒体上使用他人的人格标识，具有新闻报道、新闻评论、传递信息、启迪民众乃至提供娱乐的意义或功能，就不能算是商业性侵权使用。即便没有征得权利人同意，也是可以使用其人格标识的。例如，在1994年“泰勒诉美国国家广播公司案”中，著名女演员泰勒（Elizabeth Taylor）诉请法院禁止美国国家广播公司使用其姓名、肖像，并雇用另一演员演出描述其生平的角色，以保护其公开权。法院驳回此项诉求，理由是个人公开权不应当成为限制对公众人物加以评论的手段。在我国2009年的“张艺谋诉黄晓阳和华夏出版社案”中，法院认为，被告未经张艺谋同意，使用其肖像作为《印象中国：张艺谋传》一书的封面，构成对张艺谋肖像权的侵犯；另外，封面上未经张艺谋同意，即署有“张艺谋”字样的手写签名，侵犯了张艺谋的姓名权。[②] 这个案子尽管是以侵害肖像权和姓名权判的，但有论者指出，如果原告没有在书的封面上盗用“张艺谋”手写签名的话，是可以以言论自由保障为由来进行抗辩的。

在不少情形下，要判断人格标识的使用是商业性侵权使用还是属于言论自由表达的范畴，并非泾渭分明。在2001年的“《三个臭皮匠》案”中，美国法院提出了“转型使用测试法”（transformative use test）来解决这个问题。《三个臭皮匠》（The Three Stooges）是美国在20世纪五六十年代热播的喜剧电视节目。此案被告赛德拉普（Gary Saderup）是一名画家，他将剧中三位具有鲜明特色的明星相貌以石墨画手法呈现出来，并印制到T恤和版画上出售，结果遭到起诉。法院审理认为：如果作品包含了相当多的转型元素，那么不仅值得宪法第一修正案的保护，更不至于影响到公开权所要保护的经济利益。因此，当一名艺术家使用了关于特定个人的姓名、形象等元素而面临公开权侵权的指控时，只有在被告能证明其使用属于以下情形时，才能以言论自由作为抗辩事

---

① Motschenbacher v. R. J. Reynolds Tobacco Co.，498 F. 2d 821（9th Cir. 1974）.

② 参见北京市第一中级人民法院民事判决书（2009）一中民初字第1030号；北京市高级人民法院民事判决书（2010）高民终字第411号。

由：其作品已经包含了相当程度的转型（或转化）；其作品的市场经济价值并非得自或取决于该特定个人的知名度或声誉。由于此案被告无法举证其画作含有显著的转型要素，而且显然其作品的价值主要来源于原告的知名度，故法院判决原告获胜。[①]

【本章小结】

本章探讨了一组紧密相关的人格权，即姓名权、肖像权和公开权。比之名誉权、隐私权和个人信息，这类人格权所受的关注相对较少，但在网络传播时代，其被侵犯的情形屡见不鲜。在姓名权部分，我们首先回顾了姓名权的发展历史，之后阐释了姓名权的主体、客体、内容等基本概念，然后讨论了侵害姓名权的方式和可能的抗辩事由。姓名权主要包括姓名决定权、姓名使用权、姓名变更权和姓名许可权，侵害姓名权的方式主要包括干涉、盗用、假冒他人姓名等，这是本部分需要理解的关键概念。在肖像权部分，我们首先回顾了肖像权的发展历史，之后阐释了肖像权的主体、客体、内容等基本概念，并解释了肖像权和声音权、名誉权、隐私权、著作权等权利的关系。之后，我们讨论了侵害肖像权的几种方式，包括擅自制作、公开他人肖像，或者以丑化、污损、伪造等方式侵害他人肖像。在面对肖像权侵权行为指控时，被告可以采取肖像权人允诺，新闻性使用，公共安全，公共环境，出于学术、艺术目的等抗辩事由。在公开权部分，我们首先回顾了公开权的形成历史，之后讨论了公开权的性质、主体和保护对象，以及可能受到的言论自由的限制等议题。

【思考题】

1. 简述姓名权的发展历史。
2. 姓名权和名称权有什么区别?
3. 姓名权主要包含哪些权利?
4. 侵害姓名权的方式主要包括哪些?
5. 简述肖像权的发展历史。
6. 如何界定肖像?
7. 肖像权主要包括哪些权利?
8. 简述肖像权和声音权的关系。
9. 简述肖像权和名誉权的关系。
10. 简述肖像权和隐私权的关系。

---

① Comedy III Productions，Inc. v. Gary Saderup，Inc.，25 Cal. 4th 387（2001）.

11. 简述肖像权和著作权的关系。
12. 侵害肖像权的方式有哪些?
13. 肖像权侵权的抗辩事由有哪些?
14. 什么是公开权?
15. 公开权是谁提出的?
16. 公开权是一种人格权吗?
17. 公开权保护的对象是什么?
18. 公开权在何种情形下会受到限制?

第 8 章　侵犯知识产权

知识产权是人们就智力创造的成果依法享有的专有权利。对此种权利的侵犯就是对知识产权的侵犯。具体来说，侵犯知识产权指的是行为人以剽窃、篡改、假冒等方式侵害自然人、法人或其他组织的著作权、商标权、专利权和其他科技成果权的行为。在世界各国，知识产权受民法、刑法、行政法等多种法律手段的保护，这种保护业已延伸到网络空间与知识产权相关的利益上。在本章，我们将详细阐释侵害知识产权的三种形态，即侵害著作权、侵害商标权、侵害专利权，我们尤其关注在网络空间中所发生的各类侵害知识产权的行为以及各国法律法规的应对措施。

第一节　著作权

著作权是法律赋予作者因创作文学、艺术和科学作品而享有的专有权利。著作权法是有关获得、行使和保护著作权以及与著作权有关权益的法律。保护著作权的目的不是让作家、艺术家等富起来，而是通过法定权利鼓励他们进行创造性生产，最终让整个社会受益。没有这种法律保护，创造者将失去创造的动力，因为其产品将轻而易举地被他人复制，其商品利润也将相应地被复制者攫取。出版和制作公司在投资重要的智力项目时，也将变得踌躇不前，因为他们知道花重金创造出来的产品会被竞争对手毫无节制地加以剽窃。著作权法的核心理论因此就是予以创造者经济奖励，从而使整个社会从其创造性生产中获益。①

著作权的立法保护始于西方资产阶级革命后。1710 年，英国议会通过《安娜法》(The Statute of Anne)，承认作者在法定期限内享有印刷和支配图书复制品的专项权利，而出版商只有经过作者许可才能获得印刷的权利。这是世界上最早的有关著作权的立法，对英美法系及大陆法系的著作权立法均产生了深刻的影响。1787 年，美国制定《宪法》，其中第 1 条第 8 款规定：为促进科学和实用技艺的进步，对作家和发明家的著作和发明，在一定期限内给予专有权的保障。1790 年，美国国会通过了《1790 年版权法》(Copyright Act of 1790)。这个法案每隔几十年会修订一次，最近的版本是《1976 年版权法》(Copyright Act of 1976)，即下文的《著作权法》，它为著作权提供了较为全面

---

① ZELEZNY J D. Communications law：liberties，restraints，and the modern media. 6th ed. Boston，MA：Wadsworth，2011.

的保护。与此同时，鉴于受版权保护的作品随着传播技术的发展而冲破国界、走向世界，国际层面的版权制度在不断完善，催生了多个重要的国际条约，比如1886年签署并经多次修订的《伯尔尼公约》(Berne Convention for the Protection of Literary and Artistic Works) 以及1952年签署并于1971年修订的《世界版权公约》(Universal Copyright Convention)。这些国际条约的签订，使国际版权的保护进一步协调化、制度化。为了将重要的国际条约纳入本国的著作权法体系，同时为了应对互联网给版权保护带来的挑战，美国国会在1998年通过了《千禧年数字版权法》，为著作权人作品的网络传播提供了有力的法律保护。

我国对著作权实行法律保护的历史较短，最早可追溯至1982年颁布的《宪法》。依据《宪法》第47条，公民有进行科学研究、文学艺术创作和其他文化活动的自由。国家对于从事教育、科学、技术、文学、艺术和其他文化事业的公民的有益于人民的创造性工作，给以鼓励和帮助。1986年4月，全国人大颁布实施《民法通则》，其中第94条规定：公民、法人享有著作权（版权），依法有署名、发表、出版、获得报酬等权利。这两部法律成为中国对著作权进行立法保护的主要依据。1990年9月，全国人大常委会通过《中华人民共和国著作权法》（简称《著作权法》），这是我国第一部著作权法。此后，全国人大常委会先后于2001年、2010年、2020年三次对该著作权法进行修正，以适应信息网络传播时代的发展。与此同时，国务院陆续制定了《计算机软件保护条例》(2001)、《著作权法实施条例》(2002年制定，2011年、2013年两次修订)、《信息网络传播权保护条例》(2006) 等行政法规。此外，中国加入了一些著作权国际公约，包括《世界版权公约》、《伯尔尼公约》、《世界知识产权组织版权条约》(World Intellectual Property Organization Copyright Treaty，简称《WIPO版权条约》)、世界贸易组织的《与贸易有关的知识产权协定》(The Agreement on Trade-Related Aspects of Intellectual Property Rights，简称《TRIPS协定》) 等，成为世界知识产权保护体系的重要组成部分。

在下面的篇幅里，我们首先介绍有关著作权的一些基本概念，包括著作权的客体、主体、主要内容、邻接权、侵权责任等，之后讨论网络侵害著作权的几个关键问题，包括信息网络传播权的侵犯、计算机软件著作权的侵犯、网络服务提供商的责任、P2P (peer-to-peer的英文缩写) 文件共享的问题等，最后讨论平衡著作权和公共利益的两种手段，即合理使用和法定许可使用。

一、概述

(一) 著作权的客体

我国《著作权法》第3条规定，著作权保护的客体是作品，它指的是文学、艺术和科学领域内具有独创性并能以一定形式表现的智力成果，具体包括：文字作品；口述作品；音乐、戏剧、曲艺、舞蹈、杂技艺术作品；美术、建筑作品；摄影作品；视听作品；工程设计图、产品设计图、地图、示意图等图形作品和模型作品；计算机软件；以及符合作品特征的其他智力成果。

1. 受著作权保护的作品必须具备的条件

依据国内外通说，受著作权保护的作品必须具备以下两个条件：

（1）独创性。著作权法所称的作品必须是自己创作的，而不是从别人的作品中抄袭来的。所谓创作，指文学、艺术和科学作品的创造，即作者通过对政治、经济、文化和其他社会生活进行观察、体验、研究、分析，并对社会生活的素材加以选择、提炼、加工，运用自己的构思、技巧，塑造出艺术形象或表述科学技术的创造性劳动。著作权法所要求的独创性不同于专利法所要求的新颖性。专利法要求的新颖性具有前所未有性和强烈的排他性。著作权法所要求的独创性不具备这个特点，只要作品是自己创作的，就具有独创性，且不排除他人再创作同样的作品。

网络作品的独创性可能呈现不同的特点。《WIPO版权条约》第5条规定：数据或其他资料的汇编，无论采用何种形式，只要由于其内容的选择或排列构成智力创作，其本身受到保护。这种保护与对编辑作品或传播产品的保护相同，既不延及数据或资料本身，亦不得损害数据或资料已有的任何权利。我国《著作权法》也规定：汇编作品除了汇编作品及其片段外，还包括汇编不构成作品的数据或其他资料；只要体现了独创性，即为汇编作品。因此，互联网服务提供者以及互联网用户合法制作的网页版式，以及各种链接设置、数据文件汇编等，只要具有独创性，就可以成为汇编作品，受到著作权法保护。

（2）可复制性。复制是指通过印刷、影印或其他物理手段按照作品的原来表现形式和内容把一件作品变成许多件的行为。可复制的前提是作品必须以某种有形形式存在，比如文字作品固定于纸张，摄影作品固定于胶卷，电影、电视、录像作品固定于胶片、录像带上，这样才能使他人感知，供人们复制使用。如无一定的表现形式，思想仅存在于脑海之中，他人无法感知，就不能称为作品。口述作品虽未固定于某种有体物上，除众人皆知的外，也须符合能以某种有体物将其固定下来的条件，比如能以纸张、磁带将其记载、录制下来，否则将难以保护。复制有同一种物质形态内的，也有将一种物质形态转换成另一种物质形态的，比如将口头作品通过记录转换成文字作品，或将文字作品转换成以无线电波传输的广播作品。另外，著作权法所保护的各类作品的数字化形式，也受到著作权法的保护。这是因为任何上传到互联网上的材料都可以数字化形式固定在计算机的硬盘上或云服务器上，这种固定的结果，是能够被他人通过客户端所阅读，下载到硬盘或软盘上，或直接打印到纸张上，因此具备可复制的特性。

【案例】 中国喷泉著作权纠纷第一案[①]

西湖音乐喷泉是不少去杭州的游客必选的夜游景点，但原告中科水景公司认为西湖音乐喷泉涉嫌剽窃其设计完成的青岛世园会音乐喷泉的喷射效果，因此将杭州西湖管理处（西湖音乐喷泉的管理者）和中科恒业公司（西湖音乐喷泉的设计者）告上法庭。该案涉及音乐喷泉喷射效果的呈现是否构成作品、属于何种法定作品类型的法律认定，因而被称为“中国喷泉著作权纠纷第一案”。

法院认为，我国《著作权法》规定的具体作品类型中，并无音乐喷泉作品或音乐喷泉编曲作品这种作品类别，但这种作品本身确实具有独创性，将选定的特定歌曲所要表达的意境与项目的水秀表演装置，根据音乐的时间线进行量身定制设计，设计师根据乐曲的节奏、旋律、内涵、情感等要素，对音乐喷泉各种类型的喷头、灯光等装置进行编排，实现设计师所构思的各种喷泉的动态造型、灯光颜色变化等效果，利用这些千姿百态喷泉的动态造型与音乐结合在一起进行艺术形象的塑造，用来表达音乐情感、实现喷射效果。可见，对整个音乐喷泉作品进行舞美、灯光、水型、水柱跑动等方面编辑、构思并加以展现的过程，是一个艺术创作的过程，这种作品应受到著作权法的保护。法院据此判决被告停止侵权，赔偿损失。

2. 不适合著作权法保护的其他事项

不具独创性、可复制性的作品自然不属于著作权法保护的范畴，然而不仅仅限于此。各国著作权法还专门规定了不适合著作权法保护的其他事项，主要包括：思想和事实；官方文件；公共领域的作品；程序、过程、操作方法；标题和名字；历法、通用数表、通用表格和公式；等等。

这些事项有的比较复杂，需要进一步阐述。

（1）思想和事实。著作权法只保护作品思想内容的表现形式，而不保护思想内容本身，作品在思想内容方面无须具备某种独创性，作品之间在思想上允许使用、借鉴，而表达思想内容的表现形式则要求各具独创性，不能抄袭或仿制。这是目前各国都接受的基本原则。《WIPO 版权条约》第 2 条明确规定：版权保护延及表达，而不延及思想、过程、操作方法或数学概念本身。美国《1976 年版权法》规定：原作品的版权绝对不涉及其中的任何思想、程序、过程、系统、操作技术、规划、原理或发现，不论原作品如何描述、解释、图示或代表这些思想。北京市高级人民法院《关于审理著作权纠纷案件若干问题的

① 参见北京市海淀区人民法院民事判决书（2016）京 0108 民初 15322 号。

解答》也指出：《著作权法》对作品的保护，其保护的不是作品所体现的主题、思想、情感以及科学原理等，而是作者对这些主题、思想、情感或科学原理的表达或表现。其主要考虑在于如果著作权对思想进行保护的话，某种思想就会成为创造这种思想的人的专有财产。这就会导致思想被某个人垄断，思想的交流会受到阻碍，从而会影响人类社会文明的发展。

同样，著作权也不保护纯粹的事实。因为事实是人类的共同财产，不属于任何人。在“赖特诉华纳图书案”中，美国法院就裁定系争图书的部分内容仅是事实的陈述，属于合理使用的范畴。[①] 有关事实判断的一个争议性话题关乎时事新闻。《伯尔尼公约》规定，该公约不适用于日常新闻或纯属报刊信息性质的社会新闻。我国1990年颁布的《著作权法》也规定，时事新闻作为一种事实，不受著作权法保护。结果，由于缺乏对时事新闻的准确理解，不少网站视新闻产品为免费公共产品，大肆转载摘编，且隐去新闻来源和作者，给著作权人带来很大伤害。这种情况一直延续到2020年，全国人大对《著作权法》进行了第三次修正，其中第5条规定该法不适合“单纯事实消息”。质言之，不受著作权法保护的只是单纯的事实性消息，时事类新闻则可能因其包含的独创性而受到保护。这一调整在确保客观事实以及报道客观事实的权利不被垄断的同时，也为新闻工作者创作含有独创性的新闻作品提供了保护。

（2）官方文件。官方文件普遍不受著作权法保护。比如，日本《著作权法》规定：宪法及其他法令，国家或地方公共团体的机关所发布的布告、训令、通知及其他类似的文书，法院的判决、决定、命令以及由行政厅按照审判程序制作的裁决和决定，不得成为著作权的标的。我国《著作权法》也规定：法律法规，国家机关的决议、决定、命令和其他具有立法、行政、司法性质的文件，以及其官方正式译文不受著作权法保护。但有的国家的著作权法则有特殊规定。例如，德国《作者权法》规定：法律、法令、官方公告、通告、判决及为判决撰写的官方指导原则不享受著作权法保护，但著作权法关于禁止改动和注明出处的规定仍适用。美国《著作权法》规定：美国联邦政府所发布的文件不享受著作权法保护，但美国商务部发布的标准参考数据除外；州政府发布的文件（包括州立法）是否享受著作权法保护，则由各州自己定夺。需要指出的是，各国关于官方文件著作权的规定，主要指的是官方文件作者的财产权不受法律保护。公众和媒体机构可以自由使用，无须经著作权人同意，也无须向其支付报酬。但官方文件作者的署名权、修改权、发表权、保护作品完整权等人身权利，依然享受著作权法保护。

（3）公共领域的作品。如果系争作品属于公共领域，则不享受著作权法保护，其最终的目的在于增进公共利益。除了官方文件，公共领域的作品还包括那些从未受过版权保护的作品以及那些版权保护期限已过的作品。比如，《圣

---

① Wright v. Warner Books Inc. and Margaret Walker，953 F. 2d 731，735（2d Cir. 1991）.

经》、数学方程式、牛顿物理学、莎士比亚的戏剧、贝多芬的音乐、早期的无声电影等就属于公共领域的作品，以前就没有、将来也不会享受著作权法保护。还有一些作品被称为“孤儿作品”，即那些享有版权，但很难甚至不能找到其版权主体的作品。这些作品若进入公共领域，则不享受著作权法保护。在当下的大数据时代，不少公共领域的作品或信息被商业网站二次开发，成为获取经济利润的重要手段，这给公共领域的理论带来新的挑战，但这个问题还未被著作权法重视。

（二）著作权的主体

依据我国《著作权法》第 9 条，享有著作权的主体主要是作者，也可以是除作者之外的其他依法享有著作权的自然人、法人或非法人组织。作者是指通过自己的抽象思维活动，采用一定的客观表现形式直接创作作品的人，一般限于自然人。其他著作权人是指作者以外的通过继受方式或根据法律规定取得著作权的自然人、法人或非法人组织。不少作品在创作和传播的过程中会涉及多个主体，这样就出现了著作权的归属问题。

1. 演绎作品的著作权人

演绎作品是在已有作品的基础上经过创造性劳动而派生出来的作品，包括对原始作品进行改编、翻译、注释、整理而产生的作品。改编是指在不改变作品基本内容的情况下将作品由一种类型改变成另一种类型；翻译是将作品从一种语言文字转换成另一种语言文字予以表达；注释是指对原作品进行注解、释义和阐明；整理是对一些散乱的作品或者材料进行删节、组合、编排，经过加工、梳理使其具有可读性，例如将他人零乱的手稿给予章节上的编排，使其成为可阅读的作品。我国《著作权法》第 13 条明文规定：改编、翻译、注释、整理也是一种创作活动，所以改编、翻译、注释、整理的人对演绎作品享有著作权。但是原作品的作者对自己的作品仍然享有完整的著作权。演绎权在演绎前必须征得原作品作者的同意并支付报酬。此外，演绎作品著作权人在对演绎作品行使著作权时，不得损害原作品作者的著作权。

2. 合作作品的著作权人

我国《著作权法》第 14 条规定：两人以上合作创作的作品，著作权由合作作者共同享有；没有参加创作的人，不能成为合作作者。合作作品包括可以分割使用和不能分割使用两种。可以分割使用的合作作品，指合作作者对各自创作的部分可以单独使用，可以单独享有著作权的作品，但行使著作权时不得侵犯合作作品整体的著作权。不能分割使用的合作作品，指合作作者虽有各自的创作，但在作品中已融为一体，区分不出作品的某个部分是哪个合作作者写的。这类作品只存在一个合作作品的整体的著作权。该著作权由各合作作者共同享有，通过协商一致行使；不能协商一致，又无正当理由的，任何一方不得阻止他方行使除转让以外的其他权利，但是所得收益应当合理分配给所有合作作者。

3. 汇编作品和其中被使用作品的著作权人

汇编作品是根据特定的要求选择若干作品、作品的片段或者不构成作品的数据或者其他材料加以编排而成的，比如百科全书、词典、选集、全集、期刊、报纸等。只要这种内容选择或编排体现了独创性，就成为汇编作品。如果在内容的选择与安排上没有体现独创性，只是简单地将作品或者材料拼凑在一起，则不认为产生了新作品，因此，也不构成汇编作品。体现了独创性的网页版式或电子数据库等，也属于汇编作品。依据我国《著作权法》第 15 条，汇编作品作为一个整体，由汇编人享有著作权。汇编人汇编有著作权的作品，应当经过原作品著作权人的许可，并支付报酬，还应当尊重原作品著作权人的人身权。在行使著作权时，不得侵犯原作品的著作权。汇编作品中可以单独使用的部分，其作者对该部分作品享有著作权。比如，在"《纽约时报》诉塔思尼案"中，美国最高法院认为，报纸和杂志要将纸质版的文章放到网页或数据库，必须事先获得相关自由撰稿人的许可，否则就是侵犯其著作权。①

4. 视听作品的著作权人

视听作品可被认为《伯尔尼公约》中的"电影作品和以类似摄制电影的方法表现的作品"，它由一系列有伴音或无伴音的画面组成，可为视觉所感知，当有伴音时，还可为听觉所感知。依据我国《著作权法》第 17 条，视听作品分为两类：一类为电影作品和电视剧作品，一类为其他视听作品。前一类作品的著作权由制作者享有，但编剧、导演、摄影、作词、作曲等作者对自己创作部分享有署名权，并有权按照与制作者签订的合同获得报酬；后一类作品的著作权归属由当事人约定，没有约定或者约定不明确的，由制作者享有，但作者享有署名权和获得报酬的权利。此外，视听作品中的剧本、音乐等可以单独使用的作品的作者有权单独行使其著作权。比如编剧作者可以另外出版其创作的剧本，词曲作者也可以将他们的作品另外制作唱片。

5. 职务作品的著作权人

职务作品指的是公民为完成法人或非法人组织工作任务所创作的作品。美国《著作权法》规定，职务作品的所有权属于雇主。在作品被侵权的情况下，雇主有权提起诉讼。媒体单位的工作人员为所在媒体生产的作品自然是雇佣作品。即便是自由撰稿人，媒体单位（包括网站）也常常会和其签订某种形式的协议，使其作品变成一种雇佣作品，从而获得其版权。依据我国《著作权法》第 18 条，职务作品的著作权由作者享有，但作者所在的单位有权在其业务范围内优先使用。作品完成两年内，未经单位同意，作者不得许可第三人以与本单位使用的同样方式使用该作品。职务作品完成两年内，经单位同意，作者许可第三人以与单位使用的相同方式使用作品所获报酬，由作者与单位按约定的

---

① New York Times Co. v. Tasini，533 U. S. 483（2001）.

比例分配。但有三种情况，作者只享有署名权，著作权的其他权利（指发表权、修改权、使用权、获得报酬权等）由法人单位或者非法人组织享有，法人或非法人组织可以给予作者奖励：一是主要是利用法人或非法人组织的物质技术条件创造，并由法人或者非法人组织承担责任的工程设计图、产品设计图、地图、计算机软件等职务作品；二是报社、期刊社、通讯社、广播电台、电视台的工作人员创作的职务作品；三是法律、行政法规规定或合同约定著作权由法人或者非法人组织享有的职务作品。①

6. 委托作品的著作权人

委托创作的作品就是指受托人根据与委托人签订的委托合同创作的作品。我国《著作权法》第19条规定，受委托创作的作品，著作权的归属由委托人和受托人通过合同约定。由委托人和受托人通过合同约定，意思是在委托创作合同中，委托人和受托人可以约定著作权或者归属于委托人，或者归属于受托人，或者由委托人、受托人共同享有，或者各自享有一部分权利。② 合同未作明确约定或者没有订立合同的，著作权属于受托人。

著作权属于公民的，公民死亡后，可在法律规定的保护期内，依照法律规定进行转移。根据《中华人民共和国继承法》等相关法律，转移有五种形式，即通过法定继承转移，通过遗嘱继承转移，通过遗赠转移，通过遗赠扶养协议转移，以及作者的著作权的使用权和获得报酬权无人继承，又无受遗赠人接受遗赠的，由国家或者集体所有制组织所有。此处所说的著作权的移转是指著作财产权即作品使用权和获得报酬权的转移。著作人身权不得继承，不可让与。著作权属于法人或者非法人组织的，法人或者非法人组织变更、终止后，在法律规定的保护期内，由承受其权利义务的法人或者非法人组织享有；没有承受其权利义务的法人或者非法人组织的，由国家享有。

（三）著作权的内容

著作权包括人身权、财产权两个方面。人身权又称精神权利，是指作者通过创作作品而获得的身份、名誉和维护作品完整性的权利。这种权利具有强烈的人身属性，专属作者本人，一般情况下不能转让，也没有直接的经济内容。财产权又称经济权利，是作者利用其作品获益的权利，可以授权许可他人使用，也可以转让。人身权与财产权密切相关，然而又可以相互独立。财产权转让后，作者仍享有人身权。受转让的著作权人一般只有财产权而无人身权。

我国《著作权法》第10条共规定了17项著作权的权力，其中前四条一般认为均属于人身权。它们包括发表权、署名权、修改权和保护作品完整权。发

---

① 胡康生．著作权法释义．(2002-07-15) [2023-10-10]. http://www.npc.gov.cn/zgrdw/npc/flsyywd/minshang/node_2200.htm.

② 同①.

表权是指决定作品是否公之于众的权利，还包括决定以何种形式发表和在何时何地发表的权利。署名权是指作者表明自己作者的身份，在作品上署名的权利。作者有权署名，也有权不署名；有权署真名，也有权署假名。作者也有权禁止他人在自己的作品上署名。修改权是指作者有权对其作品进行修改或者授权他人进行修改。修改与否，怎么修改以及是否授权他人修改，都应根据作者的意愿，不应强制。保护作品完整权是指作者保护其作品的内容、观点、形式等不受歪曲、篡改的权利。作者有权保护其作品不被他人丑化，不被他人作违背其思想的删除、增添或者其他损害性的变动。

【案例】钱钟书书信手稿拍卖案[①]

钱钟书及其配偶杨季康（笔名杨绛）、其女钱瑗与李国强系朋友关系，三人曾先后向李国强寄送私人书信百余封，这些信件由李国强保存。2013年5月，中贸圣佳公司发布公告称其即将进行上述书信的拍卖。钱钟书夫人杨季康向法院提出申请，请求责令该公司立即停止侵害著作权的行为。

法院经审理认为，书信作为人类沟通感情、交流思想、洽谈事项的工具，通常是写信人独立构思并创作而成的文字作品，可以成为著作权法保护的作品。杨季康作为著作权人或著作权人的继承人，享有涉案书信作品的发表权，即享有决定作品是否公之于众的权利。如果他人未经许可非法发表涉案书信手稿，将导致对申请人杨季康的发表权造成难以弥补的损害。此外，发表权是著作权人行使和保护其他权利的基础，一旦作品被非法发表，极易导致权利人对其他复制、发行等行为难以控制。在杨季康明确表示不同意将其享有权利的涉案作品公之于众的情况下，中贸圣佳公司即将公开预展、公开拍卖涉案书信手稿，以及为拍卖而正在或即将通过报刊、光盘、宣传册、计算机网络等方式复制发行涉案书信手稿的行为构成对申请人杨季康发表权及复制权、发行权的侵犯，将导致申请人受到难以弥补的损害。法院据此裁定：中贸圣佳公司在拍卖、预展及宣传等活动中不得以公开发表、展览、复制、发行、信息网络传播等方式实施侵害钱钟书、杨季康、钱瑗写给李国强的涉案书信手稿著作权的行为。

此外，我国《著作权法》第10条直接规定了12种财产权利，它们包括复制权、发行权、出租权、展览权、表演权、放映权、广播权、信息网络传播权、摄制权、改编权、翻译权和汇编权。复制权是指以印刷、复印、拓印、录

① 参见北京市第二中级人民法院民事裁定书（2013）二中保字第9727号。

音、录像、翻录、翻拍、数字化等方式将作品制作一份或者多份的权利。发行权，即以出售或者赠予方式向公众提供作品的原件或者复制件的权利。出租权，即有偿许可他人临时使用视听作品、计算机软件的原件或者复制件的权利，计算机软件不是出租的主要标的的除外。展览权，即公开陈列美术作品、摄影作品的原件或者复制件的权利。表演权，即公开表演作品，以及用各种手段公开播送作品的表演的权利。放映权，即通过放映机、幻灯机等技术设备公开再现美术、摄影、视听作品等的权利。广播权，即以有线或者无线方式公开传播或者转播作品，以及通过扩音器或者其他传送符号、声音、图像的类似工具向公众传播广播的作品的权利，但不包括信息、网络传播权规定的权利。信息网络传播权，即以有线或者无线方式向公众提供作品，使公众可以在其选定的时间和地点获得作品的权利。摄制权，即以摄制视听作品的方法将作品固定在载体上的权利。改编权，即改编作品，创作出具有独创性的新作品的权利。翻译权，即将作品从一种语言文字转换成另一种语言文字的权利。汇编权，即将作品或者作品的片段通过选择或者编排，汇集成新作品的权利。此外，著作权还包括应当由著作权人享有的其他财产权利，这是法律中的空白条款，其目的是吸纳因技术、社会的发展而出现的新的使用方式。

【案例】 邓丽君经典歌曲演唱会案①

2009年，被告在北京主办了名为“何日君再来”的邓丽君经典歌曲演唱会，演唱会中未经许可公开表演了《月亮代表我的心》等五首歌曲。这五首歌曲的词曲作者已经将其著作权授权给台湾地区著作权协会行使，该协会又授权中国音乐著作权协会在大陆行使这五首歌曲的著作权。中国音乐著作权协会因此起诉被告侵犯了五首歌的著作权。法院经审理认为：演出组织组织演出的，使用他人作品的，应当取得著作权人的许可，并支付报酬。但被告未经许可使用涉案五首歌曲，亦未支付报酬，侵犯了著作权人的表演权。

不同的著作权权利享有不同的保护期。著作权的保护期是指著作权人对作品享有专有权的有效期间，也即由法律规定的对著作权人的著作权予以保护的期限。在著作权保护期限内，作者或者其他依法享有著作权的自然人、法人或者非法人组织等著作权人对作品享有著作权，其他人使用作品，须依法征得著作权人许可并支付相应的报酬。按照我国《著作权法》第22条，人身权中的署名权、修改权、保护作品完整权的保护期不受限制。这意味着，当作者的财

① 参见北京市朝阳区人民法院民事判决书（2010）朝民初字第20969号。

产权等权利的保护期结束后，人们虽然可以自由地以复制、发行、表演等方式使用其作品，但无权更动作者的署名和作品的内容，否则也要以侵犯著作权而追究其法律责任。人身权中的发表权以及所有形式的财产权的保护有一定期限。我国《著作权法》第23条规定：自然人的作品发表权和财产权保护期为作者终生及其死亡后50年，截止于作者死亡后第五十年的12月31日；如果是合作作品，截止于最后死亡的作者死亡后第五十年的12月31日。如果是法人或者非法人组织的作品、著作权（署名权除外）由法人或者非法人组织享有的职务作品，发表权保护期截止于作品创作完成后第五十年的12月31日，财产权截止于作品首次发表后第五十年的12月31日。如果是视听作品，发表权保护期截止于作品创作完成后第五十年的12月31日，财产权截止于作品首次发表后第五十年的12月31日。作品过了保护期，只保留除发表权外的人身权，财产权和发表权则失效。人们对作品的使用可以不再经过著作权人的许可，并且可以无偿地使用作品。

我国《著作权法》对转让合同和许可使用合同都作了明确界定，并规定合同中未明确许可、转让的权利，未经著作人同意，另一方当事人不得行使。在转让著作权人的财产权时，应订立书面合同。权利转让合同包括下列主要内容：作品的名称；转让的权利种类、地域范围；转让价金；交付转让价金的日期和方式；违约责任；双方认为需要约定的其他内容。著作权转让的标的物是部分或全部的著作财产权，转让的结果是使得受让人在法律上成为部分或全部著作财产权的所有人，原作者就丧失了部分或全部的著作财产权。与此对比，使用许可的标的物只是对著作财产权的行使，财产所有权并不随之转移，获得使用许可的人并不是著作财产权的所有人，作品的财产权仍然属于作者。获得专有许可的使用人仍然无权将作品许可给第三人使用，而必须征得作者的同意并付给作者报酬。转让的受让人则可以自行把作品许可他人行使受让的权利，还可以把受让的权利再转让给他人。

（四）邻接权

受著作权法保护的作品创作出来后，需在公众中传播，而传播者在传播作品中有创造性的劳动，亦应受到法律保护。邻接权，译自英文“neighboring rights”，是指作品传播者传播作品所享权利，其与著作权紧密相连，故称“著作权邻接权”。依据我国的《著作权法》，邻接权主要包含出版者、表演者、录音录像制作者、广播电台及电视台的权利，简述如下：

1. 出版者权

出版者专指的是图书、报刊的出版者。出版者权指的是出版者对其出版的图书、期刊的版式设计所享有的专有权。版式设计既包括出版物的外观形式，比如封面图案设计，也包括出版物正文版面全部格式的安排，比如对版心、排式、用字、行距、标点等版面因素的安排。举例而言，不同的出版社在出版诸如《二十四史》《唐诗三百首》《莎士比亚全集》等经典名著时，在版式设计上往往有很大的差异，这体现了出版社的劳动和设计成果，因此需要保护。

2. 表演者权

表演者包括演员、演出单位或者其他表演文学、艺术作品的人。表演者对其表演享有下列权利：表明表演者身份；保护表演形象不受歪曲；许可他人从现场直播和公开传送其现场表演，并获得报酬；许可他人录音录像，并获得报酬；许可他人复制、发行、出租录有其表演的录音录像制品，并获得报酬；许可他人通过信息网络向公众传播其表演，并获得报酬。

3. 录制者权

录制者权的主体是录音录像制品的制作者。录制者权的客体是录制品，包括录音制品和录像制品。录音制品是指任何声音的原始录制品；录像制品是指电影作品和以类似摄制电影的方法创作的作品以外的任何有伴音或无伴音的连续相关形象的原始录制品，包括表演和非表演的原始录制品。录制者指录音和录像制品的首次制作人，因此，盗版制品的制作者不能享有录制者权。录制者对其制作的录音录像制品，享有许可他人复制、发行、出租、通过信息网络向公众传播并获得报酬的权利以及许可广播组织播放的权利。

4. 广播组织权

广播组织权的主体是广播电台和电视台，客体是广播组织播放的节目信号，而非播放的节目。广播组织播放的节目，有的属于作品（如自制剧），应享有著作权；有的不属于作品（如体育比赛直播），则不享有著作权。这些节目不论是否属于作品，一经播放，形成节目信号，播放者即对节目信号享有广播组织权。具体来说，广播组织权包括：播放权，广播电台、电视台有权禁止未经其许可将其播放的广播、电视节目信号以无线方式或者有线方式转播；录制、复制权，广播电台、电视台有权禁止未经其许可将其播放的广播、电视节目信号录制在音像载体上以及复制音像载体。

需要指出的是，邻接权权利人不得侵犯著作权人的署名权、修改权、保护作品完整权和获得报酬权。表演者公开表演他人作品，应取得著作权人许可，并支付报酬；公开表演演绎作品，应取得演绎作品和原作品的著作权人许可，并支付报酬。使用他人作品制作录音录像制品，应取得著作权人许可，并支付报酬；使用演绎作品，应取得演绎作品和原作品的著作权人许可，并支付报酬；对表演活动制作录音录像制品，应取得表演者许可，并支付报酬。广播组织使用他人未发表作品的，应取得著作权人许可，并支付报酬。电视台播放他人已发表的电影作品和以类似摄制电影的方法创作的作品、录像制品，应当取得制片人或录像制作者许可，并支付报酬；播放他人的录像制品，还应取得著作权人许可，并支付报酬。广播电台、电视台播放已出版的录音制品（不包括录像制品），可以不经著作权人许可，但应当支付报酬。

【案例】陈佩斯、朱时茂诉中国国际电视总公司侵犯著作权案[①]

原告陈佩斯、朱时茂系国内著名演员，曾在中央电视台春节晚会上表演过许多脍炙人口的小品，包括《吃面条》《胡椒面》《警察与小偷》等，这些小品后来被中国国际电视总公司制成VCD光盘发行，原告为此提起侵权诉讼。法院经审理认为，中央电视台组织、制作的春节联欢晚会从整体上应认定属于电视作品，但是中央电视台对春节联欢晚会这一综艺节目整体享有的权利，并不能得出原告在该节目中丧失其对所涉小品享有的著作权和表演者权的结论，除非双方对此有明确约定。因此，被告出版、发行的小品虽系此案原告在历届春节联欢晚会上表演的小品节目，且原告许可中央电视台录制播放，但并不意味着原告将小品的著作权、表演者权处分或转让给了中央电视台；中央电视台也不因其组织、导演、摄制了原告表演的小品就当然拥有了这些小品的著作权及表演者权，而要看小品作者和表演者与中央电视台之间就有关小品的使用的具体约定。在此案中，原告陈佩斯、朱时茂与中央电视台并未就所涉及的八个小品的使用和表演签订任何协议，因此被告仅凭中央电视台的授权书不能推定其已获得了原告陈佩斯、朱时茂的使用许可。法院据此认定被告侵犯了原告的著作权，判决被告停止侵权、赔礼道歉，并赔偿原告33万余元。

（五）侵权责任

我国《著作权法》第52条列举了11类侵害著作权的行为，包括：未经著作权人许可，发表其作品的；未经合作作者许可，将与他人合作创作的作品当作自己单独创作的作品发表的；没有参加创作，为谋取个人名利，在他人作品上署名的；歪曲、篡改他人作品的；剽窃他人作品的；未经著作权人许可，以展览、摄制视听作品的方法使用作品，或者以改编、翻译、注释等方式使用作品的；使用他人作品，应当支付报酬而未支付的；未经视听作品、计算机软件、录音录像制品的著作权人、表演者或者录音录像制作者许可，出租其作品或者录音录像制品的原件或复制件的；未经出版者许可，使用其出版的图书、期刊的版式设计的；未经表演者许可，从现场直播或公开传送其现场表演，或者录制其表演的；其他侵犯著作权以及与著作权有关的权利的行为。如发生上述侵权行为之一的，侵权人需根据情况承担停止侵害、消除影响、赔礼道歉、赔偿损失等民事责任。

---

① 参见北京市第一中级人民法院民事判决书（1999）一中知初字第108号。

另外，依据我国《著作权法》第53条规定，对于八类侵权行为，侵权人除了需要承担民事责任之外，还需要承担行政责任。这八类侵权行为都含有非法出版、发行、播放、传播活动性质，同时损害了社会公共利益。行政处罚措施包括责令停止侵权行为，予以警告，没收违法所得，没收、无害化销毁处理侵权复制品及主要用于制作侵权复制品的材料、工具、设备等，处以罚款。构成犯罪的，依法追究刑事责任。①

二、网络侵犯著作权

网络技术的飞速发展，使得侵犯著作权的行为变得前所未有的方便、快捷。只要按下复制键，或是点击下载，人们便可轻易复制网上看到的各类文字、视频或音频作品。如果愿意的话，则可在网上向成千上万的人进行二次传播。正因如此，网络侵犯著作权的现象日益普遍，并给传统的著作权保护带来了全新的挑战。一方面，既有的著作权法基本上已延伸到网络空间。比如对他人在网上享有著作权的产品进行模仿，设计相似的作品进行商业推广，这被视为剽窃他人作品；或未经权利人许可，对原作品内容进行数字化的处理或修改，这被视为歪曲、篡改他人作品。另一方面，网络侵权带来了不少新的问题，促使各国立法者制定新的法律或修改先前的法律来加以应对。这主要表现在以下几个方面。

（一）信息网络传播权的侵犯

网络侵害著作权行为是复杂的，尤其是考虑到互联网的发展催生了一项新的著作权内容，即信息网络传播权。这个概念在我国《著作权法》中几次被提及。比如第10条规定了著作权人的信息网络传播权即通过有线或者无线方式向公众提供作品的权利。第39条规定，表演者对其表演享有许可他人通过信息网络向公众传播其表演，并获得报酬的权利。第44条规定，录音录像制作者对其制作的录音录像制品，享有许可他人通过信息网络向公众传播并获得报酬的权利。我国《信息网络传播权保护条例》更进一步，将著作权人对其作品享有的信息网络传播权以及表演者、录音录像制作者对其表演、录音录像制品享有的通过信息网络向公众传播并获得报酬的权利统称为信息网络传播权。侵犯信息网络传播权是一种侵权行为，它主要包含三种形式，即未经授权上载他人作品、表演或录音录像制品，破坏或规避权利人的技术保护措施，以及破坏权利管理电子信息。

1. 未经授权上载他人作品、表演或录音录像制品

信息网络传播权是法律赋予著作权人、表演者、录音录像制作者的专有

---

① 参见我国《刑法》第217条侵犯著作权罪、第218条销售侵权复制品罪。

权，除法律、行政法规另有规定外，未经权利人许可，擅自通过网络向他人提供权利人的作品、表演、录音录像制品，则侵犯了权利人的信息网络传播权。我国《著作权法》第53条列举的侵权行为中包含了对侵犯著作权人、表演者、录音录像制作者的信息网络传播权的行为。《信息网络传播权保护条例》第2条也规定：除法律、行政法规另有规定的外，任何组织或者个人将他人的作品、表演、录音录像制品通过信息网络向公众提供，应当取得权利人许可，并支付报酬。因此，任何组织或个人如果没有获得权利人许可，并向权利人支付报酬，以有线或无线方式向公众提供他人作品的行为，都是侵犯权利人的信息网络传播权的行为。

【案例】 陈兴良诉数字图书馆侵犯著作权案①

原告陈兴良系北京大学教授，著有《当代中国刑法新视界》《刑法适用总论》《正当防卫论》。被告中国数字图书馆有限责任公司所设“中国数字图书馆”网站以搜集、整理和发布他人作品为主。在没有征得原告的同意、授权或许可的情况下，被告将上述三部著作数字版内容全部上传至“中国数字图书馆”网站，原告遂以著作权受到侵犯为由向北京市海淀区人民法院提起诉讼。法院经审理认为，陈兴良教授在创作完成三部作品后，即依法享有著作权，包括许可出版社出版发行此作品；在没有相反证据的情况下，这种许可的后果仅应视为将作品固定在有形的载体（纸张）上并为公众所接触。中国数字图书馆有限责任公司未经许可将此作品列入中国数字图书馆中，对陈兴良在网络空间行使权利产生了影响。因此，中国数字图书馆有限责任公司的行为阻碍了陈兴良以其所认可的方式使社会公众接触其作品，侵犯了其信息网络传播权，故应立即停止侵权并依法承担侵权责任。

2. 破坏或规避权利人的技术保护措施

我国《著作权法》第49条第1款规定，为保护著作权和与著作权有关的权利，权利人可以采取技术措施。所谓的技术措施，是指用于防止、限制未经权利人许可浏览、欣赏作品、表演、录音录像制品或者通过信息网络向公众提供作品、表演、录音录像制品的有效技术、装置或者部件。技术包括防止他人使用的方法、软件等。装置是指一种可以单独起到防止使用作用的设备，如各种加密机。部件是指不能单独成为一种技术措施，必须与其他部件、设备配合使用的技术措施组成部分，如与计算机一起配合使用、防止复制的各类“加密

① 参见北京市海淀区人民法院民事判决书（2002）海民初字第5702号。

狗”等。在网络环境下，作为预防侵权行为发生的事先措施，技术措施能够通过防止、限制使用者非法访问、使用权利人的作品、录音录像制品，有效地保护权利人的经济权利。同时，通过在客观上截断侵权人接触、使用作品的途径，使他们无法歪曲、篡改作品等客体，保护了作品的完整性，从而起到保护作者精神权利的作用。

《著作权法》第49条第2款规定：未经权利人许可，任何组织或者个人不得故意避开或者破坏技术措施，不得以避开或者破坏技术措施为目的制造、进口或者向公众提供有关装置或者部件，不得故意为他人避开或者破坏技术措施提供技术服务。依据该条款，规避技术措施的行为必须是故意的，也就是主观上应当是应知或者明知，无意中避开或者破解技术措施不受到该条约束。规避技术措施的行为既包括直接性的，比如对已经编码的作品进行解码，对已经加密的作品进行解密，或者以其他方式避开、越过、清除、破解或者损坏技术措施，也包括间接性的，比如对网络服务者上载、传播、提供用于避开或者破坏他人著作权技术保护措施的装置、方法或技术。无论是直接还是间接避开或者破坏技术措施的行为，都受到法律的限制，但法律、行政法规规定可以避开的除外。

《著作权法》第50条规定了可以避开技术措施的五种情形：（1）为学校课堂教学或者科学研究，提供少量已经发表的作品，供教学或者科研人员使用，而该作品无法通过正常途径获取；（2）不以营利为目的，以阅读障碍者能够感知的无障碍方式向其提供已经发表的作品，而该作品无法通过正常途径获取；（3）国家机关依照行政、监察、司法程序执行公务；（4）对计算机及其系统或者网络的安全性能进行测试；（5）进行加密研究或者计算机软件反向工程研究。上述情形可以避开技术措施，但不得向他人提供避开技术措施的技术、装置或者部件，不得侵犯权利人依法享有的其他权利。制定此条款旨在防止权利人通过技术措施形成对作品的绝对垄断性保护，从而影响公共利益的发展。

3. 破坏权利管理电子信息

权利管理电子信息是指说明作品及其作者、表演及其表演者、录音录像制品及其制作者的信息，作品、表演、录音录像制品权利人的信息和使用条件的信息，以及表示上述信息的数字或者代码。常见的权利管理电子信息包括作品的名称、作者的姓名、版权人的名称、视听作品的作者、表演者和导演的姓名，使用作品的期限和条件的信息，或者是安装软件时自动弹出的最终用户协议等。通过设置权利管理电子信息，可以保护权利人的署名权，帮助公众识别作品、表演、录音录像制品的真伪，但在数字环境下，权利管理电子信息很容易被他人删除或者改变，给权利人在网络传播中权利的实现带来很大的损害和风险。因此，我国《著作权法》对破坏权利管理电子信息的行为进行了严格的限制，不仅要求任何组织或个人，未经权利人许可，不得故意删除或改变作品、版式设计、表演、录音录像制品或者广播、电视上的权利管理电子信息，而且不得明知或应知作品、版式设计、表演、录音录像制品或者广播、电视上的权利管理信息未经许可被删除或者改变，仍然向公众提供（第51条）。违反该规定的，将构成对权利人信息网络传播权的侵犯，应承担相应的法律责任（第53条）。与此同时，《著作权法》规定了删除或者改变权利管理电子信息的豁免条件，即由于技术上的原因无法避免删除或改变（第51条）的除外，主要包括在播放广告或者其他节目时，使用作品、录音录像制品的片段，因时间短，无法在播放节目的同时表明权利管理电子信息，或在实行数字/模拟信号转换时无法保存权利管理电子信息等情况。

（二）计算机软件著作权的侵犯

计算机软件指的是计算机程序及其有关文档。计算机程序是指为了得到某种结果而由计算机等具有信息处理能力的装置执行的代码化指令序列，或者可以被自动转换成代码化指令序列的符号指令序列或符号化语句系列。同一计算机程序的源程序和目标程序为同一作品。文档是指用来描述程序的内容、组成、设计、功能、开发情况、测试结果及使用方法的文字资料和图表等，如程序设计说明书、流程图、用户手册等。[①] 计算机软件是用户与硬件之间的接口界面，用户主要通过软件与计算机进行交流。

有关计算机软件保护的一个争议性问题是：它是著作权法的保护对象，还是专利法的保护对象？按照《伯尔尼公约》，著作权侧重保护文化领域的智力成果，目的在于促进文化而非产业的发展；专利权侧重保护实用技术领域的智力成果，目的在于通过技术创新来推动工商业的发展。著作权和专利权的界限一般比较清楚，但随着时代的发展，兼具文化和技术特性的创新产品开始出现，从而模糊了专利权和著作权的传统界限。计算机软件便是一个典型的代表，一方面它具有典型的技术和使用特征，另一方面又体现了创作者的个性和创新。越来越多的国家将计算机软件视为具有技术特征的创作物，因此将其纳入著作权法保护的范畴。

我国《著作权法》第3条明确将计算机软件列为著作权法保护的客体。《计算机软件保护条例》则详细规定了计算机软件著作权人主要享有的八种权利，即发表权、署名权、修改权、复制权、发行权、出租权、信息网络传播权、翻译权。对计算机软件著作权的侵犯通常被称为软件盗版，主要包括以下几种形式：仿冒他人软件产品并进行非法复制和销售；计算机硬件经销商在销售计算机时进行未经授权的软件安装；未经授权通过网络销售软件或擅自将软件上载到网上提供给网络用户；以及终端用户侵犯计算机软件著作权。

---

① 计算机软件保护条例 .（2013-02-08）[2023-10-10]. http://www.gov.cn/zwgk/2013-02/08/content_2330130.htm.

计算机软件之所以成为被侵权的对象，是因为其本身具有相当高的经济价值，而这种经济价值来源于计算机软件开发商在人力和资金方面的巨大投入。如果对计算机软件不予以强有力的保护，将在很大程度上削弱计算机软件开发商的创作积极性。时至今日，我国已建立了较为全面的法律保护体系，但计算机软件盗版的问题依然严重。主要原因在于计算机软件具有无形性和易复制的特点，存储和携带十分方便，盗版由此变得相当容易，且难以防范和查证。另外，对计算机软件保护的社会认知程度较低，使打击盗版的任务显得任重道远。

【案例】“Micro POG”计算机软件著作权纠纷案①

原告新传感器公司（New Sensor Corporation）为一家美国公司，是“Micro POG”计算机软件的著作权人。此案的被诉侵权产品是“Tender Octaver”音乐效果器产品。新传感器公司认为魔耳公司制造并在全球范围内销售“Tender Octaver”产品、握威公司销售“Tender Octaver”产品的行为，侵害了其计算机软件著作权。为此，新传感器公司与魔耳公司、握威公司多次交涉，要求对方停止侵权。魔耳公司、握威公司拒不提供被诉计算机软件的源程序，在法院的释明和要求下，仅提供部分目标程序编码，且认为其为学习、研究目的参照了新传感器公司的计算机软件，构成合理使用。根据新传感器公司的申请，当庭使用技术手段提取被诉计算机软件的目标程序，通过对检测工具进行清洁性检查，读取被诉计算机软件的目标程序，使用word程序中的“比较并合并文档”工具检验，认定被诉计算机软件与新传感器公司计算机软件的目标程序实质性相同。法院据此认定，魔耳公司复制、发行被诉计算机软件，握威公司发行被诉计算机软件的行为侵害了原告的计算机软件著作权，应承担停止侵权、赔偿损失的法律责任。

（三）网络服务提供者的责任

网络空间所发生的侵害著作权行为既涉及网络用户，也涉及网络服务提供者。如何界定网络服务提供者的侵权责任，既关系著作权人的权利保护质量，也直接影响网络产业的生存和发展，同时还涉及网络用户的利益。因此，各国法律在界定网络服务提供者责任的时候，通常会考虑对其责任加以必要的限制，使之责任负担不至于过重。1998年，美国国会通过《千禧年数字版权法》，

① 参见广东省深圳市中级人民法院民事判决书（2016）粤03民初2445号。

其中第二章详细规定了对网络服务提供者版权侵权责任的限制，这些限制主要是针对网络服务提供者的四种行为，即暂时传播、系统缓存、根据用户指示在系统或网络中存储信息、信息搜索工具。《千禧年数字版权法》的这一规定，为网络服务提供者的发展提供了较为合理的法律保护，颁布后不久就被世界各国效仿，也充分反映在我国国务院2006年颁布、2013年修订的《信息网络传播权保护条例》中。按照该条例，网络服务提供者在以下四种情形中可以免责。

其一，提供网络自动接入服务或者自动传输服务的网络服务提供者可以免责，但须具备以下几个条件：其提供的网络自动接入服务或者自动传输服务未选择并且未改变所传输的作品、表演、录音录像制品；向指定的服务对象提供该作品、表演、录音录像制品，并防止指定的服务对象以外的其他人获得。

其二，提供系统缓存服务的网络服务提供者可以免责。系统缓存在此指的是网络服务提供者为了提高网络传输效率、加快其服务对象获取其他网站信息的速度而采取的一种技术手段。常见的情形是对服务对象浏览的其他网络服务提供者的信息进行分析，把经常浏览的其他网络服务提供者的信息复制到网站上，然后快速地提供给服务对象。提供系统缓存服务的网络服务提供商须满足以下三个条件，方可免除其存储行为的责任：网络服务提供者没有改变所存储的作品、表演、录音录像制品；不影响提供作品、表演、录音录像制品的原网络服务提供者掌握服务对象获取该作品、表演、录音录像制品的情况；在原网络服务提供者修改、删除或者屏蔽该作品、表演、录音录像制品时，根据技术安排自动予以修改、删除或屏蔽。

其三，提供信息存储空间服务的网络服务提供者可以免责。所谓信息存储空间服务，指的是网络服务提供者向他人出租或者免费提供磁盘空间，存储各种数字化信息，或是供组织或者个人通过网络向公众提供信息，设置虚拟的单位网站或个人主页。提供信息存储空间服务的网络服务提供者若要免责，必须满足以下五项条件：明确标示该信息存储空间是为服务对象所提供，并公开网络服务提供者的名称、联系人、网络地址；未改变服务对象所提供的作品、表演、录音录像制品；不知道也没有合理的理由应当知道服务对象提供的作品、表演、录音录像制品侵权；未从服务对象提供作品、表演、录音录像制品中直接获得经济利益；在接到权利人的通知书后，根据该条例规定删除权利人认为侵权的作品、表演、录音录像制品。

其四，提供搜索或链接服务的网络服务提供者可以免责。这里所称的搜索服务，是指提供此类服务的网络服务提供者，借助所编制的搜索软件，将网络上其他网站的网页实时拷贝到本网站的服务器上，然后进行分类、索引，将相关信息和存放该信息的网络地址分门别类地存放到本网站数据库中。当网络用户提出搜索请求时，提供搜索服务的网络服务提供者自动地在该数据库中进行查找，并把查找到的内容在线提供给用户。这里所说的链接服务，指的是网络服务提供者在所属网站提供的某信息标题后放置存放该信息详细内容的网络地址，用户点击该信息标题后，网络服务提供者自动给用户提供该信息的内容。该信息既可以存放在本网站上，也可以存放到其他网站上。网络服务提供者为服务对象提供搜索或者链接服务，在接到权利人的通知书后，根据该条例规定断开与侵权的作品、表演、录音录像制品的链接的，不承担赔偿责任。但是，明知或应知所链接的作品、表演、录音录像制品侵权的，应当承担共同侵权责任。

【讨论】 深度链接的侵权问题①

网络链接可分为普通链接和深度链接两种。普通链接指的是对第三方网站首页或其他网页的链接。用户点击链接标志，即会脱离设链网站，进入被链接的网页。深度链接指的是绕过被链网站首页直接链接到分页的链接方式。当用户点击链接标志（如文章的标题）时，系统就会自动绕过被链网站的首页，而跳到具体的内容页。两者的一个重要区别是用户感知。对于普通链接来说，用户不会发生误认；但是对于深度链接而言，如果具体的内容页上并没有相关的被链网站的标志或网址的话，用户可能就会发生误认，以为还停留在设链网站，从而产生对于内容服务提供者的误判。

深度链接的好处在于有效提升用户体验，但是否涉及版权侵权，还存在较大分歧。在1996年全球首例深度链接侵权诉讼“《舍兰得时报》诉舍兰得新闻案”中，被告复制原告的新闻标题作为深度链接，直接链接到原告的内容页，导致原告网站首页的广告被用户跳过，英国法院判决被告侵权成立。然而，在2003年的“霍尔茨布林克诉报童案”中，德国的联邦法院判决深度链接行为合法。在法院看来，“如果没有搜索引擎及它们提供的链接（尤其是深度链接）服务，我们对互联网提供的巨大信息流的有效使用根本是不可能实现的”。在美国，只要版权内容储存在源网站，深度链接行为就不认为是复制、传播了版权内容，一般不构成侵权。在2003年的“凯莉诉阿里巴软件案”中，美国法院进一步判定，如果深度链接涉及对版权作品的“改造性使用”，且对原告未造成实质性的经济伤害，则被告可以合理使用为由免于侵权责任。

因深度链接而导致的侵权案例在我国也开始出现。2008年2月，上海市浦东新区人民法院审结了我国首例因“深度链接”引发的版权纠纷案。在此案中，法院判决被告迅雷网站因提供《伤城》影片的深度链接供公众下载，侵犯了原告优度公司的信息、网络传播权，赔偿经济损失15万元。法院认为，被告网站在对第三

① 邵国松．新闻聚合的版权问题研究．南京社会科学，2015（5）：90-97.

方网站链接的过程中，实施了“嵌入式框架技术”，将第三方网页的框架和内容嵌入在被告现有的网页中，网络用户对涉案影片的搜索和下载始终没有离开被告网站的网络环境。此外，法院认定被告“明知或应知”所链接的作品涉及侵权，但依然进行深度链接，这也构成侵权行为。

在2014年的“搜狐诉今日头条案”中，被告的深度链接行为是否侵犯版权，存在较大争议。有论者认为，“今日头条”通过深度链接将内容置于自己网页框架之内，即便其在网页上端设置了原文链接地址，但用户并没有感觉到自己的浏览页面已跳转至其他网站，事实上也不需要点击源网址页面便可浏览相关新闻和图片，因而实质上替代了用户对被链网站的访问。根据《最高人民法院关于审理侵害信息网络传播权民事纠纷案件适用法律若干问题的规定》第5条的规定，“实质替代其他网络服务提供者向公众提供相关作品的，人民法院应当认定其构成提供行为”，“今日头条”的这种深度链接行为因而构成直接侵权。

2014年6月，国家版权局对“今日头条”涉嫌侵权进行立案调查，并于三个月之后裁定“今日头条”侵权成立。主要理由是部分新闻作品及相关图片均由“今日头条”自己存储和传播，而非链接跳转方式，侵犯了著作权人的信息网络传播权。但也有论者指出，对于其他网站中权利人已经许可公开传播的作品设置链接，无论该链接指向的是首页还是次级网页或其中的内容，本身都不构成著作权侵权。“今日头条”设置深度链接本身并不构成对著作权的侵权，但其设置链接的方式，并不是跳转至源网页并完整显示该网页，而只是显示其中的新闻内容，同时屏蔽了源网页的广告等内容，这样导致源网站为提供作品而付出的投资得不到应有回报（如广告收入），从而构成不正当竞争。

总的来说，国内外有关深度链接侵权纠纷的判决存在一定差异，但也在慢慢达成一些共识。一般认为，网络服务提供者如果仅仅是将读者导入被链接网站的内容页，不修改源网站页面内容，而是将其完整展现给用户，那么其卷入侵权的可能性极低。如果未得到著作权人的许可，对内容页面进行二次加工，比如说对文字进行转码，去除页面上的广告，在页面上增加评论、推荐等功能，或直接将版权内容储存在自己的服务器上，便存在较大的侵权或其他违法风险。

（四）P2P文件共享的问题

P2P是一种在个人电脑之间直接进行资源和服务共享的技术模式，主要应用在文件共享、对等计算、协同工作、搜索引擎、即时通信等方面。其中，P2P文件共享的盛行对音频、视频作品的版权保护带来前所未有的挑战。在宽带接入网络后，用户不仅有机会在线欣赏音乐/电影，而且能通过P2P交换软件在短时间内将音乐/电影下载到自己的电脑上，同时将其再次传输给他人欣赏，针对音乐和电影等作品的网络盗版因此变得非常容易，给唱片业、电影业造成了很大的冲击，也引发了越来越多的侵权诉讼。

在"美国唱片业协会（RIAA）诉Napster案"中，被告Napster公司网站为用户提供音乐共享和交换的软件，允许人们从网上免费下载MP3文件，而其中很多歌曲的版权为大唱片公司所拥有。在Napster盛行时期，每天的用户达到了2 000多万，由此引发了RIAA对其的侵权指控。Napster辩称，对于所提供的音乐文件交换服务来说，它所做的一切只是提供某类文件的索引，MP3歌曲本身还是存储在用户的计算机中，因此它不对其用户的行为负责。在法院看来，Napster的P2P系统中存有一台中央服务器，专门提供文件检索服务，实质性地帮助了网络用户进行共享音乐作品的直接侵权行为，而且在收到版权人的反复警告之后，没有采取措施阻止侵权后果的扩大，因此构成"帮助侵权"（contributory infringement）。①

在上述判决中，法院关于"帮助侵权"性质的认定主要是因为Napster采用了集中型的网络结构，即中央服务器。为了避免类似的法律纠纷，后来的P2P网站转向采取分散型的文件共享模式，即无须采用中央服务器便可实现不特定用户计算机之间的直接联系和信息交流。由于P2P网站无法直接得知个别文件的传输，同时也没有直接责任必须阻止文件的传输，所以不少国家的法院均判决采用分散型模式的P2P运营商不需要对用户的侵权行为负责。但在"米高梅公司诉克罗克斯特案"中，美国最高法院认为，如果通过清楚的表达或其他鼓励侵权的行为，能表明被告散发软件的行为是为了引诱用户利用软件进行侵权，那么被告应当为终端用户的侵权行为负责。② 这就是所谓的"引诱侵权"（induced infringement）规则，它一定程度上阻止了分散型文件共享模式给版权所带来的侵害。

基于P2P技术的盗版侵权在我国也屡见不鲜，其中较具代表性的是经营视频播放软件的快播公司。快播公司于2007年在深圳成立，其主打产品为QVOD软件，由QVOD服务器和快播播放器组成。QVOD服务器是一款视频文件发布软件，用户可通过此软件发布视频文件，形成一个所谓的QVOD源种子文件。快播播放器可在快播网站上免费下载。用户下载该播放器后，可随时点播下载、观看QVOD源种子文件指向的视频作品。大部分经QVOD服务器发布的视频作品并未得到著作权人授权，因此导致数起针对快播公司的侵权诉讼。在这些诉讼中，快播公司辩称其提供的软件完全是开放式和免费式的，

---

① A&M Records, Inc. v. Napster, Inc., 239 F. 3d 1004 (2001).

② MGM Studios, Inc. v. Grokster, Ltd., 545 U. S. 913 (2005).

快播公司对于用户的行为无从知晓，也没有义务进行主动审查，所以主观上没有过错，无须承担责任。对于其提供侵权作品导航的行为，快播公司也做了同样的解释，即行为不是有意的，结果不是明知和可控的，所以没有过错。快播公司以此为抗辩理由，几乎赢得了所有相关诉讼。2013年，国家版权局在接到日益增多的侵权投诉之后，决定立案调查。国家版权局经调查认定，快播公司通过其运营的播放器软件，向公众提供定向搜索、定向链接服务，直接定向搜索、链接到大量盗版网站，具有一定的主观过错，已构成侵犯信息网络传播权，因此判处快播公司25万元的行政罚款。①

快播公司的案例一定程度上反映了我国相关法律法规的缺陷。P2P技术所致的盗版侵权实质上是一种间接侵权（包括帮助侵权和引诱侵权）。我国《著作权法》明确规定了直接侵权的内涵和外延，但在间接侵权方面几乎没有任何规定。最高人民法院《关于审理涉及计算机网络著作权纠纷案件适用法律若干问题的解释》第3条规定，网络服务提供者通过网络教唆、帮助他人实施侵犯著作权行为的，法院应追究其共同侵权责任。国务院颁布的《信息网络传播权保护条例》第23条也规定，网络服务提供者怠于防止用户侵权造成权利人利益受损，须承担共同侵权责任。这两项规定是我国目前处理P2P技术侵权的重要参考，问题在于：共同侵权指的是二人或二人以上共同侵害他人合法民事权益造成损害的侵权行为，它和间接侵权存在明显的区别。将基于P2P技术的盗版侵权归为共同侵权，无疑是不恰当的。我国法律需要考虑进行调整，及时将间接侵权囊括进来，才可应对P2P技术提供者可能的侵权行为。

三、著作权和公共利益

创立著作权法的宗旨，既包括保护著作权人的合法权益，也包括鼓励精神产品的创作和传播。为防止权利人滥用权利，维护社会的整体利益，须对著作权做出一定限制。著作权法的一项重要内容，就是通过对著作权做出合理的限制，来实现著作权与公共利益之间的平衡。对著作权的限制主要表现为两种形式，即合理使用和法定许可使用。

（一）合理使用

合理使用指的是使用人可以不经著作权人许可，不支付报酬，基于正当目的而使用他人作品。这个法则起源于美国，主要是为了在保护著作权和促进信息的自由流通之间取得平衡。具体而言，美国《著作权法》规定，出于批评、评论、新闻报道、教学、科学研究等目的而合理使用受著作权保护的作品，不构成对著作权的侵犯。在判断系争作品是否属于合理使用的范畴时，法院必须

① 2013年“剑网行动”十大案件公布.（2013-12-30）[2023-10-10]. http://news.xinhuanet.com/legal/2013-12/30/c_118771358.htm.

同时考虑四个因素：(a) 使用的目的和性质。对作品的使用是属于非营利教育性质，还是属于商业性质？前者属于合理使用，后者则不然。(b) 受著作权法保护的作品的性质。是虚构性的还是非虚构性的？是否公开发表过？(c) 使用作品的数量和实质，即受著作权法保护的作品在涉及侵权作品中所占的比例和质量。(d) 使用行为对该作品的潜在市场或其价值造成的影响。在“美联社诉融文集团案”中，法院认定被告违背了上述四个因素中的三个（即a、c、d），因此不属于合理使用的范畴。

【案例】 美联社诉融文集团案①

融文集团是美国一家提供新闻聚合服务的网站。它会根据付费用户的搜索请求，向用户提供个人化的新闻信息服务，一般会显示相关文章第一段和一小段全文节选。原告美联社是一家提供原创新闻和图片的老牌通讯社，其主要的收入来源是使用其新闻和图片的报纸、杂志、广播电视等媒体机构缴纳的订阅费。在该诉讼发生之前，融文集团提供给用户的个性化新闻中，至少有33篇源自美联社。

2012年2月，美联社向美国联邦地区法院提起诉讼，宣称融文集团未经许可复制其新闻，侵犯其著作权。但在融文集团看来，其所提供的服务更接近于一个搜索引擎，一个搜索特定信息的工具，它只是将用户索求的信息重新整理打包呈现给用户。融文集团因此辩称，其提供的新闻浏览服务是“改造性的”(transformative)，对美联社相关新闻的使用属于“合理使用”的范畴，应受著作权法的保护。一年之后，法院做出裁决，认为被告的复制行为不受著作权法中“合理使用”法则的保护，因此判被告侵权成立。

在法院看来，被告对美联社新闻的使用本质上不是“改造性的”，而是商业性的、竞争性的，因为被告在其服务中复制了美联社文章的相当一部分的内容，而该项服务和美联社本身提供的多项服务存在竞争的性质。具体来说，被告复制了美联社每篇涉案文章的4.5%～60%，包括对文章精华摘要的复制，这基本超出了“合理使用”的保护范畴，故不受著作权法的保护。

《伯尔尼公约》《WIPO版权条约》《TRIPS协定》等国际公约允许成员国对著作权规定限制和例外，但均要求通过“三步检验标准”，即该规定只能在特殊情况下做出、与作品的正常使用不冲突且没有不合理地损害权利人的合法

① Associated Press v. Meltwater U. S. Holdings, 931 F. Supp. 2d 537 (S. D. N. Y. 2013).

权益。[①] 我国已加入这些国际条约，并受到相关规定的影响。依据我国《著作权法》，合理使用受著作权法保护的作品必须遵循以下几个原则：必须说明作者姓名或名称、作品名称；不得影响该作品的正常使用；不得不合理损害著作权人的合法利益。根据这些原则，我国《著作权法》规定了13种合理使用的情形。[②] 结合网络传播的特点，《信息网络传播权保护条例》将其中九种延伸到网络环境。在这九种情形下通过信息网络传播他人作品，可以不经过权利人同意，不向其支付报酬。下面结合《著作权法》和《信息网络传播权保护条例》，对这九种情形进行逐一讲解。

（1）为介绍、评论某一作品或说明某一问题，在作品中适当引用他人已经发表的作品。这种合理使用是为创作作品而设的。特别是著述学术文章或撰写评论文章时，经常需要引用先前的文献或作品，以创造新作品，说明新观点。适当引用指的是引用他人作品的篇幅要适当，没有完全或主要以他人的作品来代替自己的创作。比如，电影《80后的独立宣言》的宣传海报使用了上海美术电影制片厂享有版权的“葫芦娃”和“黑猫警长”的动漫形象，引发后者的侵权诉讼。法院经审理认为，海报制作者上述使用是为了说明某一问题，即涉案电影主角的年龄特征，且两个动漫形象在海报中处于辅助、配角、从属的背景地位，所占面积很小，因此属于适当引用，不构成著作权侵权。[③]

（2）为报道时事新闻，在向公众提供的作品中不可避免地再现或引用已经发表的作品。所谓的“不可避免”，并不是说不再现或引用该作品，新闻报道就无法进行，因为这样的情形在实践中是很少存在的。依据《伯尔尼公约》，为新闻报道而进行的合理使用，应限于在事件过程中看到或听到的文学或艺术作品，且符合报道目的的正常需要的范围内。换句话说，新闻报道应让公众产生一种参与其中的感觉，这可视为对“不可避免”的具体表述。比如，在报道音乐会时不使用一小段现场录音，在报道电影作品时不播放电影的几秒钟片段，在报道画展时不展现一两部画作的特写镜头，听众或观众是很难有“参与其中”的感觉的。

（3）为学校课堂教学或者科学研究，向少数教学、科研人员提供少量已经发表的作品。这一合理使用的主体仅限于教学或科研人员，其目的是促进课堂教学或科学研究；使用的方式包括翻译、改编、汇编、播放和少量复制，但不可出版发行，不可超出必要的限度，导致“市场替代”的效果，使得学校或科研机构不愿购买正版作品，进而实质伤害到著作权人的合法权益。比如，在“美国教育考试服务中心诉新东方学校案”中，被告未经原告许可，复制托福（TOEFL）考试题并以出版物的方式在其校内和网上向不特定人群销售，超出

① 王迁．知识产权法教程．7版．北京：中国人民大学出版社，2021：285.

② 参见《著作权法》第24条。

③ 参见上海市普陀区人民法院民事判决书（2014）普民三（知）初字258号。

了课堂教学合理使用的范畴，因此被法院判定为侵权。[①]

（4）国家机关为执行公务在合理范围内使用已经发表的作品。国家机关包括立法机关、行政机关、审判机关、法律监督机关和军事机关。国家机关使用他人已发表的作品如果是为了研究问题，制定政策，实施管理，即为了执行公务，可以不经著作权人许可，不向其支付报酬。但如果国家机关使用他人作品并非出于公务活动的需要，那么要取得著作权人同意，并向其支付报酬。此外，国家机关为执行公务使用他人已经发表的作品，不得随意扩大使用范围。例如，某人民法院为审判的需要，只需复制著作权人汇编作品中的一篇文章就可查清事实，就不能复制若干篇文章，否则就不是合理使用。

（5）将中国公民、法人或者非法人组织已经发表的以国家通用语言文字创作的作品翻译成少数民族语言文字作品在国内出版发行。中国是个多民族的国家，除汉族外，还有50多个少数民族。为了促进少数民族科学文化的发展，可以将国家通用语言文字作品翻译成任何一种少数民族文字作品，而可以不征得著作权人许可，不向其支付报酬。制定此条款的目的是利用数字和网络技术，提高少数民族的文化素质。但《著作权法》对这种翻译作了如下限制：翻译的国家通用语言文字作品必须是已经发表的，翻译尚未发表的作品须经著作权人许可；翻译的国家通用语言文字作品必须是中国公民、法人或者非法人组织创作的；将国家通用语言文字创作的作品翻译成少数民族语言文字作品的出版发行范围仅限于中华人民共和国领域内，不能将国家通用语言文字作品译成少数民族文字作品后，拿到国外传播。如要向国外出版发行，应取得著作权人的许可，并向其支付报酬；翻译时应注明作者姓名，并且不得擅自修改或者歪曲、篡改作品。

（6）以阅读障碍者能够感知的无障碍方式向其提供已经发表的作品。阅读障碍者通常指印刷品阅读障碍者，包括盲人和其他有视觉缺陷、知觉障碍或阅读障碍的人。为了帮助阅读障碍者获得信息，就需要将作品制作成盲文、大字版或有声读物等无障碍阅读版本，使得阅读障碍者能够像视力正常的人一样感知作品。《著作权法》因此规定，以阅读障碍者能够感知的无障碍方式向其提供已经发表的作品，可以不经著作权人许可，不向其支付报酬。该项规定是出于慈善的考虑，目的是为盲人通过网络获得信息创造便利。当然，此项合理使用同样不得违反“三步检验标准”。比如，有声读物已成为重要的无障碍格式版本，但提供时必须设置技术障碍，以确保是阅读障碍者接触到此类产品。如果不设置技术障碍，正常人也可免费享受此类产品，那么就有可能影响面向大众的纸质版或有声读物的销量，构成对著作权人财产利益的侵犯。

（7）向公众提供在其他媒体上已经发表的关于政治、经济、宗教问题的时事性文章。一般说来，时事性文章是为了宣传、贯彻党和国家某一时期或某一

---

① 参见北京市高级人民法院民事判决书（2003）高民终字第1393号。

重大事件的方针、政策而创作的，具有很强的时事性、政策性和目的性。我国《著作权法》将其纳入合理使用的范围，主要是为了扩大宣传渠道，使之被更多民众知晓。然而，不可对“时事性文章”的概念进行宽泛解释。一篇文章只有涉及当前政治、经济、宗教生活中的重大问题且具有很强的时效性，比如《人民日报》刊发的社论，才被认为是时事性文章，反之则不是。此外，著作权人声明不许刊登、播放的除外，这意味着著作权人对于自己的作品是否允许合理使用具有最后的决定权。

（8）向公众提供在公众集会上发表的讲话。公众集会是指为一定目的在公共场所举行的集会。在公众集会上发表的讲话本身具有公开宣传的性质，刊登或播放这些讲话，是扩大它们的影响和宣传。我国《著作权法》规定，包括网络媒体在内的各类媒体向公众提供在公众集会上发表的讲话，可以不经著作权人许可，不向其支付报酬。但如果作者出于某种考虑不愿将其讲话在媒体发表，那么，相关媒体就要尊重作者的意愿，不得刊登或播放。

（9）图书馆等公共文化机构通过信息网络提供馆藏作品。《著作权法》规定，图书馆、档案馆、纪念馆、博物馆、美术馆、文化馆等为陈列或者保存版本的需要，可以在不经著作权人许可且无须支付报酬的情况下，复制本馆收藏的作品，包括以数字化形式复制本馆收藏的作品。然而，如果图书馆等不是出于保存本馆藏品的需要，而是出于节省开支的目的，以廉价的复制品来取代正版作品，则不属于合理使用的范畴。鉴于数字化复制的迅捷和廉价可能会对著作权人造成不利影响，《信息网络传播权保护条例》对以数字化形式复制的馆藏作品进行了更为严格的规定，即这些作品应当是已经损毁或者濒临损毁、丢失或者失窃，或者其存储格式已经过时，并且在市场上无法购买或者只能以明显高于标定的价格购买的作品。在此基础上，该条例明确规定，图书馆等可以不经著作权人许可，通过信息网络向本馆馆舍内服务对象提供本馆收藏的合法出版的数字作品和依法为陈列或者保存版本的需要以数字化形式复制的作品，不向其支付报酬，但不得直接或间接获得经济利益。

【讨论】 戏仿作品的“合理使用”

戏仿是在自己的作品中对其他作品进行借用，以达到批判、嘲讽或评论的目的。戏仿的对象通常都是大众耳熟能详的作品。比如，冯小刚贺岁片《甲方乙方》的对白、歌曲和场景模仿了诸多革命电影和音乐的片段；冯小刚另一部贺岁片《手机》中的电视节目《有一说一》，戏仿了当时热播的电视谈话节目《实话实说》；周星驰执导的《大话西游》和《功夫》也大量使用了戏仿手段，模仿的作品包括《西游记》《黑客帝国》、李小龙的影片等。美国的恐怖喜剧片《惊声尖笑》系列更是热衷于以热门电影为目标，肆无忌惮地进行恶搞，并在各大影院播放。

对于戏仿作品，人们常常一笑而过，并未觉得有多大问题，但著名导演陈凯歌不这样看。2006年初，影视爱好者胡戈在观看了陈凯歌的电影《无极》后，认为有种"受骗上当的感受"，于是自行制作了19分钟的视频短片《一个馒头引发的血案》，对陈的电影进行了辛辣的嘲讽。胡将这个戏仿作品放到网上后，迅速在全国传播开来，受到数以万计观众的追捧，同时也点燃了陈的愤怒："人不能无耻到这个地步。"愤怒归愤怒，陈的理性诉求是胡的戏仿作品侵犯了其电影著作权。在公众压力下，陈后来并没有就此提起诉讼，但引发了法律界有关戏仿作品是否侵权的大讨论。

戏仿引起争议的关键点是它是否属于对被戏仿作品的合理使用。如果是，则可免除侵权责任，反之则不然。在美国、法国、西班牙等国家，滑稽模仿作品均受到合理使用原则一定程度的保护。比如，在"坎贝尔诉阿卡夫-罗斯音乐公司案"中，美国最高法院认定，说唱歌手坎贝尔的作品"Oh，Hairy Woman"（戏仿了阿卡夫-罗斯音乐公司拥有版权的歌曲"Oh，Pretty Woman"）属于合理使用的范畴。法院没有否认上诉人坎贝尔的戏仿作品具有商业性质，但认为其还有另一个目的，即对原作进行评论和讽刺。法院认为戏仿必须适当借鉴原作，使观众能将两者联系起来，才有可能实现讽刺的目的。因此，问题的关键在于戏仿作品所引用的部分是否过多，以至于构成对原作的替代。法院认为，上诉人仅仅复制了原作的第一句歌词和开场的低音伴奏，后面偏离了原作的歌词而有自己的目标，并制造了其他明显的声音。这并不是逐字逐句翻译式的复制原作，因此不能否定其合理使用的性质。[①]

我国《著作权法》具体列举了13种合理使用的方式，包括为个人学习、研究或欣赏，为介绍、评论某一作品，为报道新闻等，但并没有将戏仿包括进去。《一个馒头引发的血案》在互联网热播并引发陈凯歌的愤怒后，不少法律学者纷纷撰文，呼吁将戏仿作品纳入合理使用的范畴。在黄玉烨教授看来，戏仿是在特定情况下对版权作品进行使用并利用原作创作出新作品的行为，这种使用不与作品的正常利用相冲突，且不会损害作者的其他合法权益。[②] 苏力教授提出，对戏仿的合理使用界定应当比对一般作品的合理使用界定更宽一些，因为只有唤起受众对被戏仿作品的熟悉才可能产生戏仿的效果；另外要注意戏仿作品是否具有相对的独立性，是否侵犯他人的名誉，以及更重要的是与

---

① Campbell v. Acuff-Rose Music，Inc.，510 U.S. 569（1994）。

② 黄玉烨．著作权合理使用具体情形立法完善之探讨．法商研究，2012（4）：21－24.

被戏仿作品是否有替代性。[①]考虑到戏仿所具备的针砭现实、娱乐大众的时代意义，我国立法者应认真考虑对其予以合理使用原则的保护，同时要求戏仿作品不得与原作发生混淆，也不得损害他人的名誉。

（二）法定许可使用

法定许可使用，是指依照法律的规定，可以不经著作权人同意而使用其已经发表的作品。其目的在于简化著作权手续，降低交易成本，促进作品迅速而广泛的传播，以促进文化成果的社会共享。根据法定许可使用原则，使用他人作品时，应向作者或其他著作权人支付报酬，并注明作者姓名、作品名称和出处。法定许可使用和合理使用都是不经著作权人同意使用其作品，所使用的作品都必须是已经发表的作品，但前者必须支付报酬，而后者则不必支付报酬。

大多数国家的著作权法包含法定许可的条款，但具体内容存在一定的差异。比如，德国《著作权法》明确规定了两种法定许可情形：为宗教、培训和教学而将已出版的短篇或单篇的语言作品、音乐作品、艺术作品等编入集体作品中，为此而复制或传播；复制或公开传播单篇广播评论和报纸文章等，其内容应为日常的政治、经济或宗教问题，且文中未注明不许转载。法国《知识产权法》也规定了两种法定许可情形，但内容大为不同，包括：出于个人使用之目的，复制录音制品或录像制品；在公共场所（非娱乐场所）直接传播、广播或以有线方式传播以营利目的而出版的录音制品。美国《著作权法》则规定了五种法定许可情形：制作和发行非戏剧类音乐作品的录音制品；通过自动点唱机公开播放非戏剧类音乐作品；公共广播机构播放非戏剧类音乐作品、图画作品、美工作品和雕像作品；通过有线电视系统转播其他电视台播放的节目；通过卫星向公众转播其他电视台播放的节目，供他们在家中收看。

我国《著作权法》所规定的法定许可涉及面较广，主要包括报刊转载，编写出版教材，录音录像制作者使用他人作品制作录音录像制品，广播电台、电视台播放他人已发表的作品或已出版的录音制品等。这些规定部分应用到了网络空间的传播行为。比如，最高人民法院于2000年颁布《关于审理涉及计算机网络著作权纠纷案件适用法律若干问题的解释》，其中第3条在法定许可方面赋予网站与报刊同等的地位，报刊和网站之间可以按照法定许可原则相互转载、摘编作品。最高人民法院在2006年修改此司法解释时，直接删除了这个条款。2015年国家版权局颁发的《关于规范网络转载版权秩序的通知》更是明确规定，报刊与网络媒体之间、网络媒体彼此之间相互转载不适用法定许可。

① 苏力．戏仿的法律保护和限制：从《一个馒头引发的血案》切入．中国法学，2006（3）：3-16.

此外，《信息网络传播权保护条例》明确设立了两项有关网络传播的法定许可。一项是为远程教育设定的法定许可。远程教育指的是利用网络和数字技术，通过互联网开展的教学活动。它是一种学生在时间和空间上与教师分离的教学模式，涉及电子邮件、新闻组、微信群、聊天室、电子布告板系统、超文本链接、可下载的录音录像文件等多种形式。作为随着网络的发展而兴起的一种教育模式，远程教育对发展教育事业，尤其是解决农村、边远地区的教育问题能起到非常重要的作用。因此，适应网络环境的需要，我国及各国政府纷纷调整本国的著作权保护制度，在著作权保护上为发展远程教育提供便利。《信息网络传播权保护条例》第8条规定：为通过信息网络实施九年制义务教育或者国家教育规划，可以不经著作权人许可，使用其已经发表作品的片段或者短小的文字作品、音乐作品或者单幅的美术作品、摄影作品制作课件，由制作课件或者依法取得课件的远程教育机构通过信息网络向注册学生提供，但应当向著作权人支付报酬。这项有关远程教育的法定许可包含以下几个要素：使用作品的前提是通过信息网络实施九年制义务教育或者国家教育规划；使用作品的行为从编写教科书扩大到课件，限定提供的对象是注册学生，而非一般的公众。符合以上条件使用作品的行为，可以不经著作权人许可，但应当支付报酬。

另一项是为扶助贫困设定的法定许可。我国政府已将提升农村文化水平、缩小城乡差距作为国家战略发展的重点，而信息技术在这个过程中将起到日益重要的作用。为方便借助网络和数字技术向农村地区传播文化，促进经济、文化发展，《信息网络传播权保护条例》特设立了一项为扶助贫困、通过信息网络提供作品的特别规定。该条例第9条规定：为扶助贫困，通过信息网络向农村地区的公众免费提供中国公民、法人或者其他组织已经发表的种植养殖、防病治病、防灾减灾等与扶助贫困有关的作品和适应基本文化需求的作品，网络服务提供者应当在提供前公告拟提供的作品及其作者、拟支付报酬的标准。自公告之日起30日内，著作权人不同意提供的，网络服务提供者不得提供其作品；自公告之日起满30日，著作权人没有异议的，网络服务提供者可以提供其作品，并按照公告的标准向著作权人支付报酬。网络服务提供者提供著作权人的作品后，著作权人不同意提供的，网络服务提供者应当立即删除著作权人的作品，并按照公告的标准向著作权人支付提供作品期间的报酬。此外，依照此款规定提供作品的，不得直接或者间接获得经济利益。从中可以看出，这项法定许可制度对提供作品的对象、提供作品的范围、取得许可的方式都进行了严格的限定，以防止这项权利被滥用。

第二节　商标权

商标是表明商品或服务的来源并区别于同类商品和服务的标志。它产生于商品生产之后，是商品经济的产物，并随着商品经济的发展而发展。它的功能多种多样，包括可用来表明商品的来源、保证商品的品质、促进商品的销售和推广、建立商品的信誉等。有鉴于此，商标权被认为是基于生产经营过程中创造性活动和经验积累而产生的一种权利，或者说是以智力活动的成果为基础而产生的一种权利。这种知识产权受到各国法律的肯定，商标法制度由此应运而生。

早期有关商标的法律纠纷可追溯到17世纪初期的英国，主要是通过普通法体系加以解决的。有关商标的成文法主要出现在19世纪以降，较具代表性的包括法国的《制造和商品标志法》(1857)、美国的《联邦商标法》(1870)、德国的《商标保护法》(1874)、英国的《商品标志法》(1905)。这些法律在颁布之后基本上都经历了修改乃至被废除。以美国为例，最高法院发现《联邦商标法》和宪法有关专利权的条款相抵触，因此予以废除。一直到1946年，美国国会通过《拉纳姆法》，才建立了现代意义上的商标法。该法确立了商标保护和商标注册等一些规则，对商标侵权、商标淡化、虚假广告予以严格限制，并赋予美国专利和商标办公室在商标注册方面的管辖权限。1982年，全国人大常委会通过《商标法》，这是我国现行有关商标管理最全面的法律。这部法律于1993年、2001年、2013年、2019年四次得到修正，以适应时代发展的需要，建立更加有效的商标法制度。

一般来说，制定商标法的主旨有三：(1) 保障消费者的利益。消费者可根据商标来识别商品的来源和品质，从而做出明智的消费选择。(2) 保障生产、经营者的利益。对生产、经营者依法拥有的商标及其相关权益进行保护，防止他们的劳动成果被他人盗窃。(3) 促使生产、经营者保证商品质量和服务质量。商标表示商品的一定品质，商品品质不佳，人们会循着商标追踪其来源。这促使生产者和经营者尽力提高其商品质量和服务质量，维护其商品及商标的信誉。在实践中，商标法致力于保护的这些利益有可能遭到不同形式的侵害。在本节，我们将首先讨论商标权的一些基本概念，包括商标的生成、商标的种类、商标的注册等，然后讨论侵害商标专用权的类型以及不构成侵权的例外情况，最后将讨论商标权和互联网域名保护的关系，我们尤其关注传统的商标权是怎样被应用到网络空间的。

一、概述

(一) 商标的生成

依据我国《商标法》第8条，任何能将自然人、法人或其他组织的商品与他人的商品区别开的标志，包括文字、图形、字母、数字、三维标志、颜色组合和声音等，以及上述要素的组合，均可以作为商标申请注册。由此可见，商标包含两个构成要素，那便是一种标志，并具有可区别性。标志在此指的是能够表明自己特征的某种形式。可以申请注册的商标，应当具有某种形式，并且这种形式就够表明自己的特征。可区别性是指具有可以使人辨认自己与其他的商标彼此不同，而不是完全一致的地方。商标的基本功能在于它的可区别性，能够将来源于不同生产、经营者的商品或者不同服务提供者的服务项目加以区别。如果不是一种标志，或者没有可区别性，就不能作为商标申请注册。此外，我国《商标法》第10条明确规定下列标志不得作为商标使用：同中华人民共和国的国家名称、国旗、国徽、国歌、军旗、军徽、军歌、勋章等相同或近似的，以及同中央国家机关的名称、标志、所在地特定地点的名称或者标志性建筑物的名称、图形相同的；同外国的国家名称、国旗、国徽、军旗等相同或近似的，但经该国政府同意的除外；同政府间国际组织的名称、旗帜、徽记等相同或近似的，但经该组织同意或不易误导公众的除外；与表明实际控制、予以保证的官方标志、检验印记相同或近似的，但经授权的除外；同“红十字”“红新月”的名称、标志相同或者近似的；带有民族歧视性的；带有欺骗性，容易使公众对商品的质量等特点或产地产生误认的；有害于社会主义道德风尚或有其他不良影响的。县级以上行政区划的地名或者公众知晓的外国地名，也不得作为商标。但是，地名具有其他含义或作为集体商标、证明商标组成部分的除外；已经注册的使用地名的商标继续有效。

依据美国的商标法，商标的生成必须满足两个条件，即商业使用（use in commerce）和显著性（distinctiveness）。商业使用指的是商标权因商标的使用而自然产生，商标权根据商标使用事实而得以成立。至于在多大程度上商业使用方可获得商标权保护，美国法院通常考虑以下一些因素：商标是否公开展现给相当数量的公众；是否采取实际行动对其产品或服务进行商业推销；是否在和真实客户的交易中使用该商标。只设计商标而不将其投放到市场，将得不到法律保护；即便曾在市场上使用，但后来停止使用，该商标也将自动丧失法律保护。显著性是商标生成的另一个必备条件，它指的是该标志能显著表明商品的来源。依据商标显著性的强弱程度，美国法院将商标分为四类，即臆造/任意商标（fanciful or arbitrary mark）、暗示性商标（suggestive mark）、描述性商标（descriptive mark）、通称商标（generic mark）。臆造/任意商标是指由商标设计人独自创造的标志，该标志本身没有含义，与商品或服务不存任何关联，如“Exxon”石油商标、“Apple”电脑商标等。暗示性商标是指间接表达商品或服务某方面特点的标志，如“花花公子”杂志商标、“奔驰”轿车商标等。描述性商标是指直接表达商品或服务某方面特点的标志，如“Holiday Inn”旅馆商标、“Vision Center”配眼镜商标等。通称商标本身就是对商品或服务的描述，比如“Computer”电脑商标，“Food”猫食商标等。在这四类商标中，臆造/任意商标的设计，创造性程度最高，识别性最强，因此获得法律保护的程度和范围也最大。暗示性商标和描述性商标的设计和选择，所体现的智力成果依次递减，显著型依次递减，受到法律保护的可能性也递减。通称商标几乎没有任何智力劳动的投入，也没有任何显著性，因此完全被排除在商标法的保护之外。

（二）商标的种类

商标可依据其使用对象、使用目的、构成形式、知名度高低等分为不同的种类。商标的分类实际上反映了商标功能日益增多的过程以及商标法日益完善的过程。具体来说，商标可分为以下几个种类：

1. 商品商标、服务商标

这是按照商品的使用对象不同所作的划分。商品商标是表明商品来源的标志，用于识别商品提供者；服务商标是服务提供者表明其服务并与他人相区别的标志，用于识别服务提供者。比如，“BOEING”（见图8-1）是商品商标，用来标识美国波音公司生产的民用和军用飞机等商品；“DELTA”（见图8-2）是服务商标，用来标识美国达美航空公司提供的民用航空运输服务。我国《商标法》第4条规定，自然人、法人或者其他组织在生产经营活动中，对其商品或者服务需要取得商标专用权的，应当向商标局申请商标注册。这表明，无论是商品商标还是服务商标，都受到商标法的保护。

BOEING　DELTA

图8-1　波音公司的商品商标　　图8-2　达美航空公司的服务商标

2. 平面商标、立体商标

这是按照商标的构成形式不同而作出的划分。平面商标（见图8-3）指的是由文字、图形或者其组合构成，在视觉上均呈现于一个水平面上的商标。立体商标（见图8-4）则由三维标志构成，看上去比平面商标更加直观。立体商标可以是商品本身的形状、商品的包装物或其他三维标志。具体来说，立体商标分为两种：单纯的立体形状，包括商品自身的立体形状、商品容器的立体形状和商品广告物的立体形状；立体形状上附带文字商标或图形商标，比如商品自身的立体形状上附带文字商标或图形商标、商品的包装或容器的立体形状上附带文字商标或者图形商标和商品广告物的立体形状上附带文字或者图形商标。

3. 集体商标、证明商标

这是按照商标的使用目的不同所作的划分。集体商标（见图8-5）是指以团体、协会或者其他组织名义注册，供该组织成员在商事活动中使用，以表明使用者在该组织中的成员资格的标志。集体商标的作用在于表明使用该商标的

图8-3　中国银行的平面商标　图8-4　奔驰轿车的“三叉星”立体商标

商品或者服务来源于某一个集体，以便于与非这个集体的成员的商品或者服务相区别。集体商标只限该集体成员使用，非该集体的成员不能使用该商标。证明商标（见图8-6）是指由对某种商品或者服务具有监督能力的组织控制，而由该组织以外的单位或者个人使用于其商品或者服务，用以证明该商品或者服务的原产地、原料、制造方法、质量或者其他特定品质的标志。换句话说，证明商标在商标法上是由某一个有控制能力的组织申请注册，而由该组织以外的符合一定条件的单位或者个人使用，也就是证明商标的商标注册人自己不能使用该商标，这与集体商标有明显的不同。无论是集体商标还是证明商标，它们都有助于树立生产经营集团的信誉、扩大商标的覆盖率，从而提升商标的竞争力。

图8-5　重庆市火锅协会注册的集体商标　图8-6　中国绿色食品发展中心注册的证明商标

4. 普通商标、驰名商标

这是按商标知名度的高低而作的划分。普通商标与驰名商标都是相对而言的。所谓驰名商标是指在市场上享有较高声誉并为相关公众所熟知的商标，比如“Tiffany”“Google”“Coca-Cola”等。参照国际通行规则，我国现行《商标法》对驰名商标做出了规定，使之成为我国法律上认可的、受到保护的一种商标，同时在《商标法》中还对认定驰名商标的基本标准做出了规定，包括：相关公众对该商标的知晓程度；该商标使用的持续时间；该商标的任何宣传工作的持续时间、程度和地理范围；该商标作为驰名商标受保护的记录；该商标驰名的其他因素。[①] 这些关于认定驰名商标的基本标准，有助于司法机构将驰名商标与其他的商标区别开来。

（三）商标的注册

商标一般采取自愿注册的原则，从而存在注册与未注册两种商标。这两种商标都是合法存在的，但享有的商标权有所不同。商标权是指自然人、法人或其他组织占有、使用、收益和处分某个特定商标的资格或能力。经注册的商标享有商标专用权，这通常是商标法保护的重点。未经注册的商标，通过合法的使用，在其中凝结了一定的智力，应享有一定的权利，虽然这种权利不同于商标专用权。

依据我国《商标法》第9条，商标申请注册需要满足两个基本条件：一是申请注册的商标，应当有显著特征，便于识别。这是因为商标的基本功能在于可区别性，只有商标具有显著特征，才能帮助消费者识别商品的来源，在同类商品中一望而知该商品区别于其他商品。要求商标有显著特征，也意味着一个商标不能与他人的商标相同或近似。正因如此，仅有本商品的通用名称、图形、型号，或者仅仅直接表示商品的质量、主要原料、功能、用途、重量、数量及其他特点，按照《商标法》规定，不得作为商标注册。因为若将这些标志作为商标注册，则会因为缺乏显著性而无法将不同生产经营者的商品和服务区分开来。同样，以三维标志申请注册商标的，仅由商品自身的性质产生的形状、为获得技术效果而需有的商品形状或者使商品具有实质性价值的形状，难以取得显著性特征，因此也不得注册为商标。二是申请注册的商标，不得与他人在先取得的合法权利相冲突。这条规定强调的是商标注册必须遵循市场经济的公平竞争的原则，不允许以商标注册为手段侵害他人的正当权益，从事不正当的商业竞争。具体来说，申请注册商标不得损害他人现有的在先权利，也不得以不正当手段抢注他人已经使用并有一定影响的商标。因此，这项规定确立了注册在先的原则，但同时防止使其绝对化，以维护市场经济必不可少的公正、公平原则。

依据我国《商标法》第2条，商标注册采取集中统一的机制，由国务院工商行政管理部门商标局独家负责。换句话说，商标局是全国统一办理商标注册的法定机构，其他任何机构都无权办理商标注册。注册商标的有效期为十年，自核准注册之日起计算。注册商标期满，需要继续使用的，需要提前办理续展手续。注册商标可以转让。转让人和受让人应当签订转让协议，并共同向商标局提出申请。商标注册人还可以通过签订商标使用许可合同，许可他人使用其注册商标。商标使用许可合同应当报商标局备案。

---

① 参见我国《商标法》第14条。

二、商标侵权

商标法的立法宗旨之一是保护商标专用权，即商标注册人在核定使用的商品上专有使用核准注册的商标的权利。我国《商标法》规定，通过商标注册，取得商标专用权，商标注册人享有商标专用权，受法律保护。《商标法》同时又规定，注册商标的专用权，以核准注册的商标和核定使用的商品为限，这是从法律上确定了商标专用权的权利范围。为了能切实保护商标专用权，消除对商品的误认和在市场上可能引起的混淆，我国的商标法制度还将商标专用权的保护范围适当扩大，将近似的商标和类似的商品包括进来。因此，在同一种商品或者类似商品上使用与其注册商标相同或者近似的商标都会引致商标专用权的保护。在本部分，我们首先阐释商标侵权的几种类型，之后简述对商标侵权行为的处理方式，最后讨论面临商标侵权指控时可采取的抗辩手段。

（一）商标侵权的类型

1. 使用侵权

最常见的商标侵权是使用侵权，即未经商标注册人许可，在同一种商品或者类似商品上使用与其注册商标相同或者近似的商标的行为。未经商标注册人许可，指的是未按《商标法》相关规定办理许可手续。同一种商品指的是与注册商标核定使用的商品相同的商品。类似商品是指在商品的功能、用途、原料、销售渠道、消费对象、生产经营者等方面，使消费者难以辨别其来源而产生误认、误购现象的商品。相同的商标是指在视觉上无差别或差别甚为细微的商标。近似的商标是指对商标进行整体比较，不易辨别，使消费者产生混同的商标。具体来说，此类侵权具体包含四种形式：在同一种商品上使用与他人的注册商标相同的商标；在类似商品上使用与他人的注册商标相同的商标；在同一种商品上使用与他人的注册商标近似的商标；在类似商品上使用与他人的注册商标近似的商标。实施上述任何一种行为，都会造成商品出处的混淆，使消费者发生误认、误购，因此是一种典型的商标侵权行为，从而损害到商标注册人和消费者的利益。

2. 销售侵权

销售侵权指的是销售侵犯注册商标专用权的商品的行为。这种行为通常发生在流通环节，也是一种较为普遍的商标侵权行为。在现实生活中，侵犯注册商标专用权的商品，有的是生产者自行销售，有的是通过他人进行销售。其后果也是混淆商品出处、侵犯注册商标专用权、损害消费者利益。《商标法》将这种情形定为侵害注册商标专用权行为，意在商品流通环节阻止商标侵权行为的发生。侵犯注册商标专用权的商品的生产者一般都是出于故意，但侵犯注册商标专用权的商品的销售者则可能是也可能不是出于故意。所以我国《商标法》规定，销售不知道是侵犯注册商标专用权的商品，能证明该商品是自己合法取得的并说明提供者的，不承担赔偿责任；销售明知是假冒注册商标的商品，则需赔偿被侵权人的损失，构成犯罪的，还会被追究刑事责任。

3. 标识侵权

标识侵权指的是伪造、擅自制造他人注册商标标识或者销售伪造、擅自制造的注册商标标识的行为。所谓伪造，是指没有经过他人同意或者许可，模仿他人注册商标的图样或者实物，制作出与他人注册商标标识相同的商标标识。所谓擅自制造，是指没有经过他人同意或者许可，制作他人注册商标标识。擅自制造，通常发生在加工承揽活动中，即承揽人在承揽制作他人注册商标标识时，未经他人同意，在商标印制合同约定的印数之外，又私自加印商标标识。伪造与擅自制造的共同点在于都是未经商标注册人许可的行为，区别在于前者商标标识本身就是假的，而后者商标标识本身是真的。鉴于商标标识是体现商标专用权的一种载体，伪造、擅自制造他人注册商标标识或销售这些商标标识的行为被认为是商标侵权行为。

4. 反向假冒侵权

反向假冒侵权是指在商品销售活动中，消除商品上的他人商标，然后换上自己的商标，冒充自己的商品进行销售的行为。反向假冒之所以构成侵权，是因为商标和它所标示的商品之间存在一种不可分割的内在联系，这种内在联系随着商标声誉、商品声誉的扩展而更加紧密。如果割断了这类联系，将会殃及商标权功能的正常发挥，也会损害他人的商标权。因此，反向假冒的行为侵犯了消费者的知情权，使消费者对商品来源，对生产者、提供者产生误认，对注册商标有效地发挥其功能和商标注册人的商品争创名牌也造成了妨碍，因此，被认为是一种侵犯注册商标专用权的行为。

5. 其他侵权

我国《商标法》第57条在列举上述各类商标侵权行为之后，又采用了技术性兜底条款，将给他人的注册商标专用权造成其他损害的行为作为一类商标侵权行为。依据《中华人民共和国商标法实施条例》和最高人民法院的司法解释，“其他侵权”行为至少包括：在同一种商品或者类似商品上将与他人注册商标相同或者近似的标志作为商品名称或者商品装潢使用，误导公众的；为侵犯他人注册商标专用权提供仓储、运输、邮寄、印制、隐匿、经营场所、网络商品交易平台等；复制、模仿、翻译他人注册的驰名商标或其主要部分在不相同或者不类似的商品上作为商标使用，误导公众，致使该驰名商标注册人的利益可能受到损害的。上述这些行为尽管有着各种不同的表现形式，但都会对注册商标专用权造成损害，因此也属于侵犯注册商标专用权的行为。

【案例】上海大众搬场公司诉百度公司商标侵权案①

网络空间的商标侵权行为显得更加复杂，尤其是如何界定网络服务提供商在侵权行为中的责任常常引发争议，被称为中国网络商标侵权第一案的“上海大众搬场公司诉百度公司商标侵权案”便是典型一例。

2007年4月，原告上海大众搬场公司发现在被告百度公司的百度网站的“竞价排名”和“火爆地带”栏目网页中，出现大量假冒上海大众搬场公司的网站链接。这些链接网站的网页均以与大众搬场公司相同或相似的法人名称招揽、经营搬场物流业务，并擅自使用上海大众搬场公司拥有排他许可使用的“大众”注册商标。而实际上，这些假冒上海大众搬场公司的经营者均未经上海市工商行政管理局批准登记，不具有经营相关业务和进行广告宣称的主体资格。上海大众搬场公司于是提起诉讼，状告百度公司商标侵权。

法院经审理认为，接受“竞价排名”服务的网站未经原告上海大众搬场公司许可在其经营搬场业务的网站网页显著位置突出使用了“上海大众搬场物流有限公司”“大众搬场”等字样作为其企业字号，使相关公众产生了误认，侵犯了原告上海大众搬场公司享有的“大众”注册商标专用权。在百度公司看来，百度网站作为搜索引擎，其主要功能在于提供网站链接以帮助公众在网上搜索、查询信息，其根据网民输入的关键词而在搜索结果中显示出的内容，不能被视为百度网站自己提供的内容。因此，在此案中，百度网站不应被认定为直接实施了商标侵权行为。

然而，法院认为，百度网站应当知道存在第三方网站侵权的可能性，就此应当进一步审查上述第三方网站的经营资质，但根据被告的陈述，百度网站对于申请“竞价排名”服务的用户网站除进行“涉黄”“涉反”等最低限度的技术过滤和筛选以外，没有采取其他的审查措施，未尽合理的注意义务进而导致了侵犯原告注册商标的第三方网站在搜索结果中排名靠前或处于显著位置，使网民误以为上述网站系与原告上海大众搬场公司关联的网站，对原告的商誉造成了一定影响。法院据此认为，被告未尽合理注意义务，主观上存在过错，客观上帮助了第三方网站实施了商标侵权行为以及不正当竞争行为，并造成了损害结果，因此与直接侵权的第三方网站构成共同侵权，应当承担连带民事责任。

① 参见上海市第二中级人民法院民事判决书（2007）沪二中民五（知）初字第147号。

（二）商标侵权的处置

对商标侵权行为的处置，我国《商标法》依据商标侵权的特点作出了一系列针对性规定：有《商标法》所列侵犯注册商标专用权行为之一，引起纠纷的，由当事人协商解决；不愿协商或者协商不成的，商标注册人或者利害关系人可以向法院起诉，也可以请求工商行政管理部门处理。工商行政管理部门处理时，认定侵权行为成立的，责令立即停止侵权行为，没收、销毁侵权商品和主要用于制造侵权商品、伪造注册商标标识的工具，并可处以罚款。进行处理的工商行政管理部门根据当事人的请求，可以就侵犯商标专用权的赔偿数额进行调解；调解不成的，当事人可以依法向法院起诉。涉嫌犯罪的，工商行政管理部门应当及时移送司法机关依法处理。①

（三）商标侵权的抗辩

商标法对注册商标的保护不是绝对的，在特定情形下，他人对与商标相同或近似标志的使用，并不构成商标侵权行为。这些情形包括：

（1）合理使用，即他人依照法律规定，不经商标权人许可而在同一种或类似商品上使用与其注册商标相同或近似标志的行为。比如我国《商标法》第59条明确规定：注册商标中含有的本商品的通用名称、图形、型号，或者直接表示商品的质量、主要原料、功能、用途、重量、数量及其他特点，或含有的地名，注册商标专用权人无权禁止他人正当使用。

（2）先用权，即在商标权人提出商标注册申请之前，他人已善意使用与其商标相同或近似的标志，且该使用已使该标志获得了一定声誉。在申请人获得商标权后，先使用人有继续在其商品上使用该标志的权利。但在先用权人对其标志的使用行为足以造成消费者对先用权人与商标权人提供的商品产生误认时，先用权不能阻却该行为之违法性。另外，也不得以不正当手段抢注他人已经使用并有一定影响的商标，因为它违背了《民法典》所强调的诚实信用原则。

（3）在先权利。这指的是在特定商标上可能先于商标权产生的民事权利，比如外观设计专利权、著作权、肖像权、姓名权、企业名称权、地理名称权等。在商标侵权诉讼中，如果被告能举证自己在商标上享有这些在先权利，则侵权指控将很难成立。

（4）权利穷竭，这是指商标权人或经其同意的人将带有其注册商标的商品投入市场以后，其他任何人在进一步使用或销售该商品时，不受商品权人控制，也不构成商标侵权。比如，苹果手机的零售商从批发商购入正牌苹果手机后，无须再经过商标权人许可即可销售这批商品；而消费者从零售商处购买苹

---

① 我国《刑法》第213条、第214条、第215条分别规定了“假冒注册商标罪”“销售假冒注册商标的商品罪”“非法制造、销售非法制造的注册商标标识罪”。

果手机后，可以转手卖给他人，而不会构成商标侵权。

【案例】 大宇公司诉盛大公司商标侵权案①

台湾大宇咨讯公司（简称大宇公司）于 2005 年 3 月在大陆注册了“大富翁”文字商标，核定服务项目包括“提供在线游戏”等。被告盛大公司于 2003 年 9 月获得了“盛大”文字商标注册证，核定服务项目也包括“提供在线游戏”。2005 年 7、8 月份，原告大宇公司发现被告盛大公司的两个网站上出现“盛大富翁”图文组合标识及盛大公司对《盛大富翁》游戏进行推介、在线指导时使用《盛大富翁》游戏名称的页面。该标识的主要使用方式为：在游戏文字介绍中作为游戏名称使用；在相关网页左上角显示相应标识或者在游戏画面右上角显示相应标识。网站上涉及游戏的介绍内容有：“《盛大富翁》是一款开房间方式的对战类休闲网络游戏。玩家在游戏中掷骰子前进，目的是通过买地盖房等商业活动在经济上击败对手并成为大富翁。”大宇公司由此向法院提起诉讼，状告盛大公司商标侵权。

法院经审理认为，“大富翁”是一类游戏的通用名称。当“大富翁”表示“按骰子点数走棋的模拟现实经商之道的游戏”时，原告大宇公司不能禁止他人对这一名称的合理使用。另外，经比对，图文标识“盛大富翁”与文字商标“大富翁”不相近似，且被控侵权标识在网站上被使用时直接标明了服务来源，而大宇公司又至今未在商标核定使用的服务范围内进行过以“大富翁”为商标的经营，“大富翁”的显著性极其有限，故被告盛大公司在网站上使用“盛大富翁”标识和《盛大富翁》游戏名称的行为不构成商标侵权。原告不服判决，提起上诉。二审法院驳回上诉，维持原判。

三、互联网域名

（一）域名的性质

域名指的是代表国际互联网数字地址的字母数字串。在由若干计算机互联而形成的因特网上，每个主机或局域网都被分配一个独一无二的地址，该地址依据互联网协议分配，因而被称为互联网协议地址（简称 IP 地址）。IP 地址原由一组 32 位二进制数字组成，经计算机换算成相应的十进制数字后，由圆点分隔成四个部分。由于 IP 地址难以记忆，不利于互联网的推广，域名应运而

① 参见上海市第一中级人民法院民事裁定书（2006）一中民初字第 10738 号。

生。域名由两个或两个以上的部分组成，各部分之间用点号来分隔，如谷歌的域名为“www. google. com”。在完整的域名中，最后一个点的右边部分称为顶级域名或一级域名，最后一个点的左边部分称为二级域名，二级域名的左边部分称为三级域名，以此类推。由于域名具有词语意义，易于理解和记忆，因此成为用户访问网络的重要基础。

随着互联网技术的迅速发展，大量的企业和其他组织通过建立网站来推销自己的产品和服务。网站域名和企业产品的联系日益密切，成为企业迈入信息社会、应对国际竞争的重要手段。每一个域名在网络空间中都是唯一的，而且是全球范围的唯一，这使得域名具有一种标识性，即能把该网站与其他网站区分开来[①]。企业和其他组织常将其名称、商标或商号作为中心域名，而网络用户也常以名字或商标加“. com”等方式尝试访问某些机构的网站，结果使域名具有了与企业名称、商标等类似的标识性，即看到域名自然联想到相对应的机构，想访问某机构的网站时就会尝试输入相对应的域名。正因如此，域名具有较为特殊的价值，是影响网站知名度和访问量的重要因素，也保障了对网站持续投资的安全有效性。

如同商标权，域名所有人享有占用、使用、转让域名等权利。由于域名具有经济价值，常发生抢注域名、囤注域名以及销售、购买、出借、许可域名等交易现象。不少人认为，域名是商标权在网络空间的自然延伸。域名注册后，其所有者便拥有了类似商标权一样的权利，即域名权。但商标权与域名权之间还是存在一些差异，主要包括：不同于商标，域名不能被许可使用，而只能转让；域名采取注册在先的原则，不先注册就不能在网络空间中使用，而商标通常采取的是注册在先、使用在先的原则，或前两者的折中；域名具有全球范围内的唯一性，商标则不同，相同或相似商标在不同国家或地区以及在不同的商品类别上可由不同的人同时使用；域名具有国际性，商标只具有地域性，商标注册人所享有的商标权只能在授予该项权利的国家受到保护，如果想在他国亦享有商标权，则必须依据这些国家的商标法依法注册。

（二）域名的注册

域名注册实行“先申请先注册”原则，可以通过在线方式完成。注册机构在域名数据库中对被注册域名进行检索，如未发现与之完全相同的域名存在，则将被注册域名加入数据库，便是注册成功。国际上对域名注册实行分级管理，例如“. com”等通用顶级域名数据库由美国管理，任何国家的任何人都可申请注册，“. cn”和中文域名数据库由我国管理。依据我国 2017 年颁布的《互联网域名管理办法》，工业和信息化部是我国的域名主管部门，CNNIC 是我国的域名注册管理机构，负责对域名的维护、管理等工作，具体注册事宜经

① 域名的唯一性在此是就域名整体而言的，若就其具有标识功能的中心域名而言，则并非唯一的。

由CNNIC授权的各地域名注册服务机构办理，域名注册服务机构再授权域名注册代理机构代为接收域名申请注册。

依据CNNIC相关规定，域名注册服务机构在开展域名注册业务时不得采取以下行为：冒用政府机构、企事业单位及社会团体等其他组织的名义，开展域名注册服务；使用虚假信息注册域名，变相占用域名资源；采用不正当竞争的手段，以误导用户、恐吓用户等方式开展域名注册服务；强迫用户延长域名注册期限，捆绑销售其他服务；不按照用户实际注册年限向CNNIC提交注册信息；无正当理由拒绝域名持有者索取域名转移密码的申请，或对此转移申请向域名持有者收取费用；泄露用户注册信息侵犯用户的合法权益，或利用用户注册信息牟取不正当利益；以营利为目的，从事域名投资活动；其他违反法律法规或侵犯用户利益的行为。域名注册服务机构如违反上述规定，CNNIC将依据与其签订的相关协议追究相关责任，情节严重的，将终止与其签订的合作协议。①

CNNIC还为三级以下（含三级）域名的命名设置了一系列限制，以避免域名与商标、商号、地理名称等产生冲突，这些限制包括：未经国家有关部门的正式批准，不得使用含有"China""Chinese""cn""national"等字样的域名；不得使用公众知晓的其他国家或地区名称、外国地名、国际组织名称；未经各级地方政府批准，不得使用县级以上（含县级）行政区划名称的全称或者缩写；不得使用行业名称或者商品的通用名称；不得使用他人已在中国注册过的企业名称或者商标名称；不得使用对国家、社会或者公共利益有损害的名称。②

另外，依据CNNIC相关规定，申请域名注册的，其主域名服务器须在中国境内运行，并对其域名提供连续服务。申请人对自己选择的域名负责，并在其了解的范围内，保证其选定的域名的注册不侵害任何第三方的利益。各级域名管理单位，不负责向国家工商行政管理部门及商标管理部门查询用户域名是否与注册商标或者企业名称相冲突，是否侵害了第三者的权益。任何因这类冲突引起的纠纷，由申请人自己负责处理并承担法律责任。③

(三) 涉及域名的纠纷

域名的一个显著特征是其在网络化环境下产生了与商标、商号等相类似的一种区别域名使用人及其服务的标识性功能。域名的注册、使用等行为，使域名的标识性功能得以产生、得到发展，并为域名使用人带来了一定的经济价

① 参见《中国互联网络信息中心域名注册实施细则》第11条。
② 参见《中国互联网络域名注册暂行管理办法》第11条。
③ 参见《中国互联网络域名注册暂行管理办法》第23条。

值，围绕域名注册、使用等而产生的民事纠纷因此也时有发生，主要表现为以下三种形式：

1. 域名对商标的“网上劫持”

域名对商标的“网上劫持”也被称为恶意抢注，指的是在商标领域不享有任何权利，却将他人的商标恶意申请域名注册。恶意抢注的域名中通常包括驰名商标的文字、字母等，或虽不是驰名商标但其域名与商标的相同或相似度足以使公众产生误认。由于域名注册采取“先申请先注册”原则，域名一经注册便为全球唯一，真正的商标所有人不能再以相同域名进行注册，从而构成商标侵权与不正当竞争。

抢注的一方往往以高价将该域名出售给拥有该商标的企业，进而侵犯了企业的商标权。发生在美国的“潘纳维申诉托潘案”便是典型一例。被告托潘（Dennis Toeppen）注册了“panavision. com”，然后试图卖给原告潘纳维申公司（Panavision International），但原告并没有像很多商标所有者那样向恶意抢注域名者赎回域名，而是以商标侵权为由提起诉讼并获得胜诉。[①] 抢注的一方也有可能将他人商标注册为域名供自己使用，尤其是用于相同种类的商品或服务，这也侵犯了他人的商标权。在“康明斯公司诉重庆机械公司案”中，原告在中国注册了多种形式的商标，包括“cummins”、“cummins”与图形组合、“康明斯”文字商标等。被告在无正当理由下，将“cummins”注册为自己的域名并加以使用，其域名为“cummins. com. cn”。原告为此诉至法院，法院向被告颁发了禁止令，禁止被告侵害原告商标权行为，同时禁止其使用该域名。[②]

值得一提的是，驰名商标由于其巨大的商业价值，已成为域名抢注的“重灾区”，也是我国司法体系保护的重点。在“美国宝洁公司诉北京天地公司‘tide’域名抢注案”中，法院经审理认为，域名的特性使其在商业领域里具有重要的知识产权意义。“tide”属驰名商标，对它的保护应该延伸至其域名，北京天地公司使用“tide”为域名，足以导致公众对其出处的混淆，并淡化了“tide”的显著性，阻止了宝洁公司将其驰名商标以最简洁的方式用于域名的注册，法院因此判决被告的行为侵犯了原告注册商标的专用权，同时构成不正当竞争。[③] 同样，在“美国杜邦公司诉北京国网信息有限公司案”中，法院认为原告杜邦公司的椭圆字体“dupont”商标在中国市场上享有较高声誉，属于驰名商标。被告北京国网信息有限公司（简称国网公司）不能说明其名称、地址、简称、标志、业务或其他任何方面与“dupont”一词有关，也不能证明其

① Panavision v. Toeppen，141 F. 3d 1316.

② 参见北京市高级人民法院民事判决书（2002）高民终字第859号。

③ 参见北京市高级人民法院民事判决书（2002）高民终字第286号。

在域名领域的“dupont”一词享有在先使用的权利，却把杜邦公司驰名商标中的文字作为最具识别性的内容注册“dupont. com. cn”域名。国网公司注册的域名如果在互联网上投入使用，必然会混淆该域名与“dupont”商标的区别，引起公众的误认，妨碍了杜邦公司在中国互联网上使用自己的商标进行商业活动。法院据此认定被告的行为构成商标侵权和不正当竞争。[①]

2. 商标对域名的“反向劫持”

商标对域名的“反向劫持”首先表现为反向抢注，即以他人拥有的富有独创性和高知名度的域名恶意注册为自己的商标。我国一些域名都有家喻户晓的中文名字，比如“www. sina. com. cn”被称为“新浪”，“www. 163. com”被称为“网易”等。但这些域名与其注册者的企业名称可能并不相同，比如新浪网就是四通利方公司推出的，如果有人以该领域的中文名字作为企业名称来进行注册，比如“新浪网络公司”，应属一种侵权行为。然而，在司法实践中，我国对如何裁决此类纠纷还未达成共识。比如，苏州易龙电子有限公司于1997年5月申请注册“雅虎”商标，美国著名的Yahoo公司提出异议，认为“雅虎”商标系其公司品牌“yahoo”的音译。国家商标局认为，美国Yahoo公司在中国已注册的商标为“Yahoo!”，其“雅虎”商标未在中国获准注册，不享有注册商标专用权，而且苏州易龙电子有限公司的“雅虎”商标使用商品和服务与美国Yahoo公司具有不同的功能、消费渠道和方式，不会引起消费者的混淆和误认，因此予以核准注册。有批评者指出，国家商标局由于其职能限制，只是机械依照相关法规审查这起商标异议，对美国Yahoo公司的域名权缺乏慎重考虑。

商标对域名的“反向劫持”还表现为商标权滥用，它指的是普通商标权人企图扩大普通商标禁止权的范围，而在域名注册上获得对其普通商标特殊保护的行为。比如，某些商标权人没有将自己的商标注册为域名，待到要将商标注册为域名时，才发现别人已先行注册了该域名；或商标权人已经使用其他名称注册域名，发现别人注册的域名更有价值，更适合自己，为夺取该域名，以控诉在先域名注册人侵权为手段，迫使其转让或放弃与其商标相同或近似的域名，从而达到自己使用该域名的目的。[②] 比如，在“pda. com. cn”一案中，法院认定“PDA”系商品商标，被告将PDA标志注册为域名的行为，不属于在相同或类似商品上使用原告的商标，在其网站上所介绍和销售的产品均非自己的产品。也就是说，被告是将PDA作为服务标志使用的，而原告的商标属于商品商标，被告行为因此不构成侵权。[③] 之所以这样判决，就是为了避免商标

① 参见北京市第一中级人民法院民事判决书（2000）一中知初字第11号。
② 薛虹．网络时代的知识产权法．北京：法律出版社，2000.
③ 参见北京市第一中级人民法院民事判决书（1999）一中知初字第48号。

权人借助网络不合理地扩大自己的商标专用权范围。

3. 域名相似引发的纠纷

相似的域名可能使用户误认为两个网站之间存在一定的关系，从而使得那些注册与知名网站相似域名的人获得不正当利益，或给知名网站的注册者带来负面的影响。例如，有人模仿国内知名的腾讯网（www. qq. com）而注册一个名为“www. goqq. com”的网站，从事 QQ 号的转让、售卖等业务，会使得用户误以为该业务为腾讯公司所设立，从而使该网站的所有者获得不正当的利益。再如，杭州的《都市快报》在 2001 年注册了“19floor. net”域名，经过几年的经营和管理，在网民中具有较高知名度。2005 年，王某某注册了一个与前者相似的域名“19floor. com”，并在使用中采用与“19floor. net”网站类似的栏目设置和页面布局，造成公众对这两个域名及对应网站的误认。[①]

还有一种情况是两个商标相同或类似的不同类商品或服务的提供者，如果都申请以该注册商标作为域名，则有可能出现两个商标权人申请的域名在字符组合上相同或相似的情形。换句话说，这里存在合法权益并存和权利冲突。这种相似如果涉及不同类产品，也不涉及驰名商品，则各方一般可以相安无事；但如果涉及同类商品，则极易造成公众关于其产品来源的误认，从而引起纠纷。

在大多数国家，域名纠纷主要通过两种途径加以解决：（1）法律手段。比如，美国国会 1999 年通过了《反域名抢注消费者保护法》（Anti-cybersquatting Consumer Protection Act），通过对美国现行《商标法》进行修改、补充等形式，从法律上确认解决域名与商标、个人姓名以及实际标示之间的权利冲突的原则和方式。[②] 我国最高人民法院于 2001 年颁布了《关于审理涉及计算机网络域名民事纠纷案件适用法律若干问题的解释》，对域名案件的受理、管辖、法律适用以及法律责任的承担都做出了规定。此外，我国工业和信息化部参照国际上互联网域名管理准则，在 2017 年制定颁布了《互联网域名管理办法》，以规范互联网域名服务，保护用户合法权益，并保障互联网域名系统安全、可靠运行。（2）民间仲裁。全球范围内域名系统的管理协调者以及域名系统根服务器系统运行的监督者是注册在美国的 ICANN。该机构 1999 年 8 月公布了《统一域名争议解决政策》（Uniform Domain Name Dispute Resolution Policy），并于同年 10 月公布了程序规则，共同作为解决发生在类别顶级域名“. com”“. net”和“. org”之下的域名争议的依据。[③] 此外，ICANN 还指定了包括世界知识产权组织在内的数个域名争议裁决机构，要求其将上述政策付诸实施，

① 参见浙江省高级人民法院民事判决书（2008）浙民三终字第 286 号。

② 15 U. S. Code § 1125（d）.

③ 统一域名争议解决政策．[2023 - 10 - 10]. https：//www. icann. org/resources/pages/udrp - 2012 - 02 - 25 - zh.

积极处理类别顶级域名内的争议。参照国际经验，我国也建立了一个类似民间性质的域名争议解决机构（即CNNIC），来协助解决域名侵权纠纷，所争议域名限于由CNNIC负责管理的CN域名和中文域名。但这种解决路径是一种民间方式，不具强制性，不能代替裁决。

第三节 专利权

专利权是发明创造人或其权利受让人对特定的发明创造在一定期限内享有的独占实施权。对专利权予以法律保护，主要是为了鼓励发明创造，推动发明创造的应用，提高创新能力，以及促进科学技术进步和社会经济发展。一般认为，英国1624年制定的《垄断法规》是现代专利法的开端，对以后各国的专利立法产生了很大的影响。从18世纪末到19世纪末，美国（1790）、法国（1791）、西班牙（1820）、德国（1877）、日本（1885）等西方工业国家陆续制定了专利法。1883年3月，世界主要工业化国家在巴黎签订《保护工业产权巴黎公约》(Paris Convention for the Protection of Industrial Property，简称《巴黎公约》)，其保护的对象主要包括发明专利权、实用新型、工业品外观设计、商标权、服务标记、厂商名称、货物标记、原产地名称等。该公约最初的成员国为11个，后来不断扩张，至今已达177个。《巴黎公约》的基本目的是保证一成员国的工业产权在所有其他成员国都得到保护。在不少人看来，该公约与《伯尔尼公约》一起构成了全世界范围内保护经济"硬实力"和文化"软实力"的两个"基本法"。为了与世界同步，我国于1984年颁布《专利法》，1985年加入《巴黎公约》，1992年、2000年、2008年、2020年连续四次对《专利法》进行修正，以应对不断出现的新问题。尤其是进入21世纪，互联网技术的迅速发展，给传统的专利权制度带来了相当大的挑战。

在本节，我们首先概述专利保护制度的一些基本内容，包括专利权的客体和主体、授予专利权的条件以及专利权的保护。我们进而探讨专利保护制度是如何延伸到互联网领域的，这突出体现在计算机软件和商业方法的可专利性问题上。

一、概述

(一) 专利权的客体

专利权的客体，也称为专利法的保护对象，是指依法应授予专利权的发明创造。依据我国《专利法》，专利法的保护对象包括以下三种。

(1) 发明。《专利法》所称的发明指的是对产品、方法或者其改进所提出的新的技术方案。发明必须是一种技术方案，是发明人将自然规律在特定技术领域进行运用和结合的结果，而不是自然规律本身。因此，发明创造通常是自然科学领域的智力成果，文学、艺术和社会科学领域的成果不构成专利法意义上的发明，不受专利法的保护。发明可分为产品发明和方法发明两类。产品发明是指关于新产品或新物质的发明，如新的材料、用具、设备、机器、设备等的发明；方法发明是指为解决某特定技术问题而采用的手段和步骤的发明，如新的制造方法、加工方法、产品使用方法等的发明。发明既可以是原创性的发明，也可以是改进性的发明。改进发明是对已有的产品发明或方法发明进行改动所作出的实质性的新的技术方案。比如对于质量和使用寿命有明显提高的白炽灯，可申请改进发明。总之，发明是可以产生一种全新的产品或方法的技术方案，故成为专利法保护的重点对象。

（2）实用新型。《专利法》所称的实用新型是指对产品的形状、构造或者其结合所提出的适于实用的新的技术方案。实用新型专利只保护经过工业方法制造、占据一定空间的产品。非经加工制造的自然存在的物品以及一切有关的方法（如制造方法、处理方法、使用方法、通信方法等）不属于实用新型专利的保护范围。此外，实用新型专利针对的是产品的形状、构造或组合，即必须是对产品的外部形状、内部结构或者二者的结合提出的一种新的技术方案。单纯以美感为目的的产品的形状、图案、色彩或者其结合的新设计不属于实用新型的技术方案。实用新型的创造性和技术水平的要求一般来说要低于发明专利，但由于其必须是一种新的技术方案，故也受到专利法的保护。

（3）外观设计。《专利法》所称的外观设计是指对产品整体或局部的形状、图案或者其结合以及色彩与形状、图案的结合所作出的富有美感并适于工业应用的新设计。外观设计的载体必须是产品。不能重复生产的手工艺品、农产品、畜产品、自然物等，不能作为外观设计的载体。构成外观设计的是产品的外观设计要素或要素的结合，其中包括形状、图案或者其结合以及它们与色彩的结合。产品的色彩不能独立构成外观设计，除非产品色彩变化的本身已形成一种图案。可以构成外观设计的组合有：产品的形状；产品的图案；产品的形状和色彩；产品的图案和色彩；产品的形状、图案和色彩。此外，外观设计是一种富有美感的新的设计方案，且能应用于工业上并形成批量生产。

（二）专利权的主体

专利权的主体指的是依法享有专利并承担相应义务的人。依据我国《专利法》，专利权的主体包括发明人或设计人，即对发明创造的实质性特点做出了创造性贡献的人。在完成发明创造过程中，只负责组织工作的人、为物质技术条件的利用提供方便的人或者从事其他辅助工作的人，不是发明人或者设计人。

发明人或设计人包括职务发明创造的发明人或设计人和非职务发明创造的发明人或设计人。职务发明创造指的是执行本单位的任务所完成的发明创造。职务发明创造申请专利的权利属于该单位；申请被批准后，该单位为专利权人。非职务发明创造申请专利的权利属于发明人或者设计人；发明人或者设计人对非职务发明创造申请专利，任何单位或个人不得压制；申请被批准后，该发明人或者设计人为专利权人。

如果一项非职务发明是由两人或两人以上的发明人或设计人共同完成的，则完成发明创造的人称为共同发明人或共同设计人。共同发明创造的专利申请权和取得的专利权归全体共有人共同所有。利用本单位的物质技术条件所完成的发明创造，单位与发明人或者设计人订有合同，对申请专利的权利和专利权的归属作出约定的，从其约定；没有约定的，申请专利的权利属于发明人或设计人。

专利申请权和专利权可以转让。专利申请权转让以后，如果获得了专利，那么受让人就是该专利权的主体；专利权转让以后，受让人成为该专利权的新主体。继受了专利申请权或专利权以后，受让人并不因此成为发明人或设计人。该发明创造的发明人或设计人也不因为此类转让而丧失其特定的人身权利。

外国人也可在我国申请专利，成为专利权的主体。《巴黎公约》第 2 条规定，成员国国民在其他成员国应享有该国法律现在授予或今后可能授予该国国民的各种利益，成员国不得以其他成员国国民在该成员国有居所或营业场所为其享有工业产权的条件。第 3 条规定，非成员国国民只要在任一成员国内有住所或真实有效的场所，就能享有与该成员国国民同样的待遇。我国已加入《巴黎公约》，有履行此公约的义务和责任。因此，《巴黎公约》成员国国民无论在我国是否有居所或营业场所，都可以在我国申请专利，享受和我国国民相同的待遇。非成员国国民则需在我国有居所或营业场所，才可享受同等待遇，另有国际协议的除外。

（三）授予专利权的条件

发明创造并不是都自然而然地取得专利权，而必须向国家专利行政部门提出申请。按照我国《专利法》，可以被授予专利权的发明创造必须符合两个基本条件：不得违反国家法律、社会公德或者妨害公共利益；不得违反法律法规的规定获取或利用遗传资源，并依赖该遗传资源完成。这表明，专利制度所保护的发明创造不是绝对的，而是受到国家法律、社会公德和公共利益制约的。若要取得专利权，除了符合上述基本条件之外，还必须符合授予专利权的三个实质条件：新颖性、创造性、实用性。

（1）新颖性，是指该发明或者实用新型不属于现有技术；也没有任何单位或者个人就同样的发明或者实用新型在申请日以前向国务院专利行政部门提出过申请，并记载在申请日以后公布的专利申请文件或者公告的专利文件中。依据此规定，衡量新颖性的具体标准包括：在世界范围内未公开出版过，在国内范围内未公开使用过或以其他方式（如口头方式）公开过；在时间上则以申请日作为标准，申请日之前在现有技术中没有的、未公开的，则被视为新颖性；如果他人在申请日以前已经以相同的发明创造向专利行政部门提出过申请，并且记载在申请日之后公布的专利申请文件中，即出现抵触申请时，后面的申请将不具备新颖性。

（2）创造性，是指与现有技术相比，该发明具有突出的实质性特点和显著的进步，该实用新型具有实质性特点和进步。这里所说的“现有技术”，是指申请日以前在国内外出版物上公开发表、在国内公开使用或者以其他方式为公众所知的技术。这里所说的“突出的实质性特点”，是指发明与现有技术相比具有明显的本质区别，对于发明所属技术领域的普通技术人员来说是非显而易见的，他不能在现有技术基础上通过简单的分析、归纳、推理或者试验就获得。这里所说的“显著的进步”，是指从发明的技术效果上看，与现有技术相比具有长足的进步，包括：发明解决了人们一直渴望解决的技术难题；发明克服了技术偏见；发明取得了意料不到的技术效果；发明在商业上获得成功。可以看出，能够获得专利权的技术，与现有的技术相比，不仅是新颖的，而且是先进的，故创造性也被称为先进性。

（3）实用性，是指该发明或者实用新型能够制造或者使用，并且能够产生积极效果。换句话说，要获得专利权保护的技术，必须是能够实际应用的技术，不能是纯理论性的。如果它是一种产品，就必须是能制造出来的产品；如果它是一种方法，就必须是能在实践中使用的方法。此外，它必须能产生积极的社会或经济效果，比如，能提高产品数量，改善产品质量，增加产品功能，节约能源或资源，防治环境污染等。不能在实践中应用并产生积极效果的发明创造，不应成为专利技术。

外观设计并非技术方案，不具有技术特征，因此无所谓技术上的创造性和实用性。外观设计专利授权的实质性条件因此不包括创造性和实用性，而是新颖性和区别性。对于外观设计而言，新颖性同样要求该外观设计不属于现有设计，也不存在抵触申请。另外，授予专利权的外观设计与现有设计或者现有设计特征的组合相比，应当具有明显区别，或者说不相近似。判断两个外观设计是否近似，应比较使用外观设计的同类的两个产品，看它们从整体上是否相似，对于近似的外观设计不能授予专利权。

专利权的取得，在符合上述条件之外，还必须遵循《专利法》所规定的程序，包括提出专利申请、初步审查、实质审查、批准授予专利权等。专利权被授予以后，其有效期是有限的。依据我国《专利法》，发明专利权的期限为二十年，实用新型专利权的期限为十年，外观设计专利权的期限为十五年，均自申请日起计算。专利权人应当自被授予专利权的当年开始缴纳年费。

我国《专利法》还规定，以下几类智力活动的成果不属于专利保护的范围：科学发现，智力活动的规则和方法，疾病的诊断和治疗方法，动物和植物品种，原子核变换方法以及用原子核变换方法获得的物质，对平面印刷品的图案、色彩或者二者的结合作出的主要起标识作用的设计。因为这些成果不符合上述申请专利权的基本条件或实质性条件。

(四) 专利权的保护

专利权的保护是《专利法》的一项基本内容，集中体现了专利权制度的保护功能。为了切实有效保护专利权，我国《专利法》确定了专利权的保护范围：发明或者实用新型专利权的保护范围以其权利要求的内容为准，说明书及附图可用于解释权利要求的内容；外观设计专利权的保护范围以表示在图片或照片中该产品的外观设计为准，简要说明可用于解释图片或照片所表示的该产品的外观设计。在此基础上，《专利法》及相关法律界定了以下三种涉及专利权的违法行为。

一是直接侵害专利权行为。这是指未经权利人许可擅自实施他人专利的行为，主要表现：为生产经营目的制造、使用、许诺销售、销售、进口他人专利产品，或使用他人专利方法以及使用、许诺销售、销售、进口依照该专利方法直接获得的产品；为生产经营目的制造、许诺销售、销售、进口他人外观设计专利产品。专利权是一种排他性的权利，即专利权人对其专利产品或者专利方法的“实施”享有专有权。这并不意味着只有专利权人自己才可以实施其专利，而是说专利权人以外的任何单位或个人均可实施他人的专利，但必须取得专利权人的许可，否则就构成专利侵权行为，须承担民事责任。在特定情况下，可不经专利权人自愿许可而实施其专利，比如，在国家出现紧急状态或非常情况时，或为了公共利益的目的，专利行政部门可以给予实施发明专利或实用新型专利的强制许可。

二是间接侵害专利权行为。这是指行为人实施的行为并不直接构成侵犯他人专利权，但却故意诱导、怂恿、教唆、帮助别人实施他人专利，发生直接的侵权行为。常见的表现形式包括：行为人销售专利产品的零部件、专门用于实施专利产品的模具或者用于实施专利方法的机械设备；行为人未经专利权人授权或委托，擅自转让其专利技术的行为等。此类间接侵权行为一般被认定为共同侵权，也须承担相应的民事责任。

三是假冒专利行为。假冒专利行为是违法行为，但一般认为不是侵权行为。它主要表现为：在未被授予专利权的产品或其包装上标注专利标识，专利权被宣告无效后或终止后继续在产品或其包装上标注专利标识，或未经许可在产品或产品包装上标注他人的专利号；在产品说明书等材料中将未被授予专利权的技术或设计称为专利技术或专利设计，将专利申请称为专利，或未经许可使用他人的专利号，使公众将所涉及的技术或设计误认为是专利技术或专利设计；伪造或变造专利证书、专利文件或专利申请文件；以及其他使公众混淆、将未被授予专利权的技术或设计误认为是专利技术或专利设计的行为。然而，专利权终止前依法在专利产品、依照专利方法直接获得的产品或其包装上标注专利标识，在专利权终止后许诺销售、销售该产品的，不属于假冒专利行为。销售不知道是假冒专利的产品，并且能够证明该产品合法来源的，由管理专利工作的部门责令停止销售，但免除罚款的处罚。

专利权是一种法定的垄断权，但这种权利不是绝对的，而应受到适当限制，以最大化其所带来的社会效益。因此，我国《专利法》规定了“不视为侵犯专利权”的数种情形。这些情形都是未经许可实施专利的行为，但并不构成对专利权的侵犯，具体包括：（1）专利产品或依照专利方法直接获得的产品，由专利权人或经其许可的单位、个人售出后，使用、许诺销售、销售、进口该产品的；（2）在专利申请日前已经制造相同产品、使用相同方法或已经做好制造、使用的必要准备，并且仅在原有范围内继续制造、使用的；（3）临时通过中国领陆、领水、领空的外国运输工具，依照其所属国同中国签订的协议或共同参加的国际条约，或依照互惠原则，为运输工具自身需要而在其装置和设备中使用有关专利的；（4）专为科学研究和实验而使用有关专利的；（5）为提供行政审批所需要的信息，制造、使用、进口专利药品或者专利医疗器械的，以及专门为其制造、进口专利药品或者专利医疗器械的；（6）为生产经营目的使用、许诺销售或者销售不知道是未经专利权人许可而制造并售出的专利侵权产品，能证明该产品合法来源的。上述六种情形是专利侵权责任的例外规定。如果行为人不能以此作为抗辩理由，则应认定行为人的行为具有违法性。

二、计算机软件的可专利性

计算机软件是与计算机系统操作有关的计算机程序、规程、规则，以及可能有的文件、文档及数据。作为一种智力成果，计算机软件普遍受到知识产权的保护，而保护模式的选择则出现不同的观点和实践。有论者指出，应对计算机软件予以著作权保护，因为计算机软件具有创造性和可复制性，与著作权保护的客体特征相似；另外，计算机软件的主要侵权行为主要表现为复制、演绎以及对非法复制品的传播销售行为，这些行为也正是著作权法所禁止的。[①] 问题在于，著作权法只保护作品形式，不保护作品的思想。对于计算机软件来说，其内在构思往往是最有价值的部分。专业人士只要掌握这种构思，便可采用不同方式开发出相似的计算机软件。再者，保护著作权的宗旨在于促进文学艺术的发展，而保护计算机软件的目的是促进工业和其他产业的发展。正因如此，著作权法中有关作者精神权利的保护原则，尤其难以适用于计算机软件作者。

鉴于著作权保护的缺陷，人们还尝试利用合同法、商业秘密法、反不正当

① 应明，孙彦．计算机软件的知识产权保护．北京：知识产权出版社，2009.

竞争法等模式来对计算机软件进行保护。这些模式虽有其可取之处，但也各有不同的问题，因此未能成为主流的解决模式。在此背景下，计算机软件的专利权保护模式进入大家考虑的范畴。实施专利权保护的优势较为明显，包括：专利权保护具有独占性，专利权可对计算机软件的构思进行保护，实施专利权保护可有效避免计算机软件重复开发等。其缺陷在于：专利法普遍规定智力活动的规则和方法不能获得专利，而计算机程序正是数学方法的体现，属于数字运算的规则和方法；另外，专利法要求申请人公布其发明创造（包括计算机软件构思），这使得计算机程序的模仿和复制变得方便易行，计算机软件的开发者因此难以从根本上保护自己的计算机软件专利权。[①]

即便如此，对计算机软件予以专利权保护正成为各国知识产权法发展的主流，这种转变首先出现在美国。在互联网发展初期，美国对计算机软件采取的也是著作权保护模式。但在20世纪80年代的“戴蒙德诉迪尔案”中，美国最高法院首次判决计算机软件方法属于专利法保护的范畴。在法院看来，计算机软件本身如同数学公式，不属于可以获得专利的客体，但计算机程序一旦与某种工序或结构的其他部分融为一体，那么作为整体的工序并不因此成了不可授予专利权的客体。法院指出，审查权利要求时必须整体考虑，那种将权利要求分割成旧元素和新元素，并且在分析时忽略旧元素的做法是不适当的。[②] 这一判决成为计算机软件专利权保护的转折点，对后来的判决产生了直接的影响。1996年美国颁布《计算机相关的发明专利的审查指南》(Examination Guidelines for Computer-Related Inventions)，则标志其对计算机软件的可专利性给予完全肯定。[③] 依据该指南，与计算机程序相关的发明专利同其他的发明一样，属于专利法保护的范畴。它可以是产品（机械或制成品）专利，也可以是方法（过程）发明专利。而且，美国专利局不再强调计算机软件在工序和应用上的可专利性，而基本上以“实用性”取代“技术性”作为一项计算机软件是否具有专利性的判断标准。美国计算机软件保护模式的转变具有示范性的作用，欧盟、日本等许多国家和地区在计算机软件保护方面也逐渐采取了专利权保护模式。

在我国，计算机软件被明确纳入《著作权法》的保护范围，但《专利法》并没有将计算机软件排除在专利法保护之外。国家知识产权局2017年修正的《专利审查指南》更是明文规定：为了解决技术问题而利用技术手段，并获得技术效果的涉及计算机程序的发明专利申请属于专利权保护的客体。按照该指南，至少有五种计算机软件可获得专利权保护，即用于工业过程控制的计算机

---

① 应明，孙彦．计算机软件的知识产权保护．北京：知识产权出版社，2009.

② Diamond v. Diehr, 450 U.S. 175 (1981).

③ U.S. Patent and Trademark Examination Guidelines for Computer Related Inventions, 61 Fed. Reg. 7478 (1996).

软件，涉及计算机内部运行性能改善的计算机软件，用于测量或测量过程控制的计算机软件，用于外部数据处理的计算机软件，以及涉及汉字编码方法及计算机汉字输入方法的计算机软件。[①] 由此可见，我国对计算机软件采取了比较宽松的专利权保护制度，这与国际发展的潮流是一致的。在司法实践中，以侵犯计算机软件专利权的诉讼也开始出现。比如，2015 年 11 月，搜狗输入法向法院提起诉讼，指控百度输入法侵犯其享有的专利权。[②] 与此同时，我国并没有排斥计算机软件得到其他法律的保护，而是取长补短，区别对待，在保护计算机软件方面致力于取得权利人利益和公共利益的平衡。

三、商业方法的可专利性

与计算机软件专利权保护密切相关的一个重要议题是商业方法的可专利性。商业方法一般是指为了处理或解决商业经济活动或事务，而通过人类心智所创造的方法或规则。在互联网时代，并存着两类商业方法：一类是传统商业方法，即完全依靠人的思维或行为实现的方法、比如拍卖的方法、旅游线路的安排方法，此类商业方法不是用来解决技术性问题的，因此不属于专利权保护的客体；另一类是现代商业方法，即采用计算机或网络技术等手段实现的商业方法，比如网络支付方法，此类商业方法采用了技术手段并取得了一定的技术效果，因此便存在专利权保护的可能。如同计算机软件专利权保护，美国也是对商业方法进行专利权保护的首创者和大力推动者。1996 年，美国专利商标局对《计算机相关的发明专利的审查指南》进行修改，强调“在审查商业方法时应和其他方法同等对待”。1998 年美国联邦巡回上诉法院裁决了“道富银行诉招牌金融集团案”，从司法上确定了商业方法的可专利性，也为后来各种商业方法打开了专利申请的大门。我国的《专利法》及相关法律都没有针对商业方法的具体规定。很久以来，商业方法被看成一种智力活动的规则和方法，从而被排除在专利权保护范围之外。到了 2006 年，国家知识产权局对《审查指南》（2010 年修订改名为《专利审查指南》）进行了修改，其中对智力活动规则和方法的审查规则发生了明显转变。依据该指南，如果一项权利要求在对其进行限定的全部内容中既包含智力活动的规则和方法的内容，又包含技术特征，则该权利要求就整体而言并不是一种智力活动的规则和方法，不应当排除其获得专利权的可能性。换句话说，如果商业方法不仅仅是智力活动的规则和方法，而且包含了技术特征，则可以考虑授予专利权。

从专利申请现状来看，与商业方法相关的专利申请主要集中在金融服务和电子商务等领域。以金融服务业为例，美国花旗银行曾成功从中国专利局获得

---

① 国家知识产权局．专利审查指南．北京：知识产权出版社，2019.

② 范晓．搜狗再诉百度输入法，索赔 1.8 亿．北京日报，2015-11-24（11）.

两项重要的专利授权，一项是“电子货币系统”，另一项是“数据管理的计算机系统和操作该系统的方法”。在电子商务领域，可专利的商业方法涉及广告、购买、拍卖和网上支付等领域。由于支付是所有电子商务活动中的基础环节，网络支付方法（如互联网内容付费方法、互联网服务付费方法、网络购物预付方法等）由此成为专利申请的重点领域。但商业方法的可专利性，并不局限于金融服务和电子商务领域。随着计算机和网络技术的不断发展，商业方法专利所涉及的领域预计会变得日益广泛。但有论者指出，商业方法专利的扩张有可能会对现有专利制度的平衡机制造成影响，故需对其进行适当的限制；还有论者认为，由于中国的本土企业在商业管理模式方面与外国知名企业相比还有很大差距，授予商业方法专利权保护更有利于外国企业，因此不宜现在就直接将商业方法写到专利法中。[①] 可以预计的是，当中国的互联网产业和市场经济体制更加成熟时，更加完备的商业方法专利制度会相应建立起来。

【本章小结】

结合网络传播的特征，本章集中讨论了侵害知识产权的三种类型，即侵害著作权、侵害商标权、侵害专利权。在著作权部分，我们探讨了有关著作权的基本概念，包括著作权的客体、主体、主要内容、邻接权和侵权责任，之后讨论了网络侵害著作权的几个关键问题，比如信息网络传播权的侵犯、计算机软件著作权的侵犯、网络服务提供者的责任、P2P 文件共享的问题等，最后论述了平衡著作权和公共利益的两种手段，即合理使用和法定许可使用。在商标权部分，我们首先阐述了商标保护制度的基本内容，包括商标的生成、商标的种类、商标的注册等，然后讨论了侵害商标专用权的方式以及不构成侵权的例外情况，最后检查了商标权和互联网域名保护的关系，我们尤其关注传统的商标权是怎样被应用到网络空间的。在专利权部分，我们首先对专利保护制度的基本内容进行概述，涉及专利权的客体、主体、授予专利权的条件以及专利权的保护，进而探讨专利保护制度是如何被应用到互联网领域的，这集中体现在计算机软件和商业方法的可专利性问题上。

【思考题】

1. 试分析著作权的客体和主体。
2. 受著作权保护的作品须具备什么条件?
3. 著作权具体包括哪些权利?

---

① 冯晓青．商业方法专利略论．北方论丛，2007（3）：149－151.

4. 何谓邻接权？它和著作权有什么区别？

5. 何谓信息网络传播权？侵犯信息网络传播权的主要表现形式是什么？

6. 在网络空间发生的侵害著作权行为中，如何界定网络服务提供商的责任？

7. 计算机软件能否受到著作权的保护？

8. 试分析 P2P 文件分享中的著作权保护。

9. 对著作权的限制主要有哪些形式？

10. 商标的生成须满足哪些条件？

11. 侵犯商标权的主要表现形式是什么？

12. 试比较商标权和域名权之间的相同点和不同点。

13. 涉及域名的纠纷主要有哪些类型？

14. 专利法的保护对象主要包括哪些？

15. 授予专利权的实质性条件包括哪些？

16. 侵犯专利权的主要表现形式是什么？

17. 试论述计算机软件的可专利性。

18. 试论述商业方法的可专利性。

第 9 章　智能传播的相关议题

智能传播是人工智能应用到新闻传播活动中的产物。人工智能指的是通过计算机程序来呈现人类智能的技术。依据其技术高低，人工智能可分为三大类：弱人工智能（artificial narrow intelligence）、强人工智能（artificial general intelligence）与超强人工智能（artificial super intelligence）。弱人工智能在单个方面很擅长，比如谷歌团队开发的阿尔法围棋（AlphaGo），曾连续击败围棋世界冠军李世石和中国围棋职业九段棋手柯洁，引起世界震惊。强人工智能在各方面都能和人类比肩，人类能干的脑力活它都能干，但目前人类还没有将强人工智能创造出来。超强人工智能则被认为是在几乎所有领域超过最聪明的人类大脑，涵盖科学创新、通识和社交技能等方面。就目前发展阶段而言，我们尚处于弱人工智能时代，其优势主要在于规则非常明确的领域。比如，搜索引擎、智能翻译、智能客服、垃圾邮件过滤器等，这些均在日常生活中较为常见。强人工智能和超强人工智能尚未真正出现。在某种程度上讲，人类并不希望其来到，以免对人类生存构成威胁。

时至今日，随着大数据的广泛应用、机器学习等技术的飞速发展，人工智能已成为当下最热门的科技话题，整个社会对其发展和应用都极为关注，也已渗透到我们新闻传播活动的各个环节。在本章，我们聚焦人工智能和新闻传播业结合的三个主要领域，即机器写作（内容生产）、算法推荐（内容分发）和沉浸式体验（内容和场景消费），展开探讨如下议题：它们各自的发展脉络如何？带来了怎样的法律和社会问题？又该如何应对？由于人工智能正处于快速发展阶段，其给既有的新闻传播规范所带来的冲击和影响都是全新的，对这些议题的讨论因而是探索性的，旨在为读者理解这一波科技创新浪潮提供有益的参考。

第一节　机器写作

一、机器写作的兴起

机器写作是人工智能在新闻生产领域的运用，主要是指针对数据的自动化采集和写作。具体来说，机器写作主要涉及三个环节：信息抓取、信息处理与信息输出。在信息抓取环节，需要借助网络爬虫技术对网上数据信息进行监控，并依据一定的标准抓取相关信息作为写作的原始资料。在信息处理环节，需要对数据进行量化以及结构化处理，为机器提供可以进行编辑的新闻素材。在这两个环节完成后，再利用基于算法的机器写作模型对新闻素材进行编辑，并输出为可供读者阅读的新闻资讯。

机器写作起源于美国。早在2006年3月，美国数据提供商汤姆森公司就开始运用计算机程序加工财经数据，并生成、推出完整的财经报道。2009年，美国西北大学的计算机系和新闻学院共同研发了一款能自动生成体育类新闻报道的软件StatsMonkey；次年，该团队成员成立了专事机器写作的公司“叙事科学”（Narrative Science），吸引了大批投资者和客户的注意。2014年3月，洛杉矶发生地震，三分钟之后，一条有关该地震的新闻便出现在《洛杉矶时报》的网站上。这条新闻是一款名为Quakebot软件自动写作的，内容虽然简短，但报道之迅速和准确都让人大为惊叹。此后，美国逐步出现了多款机器新闻写作软件。比如，美联社和Automated Insights公司共同研发了WordSmith写作软件，用来分析企业财报等数据并生成财经新闻稿件；《华盛顿邮报》则推出了TruthTeller来实时监测政客的演讲是否符合事实，此外还使用名为Helioraf的程序来收集2016年里约奥运会的赛事信息，供记者进一步加工形成更具深度的新闻报道。

2015年9月，腾讯财经网首次发出使用机器程序Dreamwriter写作的稿件，机器写作自此进入国内读者的视线。之后，新华社推出了“快笔小新”，“今日头条”开发了Xiaomingbot，这些软件的写稿速度和发稿量都十分惊人，主要集中在财经新闻和体育新闻两个领域。此外，新华社和阿里巴巴公司共同研发了国内第一个媒体人工智能平台“媒体大脑”，在2018年全国“两会”期间亮相，其发布的首条视频会议新闻，生产仅用时15秒，涉及舆情分析、信息可视化、视频剪辑等诸多环节，都是媒体大脑自动完成的，这表明我国机器写作程序的开发已经达到了一个新的高度。

在可预见的将来，机器写作将大幅提升新闻报道的数量，将记者从某些机械的、刻板的新闻写作中解放出来。特别是与民众生活密切相关的本地新闻的写作，对于预算和人手被大幅削减的传统媒体来说，已是难以完成的使命，但机器人记者却能在短时间内轻松写出不同的社区新闻，高效满足读者个性化的需求。机器写作对新闻业更重要的影响是能与人协作，拓展人在特定报道领域的能力。在新闻选题的策划与发现、未来趋势的预测以及传播效果的预判等方面，人机协作都有望带来新的可能。特别是社交媒体的高度渗透，使得分布式新闻生产的“万众皆媒”成为可能；物联网的应用，则造就“万物皆媒”的景象，即万物都有可能成为新闻信息的采集者和传播者。[①] 无论是万众皆媒，还是万物皆媒，都将构成机器化新闻生产的坚实基础乃至强劲推动力。

---

① 彭兰. 智媒化：未来媒体浪潮：新媒体发展趋势报告（2016）. 国际新闻界，2016（11）：6-24.

二、机器写作带来的问题

机器写作固然给我们带来许多令人惊喜的变化，但也提出了一系列的法律和伦理问题。这些问题如果不能有效解决，势必对机器写作的发展产生消极影响。一是机器人的主体资格问题。依据《著作权法》的通行规定，享有著作权的主体是作者，包括自然人作者以及法人作者等。要将机器人视为作者，就需要创设一种新的独立法律主体，这需要进行很大的法律变革。目前普遍认为机器人不构成独立法律主体，因而也不享有相关权利。但也有学者提出，论及机器人及其创造物是否应当受法律保护，可参考历史上组织法人获得独立法律人格的过程。由于一些组织永续存在，并且需要能够在法律上持有、处理、清算财产，因而立法者赋予了这些组织法人地位。①

二是机器写作的作品资格问题。一般认为，作品应当是人类的智力成果，也只有人的智力活动才能被称为创作。在这之前，一只黑猕猴使用摄影师的相机拍摄了几张自拍照，结果引发了围绕这些照片著作权的诉讼。美国版权局为此专门发文，强调只有人类创作的作品才受版权法保护，此观点获得了处理此案的旧金山法院的支持。至于机器写作的产物，有学者认为其并非人类作者的智力成果，因此不构成作品。但也有学者认为，人工智能生成物是由人类作者设计的作品生成软件产生的成果，且具有著作权法意义上的独创性和自主性，因此值得保护。②

三是机器写作的权利归属问题。有学者认为机器写作的产物是作品，但由于是机器创作的，无须激励，也无须保护，可将其投入公共领域。也有学者主张对人工智能作品采取邻接权保护制度，即创设一种新的邻接权，将人工智能生成物与人类创作的作品区分开。更多的学者主张在现有著作权法的框架下，通过法律解释方式做出适当的法律安排。至于是将著作权归属于机器写作的研发者、使用者还是所有者，或者是在利益相关方进行权益分配，目前尚未形成统一看法。

四是机器写作侵害他人权益问题。机器写作涉及信息抓取、信息处理与信息输出等环节。在这个流程中，可能存在的问题包括：网络爬虫所提取的数据是否客观准确、不带偏见；在爬取数据的过程中是否侵犯到他人的隐私，是否破坏或规避了著作权人的技术保护措施；在未经著作权人授权的情况下，对其作品进行商业性利用是否构成侵权。要解决这些问题并非易事。有论者提出，为了促进人工智能的发展，可考虑以合理使用事由来免除侵权风险，或者将机器学习过程中使用他人作品的行为作为例外处理。

---

① 梁志文．论人工智能创造物的法律保护．法律科学（西北政法大学学报），2017（5）：156－165.
② 万勇．人工智能“作品”，著作权谁属．光明日报，2019－05－12（7）.

五是机器写作所带来的记者失业风险。在大数据时代，社会活动都被以电子形式记录，人工智能技术则能挖出并利用这些数据进行新闻写作，可能比专业的新闻记者还要高效。在这种背景下，记者失业的风险会逐渐增加，也将导致新闻业的进一步萎缩。如何应对此风险，需要认真考虑。一种方法是赋予机器人独立法律地位，在此基础上对照法人的资格对机器人进行征税，以部分抵消代替人工写作导致记者失业所带来的阵痛。这样的解决方案是否可行，还需进一步探讨。此外，新闻从业人士需要开拓新视野，将来可能会是数据分析经理和软件程序员管理新闻编辑室，因此记者需要调整他们的技能，以适应媒体智能化发展的需求。但可能的风险是，新闻机器人的编程人员和使用该技术的新闻人士之间存在知识鸿沟，有可能导致不当的新闻实践，这个问题也要提上议事日程。

三、相关立法和案例

机器写作涉及的法律问题是多方面的，但司法实践中面临的主要问题是以机器新闻为代表的人工智能生成物能否以及如何受到著作权保护的问题。包括我国在内的世界大部分国家对此议题都处于探索当中，但已出现有启发意义的立法尝试和案例。

（一）域外相关立法

在目前世界主要发达经济体中，只有英国对人工智能生成物的著作权作出了明确的法律规定。依据英国《1988年版权、设计和专利法》第9条第3款，计算机生成作品的著作权属于对该作品的创作进行必要安排的人。依据英国法律传统，“必要安排”认定的基础是“实质性的贡献原则”，对人工智能创作进行“必要安排”的人因此可能是人工智能技术的投资者、开发者或使用者。在“诺瓦制作公司诉马祖马游戏公司案”中[①]，法院认定游戏软件的活动画面是“计算机生成之作品”。但法院并未考察系争游戏软件的版权人或投资者是否视为该活动画面的“作者”，而是强调游戏画面组成元素和相应计算机程序的设计过程，并据此认定程序设计员是对该计算机生成作品的创作进行“必要安排”的人。需要指出的是，上述英国版权法虽然保护人工智能生成物的著作权，但否认此著作权中包含人格权。

依据日本现行《著作权法》，只有人类创作的作品才享有著作权。由人工智能创作的作品即使被盗用，也无法采取措施禁止和要求损害赔偿，这有可能对投资人工智能造成障碍。有鉴于此，日本政府认为，需要对其现行的法律体系进行修订，以适应人工智能正在进步的现实。2016年5月，日本政府颁布《知识产权推进计划》，将有关人工智能生成物著作权的立法构想写入其中。具

① Nova Productions Ltd. v. Mazooma Games Ltd. and others，2006 EWHC 24（Ch）.

体来说，包含三个方面：一是在著作权法中设立一个类似于商标注册制度的人工智能生成物注册制度，谁先登记注册，著作权就归谁。二是修订著作权法，使得人工智能在提取大量作品的特征时，无须获得原作品的权利人许可，这样使得人工智能的创作更加顺畅。三是修订反不正当竞争法，以保护人工智能作品的权益。该权益由开发出人工智能的个人或者企业享有，但并非所有人工智能作品都可以获得法律保护。考虑到人工智能可以在短时间内生产大量作品，保护对象计划仅限于获得大众欢迎因而有一定市场价值的人工智能作品。日本已就这些构想展开了讨论，但何时成为正式立法还有待时日。

鉴于欧盟所有成员国都加入了《伯尔尼公约》，欧盟有关著作权的规定和该公约基本上保持一致。比如，欧洲共同体于 1991 年 5 月颁布了《欧共体计算机程序法律保护指令》，明确要求各成员国要将计算机程序视之为《伯尔尼公约》所规定的文学作品给予著作权保护。在司法实践中，人工智能协助产出若要获得著作权保护，需要满足以下四个条件：文学、科学或艺术领域的产品；人类智力活动的产品；具有创意或原创性；产品被“表达”出来。[①] 随着人工智能的不断进步，欧盟开始出现赋予机器人特殊法律地位的讨论。比如，欧洲议会在 2017 年 2 月通过《就机器人民事法则向欧盟委员会提出立法建议》，其中强调：“从长远来看要创设机器人的特殊法律地位，以确保至少最复杂的自动化机器人可以被确认为享有电子人的法律地位，并有责任弥补自己所造成的任何损害。”2020 年 10 月，欧洲议会通过《人工智能知识产权立法报告》。该报告认为必须区分人工智能辅助人类的创造和人工智能自主产生的创造。前者仍适用于现行知识产权框架，但后者为知识产权保护带来了新的监管挑战，如所有权、发明权和适当的报酬问题，需要欧盟出台统一的规定。但到目前为止，欧盟还只是处于立法阶段的初期，相关法律法规的正式出台尚需时日。

(二) 我国相关案例

我国现行《著作权法》同样坚持“人创作作品”的基本原则。对于机器写作或人工智能生成物的著作权，我国尚未出现立法层面方面的动议。在司法实践中，已出现这方面的案例，法院判决遵照的依然是“人创作作品”这个原则，但已展示了其对人工智能生成物相关权益的关注。

在“北京菲林律师事务所诉百度侵犯著作权案”[②] 中，法院认为，根据现行法律规定，文字作品应由自然人创作完成。在此案中，系争图文报告的生成过程在两个环节有自然人作为主体参与：一是软件开发环节，二是软件使用环

---

① HARTMANN C, ALLAN J, HUGENHOLTZ P, et al. Trends and developments in artificial intelligence: challenges to the intellectual property rights framework: final report. [2023 - 10 - 10]. https://data.europa.eu/doi/10.2759/683128.

② 参见北京互联网法院民事判决书（2018）京 0491 民初 239 号。

节。软件研发者显然与分析报告的创作无关；软件使用者仅在操作界面提交了关键词进行搜索，这种行为没有传递软件使用者思想、感情的独创性表达，就不宜认定为由使用者创作完成。因此，软件研发者和使用者均不应成为涉计算机软件智能生成内容的作者，该内容亦不能构成作品。但法院指出，这并不意味着人工智能生成物进入公共领域，可以被公众自由使用。在法院看来，计算机软件智能生成物凝结了软件研发者和软件使用者的投入，具备传播价值，应当赋予投入者相应的权益保护。

在"腾讯诉上海盈讯科技有限公司侵害著作权案"[①] 中，法院经审理认为，涉案文章的特定表现形式及其源于创作者个性化的选择与安排，并由 Dreamwriter 软件在技术上"生成"的创作过程，均满足著作权法对文字作品的保护条件，符合独创性的要求，因此属于我国著作权法所保护的文字作品。法院同时认为，涉案文章是由原告主持的多团队、多人分工形成的整体智力创作完成的作品，整体体现原告对于发表股评综述类文章的需求和意图。涉案文章在由原告运营的腾讯网证券频道上发布，末尾注明"本文由腾讯机器人 Dreamwriter 自动撰写"，其中的"腾讯"署名的指向结合其发布平台应理解为原告，说明涉案文章由原告对外承担责任。该法院由此认定涉案文章是原告主持创作的法人作品。

综上，在"北京菲林律师事务所诉百度侵犯著作权案"中，法院持保守立场，认为人工智能软件的生成物不属于著作权法意义上的作品，但是认定应当对于软件的开发者和使用者赋予相应的权益。在"腾讯诉上海盈讯科技有限公司侵害著作权案"中，法院认为人工智能软件只是工具，使用人工智能软件创作出来的生成物本质还是人类的创作成果，从而应认定依据著作权法予以保护。无论是"北京菲林律师事务所诉百度侵犯著作权案"，还是"腾讯诉上海盈讯科技有限公司侵害著作权案"，均采取了具体情况具体分析的路径，尚未为人工智能生成物的著作权问题提供明确的、具有普遍意义的解决方案。

第二节　算法推荐

一、算法推荐的兴起

算法推荐指的是利用生成合成类、个性化推送类、排序精选类、检索过滤类、调度决策类等算法技术向用户提供信息。从技术角度来讲，算法推荐包含以下几个环节：一是选择什么样的规则处理信息；二是把规则数字化，找到规则设计的各要素之间的函数关系，确定算法；三是导入大数据用于机器的深度学习；四是使用算法处理大数据。在内容分发领域，算法推荐信息的方式主要

① 参见深圳市南山区人民法院民事判决书（2019）粤 0305 民初 14010 号。

有两种：一是所谓的热点信息被置顶；二是个性化、定制化的信息被单独推送给用户。这两种方式的交叉使用，使传统媒体在新闻分发中的控制权受到极大削弱，用户获得新闻信息的渠道更为多样且“可自控”。算法推荐的兴起跟我们所处的网络传播时代密切相关。一方面信息知识大爆炸，另一方面个体却难以在信息海洋中获取自身所需信息，在信息过剩与信息匮乏中陷入困局。算法推荐应运而生，被认为是解决这一困局的有效手段。

追溯历史，美国明尼苏达大学 GroupLens 实验室 1992 年通过对美国兴趣论坛网站 Usenet 讨论区里的消息进行排序，将用户指向他们可能会感兴趣但自己尚未发现的话题线索，可视为算法推荐的初期尝试。1995 年 3 月，美国人工智能协会召开大会，卡耐基梅隆大学的研究者在会上介绍了其设计的个性化导航系统 WebWatcher，斯坦福大学的研究人员则共享了其研发的个性化推荐系统 LIRA，这些研究成果为算法推荐技术的开发和完善提供了很大的助力。1996 年，雅虎网站推出个性化门户“My Yahoo!”，输入某些简单的信息之后，“My Yahoo!”就让用户将雅虎网站中所有喜欢的内容收集到一个地方，标志着算法推荐进入商业应用阶段。2002 年，搜索巨头谷歌公司开发的 Google News 启动，标志着算法推荐正式进入人类编辑领域，引领了内容分发的重大变革。2004 年，社交媒体巨头 Facebook 横空出世，很快推出基于算法推荐的产品 NewsFeed，大受用户追捧。发展至今，50%的美国成年人通过 Facebook、Twitter、YouTube 等社交媒体获取新闻，而这些社交媒体基本上都是通过算法推荐方式将新闻信息推送给用户的。[①]

在我国，算法推荐大有后来者居上的势头，且竞争日益白热化。2012 年 3 月，“今日头条”创立，这是一款基于数据挖掘的推荐引擎产品，为用户推荐信息，提供连接人与信息的服务的产品。其当时的口号是，“你关心的，才是头条”，在创办之后不久便大获成功。先前横扫传统媒体的新闻聚合网站，比如新浪新闻、搜狐新闻、网易新闻、百度新闻等，也纷纷采用算法推送新闻技术，以应对“今日头条”所带来的巨大竞争压力。发展至今日，随着网络通信技术的发展和智能手机的普及，短视频大行其道，在手机上浏览短视频已成为人们日常生活的一部分。但究其实质，短视频的风行很大程度上是互联网平台通过算法推荐刻意营造的结果。以抖音 App 为例，这是一个去中心化的平台。即便是普通人，只要发布的内容受欢迎、有吸引力，通过算法推荐，也会被越来越多的人关注，从而收获大量粉丝，赢取高人气、高经济回报，这正是算法推荐给用户带来的全新体验。

---

① Pew research center：social media and news fact sheet.（2022－09－20）[2023－10－10]. www.pewresearch.org/journalism/fact-sheet/social-media-and-news-fact-sheet/.

二、算法推荐带来的问题

尽管存在诸多优点，但算法推荐也带来了一系列不可忽视的社会问题。就热点信息置顶而言，选择标准是其热度，即用户对一条信息的点击量。据了解，“今日头条”、百度新闻等新闻聚合平台推荐系统的初始设定，大都是根据用户的点击量而定，那些点击量高的信息会自动纳入热点推荐范畴。在大多数情况下，手机终端用户由于处于相对私密状态，会对那些低俗内容较为敏感，结果导致大量的低俗内容成为点击的热点，且作为热点被算法推荐给更广大的用户，造成所谓的“内容下降的螺旋”现象。[①] 虽然低俗不良信息自人类传播活动产生之始便已有之，但算法的出现以及职业把关人的缺失，使得低俗不良信息开始泛滥，进而演化成一个公共问题，甚至触犯法律底线。在监管部门施压下，包括“今日头条”在内的网络平台已开始混合使用技术和人工对低俗不良信息进行过滤，但效果并不明显。

就个性化推荐而言，主要包括协同过滤算法和基于内容的推荐算法两种方式。协同过滤算法指的是收集、分析不同用户的历史数据并计算出用户之间的相似性，进而生成与目标用户兴趣最相近的 TOP-N 项信息并予以推荐。基于内容的推荐算法主要根据用户的过往行为信息来预测用户喜好并推荐与其喜好相近的信息。无论何种算法推荐，其目标均在于向用户进行信息的精准推送与有效供给，使得用户能以最少的耗费获得最优化的信息服务体验。以Facebook 的新闻产品 NewsFeed 为例，有研究者发现其算法推荐遵循九个标准，其中“朋友关系”与“用户兴趣”超越其他因素，成为主导 NewsFeed 算法推荐的两大标准。[②] 这意味着，新闻价值由算法来决定，算法模型又由用户的兴趣偏好来主导，由此颠覆了传统的新闻价值判断标准。长此以往，用户会处于同质化信息的包围之中，造成所谓的“信息茧房”和“回音室效应”，这不仅大幅减少了用户对多元化观点和信息的接触和了解，也很大程度上损害了信息传播业的公共属性，使得民主社会得以运转的社会共识愈发难以达成。

越来越多的人意识到，算法从来不是纯客观的，算法推荐是可以被操控的。因为算法的规则是由人设定的，改变规则便可改变推荐结果。2012 年，几位研究者联合 Facebook 的工程师，对 70 万余名不知情的用户进行了一项为期一周有关“情绪感染”的测试，结果发现外部信息会对用户的情绪产生传染式

① 宋建武．智能推送为何易陷入“内容下降的螺旋”：智能推送技术的认识误区．人民论坛，2018（17）：117－119.

② DEVITO M A. From editors to algorithms：a values-based approach to understanding story selection in the Facebook news feed. Digital journalism，2017（6）：753－773.

影响，而用户所接受的信息是研究团队根据算法进行推荐的。[①] 用户在此研究中被当作“小白鼠”予以对待，其可能存在的研究伦理问题引发了用户的强烈不满，同时也深刻揭示了网络平台通过算法操控用户的强大能力。在国内，“今日头条”由于其低俗内容过多而被社会诟病，且遭到政府部门的约谈乃至警告，在随后的整改中它调整了算法，结果低俗内容和虚假新闻的信息推荐量和阅读量减少了40%[②]，这也反向印证了算法推荐中信息被操控的可能。倘若信息可被强力操控（无论是机构还是个人），那么追求事实的真相便变得愈发困难。

事实上，算法也有可能施加超出用户意愿的影响力，比如捕捉用户的偏好和特征来塑造他们的目标，并在一定程度上推动其行为，从而削弱其自决能力。[③] 质言之，以算法为代表的AI系统有可能破坏我们对环境和社会的控制，最终影响我们的选择、预测、身份和生活，人类赖以生存的自决能力由此受到严重侵蚀，而这一切经常发生在不透明的技术运行深处，我们称之为“算法黑箱”。不少研究者因此呼吁算法透明，让用户明白算法的运行规则及其所产生的后果，但目前至少有两个因素制约着算法推荐透明度的提升，即商业激励之缺乏和保护用户隐私之考量。[④]

三、相关法律规制

针对算法推荐所带来的问题，欧盟于2016年正式通过《通用数据保护条例》，赋予用户申请某项基于算法得出结论的解释权。借鉴欧盟的做法，我国全国人大2021年8月通过的《个人信息保护法》同样赋予信息主体要求信息处理者对其自动化决策方式予以说明的权利。[⑤] 2021年12月，国家网信办等多部门联合颁布《互联网信息服务算法推荐管理规定》，以全面整治算法推荐服务乱象问题。这些法律法规的实施效果如何尚不明朗，但反映了规制者对算法推荐问题的重视和担忧，现将其主要内容介绍如下。

（一）欧盟《通用数据保护条例》中的解释权条款[⑥]

2018年5月，《通用数据保护条例》在欧盟正式生效。这部法律被称为数据保护领域的“哥白尼式革命”。其中，它对自动化决策进行了重要限制，被

---

① KRAMER A D I, GUILLORY J E, HANCOCK J T. Experimental evidence of massive-scale emotional contagion through social networks//Proceedings of the National Academy of Science, 2014.

② 宋建武．智能推送为何易陷入“内容下降的螺旋”：智能推送技术的认识误区．人民论坛，2018（17）：117－119.

③ TADDEO M, FLORIDI L. How AI can be a force for good. Science magazine, 2018, 361: 751－752.

④ DIAKOPOULOS N, KOLISKA M. Algorithmic transparency in the news media. Digital journalism, 2017（7）：809－828.

⑤ 参见《个人信息保护法》第24条。

⑥ 邵国松，黄琪．算法伤害和解释权．国际新闻界，2019（12）：27－43.

认为有效创造了解释权。其序言第71条规定，遭受自动化决策的个体有权获得人工干预、表达意见、获取决策如何作出的解释并对此进行质疑。与访问权、被遗忘权等不同，解释权并不是《通用数据保护条例》明确提出的权利，而是学界根据条文的立法精神以及法律含义所推论出的权利。一般认为，该条例第13～14条的告知义务、第15条的访问权以及第22条的自动化决策条款是解释权产生的主要来源。

《通用数据保护条例》第13～14条详列了通过数据主体（第13条）或第三方（第14条）收集、处理数据时数据控制者的告知义务。第13（2）条与第14（2）条规定，为确保处理过程的公正透明，数据控制者应向数据主体提供包括自动化决策机制在内的信息。自动化决策机制的信息包括数据画像及有关的逻辑程序和有意义的信息，以及此类自动化处理对于数据主体的意义和预期影响。第13～14条通知义务与第22（3）条保障措施的结合，被认为是自动化决策的事后解释权。

《通用数据保护条例》第15条规定，数据主体有权从数据控制者处确认其个人数据是否正在被处理，以及有权在该种情况下访问个人数据，并获得包括自动化决策机制及其预期影响在内的信息。拥有这些信息后，数据主体能够审视数据处理的合法性以便启动法律救济。质言之，第15条赋予数据主体获得与其有关的数据处理信息以及审查数据处理合法性的权利。不同于第13～14条规定的数据控制者的通知义务，第15条规定的访问权由数据主体启动。

《通用数据保护条例》第22条规定数据主体的权利不应屈从于自动化决策，并为此提供了对抗自动化决策的保障措施。根据第22（1）条，数据主体有权反对完全依靠自动化处理（包括用户画像）对数据主体做出具有法律影响或类似严重影响的决策。第22（3）条规定数据控制者应当采取适当措施保障数据主体的权利、自由、正当利益，以及数据主体对控制者进行人工干涉，以便表达其观点和对决策提出异议的基本权利。

综上，《通用数据保护条例》第13～15条规定了访问权和告知权。当自动化决策发生时，第22条要求保障数据主体的权利与自由。第22条并未详尽说明具体的保障措施，但根据第13～14条，当自动化决策发生时，数据主体有权获得有关自动化决策运行逻辑的信息。这些条款合并在一起，就构成了理解和实施解释权的基础。

（二）我国《互联网信息服务算法推荐管理规定》

随着大数据和人工智能技术的快速发展，算法推荐技术在我国的互联网信息服务中得到广泛应用，与此同时算法应用中存在的违法和不良信息传播、侵害用户权益、操纵社会舆论等乱象也屡次出现。2021年12月，国家网信办、工信部、公安部、国家市场监管总局联合颁布《互联网信息服务算法推荐管理规定》，意欲整治算法推荐服务乱象，全方位构建算法治理体系。这虽是一个部门规章，但对我国的算法推荐服务实践有着直接而明显的作用，其主要内容如下：

其一，明确了算法推荐服务提供者的信息服务规范。主要包括：算法推荐服务提供者应当坚持主流价值导向，不得利用算法推荐服务从事违法活动或者传播违法信息，应当采取措施防范和抵制传播不良信息；建立健全用于识别违法和不良信息的特征库，发现违法和不良信息的，应当采取相应的处置措施；加强用户模型和用户标签管理，完善记入用户模型的兴趣点规则和用户标签管理规则；加强算法推荐服务版面页面生态管理，建立完善人工干预和用户自主选择机制，在重点环节积极呈现符合主流价值导向的信息；规范开展互联网新闻信息服务，不得生成合成虚假新闻信息或者传播非国家规定范围内的单位发布的新闻信息；不得利用算法实施影响网络舆论、规避监督管理以及垄断和不正当竞争行为。

其二，明确了对于算法推荐服务提供者的用户权益保护要求。主要内容包括：（1）算法知情权，要求告知用户其提供算法推荐服务的情况，并公示服务的基本原理、目的意图和主要运行机制等。（2）算法选择权，要求向用户提供不针对其个人特征的选项，或者便捷地关闭算法推荐服务的选项。用户选择关闭算法推荐服务的，算法推荐服务提供者应当立即停止提供相关服务。算法推荐服务提供者应当向用户提供选择或者删除用于算法推荐服务的针对其个人特征的用户标签的功能。（3）针对向未成年人、老年人、劳动者、消费者等主体提供服务的算法推荐服务提供者作出具体规范。如不得利用算法推荐服务诱导未成年人沉迷网络，应当便利老年人安全使用算法推荐服务，应当建立完善的平台订单分配、报酬构成及支付、工作时间、奖惩等相关算法，不得根据消费者的偏好、交易习惯等特征利用算法在交易价格等交易条件上实施不合理的差别待遇等。

其三，对具有舆论属性或社会动员能力的算法推荐服务进行了更严格的规定。依据该规定，具有舆论属性或者社会动员能力的算法推荐服务提供者应当在提供服务之日起十个工作日内通过相关系统填报服务提供者的名称、服务形式、应用领域、算法类型等备案信息，履行备案手续。同时，该类算法推荐服务提供者应当依法留存网络日志，配合网信部门和电信、公安、市场监管等有关部门开展安全评估和监督检查工作，并提供必要的技术、数据等支持和协助。

第三节　沉浸式体验

一、相关概念

沉浸式体验指的是以大数据和智能网络为技术支撑的内容和场景消费模

式。它集中体现为虚拟现实（virtual reality，VR）、增强现实（augmented reality，AR）、混合现实（mixed reality，MR）等技术带给受众的沉浸体验，使受众完全融入这些技术塑造的虚拟或虚实结合的情景之中。

虚拟现实是指利用电脑模拟产生一个三维空间的虚拟世界，提供给使用者关于视觉等感官的模拟，让使用者仿佛身临其境，可以即时、没有限制地观察三维空间内的事物。使用者进行位置移动时，电脑可以立即进行复杂的运算，将精确的三维世界影像传回产生临场感。该技术整合了电脑图形、电脑仿真、人工智能、感应、显示及网络并列处理等技术的最新发展成果，是一种由电脑技术辅助生成的高技术模拟系统。代表性产品是索尼公司2016年发布的PlayStation VR。这是一款为电子游戏设计的头戴式显示器。它将虚拟现实接入游戏中，使得玩家能够像身临其境一样，大幅提升了游戏的沉浸感。

增强现实是一种将虚拟信息与真实世界巧妙融合的技术，广泛运用了多媒体、三维建模、实时跟踪及注册、智能交互、传感等多种技术手段，将计算机生成的文字、图像、三维模型、音乐、视频等虚拟信息模拟仿真后，应用到真实世界中，两种信息互为补充，从而实现对真实世界的"增强"。代表性产品是谷歌公司2012年推出的谷歌眼镜（Google Project Glass）。戴上这款"拓展现实"眼镜，用户便可以用自己的声音控制拍照、视频通话和辨明方向等。

混合现实是一种虚拟现实和增强现实的合成品。它结合真实世界和虚拟世界创造了新的环境和可视化，物理实体和数字对象共存并能实时相互作用，以用来模拟真实物体。代表性产品是微软公司2015年发布的全息透镜（Microsoft HoloLens）。它采用先进的传感器、全角度高清晰3D光学透镜头戴式显示器以及环绕音效，在增强现实中允许用户界面与用户通过眼神、语音和手势互相交流。

包括虚拟现实、增强现实、混合现实在内的沉浸式技术，已被广泛运用在媒体、影视、娱乐、社交、教育、医疗、汽车制造等行业和场景中。在接下来的篇幅里，我们首先介绍沉浸式技术在新闻领域的应用及其所带来的问题；之后，追随科技创新的新浪潮，我们将沉浸式体验的讨论延展到更为宏大的数字沟通和生活领域，探讨元宇宙的概念及其可能带来的问题。

二、沉浸式新闻

（一）沉浸式新闻的兴起

沉浸式新闻是人工智能时代新闻报道发展的创新产物。它指的是利用虚拟现实技术构建新闻现实的虚拟场景，通过第一人称视角的新闻报道让受众获得身临其境的感受，从而拉近受众与新闻事实的距离。受众从以前的读新闻、看新闻转变为体验新闻、感受新闻，是新闻消费方式的重大变化。通过沉浸式技术，受众获得了更多的参与感、互动感和真实感，新闻报道的传播效果也有望得到优化。

2013年，美国报业巨头甘内特集团旗下的《得梅因纪事报》推出解释性报道《丰收的变化》(Harvest of Change)。该报道借助VR技术，全方位还原了艾奥瓦州传统农场在历史时间和自然空间等多维度的变迁，是早期新闻界应用VR技术的优秀案例。之后，越来越多的西方媒体开始了VR新闻的制作尝试。比如，2015年底，《纽约时报》推出第一部VR短片《流离失所》(*The Displaced*)，讲述了叙利亚难民潮中三名儿童的痛苦经历。2016年，英国《卫报》公布了第一个虚拟现实项目"6×9"。这个项目讲述了单独监禁给犯人造成的精神伤害。同年，美联社与芯片制作商AMD合作，全面开启新闻领域的VR应用，至今已发布了20多部VR新闻短片，主题涵盖法国恐怖袭击、里约奥运会、阿尔茨海默病的治疗技术等。

国内主流媒体不甘落后，也开始了"VR+新闻"的探索。比如，2015年9月，财新传媒推出国内首部VR纪录片《山村里的幼儿园》。该片首次以VR的方式拍摄留守儿童、进城务工父母以及在农村工作的志愿者教师，引发了人们对山村留守儿童的重新关注。同年9月，人民日报社全媒体平台首次引进全景VR设备，全程记录了"9·3"胜利日大阅兵的盛况，全方位展示了阅兵的精彩瞬间。同年12月，新华社制作的VR新闻《带你"亲临"深圳滑坡救援现场》，使得观众可以切实感受到灾害救援的场景。2016年9月，央视新闻频道直播了"天宫二号"发射特别节目《筑梦天宫》。在介绍"神舟十一号"的时候，演播室动用虚拟追踪技术，让"天宫二号"从大屏幕中"钻"了出来，通过机位的景别变换，观众可以直观地看到"天宫二号"的数据和设计细节，对其有了更直观、更生动、更具体的认知。

(二) 沉浸式新闻带来的问题

沉浸式新闻在优化受众视听体验方面有着与生俱来的优势，但也存在相应的短板和问题，比如拟真度尚低、直播性不强、技术应用成本较高、只适合短小新闻事件、无法对新闻事件进行深度和全景式描述等。这些问题主要还是技术层面的。在不少学者看来，沉浸式新闻带来的真正问题是对新闻核心准则的挑战，以及部分题材给受众带来的"恐怖谷效应"。

首先，沉浸式新闻有可能对新闻的客观性和真实性构成严峻挑战。VR新闻不同于传统的视频新闻，由于制作者无法完全控制用户观看画面时的思路，因而需要通过清晰的逻辑引导用户了解新闻故事，否则蒙太奇般的视觉效果会极大地削弱新闻的叙事性。但无论是使用VR技术，还是运用360度镜头呈现，新闻故事的主线都有可能发生偏离，如何在视觉引导和客观真实之间求得平衡，是沉浸式新闻需要认真面对的问题。若制作者对故事情节进行预设和呈现，那么受众所体验的新闻天然带有制作者的偏见。而且，由于VR新闻的在场感、沉浸感，容易让用户形成诸如"看到的即是真实的"错觉，也容易放大偏见的影响。如何尽可能地还原新闻事件特定的时空场景，使受众的自主探索不影响新闻主体事实的呈现，是沉浸式新闻亟须解决的伦理问题。

其次，如果VR新闻中受众的数字化身过于逼真，则会引起受众高度的代入感和参与感，在部分特殊题材的新闻场景中容易带来“恐怖谷效应”。有研究表明，YouTube沉浸式新闻的体验者置身新闻场景时，时空的落差感、对将发生之事的不确定感、强烈的自我代入感会使其处于高度紧张甚至恐慌的精神状态中。目前，VR游戏、VR直播等中的暴力、血腥等高度刺激性场景已引起监管者的注意，但VR新闻中的类似场景还未引起足够的重视。实际上，部分题材的沉浸式新闻不适合特定人群进行体验，如老人、儿童、心血管疾病患者等。已有研究发现，部分灾难性事件的沉浸式体验或许可能为少数受众带来创伤后应激障碍（PTSD）或者导致悲剧廉价化、消费悲情主义情绪的风险。譬如，在南加利福尼亚大学媒介互动实验室推出的“叙利亚项目”（Project Syria）中，参与这一VR新闻体验的被试就表示，体验过于激烈，让人有经受心灵创伤的感觉。[①] 这些问题同样有待新闻制作机构反思和反省，在追求沉浸效果的同时，要注意把握平衡，尤其是要避免对受众的身心健康造成伤害。

三、元宇宙

（一）元宇宙的兴起

近几年，随着沉浸式技术的不断迭代，“元宇宙”（Metaverse）的概念开始流行起来。它指的是利用虚拟现实、增强现实、混合现实、区块链、云计算等技术进行链接与创造的，与现实世界映射和交互的虚拟世界，被认为是具备新型社会体系的数字生活空间，也被认为是沉浸式技术应用的终极体验。

“元宇宙”的概念早就见于科幻小说和电影中。1992年，斯蒂芬森发表科幻小说《雪崩》（Snow Crash），首次用“Metaverse”这个词来描述一个庞大的虚拟现实世界。用户可以通过虚拟现实眼镜进入这个世界，以数字化身份进行互动，并相互竞争提高自己的地位。1999年沃卓斯基兄弟执导的科幻电影《黑客帝国》（*The Matrix*），描述了一个反乌托邦的未来。人类在不知情的情况下被困在一个名为“Matrix”的元宇宙里，而智能机器在利用人类的身体作为能量来源的同时，刻意分散人类的注意力。2018年由斯皮尔伯格执导的电影《头号玩家》（*Ready Player One*），描述了2045年的世界被能源危机和全球变暖笼罩，造成广泛的社会问题和经济停滞。大多数人逃避现实的方式是通过VR眼镜和有线手套进入名为“绿洲”（OASIS）的元宇宙。OASIS既是一个大型多人在线游戏，又是一个虚拟社会。这些科幻小说、科幻电影面世以后，

---

① USC NEWS. Project Syria: an immersive journalism experience. (2014-02-07) [2023-10-10]. https://news.usc.edu/59605/project-syria-an-immersive-journalism-experience/.

都曾风靡一时，产生了广泛的社会影响。

2021 年，“元宇宙”已成为互联网行业最为火爆的概念。这一年被媒体称为“元宇宙元年”，其间发生的重要事情包括：2021 年 3 月，元宇宙概念第一股罗布乐思（Roblox）在美国纽约证券交易所正式上市，上市首日市值突破 400 亿美元，其招股说明书直陈公司业务关涉元宇宙概念；5 月，微软首席执行官纳德拉表示公司正在努力提供“企业元宇宙”解决方案；8 月，字节跳动斥巨资收购 VR 创业公司 Pico，芯片商英伟达（NVIDIA）宣布推出全球首个为元宇宙建立提供基础的模拟和协作平台；10 月，社交媒体巨头 Facebook 宣布更名为“元”（Meta），表明该公司向“元宇宙”全面转型的战略意图；12 月，爱奇艺推出了面向家庭用户的 VR 产品奇遇 Dream VR 一体机，将沉浸式的游戏和影音体验通过 VR 设备呈现给观众。

在各大科技巨头争相布局元宇宙产业的同时，不少国家的政府部门也积极参与其中。比如，2021 年 5 月，韩国科技部发起成立“元宇宙联盟”，该联盟包括现代、SK 集团、LG 集团等 200 多家韩国本土企业和组织，其目标是打造国家级增强现实平台，并在未来向社会提供公共虚拟服务。同年 7 月，日本经济产业省发布了《关于虚拟空间行业未来可能性与课题的调查报告》，总结了日本虚拟空间行业亟须解决的问题，以期在全球虚拟空间行业占据主导地位。同年 12 月，上海市政府发布《上海市电子信息产业发展“十四五”规划》，首次将元宇宙写入地方政府工作报告。包括浙江、山东、江西、贵州、河南在内的地方政府也纷纷跟上，发布了各自的元宇宙建设规划。我国的工信部也公开表态，要培育一批进军元宇宙、区块链、人工智能等新兴领域的创新型企业。

（二）元宇宙带来的问题

到目前为止，元宇宙大致还是停留在概念层面，所设想的虚拟世界和物理世界融为一体的场景尚未出现，但随着元宇宙产品和服务的不断迭代，一系列新的问题相继产生。一些问题是网络传播面临的共性问题，比如个人信息的保护、利用网络实施犯罪等，对此由于本书多处已有讨论，在此就不再赘述。还有一些问题也并非元宇宙独有，但在元宇宙的环境下变得愈发突出，且在很大程度上会影响元宇宙的发展。提前思考这些问题，不仅有助于促使元宇宙的研发处于良性发展的轨道，而且可以帮助我们更好地理解人工智能时代法律演变的轨迹。这些问题主要涉及三个方面：

一是虚拟主体问题。现实中的自然人可以通过某种设备或途径为自己塑造一个独一无二的虚拟身份进入元宇宙，这个身份可能与现实世界的个体形象有关联，也可能是与现实个体完全无关的全新形象，那么如何界定这种虚拟人物的法律属性？有学者提出，在元宇宙中，虚拟人物同样享有生命、健康、姓名、肖像、名誉、隐私、财产等方面的权利。[1] 但问题在于，元宇宙中虚拟人物的这些权利如何才能获得现实世界的认同？是作为一种法律关系的客体受到法律保护，还是赋予虚拟人物独立的民事主体资格，使之独自拥有这些权利并承担相关法律责任？对这些问题学界尚未达成共识，还有待进一步讨论。

二是虚拟财产问题。元宇宙被认为是一个自由的世界，人们可以在元宇宙中尽情地发挥劳动价值，创造出属于自己的财产。那么如何界定这些财产的属性？当这些财产被侵占或毁损时，又该如何获得救济？一般认为，不同于现实世界中的财产，元宇宙中的财产是一种虚拟财产，主要包括游戏装备、游戏道具、虚拟货币等。但在一定条件下，这些数字化、非物质化的财产可以转化成现实中的财产。2017年9月，中国人民银行等七部委联合发布了《关于防范代币发行融资风险的公告》，其中比特币（BTC）、以太币（ETH）等虚拟货币均被定义为虚拟商品，所以虚拟货币在法律性质上属于虚拟财产的范畴。我国《民法典》第127条则明确规定："法律对数据、网络虚拟财产的保护有规定的，依照其规定。"这是一条原则性规定，为此有学者建议，应尽快对网络虚拟财产做出特别规定，并实现与现有民事财产权利体系的衔接。

三是知识产权问题。由于开发元宇宙的技术在不断迭代，针对特定的元宇宙专利权是否为其他技术所侵犯，预计会产生无休止的纠纷。同样，关于运行元宇宙的计算机软件是否为其他计算机软件所抄袭以致权利受侵害，预计也会引发大量的版权诉讼。在元宇宙中，一个或多个玩家完成的虚拟商品或虚拟世界将变得非常普遍，该产物的版权应如何分配，预计也会引发不少纠纷。此外，元宇宙出现或采用的作品、商标或其他材料，如果未获得权利人的许可，则也有可能产生侵权纠纷。如何界定元宇宙用户和运营商的责任，以及如何和现行的知识产权体系进行衔接，都是利益相关方需要认真对待的问题。

【本章小结】

本章聚焦于人工智能在新闻传播业的应用及其所带来的问题。在机器写作部分，我们介绍了机器写作的兴起及其所带来的问题，包括机器人的主体资格问题、机器写作的作品资格问题、机器写作的权利归属问题、机器写作侵害他人权益问题以及机器写作所带来的记者失业风险。之后我们探讨了我国及世界主要国家如何从法律层面尝试解决这些问题。在算法推荐部分，我们首先介绍了算法推荐的发展脉络，之后描述了算法推荐所导致的一系列问题，包括但不限于信息茧房、内容下降的螺旋、算法黑箱、算法操控等。有鉴于此，欧盟出

---

① 杨延超．网络时代论元宇宙中的民事权利．东南大学学报（哲学社会科学版），2022（4）：31-44，146.

台的《通用数据保护条例》包含了相关的解释权条款，我国颁布了《互联网信息服务算法推荐管理规定》，我们对这些解决方案进行了讨论。在沉浸式体验部分，我们首先介绍了 VR、AR、MR 等概念，然后讨论了这些沉浸式技术的两个重要应用场景：沉浸式新闻和元宇宙。前者已成现实，并对新闻的真实性和客观性带来了严峻挑战；后者正在发展当中，但迫使我们认真思考在虚拟世界和真实世界融合的现实背景下已浮出水面并愈发显著的有关虚拟主体、虚拟财产、知识产权等的问题。

【思考题】

1. 人工智能是如何被应用到当前的新闻传播业的?
2. 机器写作带来了怎样的问题?
3. 机器写作作品受著作权保护吗?
4. 算法推荐为什么受到欢迎?
5. 算法推荐带来了怎样的问题?
6. 何谓“解释权”?
7. 何谓“沉浸式体验”?
8. 沉浸式新闻带来了怎样的问题?
9. 元宇宙是什么? 会成为现实吗?
10. 元宇宙会带来怎样的法律挑战?

图书在版编目（CIP）数据

网络传播法导论 / 邵国松著. -- 2 版. -- 北京 ：中国人民大学出版社，2024.1
21 世纪新媒体专业系列教材
ISBN 978-7-300-32362-6

Ⅰ. ①网… Ⅱ. ①邵… Ⅲ. ①网络传播-传媒法-中国-高等学校-教材 Ⅳ. ①D922.8

中国国家版本馆 CIP 数据核字（2023）第 232900 号

21 世纪新媒体专业系列教材
网络传播法导论（第 2 版）
邵国松 著
Wangluo Chuanbofa Daolun

出版发行	中国人民大学出版社		
社　　址	北京中关村大街 31 号	邮政编码	100080
电　　话	010－62511242（总编室）		010－62511770（质管部）
	010－82501766（邮购部）		010－62514148（门市部）
	010－62515195（发行公司）		010－62515275（盗版举报）
网　　址	http://www.crup.com.cn		
经　　销	新华书店		
印　　刷	北京密兴印刷有限公司	版　　次	2017 年 1 月第 1 版
			2024 年 1 月第 2 版
开　　本	787 mm×1092 mm　1/16		
印　　张	19.5 插页 1	印　　次	2024 年 1 月第 1 次印刷
字　　数	391 000	定　　价	49.80 元

关联课程教材推荐

书号	书名	作者	定价	出书时间
978-7-300-30695-7	新闻传播法教程（第 7 版）	魏永征	59.9	2022-07
978-7-300-22658-3	新闻传播伦理与法规教程	陈绚	59.9	2016-04
978-7-300-22244-8	媒介素养概论	刘勇	55	2016-01
978-7-300-27214-6	新媒体概论（第三版）	匡文波	49.8	2019-08
978-7-300-24588-1	网络传播概论（第四版）	彭兰	59.8	2017-07
978-7-300-29967-9	美国大众传媒法（第 19 版）	[美] 唐·R. 彭伯	128	2022-04
978-7-300-25442-5	媒介伦理学：问题与案例（第 8 版）	[美] 菲利普·帕特森	69.8	2018-01
978-7-300-18068-7	媒介伦理：案例与道德推理（第九版）	[美] 克利福德·G·克里斯琴斯	48	2014-01

配套教学资源支持

尊敬的老师：

衷心感谢您选择使用人大版教材！

相关的配套教学资源，请到人大社网站（www.crup.com.cn）下载，或是随时与我们联系，我们将向您免费提供。

欢迎您随时反馈教材使用过程中的疑问、修订建议并提供您个人制作的课件。您的课件一经采用，我们将署名并付费。让我们与教材共成长！

联系人信息：

地址：北京海淀区中关村大街 31 号　龚洪训 收　邮编：100080

电子邮件：gonghx@crup.com.cn　电话：010-62515637　QQ：6130616

如有相关教材的选题计划，也欢迎您与我们联系，我们将竭诚为您服务！

选题联系人：翟江虹　电子邮件：zhaijh@crup.com.cn　电话：010-62515636

俯仰天地　心系人文

人大社网站　www.crup.com.cn

专业教师 QQ 群：

723715191（全国新闻教师群 2 群）

欢迎您登录人大社网站浏览，了解图书信息，共享教学资源

期待您加入专业教师 QQ 群，开展学术讨论，交流教学心得